INTRODUCTION TO SOCIAL POLICY

(2nd EDITION)

普通高等教育"双一流"建设社会工作专业精品教材

社会政策概论

（第2版）

丁建定 ◎ 主编

华中科技大学出版社
http://press.hust.edu.cn
中国·武汉

内 容 提 要

"社会政策概论"是社会政策、社会工作等专业的基础课程。《社会政策概论》(第2版)在2006年初版的基础上进行了比较大的修订。本书可划分为两个部分,第一部分主要阐述社会政策的基本原理,包括社会政策的基本内涵、社会政策的基本功能、社会政策的历史发展、社会政策的主要理论、社会政策的制定、社会政策的实施等。第二部分主要阐述中国的社会政策实践,包括中国的人口与家庭政策、中国的劳动就业政策、中国的社会保障政策、中国的城镇住房保障政策、中国的教育政策、中国的公共卫生政策以及中国的社区政策等。本书可作为高等院校社会政策、社会工作、社会学、社会保障专业及其他相关专业的教材,也可供实际工作者参考使用。

图书在版编目(CIP)数据

社会政策概论/丁建定主编.—2版.—武汉:华中科技大学出版社,2021.8(2023.1重印)
ISBN 978-7-5680-7435-3

Ⅰ.①社… Ⅱ.①丁… Ⅲ.①社会政策-教材 Ⅳ.①C916

中国版本图书馆 CIP 数据核字(2021)第 158548 号

社会政策概论(第2版) 丁建定 主编
Shehui Zhengce Gailun(Di-er Ban)

策划编辑:钱 坤 张馨芳
责任编辑:殷 茵
封面设计:刘 婷
责任校对:张会军
责任监印:周治超

出版发行:华中科技大学出版社(中国·武汉) 电话:(027)81321913
　　　　　武汉市东湖新技术开发区华工科技园 邮编:430223
录　　排:华中科技大学出版社美编室
印　　刷:武汉科源印刷设计有限公司
开　　本:710mm×1000mm 1/16
印　　张:28　插页:2
字　　数:443千字
版　　次:2023年1月第2版第2次印刷
定　　价:58.00元

本书若有印装质量问题,请向出版社营销中心调换
全国免费服务热线:400-6679-118　竭诚为您服务
版权所有　侵权必究

前 言

"社会政策概论"是社会政策、社会工作、社会学与社会保障等相关专业的基础课程,在相关专业人才培养体系与社会政策实践中具有重要作用。由笔者主编的《社会政策概论》2006年在华中科技大学出版社出版以来,得到许多高校相关专业比较广泛的采用,笔者也收到了来自使用学校教师的有价值的修订意见。随着社会的发展,尤其是中国经济社会的发展,中国的社会政策发生了巨大的变化,社会政策理论研究也取得了一些新的进展。2006年出版的《社会政策概论》教材的一些内容,已难以反映社会政策理论研究的新成果,难以适应已经发生很大变化的中国社会政策实践。正是在这样的背景下,由笔者组织多位在社会政策领域颇有建树的中青年专家合作撰写的《社会政策概论》(第2版)终于付梓。

《社会政策概论》(第2版)无论是在社会政策的基本原理部分,还是在中国社会政策的主要实践领域部分,都做了比较大的修订:在社会政策的基本原理部分,设专章阐述社会政策的功能;在中国社会政策的主要实践领域部分,已经发生了很大变化的人口与家庭政策、劳动就业政策、社会保障政策、城镇住房保障政策、教育政策、公共卫生政策及社区政策等部分,几乎都是重新撰写。

本书是社会政策领域多位专家学者集体智慧的结晶。由丁建定撰写提纲并进行统稿和定稿,具体分工如下:第一章社会政策的内涵,杭州师范大学张旭升;第二章社会政策的功能,华中科技大学陈文超;第三章社会政策的历史,华中科技大学丁建定;第四章社会政策的理论,华中科技大学丁建定;第五章社会政策的制定,杭州师范大学张旭升;第六章社会政策的实施,华中农业大学余霞;第七章中国的人口与家庭政策,华中科技大学杨婷;第八章中国的劳动就业政策,长安大学杨斌;第九章中国的社会保障政策,华中科技大学谢勇才;第十章中国的城镇住房保障政策,华中师范大学曾永泉、华中科技大学丁建定;第十一章中国的教育政策,华中农业大学龚继红;第十二章中国的公共卫生政策,华中科技大学陈斌;第十三章中国的社区政策,中华女子学院苗艳梅。在此,谨向各位作者表示真诚的感谢!

值此《社会政策概论》(第 2 版)出版之际,谨向华中科技大学出版社的领导和老师们表示感谢!他们一直在关注和支持这本教材,更是一如既往地关心和支持华中科技大学社会学院的教材建设与人才培养。欢迎广大师生在使用本教材的过程中继续提出各种宝贵意见,这将使《社会政策概论》(第 2 版)不断得以完善!

丁建定

2021 年 8 月 1 日

目 录

第一章 社会政策的内涵 /001

第一节 社会政策的定义与特征 /002
一、社会政策的定义 /002
二、社会政策与相关政策的关系 /006
三、社会政策的基本特征 /009
四、社会政策的分类 /012

第二节 社会政策的要素 /014
一、社会政策的主体 /014
二、社会政策的对象 /021
三、社会政策的内容 /024

第三节 社会政策的宏观环境 /025
一、社会政策的经济环境 /025
二、社会政策的政治环境 /027
三、社会政策的社会环境 /030
四、社会政策的文化环境 /031
五、社会政策的国际环境 /032

第二章 社会政策的功能 /033

第一节 社会政策的基本理念 /034
一、自助理念 /034

二、国家责任理念 /039
三、共同责任理念 /044

第二节　社会政策的基本目标 /047
一、政治目标 /047
二、经济目标 /050
三、社会目标 /054
四、道德目标 /057

第三节　社会政策的基本功能 /060
一、提升政府公民认同 /060
二、促进经济持续发展 /063
三、推进社会公平正义 /066
四、提升社会责任意识 /069

第三章　社会政策的历史 /073

第一节　西方社会政策的出现 /074
一、西方早期社会政策 /074
二、济贫政策的出现 /075
三、其他社会政策的出现 /077

第二节　西方社会政策的发展 /079
一、社会保险政策的出现 /079
二、传统社会救济政策的发展 /081
三、其他社会政策立法的发展 /083

第三节　社会政策的扩展 /084
一、西方国家社会政策的发展 /084
二、发展中国家社会政策的建立 /090
三、社会主义国家社会政策的出现 /091

第四节　社会政策的改革 /093
一、发达国家社会政策的改革 /093
二、发展中国家社会政策改革 /100

第四章　社会政策的理论 /107

第一节　19世纪前期的社会政策理论 /108

     一、自由主义社会政策理论 /108
     二、空想社会主义社会政策理论 /113
     三、马克思主义社会政策理论 /115
  第二节　19世纪后期的社会政策理论 /117
     一、激进自由主义与新古典学派社会政策理论 /117
     二、社会民主主义社会政策理论 /120
     三、新历史学派社会政策理论 /122
  第三节　20世纪前期的社会政策理论 /123
     一、凯恩斯学派社会政策理论 /123
     二、瑞典学派社会政策理论 /124
     三、社会民主主义社会政策理论 /125
  第四节　20世纪后期的社会政策理论 /128
     一、新自由主义社会政策理论 /128
     二、中间道路社会政策理论 /130
  第五节　中国特色社会保障政策理论 /133
     一、中国特色社会保障政策的功能 /133
     二、中国特色社会保障政策的目标 /136
     三、中国特色社会保障政策的理念 /139
     四、中国特色社会保障政策的道路 /143

第五章　社会政策的制定 /149
  第一节　社会政策制定的依据 /150
     一、社会政策制定的理论依据 /150
     二、社会政策制定的现实依据 /156
     三、社会政策制定的经验依据 /157
  第二节　社会政策制定的基本原则 /158
     一、公正与效率原则 /158
     二、利益与系统原则 /159
     三、连续性与可行性原则 /161
  第三节　社会政策制定的程序 /162
     一、社会政策议程的确立 /162

二、社会政策的规划 /165
三、社会政策的合法化 /170

第六章 社会政策的实施 /173

第一节 社会政策的执行 /174
一、社会政策执行的原则 /174
二、社会政策执行的过程 /177
三、社会政策执行的监督 /181

第二节 社会政策的评估 /182
一、社会政策评估的标准 /183
二、社会政策评估的类型与方法 /185
三、社会政策评估的程序 /190

第三节 社会政策的调整 /193
一、社会政策调整的原则与类型 /193
二、社会政策调整的程序 /198

第七章 中国的人口与家庭政策 /201

第一节 中国的生育政策 /202
一、生育政策的发展 /202
二、生育政策的特征 /206
三、生育政策的功能 /208

第二节 中国的人口政策 /211
一、人口政策的内涵 /211
二、生育支持政策及其发展 /213
三、人口迁移政策的变化 /222
四、人口政策的特征与功能 /224

第三节 中国的家庭政策 /227
一、家庭政策的内涵 /227
二、家庭政策的发展 /229
三、家庭政策的特征与功能 /232

第八章　中国的劳动就业政策 /235

第一节　劳动政策概述 /236
一、劳动政策的内涵 /236
二、劳动政策的变迁 /238
三、劳动政策的特征 /242

第二节　就业服务政策 /244
一、就业服务政策的原则与目标 /244
二、就业服务政策的体系 /247
三、就业服务政策的发展 /249
四、就业服务政策的完善 /252

第三节　劳动保护政策 /256
一、劳动保护政策的功能 /256
二、劳动保护政策的基本体系 /258
三、劳动保护政策的完善 /260

第九章　中国的社会保障政策 /269

第一节　社会保险政策 /270
一、基本养老保险政策 /270
二、基本医疗保险政策 /276
三、失业保险政策 /282
四、工伤保险政策 /284
五、生育保险政策 /286

第二节　社会救助政策 /287
一、最低生活保障政策 /287
二、特困人员供养政策 /291
三、专项救助政策 /293
四、临时救助政策 /297

第三节　社会福利与服务政策 /299
一、老年福利与服务政策 /299
二、残疾人福利与服务政策 /301
三、妇女福利与服务政策 /303
四、儿童福利与服务政策 /304

第十章 中国的城镇住房保障政策 /307

第一节 城镇住房保障政策的实施 /308
一、城镇住房保障政策的建立 /308
二、城镇住房保障政策的缺陷 /311

第二节 城镇住房保障政策的改革 /314
一、城镇住房政策改革进程 /314
二、城镇住房保障政策改革特点 /317

第三节 城镇住房保障政策的基本内容 /319
一、住房公积金政策 /319
二、经济适用房政策 /323
三、廉租房政策 /325

第十一章 中国的教育政策 /331

第一节 教育政策的功能及其法制化 /332
一、教育政策的内涵与功能 /332
二、教育政策的确立 /334
三、教育政策的法制化 /337

第二节 初等教育政策 /340
一、初等教育政策的发展 /340
二、初等教育政策的基本内容 /346

第三节 高等教育政策 /349
一、高等教育政策的发展 /349
二、高等教育政策的基本内容 /354

第四节 教育扶贫与民办教育政策 /358
一、教育扶贫政策 /358
二、民办教育政策 /361

第十二章 中国的公共卫生政策 /365

第一节 公共卫生政策的发展 /366
一、城市公共卫生政策的发展 /366
二、农村公共卫生政策的发展 /368

第二节 公共卫生政策的主要内容 /371
    一、职业病防治政策 /371
    二、传染病防治政策 /377
    三、食品卫生与动植物检疫政策 /380

第三节 公共卫生政策的发展趋势 /384
    一、公共卫生领域的发展成就 /384
    二、公共卫生政策面临的挑战 /387
    三、公共卫生政策的未来发展 /392

第十三章 中国的社区政策 /397

第一节 社区社会政策的发展 /398
    一、城市社区政策的发展 /398
    二、农村社区政策的发展 /406
    三、社区政策发展的趋势 /410

第二节 社区管理政策 /412
    一、社区管理组织 /412
    二、社区资源配置 /416
    三、社区治理机制 /418

第三节 社区服务政策 /420
    一、社区服务体系 /420
    二、社区服务主体培育 /421
    三、社区服务资源配置 /425
    四、社区服务机制构建 /426
    五、社区服务发展趋势 /429

主要参考文献 /433

第一章
社会政策的内涵

社会政策的基本内涵及其要素，是社会政策基本原理的重要内容。本章在简要介绍学术界关于社会政策基本定义的相关观点的基础上对社会政策概念进行了界定，在讨论社会政策与相关政策关系的基础上阐述了社会政策的基本特征，并对社会政策进行初步分类。本章还比较全面地介绍了社会政策主体、社会政策对象和社会政策内容的基本构成，并阐述了社会政策的经济环境、政治环境、社会环境、文化环境与国际环境。

第一节　社会政策的定义与特征

一、社会政策的定义

1. 学术界关于社会政策的不同定义

社会政策既是一门作为学术研究的学科或一个学科交叉的研究领域，又是指以国家或政府为主导的社会力量解决社会问题、促进福祉的行政活动和过程。① 本书主要关注作为增进社会福利的行政活动和过程。关于什么是社会政策，国内外学术界提出了诸多定义，概括起来可以划分为以下几种类型。

第一种类型是社会问题型定义。1873 年，德国一些新历史学派的代表人物为解决当时的劳动问题，创立了德国社会政策学会，在学会成立的预备座谈会上，休谟纳就提出，"本会的性质，不是讨论主义，而是要深入问题的中心，把握目前最重要的改良事项"。第一个给社会政策下定义的是德国社会政策学会的瓦格纳，他在 1891 年提出，所谓社会政策，就是要对分配过程范围内的各种弊害，采取立法及行政手段，以争取公平为目的而加以清除的国家政策。② 我国学者陈振明也认为，社会政策是指政府用来处理狭义的社会（社会学意义上的社会）问题所采取的行动或行为规范。③ 这类定义强调了社会政策对象的"事"的方面，即社会问题，认为社会政策是国家或政府面对社会问题做出的回应，是为解决社会问题而制定的规范和措施。

第二种类型是行为准则型定义。国内多数学者倾向于以"行为准则"为中心定义社会政策。陈国钧认为，社会政策可说是国家政策的一部分，

---

① 林闽钢：《中国社会政策》，武汉大学出版社 2011 年版，第 1-2 页。
② 刘脩如：《社会政策与社会立法》（上册），五南图书出版公司 1984 年版，第 54-55 页。
③ 陈振明：《公共政策分析导论》，中国人民大学出版社 2015 年版，第 23 页。

它是专门解决社会问题，或是从事社会改进所施行的基本原则或方针。①杨伟民认为，社会政策是社会为了满足其整体的需求或提高社会福利水平而制定和实施的各种措施、计划、方案、法律、制度。② 这类定义突出了社会政策作为解决社会问题、增进社会福祉的工具。它凸显了政府通过制定一定的路线、方针、原则、规范等，以指导和调控人们与利益有关的行为。

第三种类型是行动型定义。关信平将社会政策界定为政府或其他组织在一定社会价值的指导下，为了达到其社会目标而采取的各种福利性社会服务行动的总和。③ 这类定义将社会政策看作是政府在社会福利事务领域中干预行动的总和，它不仅强调了政府在福利服务中的作用，而且还指出了其他社会组织在社会福利服务中具有不可或缺的作用。

第四种类型是管理职能型定义。以叶海平、李冬妮等为代表的一些学者将社会政策界定为我国政府为完成一定历史时期的社会管理和社会发展的任务，调整特定的社会关系而制定的行动准则与行动方针之总和。④ 这类定义突出和强调了国家或政府对社会福利服务的管理职能。在国家治理现代化的时代背景下，社会政策的运行需要动员企业、基金会、社区、社会服务机构等多元主体共同参与，需要多元主体协同合作，在这一过程中更需加强政府的服务职能。

第五种类型是福利型定义。迈克尔·希尔认为，社会政策一般是指与公民福利有关的国家政策。⑤ 马歇尔认为，社会政策是指政府所采取的一系列通过提供服务或资金直接影响公民福利的行动，其核心成分包括社会保险、公共援助、卫生福利服务和住房政策。⑥ 蒂特马斯认为，社会政策主要关注的是在资源稀缺的条件下，在市场机制之外通过人类组织来满足一些人的社会需求。社会政策包括社会福利、财政福利和职业福

---

① 陈国钧：《社会政策与社会立法》，三民书局1980年版，第4页。
② 杨伟民：《社会政策导论》，中国人民大学出版社2004年版，第43页。
③ 关信平：《社会政策概论》（第2版），高等教育出版社2009年版，第12页。
④ 叶海平、李冬妮：《社会政策与法规》，华东理工大学出版社2002年版，第7页。
⑤ 迈克尔·希尔：《理解社会政策》，刘升华译，商务印书馆2003年版，第1页。
⑥ 熊跃根：《论国家、市场与福利之间的关系：西方社会政策理念发展及其反思》，《社会学研究》1999年第3期。

利三个部分的广泛领域。① 此类定义认为社会政策的实质是国家或政府在福利领域的干预行动，作为国家治理工具的社会政策，关注社会需求、增进公民的福利是社会政策的目标。

第六种类型是理想型定义。艾斯汀提出，社会政策是将我们在社会福利的生产、分配与消费中的社会的、政治的、思想的和制度的内容，放入到一个我们所期望达到的具有活力的道德与政治结果的标准框架中进行探索。② 拉特里迪斯则重视社会政策作为一种社会、经济、政治制度的安排，它背后的理念是理想社会的意识形态及国家目标，结果是社会福利。③ 这类定义强调社会政策背后的理想和价值、意识形态等主观性因素，认为人们之所以制定某种社会政策，首先是因为他们对什么样的社会是一个比较理想的社会有一定的期待，而现实的发展状况与这一期待之间存在一定的差距，这才促使国家或政府为主导的社会力量采取了一定的干预行动。

第七种类型是过程型定义。杨团将社会政策概括为一定时期、一定区域内的各种社会力量为解决社会问题的协调成果。从方法论的角度，它又是一个具有生命周期的社会过程。④ 花菊香认为，社会政策与法规是国家和社会运用行政和立法的手段，遵循一定的程序，动员、利用、分配与再分配各种社会资源，以解决社会问题、保障人民基本权益、实现社会公平的过程。⑤ 这类定义强调的是社会政策的运行有其周期性，它是在特定时空下以国家或政府为主导的社会力量对社会问题的回应。

虽然以上分类存在着相互包含的问题，但我们可以从中归纳出一些共识性的内容。第一，社会政策与一定的社会价值观念、社会理想密切相连，同时社会实际的发展状况（如社会问题、弱势群体和社会不公现象的增多等）与人们的社会价值观念、社会理想产生了一定的矛盾与冲突，从而产生了解决社会问题、关注弱势群体、实现社会公平、维持社

---

① 杨伟民：《社会政策导论》，中国人民大学出版社2004年版，第45页。
② 杨团：《社会政策的理论与思索》，《社会学研究》2000年第4期。
③ 王卓祺、雅伦·获加：《西方社会政策概念转变及对中国福利制度发展的启示》，《社会学研究》1998年第5期。
④ 杨团：《社会政策的理论与思索》，《社会学研究》2000年第4期。
⑤ 花菊香：《社会政策与法规》，社会科学文献出版社2002年版，第10页。

会稳定、促进社会发展、增加社会福利等方面的社会需求，社会政策是针对这些社会问题和社会需要而做出的回应。第二，社会政策通过一定的计划，运用法律、条例、措施、准则、方针和办法等约束和调整人们的行为，影响社会资源的再分配。在社会政策的运行中，国家或政府总是扮演着主导性角色，但社会政策作为一种"社会性"的政策，还迫切需要诸如社会服务机构、社会团体、基金会、企业、公民个人等多种社会力量的积极参与，社会政策的最终结果也不仅能解决经济发展过程中的社会问题，对社会保护、维护社会稳定、社会均衡发展、实现社会整合、提高公民福利都起着积极的作用。

2. 社会政策的定义

本书将社会政策定义为，在特定的情境中，以国家或政府为主导的社会力量，通过国家立法和行政干预，以解决社会问题、实现社会均衡发展和增进社会福利而制定的一系列的行动准则和规定的总称。

在上述定义中，特定的情境是指决定和影响社会政策运行的特定历史时期、特定环境条件以及社会政策特定的适用范围，也即社会政策产生和存在的特定时空条件。在社会政策的运行中，国家或政府始终起着主导性作用，但由于社会问题本身的复杂性以及国家或政府自身的局限性，科学地决策以及科学地认识社会问题、解决社会问题中需要积极动员民主党派、社会组织、大众传媒、各类智库和公民个人等发挥各自的优势与特长，共同推进社会政策良性运行。解决社会问题、促进社会均衡发展和增进社会福利是社会政策的旨归，也是制定和执行社会政策的目的之所在。行动准则和规定是指社会政策的指导性和原则性规定。这种准则与规定，其表现形式包括法律法规、行政规定或命令、国家领导人口头或书面的指示、政府大型规划、具体行动计划、条例、措施、准则、方针和办法及相关策略等。社会法规与社会政策从制定主体、执行手段、表现形式和权威性等各个方面来看，区别都很大，但就解决社会问题、促进社会均衡发展和增进社会福祉而言，两者的手段虽异，但目标一致，所以，本书所讲的社会政策一般也包括社会法规。

二、社会政策与相关政策的关系

1. 社会政策与公共政策的关系

公共政策是公共权力机关经由政治过程所选择和制定的解决公共问题、达成公共目标，以实现公共利益的方案。[①] 它与社会政策的区别主要体现在发展历史、政策的内容、政府扮演的角色等方面。

从政策发展历史的角度来看，公共政策应早于社会政策。社会政策的出现是与工业革命及其引发的社会问题相关联，而公共政策的产生则与国家或政府的诞生相联系，自从国家诞生之后，政府就有了保护和管理公共领域、公共利益以及维护公共秩序的责任，从这个意义上讲，公共政策是伴随着国家诞生而产生的。从古今中外各国的发展历史来看，各个国家在遇到一些涉及面较广的社会问题，如天灾人祸或战争等，国家或政府都会出台一些临时性的政策以解决社会问题，满足人们最基本的需要，但将社会政策作为国家的制度性设置，还是与工业革命及其引发的大量社会问题相联系的。

从政策的内容来看，社会政策侧重于社会福利方面，社会政策的实质是以国家或政府为代表的权威力量对社会有价值资源的再分配，它不仅包括社会物质资源的再分配，还包括其他资源，如机会、社会声望、政治权力等的再分配。它是对市场力量为主的初次分配的必要补充，具有较强的福利性，如就业政策、社会救助、医疗卫生服务、廉租房政策等都具有较强的福利性。公共政策的内容侧重于公共利益，如国家就港口、运输、治安、国防等方面出台的各项政策。

从政府扮演的角色来看，公共政策强调政府对公共领域或公共事务的管理职能，如治安、国防、港口、运输等方面的公共政策，其目的就是加强公共秩序的管理。社会政策强调政府的协调和服务的职能，强调政府对初次分配后的各阶级或阶层的利益进行协调和再分配，以提高弱势群体或公民整体的福利，如社会保障、社会救济、社会保险等。

[①] 宁骚：《公共政策学》，高等教育出版社2003年版，第185页。

从概念的外延来看，如从广义上界定"社会"，社会政策涉及社会的所有领域，社会政策就包含了公共政策；如"社会"和"公共"只是相对于个人、私人领域而言，社会政策就等同于公共政策；如"社会"只是相对于经济、政治、文化而言，社会政策就包含于公共政策。目前国内大多数学者都认为社会政策只是公共政策的一个特殊领域，更多的是与社会问题、社会福利相关联的一个概念。

社会政策和公共政策又是相互联系的。两者都相对于"私人事务"或"私人领域"而言；都是属于以国家或政府为主导的社会力量对社会和经济生活的干预措施；在政策的制定和执行中，国家、政府或执政党等具有权威性的组织在政策的制定和执行中都起着主导性作用；政策要不要制定及如何制定等问题实质上是政府、利益集团、社会组织、大众传媒和公民个人等多种主体博弈的结果；在政策制定和执行的过程中都渗透着意识形态、价值观的影响；从最终结果来看，两者都直接或间接地提高了公民个人和社会的整体福利。

2. 社会政策与社会福利政策的关系

社会福利的含义一般可以从两个角度、三个层面、广义和狭义上来理解。两个角度是指：第一，社会福利是个人或社会幸福的状态。不虞匮乏、充分就业、安全、健康、快乐、受教育、社会平等及有序地生活等都是个人或社会处于幸福状态的具体指标。第二，国家或社会为达到幸福状态而采取的治理手段。

三个层面是指社会福利的哲学层面、制度层面和实务层面。社会福利的哲学层面是阐述社会福利的理论假设和价值观的问题；社会福利制度是在一定的福利哲学理念指导下所产生的行动方向、规范与原则，它们是由社会福利理念经过决策与规范化过程转化而来的；社会服务是社会福利的实务层面，涉及社会福利服务的内容与方法问题，如提供什么样的福利服务、通过什么渠道或方式将福利资源输送到需要者的手中等。在日常生活中人们更多的是从制度的层面来理解社会福利，即它是国家或政府为主导的各种社会力量，在一定的价值理念的指导下解决社会问题和满足社会需要，达到社会均衡发展和增进社会福利的目标而制定的行动方案或准则。

社会福利又有狭义与广义之别。狭义的社会福利仅指由国家出资或给予税收优惠兴办的、以低费或免费形式向一部分需要特殊照顾的社会成员提供物质帮助或服务的制度，通常包括老人、妇女、儿童等特殊群体的福利津贴或福利设施。而广义的社会福利是指国家或政府举办和出资的一切旨在改善人民物质和文化、卫生、教育等生活的社会措施，包括政府举办的文化、教育和医疗卫生事业，城市住房事业和各种服务事业以及各项福利性财政补贴。

从以上的分析中我们可看出，社会福利和社会政策都被看作是以国家或政府为主导的社会力量对解决社会问题、维护社会稳定和提高公民的福利水平所采取的干预行动，都要以解决社会问题、照顾特殊群体的需要为重点，同时兼顾不断改善广大人民群众整体福利的要求。

社会福利与社会政策之间也存在区别。从内容上看，社会福利不仅重视思想、价值观层面的内容，而且还重视社会福利服务的实务层面，尤其是非营利性组织、非政府组织和社会工作者介入到社会服务中来，使社会服务更加专业化和科学化。虽然社会政策也强调社会行政的服务层面，尤其是微观社会服务机构层面的社会行政，但相对于社会福利而言，社会政策更多侧重于政策层面。从供给方来看，社会福利除了重视政府、正式组织的政策支持和行政服务外，还强调企业、家庭及其他社会组织的作用，而社会政策更加侧重于国家或政府的主导性作用。

3. 社会政策与经济政策的关系

社会政策与经济政策的区别主要体现在目标、范围、重要性等方面。第一，从两者的目标来看，社会政策较多地强调社会效益和社会公正，追求的是社会均衡发展、社会稳定和公民社会福利的提高；而经济政策侧重于考虑经济效益，使资源达到优化配置，以最小投入获得最大的回报等。第二，从两者涉及的范围来看，社会政策涉及分配领域，它是为弥补市场分配的不足而采取的干预和调控行为；经济政策则是为了创造一个好的市场运行环境而进行适当的规范和调控，它更多的是依靠市场本身的力量来调节、约束和调整人们的行为，进行资源的优化配置。第三，从两者的重要性来看，经济政策相对于社会政策而言总是具有优先性，经济增长时，一个国家或政府才能为提高公民的福利水平进行更多的干预和调节，而在经济停滞时就不得不削减福利开支，制定出刺激经济、促进生产的政策。

随着经济与社会的发展，人们越来越意识到社会政策与经济政策是密不可分的，解决社会问题的思路固然可以从社会政策或经济政策两个角度分别展开，但是两者的方向与目标是一致的，即各自向对方寻求支持以弥补自己的弱项。① 长期以来，社会政策被认为是经济政策的附庸，被当成经济政策的"侍女"。但通过反思亚洲金融危机，人们意识到有必要从两者何为优先的二分法的传统思维中摆脱出来，实现经济政策和社会政策相互依存、相互促进的思维转换。②

三、社会政策的基本特征

1. 社会政策的社会性

社会性是社会政策的一个重要特性。社会政策的社会性是由社会政策所要解决的社会问题的社会性决定的。社会问题的社会性具体体现在社会问题的产生原因、内容和表现形式、后果和解决方式等方面。③

社会政策的社会性体现在社会政策的运行中。国家或政府在决定是否运用政策工具对社会问题做出回应时，需要对社会问题本身的性质做出界定，对社会中的各种呼声做出回应，对整个国家、政府及执政党的长远利益和眼前利益做出权衡；在社会政策的制定中，需要对社会问题产生的社会根源进行研究和分析，需要征求社会各阶层的意见和建议，注重各个部门之间的配合和协调，在发挥国家或政府主导作用的前提下，还要积极调动各类智库、社会组织、大众传媒和公民个人等各种社会性力量的参与；社会政策执行中，不仅需要国家或政府内部各部门间的密切配合和协调，还需要动员、组织各种社会力量（如政治组织、经济部门、社会组织和公民个人等）并发挥各自的作用；对社会政策的评估，

---

① 杨团：《社会政策研究范式的演化及其启示》，《中国社会科学》2002年第4期。
② 杨团、彭希哲：《当代社会政策研究》，中国劳动社会保障出版社2009年版，第70页。
③ 雷洪：《社会问题——社会学的一个中层理论》，社会科学文献出版社1999年版，第38-39页。

不仅要重视社会政策所产生的经济效益，更要强调社会政策所产生的社会效益。

2. 社会政策的政治性

社会政策是由代表一定的阶级或阶层利益的政治性组织制定的，是国家、政府、执政党为实现其政治目的而制定和实施的行动方案和行为准则，因此，它具有显明的政治性。面对社会发展中所出现的矛盾和问题，执政党总是从自己所代表的阶级或集团的利益出发制定和实施社会政策，以协调社会各个阶级和阶层的矛盾，加强对社会的控制和管理，达到有利于自己的政治统治和维护本阶级根本利益的目的。

从社会政策所要解决的社会问题的性质来看，社会政策也明显具有政治性。一些社会问题直接涉及人民群众的根本利益与国家、民族和社会发展的大局。如我国的教育问题、社会养老问题等不仅影响到千家万户的幸福，而且直接影响到经济的发展、国力的强弱和民族的兴衰，它是一个关涉全局的问题，本身就具有鲜明的政治性。

从执政党在国家和社会发展中所处的地位来看，社会政策具有明显的政治性。各国的执政党不仅掌握强制性的国家暴力机关，还掌控着大量的社会与经济资源，这也决定着执政党有能力也有责任解决社会问题，化解社会矛盾，满足公民的基本需要，提升公民的福利水平，最终也有利于其政治统治，维护其所代表的阶级和阶层的利益。

3. 社会政策的利益相关性

这里的利益不仅指经济或物质上能满足人们需要的物质资源，而且泛指政治、精神文化、社会关系上的各种有价值的稀缺资源。社会政策的利益相关性体现在以下三个层面。第一，它体现了统治阶级的根本利益。一定的政治组织执掌国家政权，目的在于通过实施政党的执政理念，维护和巩固它所代表的阶级和阶层的根本利益。从这个角度看，那些与统治阶级根本的经济利益、政治利益和意识形态等密切相关的社会问题会优先受到重视。第二，社会政策也体现了一定的公共利益。由于国家或政府掌握了国家权力和一定的社会资源，它在一定程度上也成了全体国民的代表，所以国家或政府有责任来解决社会问题和提升公民的社会福利水平。从这个角度看，社会政策具有一定的超阶级性，它是一定时期"公共性"利益的体现。第三，社会政策在一定程度上体现着个人利益。作为社会政策主体的个人在参与社会政策运行中，也代表着各自的利益集团或个人利益，他们也力争在社会政策运行中争取集团利益或个人利益的最大化，这种集团和个人利益影响着社会政策运行的效果。

从社会政策实施的效果来看，损益规律体现了社会政策的利益相关性。一项社会政策的实施在满足一部分人利益的同时，也可能会抑制另一部分人的利益。社会政策的利益相关性还体现在如何从更深层次上来解决社会问题和提高弱势群体的能力与权力。社会问题和弱势群体是社会政策需要关注的两个重点，而弱势群体的弱势不仅在于其物质贫乏，还在于其社会权力、社会地位及自身能力等方面处于劣势，如何从根本上解决弱势群体的问题，还需要社会政策能关注社会弱势群体本身的"造血功能"，也即需要社会政策关注弱势群体非物质的利益，通过社会政策的干预来减少社会对弱势群体的歧视和偏见，使弱势群体享有同等的公民权，同时社会政策要为弱势群体的利益表达提供渠道，从而使社会弱势群体在社会利益博弈中有自己的声音和力量。

4. 社会政策的价值相关性

一切社会政策都是为了寻求价值、确认价值、实现价值和分配价值，价值问题是现代社会政策的基石。[①] 社会政策的"价值有涉"渗透到社会政策的运行过程中。首先，社会问题能否成为一个政策问题，与决策者及其所代表的利益集团所信奉的价值观有密切的关联，持不同价值观的主体会有不同的选择，因此，社会政策的价值观对社会政策问题的构建起着重要作用，并对社会政策目标的设立有着直接的影响。其次，持不同的社会政策价值观的公民，对于国家或政府解决社会问题的类型以及介入社会生活的方式、程度与效果，也有着不同的期待，这些都在很大程度上影响公民参与社会政策的深度与广度。再次，社会政策的价值观对社会政策方案的选择也会产生一定的影响，面对多种政策方案，人们总是在一定的社会政策价值观的指引下做出相应的选择。此外，社会政策价值观也影响到社会政策执行的效果、评估和终结。社会公平、公正、

---

① 林闽钢：《中国社会政策》，武汉大学出版社2011年版，第22页。

权利和参与的价值，是代表全社会共同利益的价值诉求，具有广泛的社会代表性，是当代各国社会政策共识性的价值观。①

除了上述几个方面外，社会政策还具有合法性、权威性和强制性等基本特征，任何社会政策都应该依法制定并实施。社会政策还具有复杂性、周期性和动态性等特征。任何社会政策都与特定时空中多元参与主体有着错综复杂的权利、利益联系，随着社会政策环境和政府自身的变化，社会政策本身也应该有一个不断修正和完善的过程。

四、社会政策的分类

1. 依据社会政策内容关系的分类

从社会政策内容之间包含与被包含的关系来分，可以将社会政策划分为总社会政策、基本社会政策和具体社会政策。总社会政策是一个国家或地区社会政策体系中带有全局性与原则性、决定社会发展基本方向性的社会政策。它对其他各项社会政策起着指导和规范的作用，是其他各项社会政策的出发点和基本依据。也正因为它在社会政策体系中处于最高层次并具有重要的作用，总社会政策要有较强的稳定性。总社会政策的表达形式可以是执政党领袖、国家元首、政府首脑的正式讲话或报告，执政党或政府的正式文件，执政党的党纲和宪法的有关条文等。②

基本社会政策是用以指导某一领域、某一方面或某一部门的指导性政策，它是连接总社会政策与各项具体社会政策的中间环节。一方面，它根据本领域、本部门的实际情况，将总社会政策的原则规定具体化，另一方面，它又是制定各项具体社会政策的依据和原则，是指导本领域、本部门工作的全局性的社会政策。按照基本社会政策的性质，又可以将其分为阶段性基本社会政策和领域性基本社会政策。阶段性基本社会政策是贯穿于某一历史阶段，对该阶段各项具体社会政策起主导作用的基本社会政策；领域性基本社会政策是指在社会生活某个领域、某个方面起主导作用的基本社会政策。基本社会政策在一定的历史时期具有相当

---

① 参见林闽钢：《中国社会政策》，武汉大学出版社2011年版，第24-26页。
② 杨伟民：《社会政策导论》，中国人民大学出版社2004年版，第71页。

的稳定性，它一般是由国家最高决策机构或其直接授权的机关制定，可以采用法律、法令、政府文件等方式表达和发布。

具体社会政策是基本社会政策的具体化，是为了贯彻、实施基本社会政策而制定的具体行为规则，体现并服从于总社会政策和基本社会政策的目标，是实现总社会政策和基本社会政策的手段和方法。相对于总社会政策和基本社会政策而言，具体社会政策内容比较具体，更具有规范性、灵活性和可操作性。具体社会政策也可以有多种表达方式，如计划、条例、法规、章程、说明、细则、措施、办法、项目、策略和规划等。

2. 依据政府介入程度和范围的分类

依据政府介入程度和范围的不同，也可以将社会政策分为剩余型社会政策、制度型社会政策和发展型社会政策三种类型。[①] 剩余型社会政策的核心理念是社会政策只关注那些真正贫困的群体。在面对社会问题尤其是一些弱势群体的问题时，国家或政府首先强调的是公民个人、家庭及其亲属在解决问题过程中的责任，只有当这些血缘和地缘支持网络不能有效发挥作用时，以国家或政府为主导的社会力量才会开始发挥作用。这种类型的社会政策具有较强的选择性，它关注"真正贫困者"，以国家或政府为主导的社会力量在解决社会问题的过程中是被动和消极应对的。这类社会政策的侧重点在于行善和社会救济，以满足真正生活困难群体的基本生存需求。

制度型社会政策将社会政策作为国家或政府制度设置的一部分。国家或政府通过积极解决社会问题，满足公民的需要，为公民的安全和社会发展建起一道安全网。政府涉足社会保障、医疗卫生等福利领域都是以法律文件的形式予以了规范化和制度化。

发展型社会政策强调在应对社会问题和公民需要时主体的多元性，强调公民个人、家庭、社会力量和政府共同合作解决问题，同时也强调将社会政策与经济政策相融合，使两者相互促进、共同发展。

---

① 参见陈红霞：《社会福利思想》，社会科学文献出版社2002年版，第14—27页。

3. 依据社会政策领域的分类

依据社会政策所涉及的领域的不同，可将社会政策划分为社会保障政策、就业政策、教育政策、城镇住房政策、公共卫生政策、社会服务政策等。其中每一项社会政策还可以进一步细分，如中国的社会保障政策就可以进一步划分为社会救助政策、社会保险政策、社会优抚政策和社会福利政策等，而这些具体的政策还可以再进一步划分，如社会保险政策就可以进一步细分为社会养老保险政策、社会失业保险政策、社会医疗保险政策、社会工伤保险政策和社会生育保险政策等。

此外，依据社会政策背后所涉及的理念的不同，可将社会政策划分为保守主义社会政策、自由主义社会政策和社会主义社会政策。[①]

第二节　社会政策的要素

一、社会政策的主体

社会政策的主体是指直接或间接地参与社会政策制定、执行、评估和监控的个人、团体或组织。依据不同的标准可以对社会政策的主体做出不同的划分。从社会政策主体的功能来看，社会政策主体可分为社会政策的制定者、执行者、评估者、监控者等。从社会政策主体在社会政策运行中扮演的角色来看，可以将社会政策主体分为社会政策行动的责任者与组织者、资源的提供者和社会服务的直接提供者等。最常用的分类是将社会政策主体分为官方和非官方主体。官方主体包括立法机关、行政机关和法院等。这些主体具有合法性权威，它们通过制定、执行一定的社会政策对社会有价值的资源进行再分配，在社会政策运行过程中起着主导性作用。非官方主体包括社会团体、非执政党、公民个人、大众传媒和各类智库等，它们在社会政策运行过程中不拥有合法性权威，

[①] 参见考斯塔·艾斯平-安德森：《福利资本主义的三个世界》，郑秉文译，法律出版社2003年版，第62—79页。

也不能做出具有强制力的政策决定。[①]

1. 立法机关

立法机关或权力机构是社会政策主体最重要的构成因素之一，其主要职责是立法，即履行制定法律和政策这一政治任务。在西方，立法机关是指国会、议会、代表会议一类的国家权力机构。在美国，国会常常在独立决策意义上行使立法权。关于税收、人权、福利和劳工关系等方面的政策是由国会制定的。在英国，有关社会政策和立法的决定首先是由政党提出，其后由文官起草，然后由政府（首相或内阁大臣）提交议会，而议会要对议案进行辩论、修正、批准和通过。在实行独裁体制的国家中，立法机关受行政机关的严密控制，几乎难以在独立决策意义上立法，对社会政策也很少产生重要的影响。

在我国，全国及地方各级人民代表大会及其常委会是我国的立法机关。全国人民代表大会及其常委会履行着两项重要的职能：一是把中国共产党对国家和社会的政治领导及政治路线、政治纲领、政治意志以国家法律的形式体现出来，使其成为国家的意志；二是建立国家政权体系，包括国家行政机关、司法机关等。全国人民代表大会把权力委托给它所建立的最高国家行政机关、最高国家司法机关等国家政权体系去行使，并对其政策制定、政策执行和政策监控的行为进行监督。在解决社会问题和弱势群体的利益方面，我国的最高权力机关一方面通过宪法对公民最基本的权利做了原则性的规定和规范，另一方面，我国的权力机关通过宪法和一些专门法律对弱势群体的政策做出了原则性规定。

2. 行政机关

行政机关及其官员是社会政策主体的一个重要组成部分。尤其是在当代，行政权力扩张，出现了"行政国家"或"以行政为中心"的时代，行政机关在政策过程中的地位和作用就显得更加突出了。在西方，特别是美国，无论是政策的制定还是执行，政府的效能从根本上说取决于行

[①] 关信平：《社会政策概论》（第 2 版），高等教育出版社 2009 年版，第 78 页。

政领导尤其是总统。西方行政官员并不是由选民选出的，而是由行政机关任命的。[1] 在我国，政府作为管理机关，是政策主体的一个重要因素。一般将行政机关分为行政决策机关和行政执行机关，然而在现实中这两者是相互交叉、不可分割的。行政执行机关对政策制定有很大影响，具体表现在行政执行机关不仅能够参与一些法律法规的制定，而且这些政策是否真正执行了、执行效果如何等，很大程度上取决于政策的行政执行机关。在现代社会，许多政策事务往往带有复杂性和技术性特征，而且需要进行连续控制。立法人员缺乏必要的时间和充足的信息，将导致许多问题的处理权被授给了行政执行机关，行政机关在政策制定和实施过程中的地位和作用越来越突出。行政机关在社会政策运行周期中扮演着政策制定者、政策实施者、资源提供者、政策管理者和政策教育者的多重角色。[2] 政府部门制定出的政策具有如下两个特征：其一，具体性。行政机关制定的政策绝大部分是党和国家权力机关政策的具体化，它们要体现党和国家权力机关所制定出的政策的基本精神。其二，补充性。对于党和国家权力机关政策没有涉及的领域，行政机关有权制定一些补充性的政策规定，以防止出现政策空白。[3]

3. 司法机关

司法机关在社会政策的运行中也占有重要的地位。在有些发达国家如三权分立的美国，司法机关（法院）通过判例对经济政策（财产所有权、合同、企业、劳动关系等）和社会政策（福利政策、基础设施建设等）产生影响。法院不仅参与政策制定，而且在其中扮演重要角色。司法机关不仅规定政府不能做什么，而且能够通过司法审查权和法令解释权对社会政策的性质和内容产生巨大影响。所谓司法审查权是指法院有权审查立法和行政机关的活动是否违宪，如发现与宪法相冲突的情况，法院有权决定这些活动违宪。社会政策的制定显然深受法院这种权力的制约，国会可能会在采取行动时犹豫不决，因为它担心这些活动可能会被法院判为违宪。法院还有权解释和决定那些只有抽象的

---

[1] 陈振明：《公共政策分析导论》，中国人民大学出版社2015年版，第37页。
[2] 林闽钢：《中国社会政策》，武汉大学出版社2011年版，第28页。
[3] 陈振明：《公共政策分析导论》，中国人民大学出版社2015年版，第37-38页。

表述且容易引起歧义的法规的含义。当法院接受此种而非彼种解释时，它在无形中就进入了政策制定领域。美国法院还可以通过判例对社会政策以及经济政策产生重要影响，美国在运用司法手段维护弱势群体权益方面有许多判例，如在涉及妇女平等权、黑人教育权、就业权等诸多方面都采取过多次影响很大的行动。

在我国，司法机关也在政策运行中起到某些类似的功能。在我国，司法机关有广义与狭义之分。最狭义的司法机关是指法院，即审判机关。而广义上的司法机关"不仅仅是指法院和检察院，还包括行政机构的公安、国家安全、司法行政、人民代表大会的特定问题调查委员会，以及其他具有权能的机关"[①]。法院司法判决确立的某些原则是法院制定公共政策的主要形式。严格说来，司法判决并不是完全意义上的公共政策，但由于法院判决确立的某些原则对社会利益的分配也形成了一种具有权威性的规则，因而广义上也属于公共政策的范畴。[②]

4. 公民

公民或选民既是社会政策的主体，也是社会政策发生作用的对象即政策客体。相对于社团、政党等而言，公民个人的力量是微弱和分散的，但要想使社会政策更加科学和有效，应重视公民的积极参与。从社会政策的出发点和落脚点来看需要公民的积极参与。政府的政策问题主要来自社会中无数公民的政策诉求，政策执行过程中需要公民的密切配合，社会政策最终落脚点还是为了回应公民的需要。从社会政策的运行效率来看也需要公民的积极参与。在政策制定之前，需要公民表达一定的政策诉求；在政策制定过程之中，需要公民积极了解相关政策、提出建议和意见，并积极配合政策的执行，同时也需要对政策的执行过程进行一定的监督。从社会的民主化进程来看同样需要公民的积极参与。公民积极参与社会政策制定、执行和评估的过程，也是社会政治民主化发展的具体体现。现代的大众传媒和网络技术的发展、教育和公民素质的提高，也为公民积极参与社会政策的运行过程提供了可能。

在现代社会，公民可以通过诸多途径参与社会政策过程：① 以主

---

① 杨凤春：《中国政府概要》，北京大学出版社2002年版，第261页。
② 陈振明：《政治学》，中国社会科学出版社1999年版，第327页。

权者身份通过直接投票的方式决定某些重大的政策问题;② 通过代议形式推选代表参与政策制定;③ 通过威胁手段,如请愿、示威、罢工等活动反对某项政策的出台,迫使政府修改或废止某一政策;④ 通过参加政党或社团,借助团体力量影响社会政策的制定;⑤ 通过制造社会舆论或进行多方游说等手段,提出政策诉求,影响政策导向;⑥ 以个人的经验与知识为政策制定提供实证依据或理论指导。

需要指出的是,政治领袖作为特殊的公民,在社会政策的运行中起着关键性和决定性作用,尤其是在社会政策决策过程中起着特殊作用。他们无论是出于公众价值观或政治使命感,还是出于个人需要和团体利益的考虑,都会密切关注社会中出现的这样或那样的问题,提出一些解决社会问题的方案。

5. 社会组织

在国家治理现代化中,以社会团体、基金会、社会服务机构等为代表的各类社会组织将在社会政策的运行中扮演着参与者、实施者、合作伙伴、政策咨询者、福利服务提供者的角色。① 分散的普通公民在强大而严密组织的政府面前,其影响力是极其有限的,于是,一些具有共同价值诉求和利益倾向的公民自愿组成了一定的社会团体,社会团体的建立和存在可以将一些分散、模糊的有时甚至是情绪化的意见、利益诉求聚合起来,进行一定的表达和传递。这一方面可以起到及时缓解国家与社会、公民与政府之间的冲突的"安全阀"作用,另一方面也可为民主科学决策提供一定的社会环境。政府面对众多复杂的社会问题也迫切需要一些基金会、社会服务机构去调动社会力量和资源,化解社会矛盾和问题,尤其是在当前国家治理现代化、社会建设与适度普惠型福利体制的建设中,各级政府迫切需要各类社会组织在解决社会问题和福利服务供给中发挥更为积极和重要的作用。

6. 政党

政党政治是现代社会的重要特征。无论是发达国家还是发展中国家,大多数都是通过政党政治的途径来实现统治的。各政党也努力参与各种

---

① 林闽钢:《中国社会政策》,武汉大学出版社 2011 年版,第 29 页。

政治活动，对社会政策的运行施加各种影响。无论是两党制还是多党制国家，各政党为了能在"政治竞争"中获胜，对一些诸如社会不公平、歧视、贫富差距、就业、社会福利和社会保障等问题都不敢忽视，这些问题也始终贯穿于各政党的竞选纲领与竞选策略中。如英国1997年的大选中，英国选民抛弃保守党而选择工党，就与工党积极推行社会福利政策密切相关。从历史上来看，工党曾在二战后为选民建立起福利国家；从现实的角度来看，此前的保守党政府虽然在减少政府的社会保障开支方面取得了一定的成效，但并没有缓解当时的失业、贫困等问题。[①] 在社会政策运行的过程中，非执政党也是一种重要的制衡力量。非执政党对政府的行为起到一定的监督作用。执政党在其政府行为中通常要考虑到非执政党的存在及其所代表的社会利益，以取得社会的普遍支持。非执政党可以通过合法途径，或提出某种议案，或促成某种议案的通过，或投票对政府的社会政策表示信任或不信任。

我国实行中国共产党领导的多党合作和政治协商制度，作为唯一合法的执政党以及全国人民根本利益和意志的集中体现者，中国共产党在社会政策制定的各个环节上都发挥着主导作用。各民主党派是参政党，通过人民政协这一爱国统一战线组织，直接或间接地参与国家重大社会政策的讨论、建议、监督和评价。

7. 大众传媒

现代大众传媒主要是指广播、电视、报纸、杂志、网络等，它具有覆盖率高、信息量大、影响面广、冲击力强等特点，是现代社会最强有力、最直接、最方便的沟通手段，在传播信息、制造舆论、沟通思想、传播知识等方面起着非常重要的作用，对政策制定过程也有着非常重要的影响，被视为政策主体的一个重要组成部分，有"第四种权力"之称。[②] 大众传媒之所以成为现代社会中政策主体的一个重要因素，是由其功能决定的。大众传媒为各种社会政策主体提供了一个信息沟通和

---

① 丁建定、杨凤娟：《英国社会保障制度的发展》，中国劳动社会保障出版社2004年版，第177-178页。

② 谢明：《公共政策导论》（第4版），中国人民大学出版社2015年版，第54-55页。

交流的平台，它既为各种政策主体参与社会政策提供了有效的途径，也创造了一定的社会舆论氛围，从而为社会政策的运行施加了一定的影响。

大众传媒对社会政策的科学健康运行具有一定的正功能。首先，通过大众传媒这个信息平台，决策部门可以在一定程度上了解当时社会的民情和民意，为科学民主决策提供参考。其次，大众传媒对社会政策的宣传、监督和反馈等，使社会组织、公民等能理解、支持和督促社会政策的运行。最后，大众传媒的存在也为社会政策的运行创造一定的社会舆论氛围。大众传媒对社会政策运行的负功能表现为，大众传媒如果只是被强势群体所主导，那么它所引发的社会需求或社会氛围，只会对强势群体有利；大众传媒在报道时出于自身利益的考虑，如增加发行量或提高收视率、点击率等而人为地去制造新闻或过分夸大事实等，这些都会对社会政策议程产生一定的负面影响。事实上，大众传媒在社会政策运行过程中到底能发挥到什么样的作用，与该国政治民主化发展水平密切关联。

8. 智库

智库又称思想库或智囊团，是社会政策主体的一个十分独特而又非常重要的构成因素，被认为是现代决策链条中不可缺少的一环。智库的成熟是政策科学兴起的催化剂和推动力。现代科学决策离不开政策咨询。政策研究机构的日益崛起代表了未来决策的发展趋势。智库的出现对改善政策系统和环境、促进决策质量的提高有着积极影响。智库是产生可靠的、可能被有关部门接受的政策研究成果的主要机构，它对政策科学与实践的贡献表现为：发展政策研究的理论与方法论，开发或应用政策分析的方法及技术，并将政策分析的知识和方法系统化而凝聚成一个相对独立的学科；智库作为实验室，可以把政策设想或方案推广到实际运用中；为来自学术界和政府部门中的专业政策学者创造一个良好的环境。[①] 从智库与政府之间的关系来看，一般可把它们划分为官方智库、半官方智库、民间智库和国际智库等。

---

① 陈振明：《公共政策分析导论》，中国人民大学出版社 2015 年版，第 14 页。

二、社会政策的对象

社会政策的对象是指社会政策直接或间接作用及影响的对象，主要包括社会政策所要解决的社会问题和社会政策的目标群体，分别指向社会政策"事"和"人"的两个维度。作为"事"的维度，社会政策需要解决社会问题；作为"人"的维度，社会政策需要调整相关利益主体的关系，尤其是利益关系。

1. 社会问题

所谓社会问题是指在社会发展过程中，社会发展的实际状况与社会主流价值观所期望的状态之间存在着一定的距离，这种距离已给一些社会成员带来了一定的危害并影响到社会整体的发展，需要动员社会的力量来加以解决的问题。这种危害可以从现实生活中一些群体的利益受损、社会关系的紧张、心理上焦虑和不满等方面体现出来。

社会问题的客观性。所谓社会问题的客观性是指社会问题的存在状况及其数量大小是一种客观现象，它独立于人们的意志之外，是社会问题存在的必要条件，它有其产生与发展的规律。人们是可以通过观察或了解去感知社会问题，也可以通过社会性力量去减轻社会问题的危害程度，却不能彻底地解决社会问题。

社会问题的主观性。社会问题的存在又离不开人们的主观定义。这一方面体现在对社会问题存在的客观情况的主观认定，具体表现为一些人认为某种问题是一个社会问题，另一些人并不认为它是一个社会问题；另一方面表现在对社会问题判断的价值选择性，使人们以不同的方式或从不同角度看待同一种社会问题，从而影响到人们对社会问题的态度和行为选择。

社会问题的社会性。社会问题的社会性表现在社会问题产生原因的社会性、社会问题内容和形式的社会性、社会问题后果的社会性。社会问题不只是涉及个别人或少数人的利益，而是关系到大多数人的问题和利益。比如一个工厂倒闭，一部分人失业，那只是个人的问题，在社会经济转型的背景下，许多人失业就可以说是一个社会问题了；一家歉收可能是个人问题，但如果许多家庭收入很低就是一个社会问题了。正因如此，社会问题的社会性还体现在社会问题责任的社会性以及解决社会问题方法和过程的社会性等方面。

社会问题是系统性的问题。任何一个社会问题都不是孤立存在的，它往往是整个社会问题系统中的一个有机组成部分。一方面，一个社会问题的产生可能与其他社会问题存在着关联性，它们之间相互作用、相互影响，共同构成了社会问题系统；另一方面，社会问题的解决要求我们关注社会问题的系统性。社会问题的系统性要求我们在解决社会问题时要从社会问题之间的关联出发，分清社会问题之间的内在关联性，找出一些根源性问题，同时还要分析问题解决的难易程度，以便循序渐进地解决问题。

社会问题的过程性。社会问题的形成往往具有一个发展过程。社会问题一般不是突然发生的，而是逐渐形成的，它有一个从小到大、从潜在到显性、从一般到突出、从小范围到大范围的、历史的变化的过程。社会问题的过程性还体现在人们对社会问题的认称上。社会问题的形成和界定，是在不同的社会群体，尤其是在特定社会事态中人群和拥有话语权的社会群体，如媒体、学者群体及国家（政府）三者间进行问题认称的过程中实现的。①

2. 社会政策目标群体

社会政策本质上是国家或政府对社会关系和社会利益进行权威性调节和分配，直接或间接受到社会政策影响和制约的社会成员被称为社会政策的对象或目标群体。社会政策能否起到应有的效果，并不是政策制定者或执行者一厢情愿的，还与目标群体的态度有着直接的联系。

可以根据不同的标准将社会政策的目标群体进行分类。根据目标群体对一项社会政策的态度，可以将社会政策目标群体分为接受群体和不接受群体。接受群体又可分为完全接受群体或部分接受群体、积极接受群体或消极接受群体；不接受群体也可分为完全不接受群体或部分不接受群体、积极不接受群体（强烈反对）或消极不接受群体（不予合作）。从社会政策运行的效果来看，社会政策的制定者和执行者应密切关注目标群体对社会政策态度的变化。这不仅是因为目标群体的态度直接关系

---

① 关信平：《社会政策概论》（第2版），高等教育出版社2009年版，第72页。

到它们是否对社会政策给予积极支持和配合的问题，也是关系到社会政策最终效果如何的问题。影响目标群体对社会政策态度的因素有政治社会化影响、传统思想观念和行为习惯的制约、对政策实质合理性和程序合法性的看法以及对成本-收益的权衡等。

根据社会政策目标群体涉及重点对象的不同，可将社会政策分为选择性模式与普遍性模式。选择性模式是指社会政策实践中将依据一定的原则、资格标准遴选最需要帮助的个人或家庭，然后将福利资源和福利服务用于这些最需要援助的个人或家庭。普遍性模式是指社会政策在实践中将不加区分地面向一国或一地区的全体社会成员或某些群体的所有社会成员，提供相同标准的福利资源或福利服务，而不论他们是否都有相应的需要。这种模式强调的是全体社会成员作为负责任的公民都具有使用或不使用福利资源或福利服务的平等权利。①

根据目标群体在一项社会政策中的利益得失情况，可以将目标群体分为受益者和受损者。所谓社会政策的受益者是指从一项社会政策运行过程中获得好处的个人或群体，它又可以细分为直接受益者和间接受益者。社会政策的直接受益者是指一项社会政策的运行直接使某些个人或群体获得利益，如一个地区最低生活保障水平的提高，其直接受益者就是最困难的个人或家庭，而这一标准提高之后，起到了促进消费、维护社会稳定、促进社会和谐等方面的作用，其他社会群体也可以说是这项社会政策的间接受益者。社会政策的受损者则是指在社会政策运行过程中利益受到损害的个人或群体。

个人或群体对社会政策的态度如何，与他们在社会政策运行过程中利益得失情况密切关联。一项社会政策如果能够使目标群体获得一定利益，就容易被目标群体所接受，目标群体会对社会政策采取积极参与和配合的姿态；反之，一项社会政策如果被目标群体视为对其利益的侵害和剥夺，它就难以得到目标群体的认可，目标群体就会对社会政策采取被动和消极的姿态。一项社会政策要想得以顺利执行并收到预期的效果，就应注意社会政策的损益规律，并尽可能争取目标群体的理解和接受。

---

① 林闽钢：《中国社会政策》，武汉大学出版社2011年版，第30页。

三、社会政策的内容

1. 社会政策的资源

社会政策的资源是指保证与维持社会政策运行所需要的各种物质和社会条件。社会政策的实施离不开必要的人力、物力、财力等资源的支撑，筹措和调动各种资源是制定和实施社会政策时需要解决的关键问题。当今，发达国家和地区越发重视社会政策资源的开发，通过各种途径或渠道扩大社会政策资源的来源，以满足日益增长的社会需要。政府调动社会政策资源的方式主要有税收、国债、利用外资以及其他筹集资金途径。民间调动社会政策资源的方式主要有社会集资、捐赠、志愿服务、社会网络与社会资本。

2. 社会政策的运行

广义上社会政策运行涵盖了社会政策议程确立以及政策的制定、执行、监控、评估和调整等所有阶段和环节。狭义上社会政策的运行一般是指将社会政策转化为福利资源或将福利服务传递给政策目标群体的过程。为了保证社会政策有效运行，在社会政策制定与实施过程中，需要兼顾社会政策公平与效率，以追求获得更大的社会效益为目标，以便为社会政策的有效运行赢得更多的社会支持；需要兼顾公共服务与个人自由选择的有机结合。为此，需要根据福利资源和福利服务本身的特征采取针对性的服务方式：对于标准化、物质化的福利资源适宜采用公共服务的方式进行，而对于偏重个性化、服务性的政策更适宜为个人自由选择创造必要的条件与机会。

资金供给和服务传递被看作社会政策运行中的两个关键环节。在社会政策运行中，影响资金供应量的基本因素主要是社会福利需求和可调动的财政资源。在不同的社会政策体系中，政府对这两个基本问题的回应模式是不同的，从而形成了需求导向型和预算约束型两种政策资金供应模式。在需求导向型模式下，社会福利主管部门倾向于按照社会福利的实际需求来计划社会政策行动方案及其所需的财政支出，然后要求政府财政部门提供相应的经费。这一模式的优点在于能够在很大程度上保证满足社会福利的需求，但缺点在于容易导致财政支出不断膨胀，使政府的财政压力增大，因而不得不提高税收，从而影响经济运行，引起纳税人的不满。在预算约束型模式下，财政部门事先在财政总支出的计划中给社会政策各个领域划分一定的数额，社会福利部门在事先的预算总额内安排具体的行动及资金使用方案。这一模式的优点在于可以约束政府社会支出的过度膨胀，缺点在于社会福利发展滞后于实际的需要，造成社会事业发展缓慢等。社会政策的服务传递模式主要有三种：政府直接经营社会服务机构；政府补贴供应方；政府补贴需求方。[1]

第三节　社会政策的宏观环境

社会政策的宏观环境是指直接或间接影响社会政策运行的各种客观和主观因素的总和。社会政策的宏观环境包括经济环境、政治环境、社会环境、文化环境、国际环境等，这些政策环境向社会政策的决策系统发出一定的政策诉求，要求国家或政府部门做出一定的回应，同时又为社会政策运行提供一定的条件或限制。社会政策的运行反过来又作用于一定的环境，对社会政策环境施加一定的影响。

一、社会政策的经济环境

社会政策的经济环境是指直接或间接影响社会政策运行和发展的各种经济因素的总和，主要包括世界经济格局与运行状态、一国或一个地区的经济发展水平、经济体制、经济发展速度与经济结构等。本书主要分析一国或一个地区的经济发展水平、经济体制对社会政策所产生的影响。

社会政策的实质是国家或政府对社会有价值的资源的再分配。要想做到这一点，国家或政府首先要有可供分配的资源，同时在社会政策本身的运行过程中也要花费大量的人力、物力和财力，这些都需要以

---

[1]　参见关信平：《社会政策概论》（第2版），高等教育出版社2009年版，第104—107页。

一定的社会财富作为基础。所以一个国家或地区的经济发展水平是决定社会政策制定和实施的最重要的依据和必要条件。政府要想制定出合理的社会政策方案，并使之取得预期效果，首要的和根本的一条就是从本国或本地区的实际情况，尤其是社会经济发展的水平与现状出发，任何超越或落后于社会经济发展水平的社会政策，必然给经济社会的发展带来不良影响。①

经济体制是在一定的社会经济制度的基础上形成的较为具体的经济运行规则和规范，经济体制为社会政策的形成提供了外部组织环境。经济体制的发展经历了自然经济体制、计划经济体制和市场经济体制。经济体制对社会政策的影响主要体现在以下几个方面。

1. 经济体制影响社会政策的调控领域

自然经济体制是以自给自足的小农经济为基础的，生产规模小，人们的经济联系和经济活动方式比较简单，可能面对的社会风险也小，以血缘和地缘为纽带的家庭、宗族等非正式群体在化解社会问题方面起着积极作用。在一些自然灾害或战争等特殊情况下，国家或政府才临时出台一些救济性的社会政策来解决社会问题，这种临时性的社会政策还没有制度化。在计划经济体制下，国家通过计划，运用行政手段调节国民经济，进行资源配置，国家或政府已介入社会经济生活的各个领域，在解决社会问题、满足弱势群体的需要和提高整个国民的福利方面扮演着重要角色。在市场经济体制下，市场是资源配置的重要手段，但由于市场本身带有盲目性、自发性、滞后性等缺陷，需要政府进行必要的干预，尤其是市场的自发竞争经常导致社会问题的严重化，迫切需要政府通过社会政策进行积极干预，以调整和弥补市场自身的缺陷和不足，为经济发展提供健康的社会环境，并不断提高广大群众的福利水平。

2. 经济体制决定社会政策的价值取向

在自然经济体制下，国家或政府在解决社会问题、满足弱势群体的需要和提升公民的福利方面是消极和被动的，也没有形成一定的制度，

---

① 陈振明：《公共政策分析导论》，中国人民大学出版社2015年版，第25页。

公民在接受救济时是一种"乞求"者的姿态,政府临时的救济行为也被认为是一种"善行"。计划经济体制排斥竞争,排斥优胜劣汰的市场机制,它是一种追求所谓的社会公平甚至是平均主义的经济体制,这种体制下的社会政策必然以公平优先为导向,在价值取向上更多强调国家或政府、集体优先于个人,政府类似一国的"家长",对社会资源进行平均分配,追求的是结果的公平。市场经济体制下,在经济领域更多强调效益优先、兼顾公平,追求的是一种高效益基础上的更大的公平,在社会福利领域,以国家或政府为主导的社会力量有责任也有能力提供一些服务,通过一系列的福利制度和政策积极干预公民生活已成为市场经济体制下社会生活的重要特征之一。

3. 经济体制决定社会政策的特点

在自然经济体制下,社会政策的制定更多由君主等个人的好恶来决定,其所实施的社会政策具有一定的盲目性和随意性,社会政策的目标群体对社会政策只有盲从,社会政策以强制为导向且具有一定的僵化性。在计划经济体制下,社会政策制定的主观性也较强,其推行主要依靠行政因素,社会政策刚性较强,较为僵化,缺少灵活性和伸缩性,且以结果公平为政策导向。在市场经济体制下,人们能在深刻认识客观经济规律的基础上制定相应的社会政策,提高了社会政策的质量,也增加了社会政策的客观性,同时,市场经济体制通过利益调节对经济活动加以调控,使社会政策具有一定的弹性和伸缩性。

二、社会政策的政治环境

社会政策的政治环境是指直接或间接影响社会政策的国家政治制度、政治体制、政治文化、政党制度等诸因素的总和。社会政策的政治环境决定着社会政策的政治性质,一个国家的政治生活中最根本的方面就是不同阶级、阶层、政党、利益群体与国家权力的关系。当国家权力掌握在占社会人口绝大多数的阶级、政党和利益群体手中的时候,社会政策所要维护的就是绝大多数人的利益,反之,社会政策就只能是为社会中的少数人服务。同时,社会政策的政治环境也决定了社会政策运行过程中的民主化程度。本书主要分析政治制度和政治文化对社会政策运行的影响。

1. 政治制度对社会政策的影响

政治制度是指社会中不同利益集团在国家权力配置结构中的地位以及由此决定的相互之间的基本关系。根据各种政策主体在社会政策运行过程中的地位，尤其是在社会政策决策过程中的地位，可以将政治制度划分为专制制度和民主制度。在专制制度下，决策权高度集中，公民没有参与政治活动的权力，甚至连做公民的资格都没有，这种制度下的政治决策的过程就会带有极强的阶级性，过多地代表统治阶级的利益，而被统治阶级很难发出来自己的声音，也很难对决策过程施加一定的影响。极少数人独掌社会政策制定权和解释权，社会政策的内容主要体现统治阶级的意志。专制制度下的社会政策更多地与某个君主个人能力、风格和喜好相联系，政策也就会随着少数个人的变化而变化。

民主制度是某一个阶级或社会集团的所有成员按照法定程序和少数服从多数的原则集体掌握国家政权，实行整个阶级统治和管理社会的政治制度。它通过领导职务的选举制、任期制、分权制、监督制等实现着统治阶级内部的权力制约和对国家的领导。民主制度对社会政策的影响主要表现在以下三个方面。

第一，民主制度促使社会政策制定程序的规范化。民主制度将多种政策主体如何参与政策过程以法律法规等形式予以制度化、程序化和规范化，保证了社会政策决策过程中的集体参与。

第二，民主制度使政策制定更具科学性。在民主制度下，公民个人、大众传媒、社会组织、智库、国家和政府等多种政策主体，通过新闻媒体、选举、社会舆论、政党竞选等民主形式来表达各自的政策诉求，这为科学决策提供了制度保证。现代社会各政党为了能够掌控国家政权，为了赢得选民的支持，在政治市场竞争中也会兼顾不同阶级或阶层的利益诉求，从而使政策在一定程度上反映了民情和民意。在当代民主体制下，智库在政策运行过程中起着重要作用，专门从事政策咨询研究的机构或组织运用现代科学手段，依据大量实证材料编制出多种政策方案，供决策机构选用，为国家或政府的科学决策提供了智力支持。

第三，民主制度使社会政策更具有连续性。在民主制度下，社会管理依法进行，社会政策的制定必须符合法定程序，社会政策的内容也要以法律为准绳，大多数社会政策本身就以法律法规的形式推出。民主制度为社会政策的运行建立了一个不以个人好恶为转移的法律和制度环境，从而保证了社会政策具有较强的稳定性和连续性。

2. 政治文化对社会政策的影响

政治文化是人类政策生活中的主观意识范畴，是人们对有关政治方面的信仰、理论、感情、情绪、评价和态度等历史和现实的总和。① 在社会政策的运行过程中，人们对政治组织、政治过程、政治目的、政治角色、政治活动或政治事件等方面的认知、情感和评价等，直接影响到人们对国家或政府在解决社会问题、维护社会公平和公正过程中应扮演何种角色的期待，也影响社会成员对国家或政府的信任程度和满意程度，对行为者自己和相关的社会政策主体在社会政策运行过程中应采取什么样态度、扮演什么样的角色的期待也有一定的影响，这些都直接影响社会成员或群体在社会政策运行过程中的参与程度。

依据公民在政治过程中参与性质的不同，可以将政治文化分为顺从型政治文化和参与型政治文化。所谓顺从型政治文化是指人们对社会政策颁布之后的责任有较明确的认知、情感和价值取向，而在政策制定过程中以及社会成员作为政治参与者方面自我取向却非常低。参与型政治文化是指社会成员对社会政策制定、执行过程中都有强烈而明确的认知、情感和价值取向，并对自己作为政治体系成员的权利、能力、责任及政治行为的效能具有积极的认识和较高的评价。一般来说，参与型政治文化和民主政治制度是一致的。② 可见，顺从型政治文化虽然对社会政策的实施有利，但民众在整个社会政策运行过程中始终处于被动地位，而参与型政治文化因民众参与社会政策运行的全过程，表现出充分的参与主动性，更加有利于社会政策的制定、执行和评估。

---

① 陈振明：《公共政策分析导论》，中国人民大学出版社2015年版，第26页。
② 参见杨光斌：《政治学导论》（第2版），中国人民大学出版社2004年版，第51-53页。

三、社会政策的社会环境

改革以来，中国社会由总体性社会向分化性社会转变。尤其是 21 世纪以来，中国社会已经步入了急剧变迁和快速发展的时期。"经济体制深刻变革，社会结构深刻变动，利益格局深刻调整，思想观念深刻变化"是这个时期的主要特征。① 急剧的社会变迁给中国社会造成的一个直接后果，就是社会的利益主体多元化，利益关系更趋复杂；不同利益主体对发展与变迁的社会预期普遍提高，对自身利益的保护意识日益增强，对公共资源分享的诉求日益强烈；利益冲突有时变得更加尖锐，利益表达有时变得更加无序，利益的实现有时也变得更加极端，利益的综合也因此变得更加困难。② 中国社会矛盾日益凸显，社会冲突和社会抗争不断升级，其集中表现就是形形色色的"群体性事件"不断爆发。③

在发展市场经济的过程中，国家曾大幅度退出社会福利领域，市场成为国民福利的主要提供者，导致社会福利领域中市场失灵与政府失灵并存，民生及社会问题日益突显，④ 严重影响了社会的安全稳定及有序发展。为此，党和政府自 2003 年起，加快了以改善民生为重点的社会建设，并提出了建立适度普惠型福利体制的构想，由此我国进入了经济建设与社会建设并重的新时代。经过多年来的建设，社会公正、和谐社会、公共服务的均等化理念广泛传播并逐渐得到了社会各界的认同；始终坚持人民至上，以人民为中心，深入推进行政管理体制改革，切实转变政府职能，建设服务型政府，不断满足人民对美好生活的向往和追求，这是党和政府对中国人民做出的庄重承诺。

在这一变迁中，中国人口的大流动、社会的复杂化和民主化都需要各级政府在社会建设和适度普惠型福利体制的建设中，不能包揽福利

---

① 参见《中共中央关于构建社会主义和谐社会若干重大问题的决定》。
② 李汉林、渠敬东：《中国单位组织变迁过程中的失范效应》，上海人民出版社 2005 年版，第 2 页。
③ 燕继荣：《社会变迁与社会治理——社会治理的理论解释》，《北京大学学报（哲学社会科学版）》2017 年第 5 期。
④ 李迎生：《国家、市场与社会政策：中国社会政策发展历程的反思与前瞻》，《社会科学》2012 年第 9 期。

服务与社会建设，而要动员并调动企业、社会服务机构、基金会、志愿者乃至家庭等社会各界的力量，促进政府、市场、社会各司其职，相互配合、多方协同。唯如此，才有可能充分发挥各自的优势，提高福利服务与社会建设的水平与质量。国内外实践业已表明，多元复合供给模式才能满足多样化需求。为此，近几十年来，在政府规划、资助、支持与倡导下，大量的社会服务机构、基金会和能力建设型服务组织纷纷兴起，这些公益性的社会组织不仅在促进不同社会群体之间的利益表达、利益综合与利益实现等方面发挥着积极的作用，而且也在政府购买服务中协同合作，在社会建设和社会福利服务输送体系中扮演着越来越重要的作用，不断满足着国民的福利服务需求。

四、社会政策的文化环境

社会政策的文化环境是指直接或间接影响社会政策运行的信仰、伦理道德、风俗习惯、宗教、法律等因素的总和。在社会政策的文化环境中，对社会政策运行影响最大的莫过于文化制度。文化制度是指围绕作为观念形态的文化活动而形成的一系列规定，它是规范人们思想文化行为的组织体系和行为准则。

文化制度一般可以分为专制文化制度和民主文化制度，它们对社会政策运行的影响是各不相同的。专制文化制度对社会政策的影响主要表现在：① 专制文化制度使社会政策制定缺少科学依据。专制文化禁锢了人们的头脑，人们谨言慎行，循规蹈矩，因循守旧，很难做到集思广益。② 专制文化制度使社会政策缺少创造性。在专制文化下，人们为规避政治风险往往不对政策做出具体研究，也不考虑具体情况，唯命是从，照章执行，极少考虑政策执行的效果。③ 专制文化制度使政策运行过程缺少信息反馈系统。在专制文化环境下，人们的思想受禁锢、舆论无自由，社会政策缺少正常的反馈系统，即使出现了失误，有时也很难得到及时调整。

民主文化制度对社会政策的影响表现在：① 社会政策的制定以科学理论为依据。一方面，思想和舆论比较自由，人们敢于对各种社会问题和社会现象发表各自的观点和看法，从而使国家或政府在决策过程中能听到不同群体的呼声和政策诉求；另一方面，一些为政府决策部门提供智力支持的智库也为国家或政府的决策提供了智力支持。② 社会政策的执行具有一定的创造性。在民主文化制度下，人们思想解放，禁忌较少，因而能够在坚持社会政策的目标和原则的前提下创造性地执行社会政策。③ 拥有能够真实反映政策信息的反馈系统。在民主文化制度下，由于有言论和出版的自由，人们对社会政策运行过程中所出现的问题和现象能够自由地提出自己的看法和建议，同时对社会政策的执行部门也起到了一定的监督作用，从而保证了社会政策运行过程中信息反馈系统的畅通。[1]

五、社会政策的国际环境

在科技高度发达的现代信息社会，国与国之间的空间距离已不再成为相互交往的障碍。政治关系中的相互支持、经济关系中的相互依赖、科技文化的相互交流，密切了国与国之间的关系。任何一个国家都置身于国际大背景中，一国的社会政策也直接或间接地受到国际环境的影响。这种影响主要体现在随着国际关系的日益发展，国际交流不断扩大，国际社会中出现了许多需要各国政府联手解决的问题，如控制人口过度膨胀、贫困问题、失业问题、养老问题等。在解决问题的过程中，有些国家在制定和实施社会政策方面取得一定经验，其他国家也可以借鉴和吸收，从而使本国的社会政策不断完善。全球化也使一国社会政策面临着不同程度的挑战，其社会政策的制定也不得不考虑与国际接轨，用国际标准来衡量、规范和完善本国的社会政策。一个国家还必须不断完善社会政策，使社会政策取得良好效果，来回应国际社会的挑战。

◢ 思考题

1. 社会政策与相关政策的关系。
2. 社会政策的主要特征。
3. 社会政策的构成要素。
4. 社会政策宏观环境的内容。

---

[1] 参见王传宏：《公共政策行为》，中国国际广播出版社2002年版，第133-137页。

第二章
社会政策的功能

任何一个国家的社会政策都基于特定的社会政策理念，具有特定的基本目标，并发挥特定的基本功能。社会政策的基本理念包括自助理念、国家责任理念与共同责任理念。社会政策的基本目标包括政治目标、经济目标、社会目标与道德目标。社会政策的基本功能包括实现提升政府的公民认同，促进经济持续发展，推进社会公平正义与提升社会责任意识。

第一节　社会政策的基本理念

对于不同的社会行动主体而言，社会政策有着不同的理念。对于社会成员而言，社会政策的理念在于社会政策受益对象自助，增强其独立性及谋求生活福祉的能力；对于国家而言，社会福利体系的构建和社会政策的实施理念在于国家责任和担当；对于社会而言，社会政策的着眼点在于社会共同体建设。

一、自助理念

自助理念是指通过满足社会成员的需求，解决社会成员日常生活中的问题，帮助社会成员摆脱生存与生活困境，实现社会成员个体能力的建设目标。类似于在扶贫过程中，社会政策的干预使得贫困户通过接受"输血"摆脱贫困，并逐渐获得自身"造血"的功能，拥有可持续生计的能力等。作为社会政策最为直接的干预目标，社会政策的理念在社会成员层面主要体现为解决社会成员的问题、维护社会成员的权益、提升社会成员的能力等。

1. 解决社会成员的问题

社会政策最为直接的理念在于解决社会成员的问题。在日常生活中，社会成员会遇到诸多问题，比如温饱问题、教育问题、婚姻问题、养老问题，等等。当问题的复杂程度和难度不在社会成员能力掌握范围，并且难以通过社会成员的社会关系网络解决时，他们的生存和生活将陷入困境。如在温饱问题方面，由于一些社会成员的能力难以适应自然、社会经济环境等，他们在日常生活中出现了吃不饱饭、穿不暖衣等问题。在问题的解决过程中，仅仅依靠社会成员的行动，这些生存问题有时根本难以解决，他们自然陷入贫困状态。尤其当周遭的亲戚朋友难以给予援助时，绝对贫困问题很可能被固化，从而影响到社会成员的身体健康、寿命等，并且会以代际传递的形式影响到下一代。①在日常生活中，许多超越社会成员能力范围的社会问题也是经社会政策的介入而得以解决。在当前，许多社会成员也多选择社会政策路径解决个人及社会关系网络中自身难以解决的问题。比如在遇到灾情时，向政府相关部门申请临时困难补助。

在社会政策实践中，社会政策解决问题的途径主要有三种形式。首先是直接给予物质资源等，满足社会成员的需求。在日常生活中，面对社会成员的现实问题，政府部门会直接给予必要的干预。比如由于家庭社会经济条件有限，贫困大学生在收到大学录取通知书后没钱缴纳学费，助学贷款政策可以提供资助使其顺利入学。2003年《教育部关于切实做好资助高校经济困难学生工作的紧急通知》明确规定，设立"绿色通道"制度，确保新录取的经济困难学生顺利入学。不允许任何高校以任何理由拒绝家庭经济困难学生入学，如发生这类情况，要追究有关高校主要领导的责任。对于没有按时报到的新生，学校要查明原因。对由于经济困难原因而不能入学的新生，学校要采取相应措施，让他们顺利入学。②面对在校贫困大学生的生存需求问题，帮扶既有采取直接发钱、发物的形式，也有通过勤工助学的形式向贫困大学生提供必要的帮助等。在日常生活中直接给予物质资源形式帮助的案例较多，比如对下岗失业困难人群发放失业补助金和提供职业培训机会，对于农村社会中满60岁的老人每月给予相应的补助等。

其次是直接给予相应的政策支持，创造解决现实问题的行动空间。社会政策具有一定的权威性，能够赋予行动的合法性。当社会政策允许某一主体进入民生领域时，相应的市场资本才能够进入相关领域。否则，缺少必要的正当性与合法性，势必会受到规制和惩罚。比如国家通过社会政策赋予资本进入教育领域的适当空间，扩大了高等教育的规模，有更多的高中毕业生可以获得接受高等教育的机会。目前，国家正在通过多种形式和渠道探索资本进入医疗、教育、养老等领域，采取多方协作的方式解决民生中的现实问题。在此过程中，国家则是通过提供相应的

---

① 陈文超：《"快生早死"的行动逻辑与人生进程压缩——评析〈断裂的阶梯：不平等如何影响你的认识〉》，《江汉大学学报（社会科学版）》2020年第2期。
② 《教育部关于切实做好资助高校经济困难学生工作的紧急通知》，2003年。

政策支持以解决社会成员的现实问题。

最后是通过链接资源的形式满足社会成员的需求。在实践中，政府并非是全能主义者，并没有充足的财力和物力等直接发放全部的社会福利资源。在缺少充足的社会福利资源状况下，政府通常发挥主导性作用，动员和协调社会各界力量协同参与，提供必要的物质资源。因此，政府部门制定的社会政策往往呈现出主导性的链接作用，帮助受帮扶对象链接资源。比如在精准扶贫过程中，为了确保西部地区现行国家扶贫标准下的农村贫困人口到2020年实现脱贫，贫困县全部摘帽，解决区域性整体贫困，中央政府要求东西部扶贫协作和对口支援，如开展产业合作、组织劳务协作、加强人才支援、加大资金支持等。在具体实施过程中，北京市帮扶内蒙古自治区、河北省张家口市和保定市等。①

2. 维护社会成员的权益

社会政策的显性功能直接体现在维护社会成员的权益上。在日常生活中，并不是每一个社会成员的生存和生活问题都会突出地表现出来，甚至以卡脖子的方式呈现。但是，这并不代表这些社会成员没有需求，也不意味着他们不需要社会关注和帮扶。相反，每一个社会成员都存在着这样或那样的需求，并且，针对他们的日常生活需求，为他们提供力所能及范围内的社会政策供给，是社会政策维护社会成员权益的重要功能。

无论是社会阶层结构中顶端的优势人群，还是中间一般人群，以及底端的低端人群，他们的日常生活中都存在着现实问题和困境，困扰着他们的生活和发展。虽然他们面临的生活问题不一样，比如低端人群的问题更多停留在生存层面，一般人群强调美好生活的内容和形式，优势人群多重视生活的品质，但是他们预期生活目标的实现，都需要外界力量的干预。如若仅仅依靠社会成员个体的努力及关系网络的力量，哪一个人群都很难完全实现期望中的民生福祉。比如，同样面对养老问题，如若同时选择机构养老的方式安度晚年，受制于社会经济因素的影响，低端人群多选择价格低廉甚至公办免费的养老机构（如乡镇社会中的敬

---

① 《中共中央办公厅 国务院办公厅〈关于进一步加强东西部扶贫协作工作的指导意见〉的通知》，2016年。

老院、福利院等），一般人群选择条件稍好的养老机构（如公共设施较好的养老公寓等），优势人群会选择高端康养机构（如一些医养结合的养老社区等）。

虽然养老资源需求不同，但可划归为现实生活中的客观问题，都需要一定的社会政策予以介入和干预，否则机构养老问题的解决无从谈起。对于低端人群而言，缺少必要的经济资本和物质资本，难以支付养老机构中的各项费用，若没有社会政策的支持，他们的养老问题则是空谈。对于优势人群而言，缺少必要的社会政策许可，难以有市场资本进到养老领域中来，自然也不可能有高端养老服务机构的存在。即使社会政策放开管控，按照市场规则可以作为生产要素进入，但当缺少必要的监管时，资本的逐利性将压榨社会福利的空间，优势人群的社会服务资源难以得到有效的保障。同样，对于一般人群来说，他们虽然有一定的经济资本和物质资本，但他们需要的养老服务资源同样离不开社会政策支持，如养老服务资源的数量和质量方面等。由此可见，社会低端人群的养老需求呈现出紧迫性特征，社会政策对他们需求的重视以及提供必要的社会养老服务资源，是对他们权益的保障。但一般人群和优势人群同样存在着需求问题，重视他们的需求，给他们提供相应的社会福利保障，也是对他们社会权益的重视和维护。在《国务院办公厅关于推进养老服务发展的意见》中明确指出，大力推动养老服务供给结构不断优化、社会有效投资明显扩大、养老服务质量持续改善、养老服务消费潜力充分释放，确保到2022年在保障人人享有基本养老服务的基础上，有效满足老年人多样化、多层次养老服务需求，老年人及其子女获得感、幸福感、安全感显著提高。[①] 可见，社会政策的制定和实施以社会成员的权益维护为行动目标，并且也正是社会政策的实践保障了社会成员的权益。

3. 提升社会成员的能力

社会政策的显性功能直接体现为社会成员能力的提升，这经常被看作是社会政策作用的结果，或是社会政策的成效。解决社会成员的问题和保障社会成员的权益是社会政策的直接目标，但这些都是从问题出发，帮助社会成员解决眼前的问题，解决具体的问题，并不能很好地顾及社

---

① 《国务院办公厅关于推进养老服务发展的意见》，2019年。

会成员的长远利益。从可持续发展层面而言，社会成员不能过度依赖社会政策路径，否则容易导致社会政策"养懒汉"的结果。从国家层面而言，面对社会成员对社会政策的依赖，并非全能主义的政府如果承载越来越多的负担，势必影响国家的长久发展。在任何一项社会政策设计和执行时，势必要强调社会政策具有提升社会成员能力的功能。通过社会政策介入和干预，社会成员的能力得到建设和提升，拥有了破解当前生存与生活困境的手段，而且能不在社会政策扶助的情境下应对人生进程中的诸多不确定性问题。如在精准扶贫过程中，不仅需要解决"两不愁三保障"问题，更需要对建档立卡贫困户的能力进行建设和提升，一方面建档立卡贫困户不要纯粹依靠外在力量的帮扶形式，要努力通过自身的能力和行动解决现实问题，另一方面建档立卡贫困户要努力掌握相应的谋生技能，实现可持续生计发展目标，真正实现从"输血"到"造血"的转变过程。相关扶贫减贫政策文件中提出了"扶贫同扶志、扶智相结合"。①"扶志"强调内在动力，从他者要求转变为自我要求，从他律转向自律，为发展提供自我要脱贫和要过上好日子的动力。"扶智"注重人力资本的提升，如改变以往的知识结构，拥有谋生技能，为好日子提供必要的保障。当建档立卡贫困户拥有了"志"与"智"，拥有了可持续发展生计时，不仅解决了当前生活困境，更拥有了可持续发展的能力。与直接发钱发物来说，"扶志"与"扶智"更侧重于可持续发展。可见，精准扶贫政策不仅授人以鱼，更授人以渔。

在实践中，社会政策建设和提升社会成员能力的路径主要有三种形式。一是教育路径，通过提升社会成员的文化水平，建设和提升社会成员的能力。建国初期，通过办夜校的形式解决了部分社会成员的识字问题；改革开放后普及九年义务教育，同时实施教育市场化的政策，扩大高等教育办学规模，让更多的社会成员进入高校学习。二是技能培训，对社会成员进行技能训练，提升社会成员的技术水平。在中国社会福利制度中，相关政府部门出台了多样化的社会政策，提升各行各业社会成员的技能水平。比如针对下岗失业人员，政府部门开展了失业人员再就业技能培训；针对建档立卡贫困户中的易地扶贫搬迁对象，政府部门出

---

① 习近平：《决胜全面建成小康社会 夺取新时代中国特色社会主义伟大胜利——在中国共产党第十九次全国代表大会上的报告》，2017年。

台了就业培训方案等。三是通过参与社会政策实施过程获得相关经验。比如政府部门组织劳动力外出务工，参与人员获得了一定的工作经验，为回乡工作积累了必要的资本。

二、国家责任理念

社会福利的供给主体是政府。出于国家的责任理念，政府代表国家对社会成员的生活福祉进行必要的干预，满足社会成员的日常生活需求。通过社会政策的制定和实施，国家的治理水平得到提升，并推动社会经济向前发展。在实践中，社会政策不仅是国家的治理工具，而且是国家功能设置构成中的主导内容。作为国家责任理念的功能体现，社会政策的作用和价值具体表现为维护社会稳定、强化公民认同、构建新发展格局等。

1. 维护社会稳定

动荡的社会秩序不仅无法保障社会成员安居乐业，而且不利于社会经济的发展。已有经验显示，构建稳定的社会秩序，关键在于保障和提升社会成员的生活福祉。

在英国伊丽莎白一世时期，机器化大生产压缩了家庭手工业作坊的生存空间，导致底层民众生活困顿，四处流动，不仅不利于社会经济的发展，如流动带来了大量劳动力的流失，难以保障工厂生产需要的劳动力，而且无序流动加剧了疾病的传播和社会的动荡。《伊丽莎白济贫法》通过对无劳动能力的人提供有限的救济，为有劳动能力的人提供工作等，限制了底层民众的无序流动，不仅稳定了社会秩序，并且为工厂生产提供了必要的劳动力。① 同样，在威廉一世时期的德国，为了应对工人组织的游行、示威、罢工活动，俾斯麦政府通过设置《疾病保险法》《事故保险法》《伤残及养老保险法》来取代原有的《镇压社会民主党企图危害治安的法令》，为底层社会中的工人提供医疗保障、养老金和津贴等。很显然，俾斯麦政府借助提高工人阶级的社会经济利益的形式压缩他们的政治活动空间，进而实现了国家社会秩序稳定的目标。与原有暴力对抗型

---

① 丁建定：《英国济贫法制度史》，人民出版社2014年版。

的手段（比如将工人的一切组织视为非法组织，并以国家暴力机器进行镇压）相比，社会保险计划则是以社会福利实现对社会秩序的控制，通过满足工人阶级的基本工作及日常生活需求，减弱工人阶级的反抗与抵制，保障国家的安定，避免陷入动荡不安的状态。在改革开放以来的中国，社会政策同样具有保障社会秩序稳定的作用和价值。如面对市场化进程中的贫富两极分化现象，社会政策的实施有效减少了富人群体和穷人群体间的矛盾，减轻了社会压力。又如在改善民生的过程中，针对城乡二元结构中农村居民社会保障体系脆弱问题，国家制定了农村最低生活保障制度、新型农村合作医疗制度、农村医疗救助制度、农村五保供养制度、自然灾害生活救助制度等。其中，新型农村合作医疗制度与城镇居民基本医疗保险合并为城乡统一的居民基本医疗保险，有效提高了受益人员的医疗保障水平，强化了农村作为中国现代化过程中"稳定器"和"蓄水池"的作用。再如针对下岗失业工人问题，《国务院办公厅关于继续做好确保国有企业下岗职工基本生活和企业离退休人员养老金发放工作的通知》明确要求，做好下岗职工基本生活保障、失业保险和城镇居民最低生活保障三条社会保障线的衔接工作，确保下岗职工基本生活费和城镇居民最低生活保障金按时足额发放。企业再就业服务中心要及时代下岗职工缴纳养老、失业、医疗等社会保险费。[1] 基于和谐社会建设的目标，党的十七大从民众最关心、最直接、最现实的利益问题出发，着力保障和改善民生，制定了努力使全体人民学有所教、劳有所得、病有所医、老有所养、住有所居的目标。[2] 也正是寓管理于服务之中，2018年12月中央经济工作会议指出，社会政策要强化兜底保障功能，实施就业优先政策，确保群众基本生活底线。

可见，面对社会不确定性问题时，出于国家责任和担当的理念，政府部门通过制定和实施有针对性的社会政策，不仅能够解决社会成员的生活福祉问题，而且还能有效保障社会秩序的稳定。

---

[1] 《国务院办公厅关于继续做好确保国有企业下岗职工基本生活和企业离退休人员养老金发放工作的通知》，2000年。

[2] 胡锦涛：《高举中国特色社会主义伟大旗帜 为夺取全面建设小康社会新胜利而奋斗——在中国共产党第十七次全国代表大会上的报告》，2007年。

2. 强化公民认同

在国家的构成中，公民占据着重要的位置。并且，国家的存续与发展需要公民的认同。已有发展经验告诉我们，公民对国家的认同度高时，国家的凝聚力较强，民众能够拧成一股绳，形成强大的社会合力，为国家的发展提供必要的社会基础；公民对国家的认同度较低时，国家的凝聚力较弱，好似一盘散沙，形成的合力非常微弱，不利于国家发展。因此，增强公民对国家的认同是国家存续与发展的基础和条件。增强公民的国家认同在于强化公民的社会身份。在《公民身份与社会阶级》中，马歇尔将公民身份概括为公民的要素、政治的要素和社会的要素。其中，社会的要素强调从某种程度的经济福利与安全到充分享有社会遗产并依据社会通行标准享受文明生活等一系列权利，与之最密切关联的机构是教育体制和社会公共服务体系。[①] 因此，许多国家在制定和执行相关社会政策时，多以公民的认同为行动取向，以满足民众的生存与生活需求为导向。

在西方社会中，政党政治中的竞争过程经常充满着民众的期望以及政党对民众的承诺，以此增强公民对政党和国家的认同。如1945年英国丘吉尔和艾德礼的首相竞选，出于对福利的期望和工党的民生竞选宣言，艾德礼代表的工党赢得大选。在美国大选之中，无论是民主党候选人，还是共和党候选人，都善于对教育和医疗等民众关心的话题做文章，通过给予选民生活福祉期望，获得必要的选票，期望在竞争中胜出。虽然与西方社会政治有着本质的不同，但是在中国社会的治理过程中，公民的认同一样影响国家治理水平。《中共中央关于坚持和完善中国特色社会主义制度，推进国家治理体系和治理能力现代化若干重大问题的决定》明确指出我国国家制度和国家治理体系的显著优势，包括：坚持人民当家作主，发展人民民主，密切联系群众，紧紧依靠人民推动国家发展；坚持以人民为中心的发展思想，不断保障和改善民生、增进人民福祉，走共同富裕道路。在提高党科学执政、民主执政、依法执政水平方面，要健全为人民执政、靠人民执政各项制度。坚持立党为公、执政为民，

---

① 马歇尔、安东尼·吉登斯等：《公民身份与社会阶级》，郭忠华、刘训练编，江苏人民出版社2008年版。

保持党同人民群众的血肉联系，把尊重民意、汇聚民智、凝聚民力、改善民生贯穿党治国理政全部工作之中，巩固党执政的阶级基础，厚植党执政的群众基础，通过完善制度保证人民在国家治理中的主体地位，着力防范脱离群众的危险。①

可见，公民的社会认同与国家对生活福祉的干预有着密切的联系。在实践中，公民的认同是国家凝聚力增强的社会基础。为了强化公民对国家及政党的认同度，国家的大政方针，尤其是社会政策等要以公民生活福祉的提升为目标，满足民众的生存与生活需求。如此能够有效密切公民与国家的互动关系，增强公民对社会的认同，有利于提高国家的治理水平。

3. 构建新发展格局

随着经济与社会互动关系的不断深化，尤其是社会政策认知水平的提高，社会政策的价值和作用不仅仅在于维系社会的稳定和国家的长治久安，更在于能够推动社会经济发展。与传统理解中将社会政策定位于干预社会不平等和维护社会稳定的功能不同，在重视社会政策的社会分配公平与维护稳定成效的同时，当前更为强调积极发展型的社会政策，将社会政策视为社会经济发展要素之一，推动社会经济发展。

在《巨变：当代政治与经济的起源》中，波兰尼曾论述道，在市场经济发展的过程中，社会在面临变迁时会采取保护措施，即社会的自我保护及社会反向作用于经济发展。②当社会和经济发展同向时，社会无疑助推经济发展，形成社会经济发展的新格局。反之，当社会与经济发展速度及差距过大时，则会形成文化堕距，并阻碍经济发展。在实践中，强化社会与经济的同向作用已是诸多政府推动经济发展的重要手段及谋划社会经济发展新格局的有效工具。

从社会成员的行动逻辑而言，无论是穷人还是富人，他们既是消费者，也是生产者。作为消费者，当处于贫困状态时，穷人没有资源进行

---

① 《中共中央关于坚持和完善中国特色社会主义制度 推进国家治理体系和治理能力现代化若干重大问题的决定》，2019年。

② 卡尔·波兰尼：《巨变：当代政治与经济的起源》，黄树民译，社会科学文献出版社2013年版，第299页。

消费，也不敢消费。摆脱贫困状态后，他们的消费能力和意愿得以提升。穷人的消费实践无疑扩大了社会中消费群体规模，穷人的消费需求也扩大了经济实践中的商品供给量需求，有助于扩张产品的生产规模。在当前中国社会经济双循环的发展格局中，消除建档立卡贫困户，增强脱贫户的可行能力，实现改革发展成果共享，有利于扩大内需，创造经济增长新动力，实现经济再增长。作为生产者，当处于贫困状态时，他们的生产能力受到限制，如对于穷人而言，或者没有劳动技术，或者没有劳动工具，或者没有劳动机会，难以参与到生产实践中，难以为经济增长做出相应的贡献。摆脱贫困状态，尤其具有相应的谋生能力后，他们能够自食其力维持和改善生活，这意味着他们能够参与生产活动及实现经济再生产的目标。作为生产者，他们生产商品，制造财富，促进经济增长。

《中共中央国务院关于打赢脱贫攻坚战的决定》明确指出，扶贫开发事关全面建成小康社会，事关人民福祉，事关巩固党的执政基础，事关国家长治久安，事关我国国际形象。打赢脱贫攻坚战，是促进全体人民共享改革发展成果、实现共同富裕的重大举措，是体现中国特色社会主义制度优越性的重要标志，也是经济发展新常态下扩大国内需求、促进经济增长的重要途径。[①] 从已有经验来看，通过脱贫攻坚战略的实施，中国社会有效解决了绝对贫困问题。并且，随着脱贫攻坚战的完美收官，新时代脱贫攻坚目标任务如期完成，中国农村全面进入乡村振兴战略实施的阶段。

由此可见，社会经济新发展格局的建设并不仅仅在于经济要素。社会要素同样能够助推经济发展，甚至成为经济发展的生产要素之一。在社会建设中，重视具有积极作用的发展型社会政策已成为社会政策研究者和实务工作者的主要取向。如面对老龄化问题，许多学者提出积极老龄化政策，就是考虑到当前老年人的身体健康状况及拥有的社会经验等，引导有条件的老年人参与到社会生产中，让他们老有所为，提高老年人的生活质量。在具体实施中，以中国部分地区实施的"时间银行"互助养老服务模式为例，在政府部门的引导和干预下，志愿者向老年人提供养老服务，并将服务时间存储起来，当志愿者年老需要时可以提取时间

---

① 《中共中央国务院关于打赢脱贫攻坚战的决定》，2015年。

进行服务兑换。"时间银行"互助养老服务模式的运作实施扩大了养老服务资源，也令社会养老服务经济进入到一个新的发展格局。同时，在养老服务提升过程中，有关闲置资源能够得到再开发和使用而被盘活，从而促进养老服务资源的扩大化，促进养老服务问题的解决，最终构建新时代社会经济新格局。

三、共同责任理念

社会政策的目标在于增进社会福祉，提升民众的生活福祉，确保每个社会成员都得到相应的社会保障。无论是作为社会分配公平的调节器，还是作为社会整合的手段，其最终目标指向社会共同体的建设。在实践中，强化社会共同体的建设需要社会成员共同参与，需要培育社会共同责任。作为具有社会共同责任意涵的社会政策，具体涵盖两方面内容，一方面强调社会政策的覆盖对象，另一方面指向社会政策参与力量。

1. 社会对象的全覆盖

社会并非铁板一块的同质性群体，而是呈现出诸多差异化的异质性群体，并构成不同的阶层群体。简单划分，拥有资源较多的群体，处于社会结构中的上层，属于社会优势人群；拥有资源较少或者缺少资源的群体，处于社会结构中的下层，属于弱势群体或社会低端人群；还有处于两者之间的群体，拥有资源量中等，一般处于社会结构中的中间层，属于一般人群。不同的人群或阶层有着不同的需求，社会政策一方面要满足不同阶层群体的需求，另一方面要维护社会平等，防止阶层群体分化的扩大化。

在满足不同人群或阶层群体需求方面，社会政策的目标对象是群体社会成员，尽力做到不落下一人。这是社会发展的要求，也是社会共同体建设的要求。然而，在现实生活中，受多种因素的影响，部分社会成员的社会权益受到忽视，或者是没有享受到应有的社会权益，比如在城镇社会中处于边缘化的农民工群体，承担着城镇社会中最脏、最累的工作，但是却难以和城镇居民享有同等的社会权益，甚至在某些时候难以享受"同工同酬"的待遇以及遭遇工资拖欠的困境。因此，保障农民工群体的社会权益则是有关农民工的社会政策的主要立意，以此减少农民工的社会排斥，促进他们融入城镇社会中。缺少必要的社会权益保障政策，农民工仅仅通过个人或群体的手段很难保障自身的社会权益，比如经常引起社会重视的讨薪活动，许多是很难持续性发挥作用的。与之相似，在美国社会中，部分处于贫困的青年人群由于缺少必要的医疗保险，处于风险和累积弱势状态之中，并形成一种累积劣势。为了改变贫困青年的状况，奥巴马时期的医改计划要求公司必须给雇员买保险，并且政府要给予低收入者补助用来买保险等，以此确保每个美国公民都得到最基本的社会保障。

在防止两极分化方面，木桶短板原理告诉我们，一个木桶装水的多少在于最短的一块木板。与之相似，一个社会的发展程度高低在于社会结构中处于底端的人群的民生福祉状况。社会结构最底层的低端人群处于小康水平，表明该社会的民生福祉已经达到小康水平。反之，即使社会结构中的优势人群有着充裕的物质资料，过着奢华的生活，而社会结构中的低端人群却处于缺吃少穿的状态，食不果腹、衣不蔽体，这不能说明社会民生福祉水平较高，只能说明社会两极分化状态极为严重。当社会两极分化较为严重时，不仅意味着社会阶层结构的固化、社会流动渠道的堵塞，而且将会发生严重的社会矛盾，比如阶层群体间的对立与冲突等导致群体性事件的发生，致使社会出现动荡与不稳定。

社会是一个整体。一个人或一个群体或一个阶层的民生福祉水平较高，并不代表社会整体民生福祉水平较高。只有当整体民生问题得以解决，福祉水平得以提高，才能意味着社会的进步与发展。因此，社会政策的制定和实施，其立意在于承担社会责任，目标对象设置为全体社会公民，尤其注重对社会低端人群社会福利的干预，提高他们的民生福祉水平。改革开放以后，中国的扶贫政策从20世纪80年代就开始了。1982年国家在河西、定西、西海固实施"三西"地区农业建设计划，通过改善基础设施来增加粮食产量，解决普遍存在的温饱问题。2013年底，精准扶贫思想第一次被提出。到了脱贫攻坚阶段，《中共中央国务院关于打赢脱贫攻坚战的决定》明确指出，我国扶贫开发已进入啃硬骨头、攻坚拔寨的冲刺期。中西部一些省（自治区、直辖市）贫困人口规模依然庞大，剩下的贫困人口贫困程度较深，减贫成本更高，脱贫难度更大。实现到2020年让7000多万农村贫困人口摆脱贫困的既定目标，时间十分紧迫、任务相当繁重。必须在现有基础上不断创新扶贫开发思路和办法，坚决打赢这场攻坚战。① 可见，帮助贫困人口摆脱贫困是扶贫政策的主要责任。这也体现出社会政策保障全体社会成员共享社会发展成果的立意。

2. 社会多主体的参与

共同责任理念不仅体现在社会政策的覆盖对象上，更体现在社会政策的参与力量上。社会不是简单的个人叠加，而是一个具有整体性特征的共同体。共同体的建设不是某一个社会成员、群体、组织或阶层的目标和任务，而是每一个社会成员共同的目标。因此，参与社会共同体的建设也是社会成员共同的义务和责任。

在以往对社会政策的理解中，我们多是强调社会政策的制定和执行是政府的事宜。随着社会经济的发展，经过社会政策的福利国家建设阶段和新自由主义阶段，我们对社会政策主体的认识已经走向多样化主体阶段，即社会政策的制定和实施不仅仅是政府机构的事宜，而是多主体在政府部门的主导下共同协调完成的任务。作为主导社会政策的行动主体，政府部门也并不是全能主义者，而是一个有限理性的行动主体。在社会政策的制定和实施过程中，需要更多行动主体予以协同参与。比如，在精准扶贫政策实施过程中，广泛动员社会全员参与脱贫攻坚战略，在《中共中央国务院关于打赢脱贫攻坚战的决定》中明确规定，中央财政继续加大对贫困地区的转移支付力度，一般性转移支付资金、各类涉及民生的专项转移支付资金和中央预算内投资进一步向贫困地区和贫困人口倾斜，同时广泛动员全社会力量，如加大东西部扶贫协作力度，建立精准对接机制，使帮扶资金主要用于贫困村、贫困户。东部地区要根据财力增长情况，逐步增加对口帮扶财政投入，并列入年度预算。进一步加强和改进定点扶贫工作，确保各单位落实扶贫责任。鼓励支持民营企业、社会组织、个人参与扶贫开发，实现社会帮扶资源和精准扶贫有效对接等。②

社会并非是一个个体的社会，而是人类共同体的社会。"独木难成

---

① 《中共中央国务院关于打赢脱贫攻坚战的决定》，2015 年。
② 《中共中央国务院关于打赢脱贫攻坚战的决定》，2015 年。

林",正是因为人多了才成为社会。社会中的每一个个体都是社会成员,他们享受着社会共同体建设和发展的成果,相应也承担着社会建设的社会责任。只有当社会成员积极参与社会建设,社会共同体才会更加美好。因此,在社会政策体系的设计之中,各类社会政策较为强调社会行动主体的责任。如在《国务院关于加强农村留守儿童关爱保护工作的意见》中明确指出,农村留守儿童和其他儿童一样是祖国的未来和希望,需要全社会的共同关心。做好农村留守儿童关爱保护工作,关系到未成年人健康成长,关系到家庭幸福与社会和谐,关系到全面建成小康社会大局。加强农村留守儿童关爱保护工作、维护未成年人合法权益,是各级政府的重要职责,也是家庭和全社会的共同责任。① 简而言之,社会政策的立意之一在于社会共同体责任的建设和强化。

第二节　社会政策的基本目标

一、政治目标

以问题为导向的社会政策的政治目标在于维护国家政体与社会稳定。只有国家政权与社会制度稳定,社会经济发展水平才能不断提升。反之,国家政权及社会制度处于不稳定状态,社会经济发展等问题则无从谈起,其发展水平不升反降。基于国家政权稳定和社会制度安全,社会政策从社会成员的需求与社会关系出发,着力于解决社会成员的日常生活需求问题,消除和化解社会成员间、阶层群体间的矛盾。

1. 国家政治安全

民生问题影响着政治安全和政治秩序,决定着国家政权稳定。"水能载舟,亦能覆舟"。无论是来自内部的风险,还是来自外部的威胁,国家政权稳定与否关键在于政权是否脱离民众。脱离民众意味着丧失了群众基础,国家政权缺少了必要的民众支持,缺少了社会基础,相对难以稳

---

① 《国务院关于加强农村留守儿童关爱保护工作的意见》,2019年。

定。与民众保持密切的联系，获得民众的认同和支持，国家政体稳定需要在互动中满足民众的日常生活需求。

在中国社会中，历史的经验告诉我们，因民众生存问题导致政权不稳定的事件时有发生，比如陈胜、吴广的起义就是迫于生活对秦朝苛政的反抗。通过对历朝历代农民运动的反思，孙中山将民生主义作为革命的三大号召之一，与民族主义、民权主义合称三民主义。民生主义强调的是人民的生活——社会的生存、国民的生计、群众的生命，并且社会问题就是民生问题，影响着社会的稳定和发展。毛泽东在革命早期通过调查发现，农民的生活饱受穷苦，比如中国佃农处于比牛还苦的生活境遇。追求美好的新生活，破除当时悲惨的生活困境，是农民阶级的行动目标。这些相应也成为农民参加革命的社会基础，最终，农民阶级成为中国革命最可靠的同盟军。在新时代中国特色社会主义中，社会的主要矛盾已经转换为人民日益增长的美好生活需要和不平衡不充分的发展之间的矛盾，民生问题仍然是社会问题，并且是社会的主要矛盾。习近平总书记强调，要以人民为中心，树立新发展理念，要坚持人民主体地位，顺应人民群众对美好生活的向往，不断实现好、维护好、发展好最广大人民根本利益，做到发展为了人民、发展依靠人民、发展成果由人民共享。尤其在落实共享发展理念方面，要扩大中等收入阶层，逐步形成橄榄型分配格局。特别要加大对困难群众的帮扶力度，坚决打赢农村贫困人口脱贫攻坚战。由此可见，当前国家政治安全环境的建设更为注重民众在社会生活中的分化问题。比如，针对社会民众的两极分化问题，中国政府对于贫困民众采取兜底性措施。又如国家实施扶贫大开发战略时，对居住在生存条件恶劣、生态环境脆弱、自然灾害频发等地区的农村贫困人口实施易地搬迁脱贫，对无法依靠产业扶持和就业帮助脱贫的家庭实行政策性保障兜底等。①

现代社会，任何一个国家都会重视自己国家政权的稳定，也有不少国家会注重基础性民生建设等问题，如北欧国家的教育均等化政策、日本政府针对少子化问题进行的一系列鼓励生育政策等。由此可见，国家政府部门正是通过社会政策路径来寻求国家政体的稳定。

---

① 《中共中央 国务院关于打赢脱贫攻坚战的决定》，2015年。

2. 政治制度安全

政治制度安全主要强调政治制度设置及其相关规范措施。在实践中，政治制度安全与否和民众需求满足状况相关，尤其与民众日常生活中的社会分化有关。

一方面，政治制度安全与民众的日常生活需求满足状况相关。在需求未能得以满足，尤其是生存所需要的物质生活资料得不到基本满足的时候，有需求的主体处于贫困状态，在他们看来，生存权利缺失了，其他权利都是空谈。面对生存的威胁，文化中"礼义廉耻"及习俗规范能够发挥作用的空间很小，甚至没有作用。为了能够"活下来"，原有的社会规则将难以约束他们的社会行动，直接冲击的是政治制度。当行动主体的行动背离政治制度及其规范时，相应产生了越轨和犯罪以及冲突和动乱。在《人民公社时期中国农民"反行为"调查》中，高王凌通过调查了解到农民为了生存而在背地里搞的一些"小动作"，即农民针对政府的制度规定"反道而行"的那些行为，如偷拿、瞒产私分、扩大自留地等。① 相对于越轨行为而言，犯罪行为更容易对他者和社会造成一定的负面影响，比如因饥饿产生的偷盗行为、因贫穷而产生的杀人越货行为等。在美国一些地区，尤其是贫民窟中，犯罪率相对较高，抢劫、贩毒等现象随时都能发生。在一些有关越轨与犯罪的研究之中，已经对贫穷是越轨和犯罪的温床达成共识。

在西方社会中，如果众多社会成员的需求未能得到满足，经常会形成聚集性的活动，如走上街头游行示威，或者采取更为激进的手段，如破坏公共物品等。比如底特律市破产之后，许多工人失去了工作机会，成为失业人员，并且遇到卫生、环境、安全等诸多问题，因此经常聚集起来发生民众抗议活动，甚至失控到发生骚乱、烧毁公共设施等地步。可见，缺少必要的生存需求满足，或者社会成员的基本需求得不到保障的情况下，容易产生冲突和动乱。冲突和动乱直接影响的是社会政治秩序，不仅产生巨大的破坏作用，而且破坏了社会经济发展的基础。

另一方面，社会分化也影响着政治制度安全，尤其是社会结构中的

---

① 参见高王凌：《人民公社时期中国农民"反行为"调查》，中共党史出版社2006年版。

两极分化现象，比如贫富分化、社会分层固化等直接影响着政治制度设置。在日常生活中，两极分化或社会阶层固化势必带来社会排斥现象，形成被排斥群体阶层、阶层关系的断裂、社会权益的丧失等，导致政治制度及其规范受到相应的冲击。据相关资料显示，在美国社会中，黑人族群的社会权益受到忽视，经常会引起黑人族群走上街头进行游行示威。最近的一次影响较大的事件是2020年5月25日，在美国明尼苏达州白人警察用膝盖跪压非洲裔男子乔治·弗洛伊德颈部，时间长达8分46秒，最终导致了乔治·弗洛伊德的死亡，并因此在全美国掀起了为黑人生存诉求大罢工活动，超过20座城市的上万人以集会、罢工和游行等方式，抗议美国系统性种族歧视以及在新冠肺炎疫情期间加剧的经济不平等。

可见，社会阶层分化导致不同的社会团体和不同阶层群体间在资源占有、机会获得和社会地位方面出现日益明显的差距，社会不公平现象加剧，其负面效果是增加了政府在维系社会稳定时的社会成本，更严重的是由此而导致的社会冲突以及因此而引发的社会动乱频发。在我国，为了消除贫富两极分化及社会发展不充分不均衡问题，1979年，中共中央出台《关于加快农业发展若干问题的决定》，重点强调西北、西南一些地区，以及其他一些革命老根据地、偏远山区、少数民族地区和边境地区，长期低产缺粮，群众生活贫困。这些地方生产发展快慢，不但是个经济问题，而且是个政治问题。1984年9月，中共中央、国务院联合发布了《关于帮助贫困地区尽快改变面貌的通知》，将扶贫上升到国家战略层面，并确立开发式扶贫战略，强调采取十分积极的态度和切实可行的措施，帮助这些地区的人民首先摆脱贫困，进而改变生产条件，提高生产能力，发展商品生产，赶上全国经济发展的步伐。

二、经济目标

社会政策的经济目标在于为社会经济发展提供必要的秩序基础，以及作为生产要素促进社会经济发展。

1. 经济的发展需要稳定的社会秩序

在有关社会政策认识的初始阶段，社会政策制定者多将社会政策视为社会的稳定器和安全阀,如瓦格纳曾在1891年指出社会政策的目标在于调节财产所得和劳动所得之间分配不均的问题。① 当社会出现较大的冲突和矛盾,尤其严重影响社会经济发展时,国家的主导者或有关政府部门就会将有关社会政策的制定和实施提上议程。德国威廉一世时期,工人罢工活动严重影响经济生产,而俾斯麦政府实施的残酷镇压手段并不能制止工人运动,相反愈演愈烈,导致工厂不能正常开工等;而采取设置社会保险手段、实施相关社会保险政策之后,有效缓和了工人阶级和资产阶级之间的矛盾,有工人开始退出罢工活动,返回到工作岗位中,参与工业经济大生产。最后的发展结果证实,必要的社会政策是经济生产的社会基础。因此,经历德国的经验之后,许多社会政策的决策主体和执行主体充分认识到,社会政策的制定和实施是社会经济发展的基础。缺少必要的社会政策作为基础条件,社会经济发展水平必定会受到影响。

在中国社会中,改革开放以来政府的重心多放在经济建设与发展方面,并提出"以经济建设为中心"的施政方针。然而,过于重视经济发展指标,甚至牺牲社会指标换取经济发展水平,不仅导致社会发展减速,出现一些负面的问题,比如阶层两极分化现象、东西部地区间的发展不平衡等,而且严重影响经济发展水平。党和政府适时改变思路,将社会主要矛盾从"人民日益增长的物质文化需要同落后的社会生产之间的矛盾"转换为"人民日益增长的美好生活需要和不平衡不充分的发展之间的矛盾",强调"以人民为中心"的发展模式,注重社会建设与发展。

事实上,只有维护好人民群众的社会权益,尤其建构和完善他们的社会福利体系时,人民群众才能更好地参与经济生产中。否则,缺少必要的社会权益保障和社会福利体系,他们很难安居乐业,不可能全身心地投入到经济效益的创造中。比如在当前中国大流动的社会中,进城农民群体是我们较为关注的群体,据《2019年农民工监测调查报告》显示,2019年农民工总量达到29077万人。50.9%的农民工反映随迁子女城市上学面临一些问题。对于义务教育阶段随迁儿童,回答本地升学难、费用高的农民工所占比重较高,分别为34.2%和28.9%;东部地区农民工反映随迁子女存在升学难、费用高、无法在本地参加高考问题,所占比

---

① 白秀雄:《社会福利行政》,三民书局1981年版,第93页。

重分别为 44.9%、30.1% 和 21.3%；城市规模越大，升学、费用和高考问题越突出，在 500 万以上人口的大城市这些问题更加显著。① 难以有效安置随迁儿童并解决他们的教育问题，不仅影响到未来中国大城市经济的发展，还会影响到当前中国流入地经济的发展。按照惯有思维进行思考，当随迁儿童难以在流入地接受教育时，他们势必会返回流出地，在流出地接受教育。这无疑会扩大留守儿童的群体规模。从家庭系统来看，当留守儿童问题出现或者留守儿童处于社会化的关键期，比如中考、高考等，父母会提前返回流出地。并且随着留守儿童问题的浮现，越来越多的父母难以全身心地投入到经济生产中，这势必影响经济生产运转。由此可见，解决大流动时代中进城农民的社会福利保障问题，不仅关系到进城农民的生存和生活问题，更关系到中国社会经济的发展。如若说随迁儿童及留守儿童的教育问题间接影响经济发展，那么生产主体的社会福利保障问题直接影响着经济发展。随着平台经济的发展，平台经济中的劳动关系和劳动者保障问题浮出水面。比如我们日常生活中的外卖骑手，他们的工作呈现不安稳的状态，即不确定、不稳定、保障少等。② 在经济实践中，由于社会权益保障缺失，外卖骑手的工作流动性较大，一个外卖骑手的职业生涯时长多在半年左右，对于平台经济组织而言，外卖骑手流失率在 80% 左右。高流失率势必对平台经济的发展产生严重的影响，比如我们总是看见某些平台经济企业在招聘员工，而新招聘进入的员工需要进行规范化培训。这无疑加大平台经济的运转成本等，不利于平台经济的持续健康发展。

  简而言之，发展依靠民众，经济发展离不开民众的支持和参与。只有做好民众的社会福利保障，民众才能最大限度地参与到经济生产中，才能创造更多的经济效益。因此，面对经济发展大目标，首先需要满足民众社会福利需求，以期通过保障民众社会福利的溢出社会成效促进社会经济发展。通过大量社会事实分析可以判定，社会政策能为经济发展提供必要的社会稳定基础。

---

① 国家统计局：《2019 年农民工监测调查报告》，2020 年 4 月 30 日。
② 赵昌文等：《平台经济的发展与规制研究》，中国发展出版社 2019 年版，第 50 页。

2. 作为生产要素促进社会经济发展

随着对社会政策认识的提高，有关社会政策的认识已经从再分配的保障性政策走向作为生产要素的政策。作为再分配的保障性政策意味着社会福利体系的建构和实施需要占用更多财政资源，比如，脱贫攻坚战略实施以来，中央财政对扶贫进行了超常规的投入，2014年是433亿元，2015年是463亿元，2016年是664亿元，2017年是861亿元，2018年是1061亿元，2019年是1261亿元，2020年是1461亿元。

作为生产要素，意味着社会政策及社会政策受益对象本身也能创造物质财富。积极挖掘社会政策及社会政策受益对象的资源优势，将其与市场经济进行对接，并转化为优势资本，可以产生较大的经济效益。一方面，从社会政策角度来看，在政府部门主导下，可以通过社会政策吸引更多的市场资源进入社会福利事业。比如，在我们调研的山西大同榆林口光伏扶贫电站，政府部门以相应的社会政策资源参与光伏扶贫电站建设，并获得每年400万元的分红利润。与之相似，通过社会政策的引导，让社会政策作为一个积极的生产要素，能够吸引更多的社会资本进入社会福利领域，比如资本进入到养老服务领域、教育服务领域、医疗服务领域等。另一方面，从社会政策受益主体角度来看，社会政策的受益主体并不仅仅纯粹被动接受帮扶。他们自身拥有着较多的资源，一旦挖掘（受激励）得当，也能促进社会经济的发展。比如，在一些地区的养老机构中，充分利用老年人的社会关系网络，将其视为生产要素，其产出可以支付机构的运转费用。例如，老年人进入机构中养老，机构和银行、通信商等合作，不仅可以将老年人视为潜在消费者，同时还可视为生产者，比如鼓励老年人所在的家庭成员选用合作银行的、通信商的产品等，从而产生一定的经济收益。与之相似的经验还有以房养老案例，老年人将所拥有的房屋放在市场中估价，用估价费用支付养老服务费用。这样不仅为老年人生活质量的提高提供一定的经济支撑，同时也丰富了房屋市场的供给。

简而言之，社会政策不仅能够维护社会的稳定，同时能够带来较大的社会经济效益，促进社会经济发展。

三、社会目标

社会政策的社会目标在于建设和谐社会，减少社会冲突和矛盾，缩小和消除社会不平等，共享改革发展成果。

1. 促进社会稳定

建设和谐社会意味着要减少社会中的冲突和矛盾。转型社会中，社会中的冲突和矛盾时有发生，尤其以民生问题为导火索的社会冲突和矛盾仍然存在。[1] 这些由民生问题引起的冲突和矛盾的存在严重影响社会秩序的稳定。比如在讨薪过程中，农民工通过在公共空间示威的方式解决被拖欠工资问题，或者众多农民工走上街头堵马路，或者站在楼顶表示要跳楼，或者以一些极端的形式进行自罚以引起社会关注等。他们的行动目的相对直接和简单，即出于对工资及相关劳动报酬的诉求，但是行为的结果却严重影响到社会公共秩序。破解这类社会冲突和矛盾，关键在于保障农民工的合法权益，建构和完善农民工群体的社会福利体系。与之相似，日常生活中还有因为教育问题、就业问题、基本生活问题、养老问题、健康问题、住房问题，以及生育、残疾等特殊问题引发了社会中诸多冲突和矛盾。当他们的合理需求得以解决时，因这些问题而产生的社会冲突和矛盾自然得到化解，从而形成稳定的社会秩序。否则，有时候因为某一具体的需求没有得到满足，小冲突和矛盾没有得到化解，反而升级酿成大冲突和矛盾，比如青年就业问题如果化解不到位，为了谋求就业岗位而聚集的青年人，还有可能带动其他矛盾的爆发以及其他群体的参与，比如青年人的医疗问题、住房问题等，如果此时和青年群体相关联的社会群体加入诉求活动，社会将陷入严重的混乱和动乱状态。因此，和谐社会建设要从民众具体的需求问题解决出发，化解社会风险，避免冲突和矛盾的升级。

2. 促进社会公平正义

建设和谐社会就是要缩小和消除社会不平等，或将社会不平等控制

---

[1] 郑杭生：《中国特色社会学理论的探索：社会运行论、社会转型论、学科本土论、社会互构论》，中国人民大学出版社 2005 年版。

在一定的范围之内。在当前社会中，社会结构中呈现出一定的贫富差距现象，据国家统计局测算，中国居民收入的基尼系数2003年为0.479，2004年为0.473，2005年为0.485，2006年为0.487，2007年为0.484，2008年为0.491，2009年为0.490，2010年为0.481，2011年为0.477，2012年为0.474，2013年为0.473，2014年为0.469，2015年为0.462，2016年为0.465，2017年为0.467，2018年为0.468，2019年为0.445。根据联合国有关组织对基尼系数的解释，当基尼系数低于0.2时意味着社会阶层结构间的收入处于绝对平均的状态，当基尼系数处于0.2～0.3之间时表示比较平局，当基尼系数处于0.3～0.4之间时表示相对合理，当基尼系数处于0.4～0.5之间时表示收入差距较大，当基尼系数大于0.6时意味着收入差距悬殊。通常社会各界把0.4作为收入分配差距的"警戒线"。从现实经验来看，当贫富分化超过警戒线意味着社会中存在着严重的冲突和矛盾，势必也会对社会稳定秩序产生较大的影响。可以看出，我国之前的贫富分化现象较为突出，对于贫困人群而言，他们的日常生活需求处于刚过温饱线的状态，甚至有一部分脱贫的建档立卡贫困户还存在着一定的返贫风险，而社会结构中富裕人群掌握着较多的社会经济资源，过着体面有保障的生活，不仅拥有充裕的物质资源，而且购买各类社会保险以防范和化解相关风险。

在全球化社会中，贫富分配差距扩大化已经是各国或地区的"通病"，贫富差距不仅是经济分配的参考指标，更是社会稳定和活力大小的指示器。当社会贫富差距较大，有可能导致社会群体形成两极化群体，不仅容易形成固化的社会结构，不利于社会流动，而且会影响社会的稳定和发展。比如在养老服务领域，社会结构中的优势人群，因为掌握着充裕的经济资源，有能力在市场中寻求和购买高端的养老服务资源，社会结构中低端人群由于缺少必要的社会经济资源，不能拥有和享受社会中的养老服务资源。在实践中，具体如大城市中的优势人群可以选择居住每月房租3万元的房间，享受医疗和养老的颐养服务，而农村社会中的穷困老人仅凭个人和家庭能力却不能缴纳一年3000元的养老费，难以进入机构养老中养老。

在椭圆形社会结构的阶层建设目标中如何破解社会结构中的财富分配不均衡问题，诸多研究强调要缩小社会贫富差距，将社会贫富差距控制在一定的范围内，其中最为根本的要求在于满足社会结构中低端人群的基本生活需求，解决他们的民生问题。一方面，通过"兜底"的形式解决吃饭穿衣、住房、教育、医疗等生存问题；另一方面，通过各类赋能形式提升他们的生计能力，进行资产建设等，解决他们的生活问题，提升生活质量。

3. 促进社会共建共享

建设和谐社会强调共享改革发展成果。社会群体和阶层之间存在较高的异质性。不同的群体、阶层拥有的先赋性资源和自致性资源的数量与质量都存在着较大的差异。尤其对于社会中的低端群体，由于个体性因素和社会结构性因素的影响，他们拥有的资源量较为有限，导致他们的生活水平较低，并且与社会整体发展水平不协调，也因此带来一系列社会问题，成为社会中的弱势群体。比如对于中国社会中的老年人群体而言，从工作岗位中退出后，他们获得的经济资源相对变少，但同时他们需要的服务和资源并没有减少，反而明显增多。然而，在当前的老龄化社会中，中国现有老年人口近2.5亿，社会中老年服务产业发展相对滞后，养老服务资源和产品供给不足，存在着"买不到、买不起、买不好、买不安"的问题。可见，老年人的养老服务供给与社会发展步调不协调。也可以说，许多老年人没有充分享受到改革发展的成果。与之相似，社会中存在着大量的特殊性群体，比如残疾人、女性、留守儿童等。受诸多因素的影响，他们在现实生活中的民生权益受到一定的忽视，甚至有时候在缺少保障的条件下处于受损状态，他们的生活现状无法和社会发展水平相匹配。

因此，在社会改革与发展过程中，保障社会少数人群的民生群益，解决社会发展中一些特殊性群体的民生问题是建设和谐社会的要求和目标。只有当社会弱势群体的民生问题解决了，他们的需求才意味着得到满足，相应的社会冲突和矛盾减少，社会风险得到化解，有利于推动社会的发展和进步。事实上，社会是一个整体系统，少部分人群和阶层过上物质充裕、有品质的生活，大部分人群和阶层还处于贫困状态时，并不能以少数群体和阶层的生活水平来代表整体社会发展水平。相反这只能表明社会风险系数较高，社会处于不稳定的状态。所以，社会发展成果的共享不能落下任何一个群体和阶层,甚至任何一个社会成员,要保证每一个成员都能共享社会发展成果。这是对社会成员权益保障的体现,也是社会进步与发展的表征。因此,促进和谐社会建设,强化社会共同体建设也是社会政策的根本目标。

四、道德目标

社会政策的道德目标在于强化社会道德建设,形成向上、向善的文明观,推动社会成员积极主动参与社会建设,担负社会共同体建设责任,乐施好善,帮助社会中的其他成员满足民生需求等,促进共同美好生活目标的实现。

1. 推动社会互助互惠

社会政策的道德目标建设体现在互惠互助方面。互惠互助强调的是在社会政策的干预和作用下,社会成员间形成互通资源、合作共赢的新发展格局。互惠互助之所以成为社会政策道德目标的关注点,是因为社会成员的能力和拥有资源的数量有限,并且存在较大差异,社会成员间可以相互取长补短,实现共同发展。比如,在现在的"空巢"社区中,老年人间的"抱团取暖"可以实现互助养老的目标。在具体操作过程中,农村社区养老服务中互助点经常可见,如年龄相对小的老年人帮助年龄大的老年人做体力活,有手艺的老年人发挥自己的专业特长为有需要的老年人服务,文化水平较高且能读书看报的老年人为不能读书看报的老年人讲解报刊中的信息等。通过相互之间的帮扶,老年人生活需求得到满足,生活中的问题得到一定的解决。并且,通过互惠互助,老年人之间的情感交流增多,亲密感增强,提升了老年人生活的幸福感。互惠互助不仅体现在老年服务领域,还体现在教育领域、就业领域等方面;互惠互助不仅在农村社区中常见,在城市中也较为常见;互惠互助不仅在中国社会中常见,在中国之外的社会中也常见,比如当前全球化社会中兴起的分享经济浪潮,形式上是对闲置资源的再利用,其实质是互惠互助层面的分享。通过分享,有需求的社会成员解决了自身的问题,并且有效强化了社会成员的互动。在我们看来,互惠互助是对人类社会中传统文化的再发掘,能够较好破解理性化倡导以来形成的原子化困局。

2. 促进社会志愿行为

社会政策的道德目标建设体现在志愿服务方面。志愿服务在于通过利他性的活动满足社会成员的需求，其特征体现在志愿性、公益性、服务性等方面。志愿性强调社会成员自身意愿，能够有爱心、有情怀、有担当地参与社会共同体建设；公益性建设着重活动的利他性，社会成员的服务是一种奉献，无论是服务亲近之人还是陌生之人，都不能从服务中获得报酬；服务性突出的是参与者的非物质化帮助。在实践中，志愿服务能够解决社会成员的诸多需求，包括常规型的需求、应急型的需求。对于常规型的需求，日常生活中的志愿者经常有组织地去做志愿服务、义工等。比如大学生志愿者定期去养老院看望老年人，陪他们聊天，给他们表演节目，帮助他们处理一些日常生活中的问题等。对于应急型的志愿服务，日常生活中经常出现一些偶然性的事件，比如老人摔倒、老人过马路等，如若遇到志愿者，一定的志愿服务能够帮助他们解决相应的问题。无论是社会福利体系较为健全的全福利国家，还是"高工资、高税收、高福利"的高水平福利国家，以及中低福利水平的国家，都在鼓励志愿服务行动，并将每年的12月5日设置为国际志愿者日。在我国，志愿精神自古有之，涌现出许多牺牲自我、奉献他人的榜样及典型案例。在当前社会政策也更为提倡志愿服务的社会治理模式，积极动员各领域的社会成员参与社会建设，服务社会成员的需要，建设美好的社会共同体。

3. 提升社会公益慈善

社会政策的道德目标建设体现在公益慈善方面。公益慈善体现的是社会成员的个人品质，主要表现为社会成员在参与社会建设过程中筹措资源的公益服务行动。作为价值理念的外显性社会行动，公益慈善的行动主要体现在筹措资源和公益服务两个方面。筹措资源表示社会成员在社会建设过程中的行动内容，比如进行募捐或者捐款等；公益服务强调行动的社会公益属性，社会成员不会因行动的付出和投入而有经济报酬。

在实践中，通过调动社会中的资源来解决民生问题，与政府部门的直接介入形成有效的互补，弥补了政府部门的相关短板。尤其当政府部门的能力和资源较有限时，公益慈善能够发挥较大的作用，解决诸多社会民生问题。比如，在中国社会中，公益慈善在助力脱贫攻坚、助学、帮扶残疾人方面等都有突出的贡献。

在具体操作层面，公益慈善包括个人层面的公益慈善、企业组织的公益慈善、社会组织的公益慈善等。个人层面的公益慈善，主要指社会成员个体进行公益慈善的活动，比如日常生活中的捐款捐物及为他者筹款，爱心餐厅为环卫工人、贫困人群等提供免费餐饮等，有情怀的商人捐资助学。比如中国社会中较为熟知的邵逸夫先生，从1985年以来，通过邵逸夫基金，连年向中国内地捐资进行教育教学设施建设，捐赠资金达47.5亿港币，建设各类项目6013个，主要包括教学楼、图书馆、科技楼、体育馆、艺术楼、学术交流中心、研究中心等，遍布内地31个省、自治区、直辖市及新疆生产建设兵团的大、中、小学，以及职业技术学校和师范学校。西方社会中，个人层面的公益慈善推动着社会福利体系的建设，诸如哈佛大学、斯坦福大学等一些名校的设置与发展均得益于公益慈善。在企业组织的公益慈善方面，鉴于企业的社会责任等，企业组织以捐赠的方式为民生问题的解决提供了大量的资源和服务。根据《企业社会责任蓝皮书（2020）》数据显示，中国捐赠超过100万元的企业有4061家，共捐赠351.4亿元，其中民营企业捐赠最多达210.9亿元，占比60%，捐赠过亿的企业有51家，其中腾讯、恒大、阿里分别捐赠22亿元、12亿元、11亿元。在资金流向上，有六成流向公益组织。在流入公益组织的资金中，有72.6亿元流入慈善会系统。① 在社会组织的公益慈善方面，社会企业、公益社团、慈善组织、基金会等诸多社会组织都在参与公益慈善实践。在社会民生问题的解决过程中，社会组织的公益慈善能够有效调动民众的资源，比如由共青团中央、中国青少年发展基金会于1989年10月发起实施的希望工程，截至2019年，全国希望工程累计接受捐款161亿元，资助贫困家庭学生617.02万名，援建希望小学20359所。尽管相对于发达国家的社会组织的公益慈善行动，中国的公益慈善组织还处于建设和规范发展的阶段，从已有实践中可以预测，它们将在民生问题的解决及满足社会成员需求方面发挥较大的作用。

---

① 黄群慧等：《中国企业社会责任研究报告（2020）》，社会科学文献出版社2020年版。

简而言之，在民生问题的解决方面，一方面国家并非全能主义者，政府部门拥有的能力和资源相对有限，难以满足所有社会成员的所有需要；另一方面，社会成员有着丰富的资源数量，本身可以被视为社会政策资源，调动社会成员参与社会政策过程，能够产生较大的社会经济成效。

第三节 社会政策的基本功能

一、提升政府公民认同

政府主导的社会政策行动指向与民众的生活目标相一致，社会政策的实施有利于政治合法化目标的实现，具体表现为塑造政府的积极形象、强化政府的支配权力和政治地位、提升公民对政府行动的支持等。

1. 塑造政府的积极形象

社会政策的目标在于提升民生福祉。在社会政策实施时，政府部门的行动指向民生问题，解决民众日常生活中有关生存和生活的问题，满足民众的生存与生活需求。在行动目标方面，政府部门的社会政策行动与民众的利益高度关联，并且与民众的生活目标基本一致。在行动过程中，政府部门主导的社会政策行动，能够有效调动社会各类资源和服务来解决民生问题。在行动结果方面，通过政府部门的社会政策行动和实践，一些"卡脖子"的问题能够得到有效解决，最终民众的生活水平得到提高。尤其对于处在生存与生活困境中的民众而言，社会政策的干预好比"雪中送炭"。并且，相对于个体能力及其他形式干预民生问题，无论是干预力度方面，还是干预结果方面，政府主导的社会政策具有其他形式难以比拟的效果。

客观的干预结果是政府主导社会政策的表现。民众对客观结果的积极评价等同于民众对政府社会政策行动的肯定和认同。从民众的视角来看，社会政策的实施树立了政府良好的形象，即一个为民众服务的积极政府的形象。国家主导和实施社会政策有利于塑造和提升政府部门的良好形象，比如美国奥巴马政府实施医改计划，因为没有医疗保险的美国公民提供医疗保障，尤其为美国社会中底层青年提供医疗保障，该计划获得了较为积极的评价。在中国，精准扶贫政策的指向是消除贫困问题、改善民生、实现共同富裕。缺少精准扶贫政策，许多贫困地区的贫困问题很难解决，许多贫困人群将长期处于生存困境中，难以过上小康生活。通过精准扶贫政策的实施，调动全国社会各界资源介入处于绝对贫困的地区，有效为处于绝对贫困困境的建档立卡贫困户提供了"两不愁三保障"的资源等，包括建档立卡贫困户在内的民众都积极评价精准扶贫政策，肯定精准扶贫政策的积极效果。主导和实施精准扶贫政策的政府部门也相应树立起一个积极有为的政府部门的形象。在笔者的调查中，受益对象和了解精准扶贫政策的农民对精准扶贫政策予以极高程度的肯定，高度评价政府的积极作为。并且，在全球国家层面上，因为精准扶贫政策的实施，困扰全球社会的贫困问题在中国得到了有效化解，为推进国际减贫与发展提供了必要的经验。精准扶贫政策的实施得到包括联合国在内的许多国际组织和国家的认同，无疑进一步提高了中国政府在国际中的良好形象。

2. 提升政府公民认同与支持

国家主导和实施社会政策，意味着政府部门的行动指向和民众的生活目标相一致，意味着民众的生活福祉经过社会政策干预得到显著提升，意味着社会政策的干预效果是其他干预形式难以企及的。客观的过程和良好的结果不仅塑造了国家的良好形象，同时增强了民众对国家的认同，主要表现在对公民身份的认同、对政府部门施政纲领的认同等方面。

在公民身份认同方面，受制于社会政策制定和实施条件的影响，当前的社会政策有一定的边界。在社会政策帮扶范围内的，属于社会政策的受益对象；而不在社会政策帮扶范围内的，不能接受社会政策的帮扶。因为社会政策实施条件不同，不同国家和地区实施的社会政策有较大的差异。比如教育政策方面，有的国家实施九年义务教育政策，有的国家则没有。民众对社会政策的获得感有着较大的差异，并由此带来了公民身份认同问题。获得感较强的民众对国家及公民身份的认同较强，获得感弱的民众对国家及公民身份的认同较弱。比如，在抗击新冠肺炎疫情的过程中，面对全球化的公共卫生危机，不同的国家采取了不同的措施，包括社会救助和社会福利措施。在中国社会中，有关社会救助政策的制定和实施，较好地满足了民众的日常生活需求，比如为民众提供救助资源、为民众渡过难关提供必要的物资支撑。直接利益的获得提高了民众的获得感，形成了主观层面对社会政策的认同，尤其是在比较的状态下形成了对自身能够享受社会政策的认同，实质则是对自身身份的认同。

在政府施政纲领认同方面，理性的民众会坚定地支持符合他们利益目标的施政纲领和政府部门。在实践中，即使不太认同政府部门的理念，但当某项施政纲领符合他们的利益目标时，他们也会采取认同和支持此项施政纲领的态度。因此，认同和支持社会政策的实施是民众抱持的基本态度，并以此关联到对政府部门的态度。在精准扶贫政策实施中，尤其是贫困地区的民众多对解决贫困问题的政策和政府部门拍手称快，并以实际行动支持贫困问题的解决。比如，在笔者调查的云南西畴地区，有一座山村被大山包围着，精准扶贫前出村的道路可谓是没有。在脱贫攻坚政策的支持下，政府部门开始着手架桥修路。在修路的过程中，民众自发参与修路，或出物资，或出人力，或出技术等，以自身的实际行动对政府部门的社会政策实践给予肯定和认同。类似的经验告诉我们，民众较为认同能够解决他们自身问题的社会政策。对于那些符合他们自身利益的社会政策和施政纲领，认同并不限于表达层面，更会以实际行动表现出来。从认同的成效而言，民众认同的后果是对实施社会政策的主体产生好感并给予相应的好评。上升到政治权力层面，民众会认同和支持符合他们立场的施政纲领和政府部门，会积极响应政府部门的号召。基于此种认同，政府部门不仅在民众中树立了良好的形象，而且有了一定的权威。与国家暴力机关的强制性权威不同，政府部门通过社会政策获得的权威性是一种诱致性权威，是民众通过获得直接利益以及获得感上升等而形成对政府部门的高度好评，即相信政府部门、支持政府部门的行动，顺从着政府部门的引导行动等，并最终赋予政府部门相应的权力。简而言之，社会政策制定和实施有利于树立政府部门良好的形象和赋予政府部门政治权威。

民众和国家是共存的统一体。民众的目标在于美好的生活。当民众面对自身难以解决的问题时，美好生活的目标会受挫，民众成为利益受损群体。在民众生活利益受损的情境下，政府部门施以帮扶措施便强化了民众和国家的统一体关系，增强了民众对政府部门的认同，并以此提升政府部门的支配权力和主导地位。反之，如若政府部门对民众的日常生活问题置若罔闻，则会导致民众和政府部门的关系疏离，两者之间的关系越来越远。若政府部门此时落井下石，如增加税收等，历史中的事件和经验无不证明势必会激起民众的反对与反抗，使得政府的合法性岌岌可危。

二、促进经济持续发展

作为利益调节的再分配手段，社会政策通过社会福利干预能够保障社会的稳定，为经济稳定发展提供必要的社会秩序基础。同时，作为生产要素，社会政策为经济生产提供必要的生产力，促进经济可持续发展。

1. 促进经济稳定发展

社会政策的实施能够为经济发展提供稳定的秩序条件。在经济实践中，经济发展需要稳定的社会秩序作为基础，否则处于不稳定的社会秩序状态下，不仅经济生产难以筹集到必要的生产要素，而且生产秩序也会受到破坏。在伊丽莎白一世时期的英国，因为疾病等因素的影响，劳动力的流动和流失情况严重，造成生产难以正常开展。实施《伊丽莎白济贫法》之后，经济生产中的劳动力供给问题得到有效改善，有效促进了经济稳定发展。与之相似，在威廉一世时期的德国，工人运动此起彼伏，德国经济生产和发展出现停滞。当相应的社会政策实施之后，工人运动中的矛盾问题得到缓解，经济生产秩序得以恢复。在现代社会中，如在新冠肺炎疫情肆虐的背景下，许多国家因为民生问题没有得到有效解决，民众难以参与到经济生产过程中，经济生产无法正常开展，经济发展面临负增长。只有有效解决民众的生存问题，民众才能很好地参与经济生产，才能有效促进经济发展。所以，在抗击新冠肺炎疫情中，取得成效的国家和地区多在社会政策层面做足文章，并以此促进了经济的复工复产，实现经济增长。在这过程中，中国政府抗击新冠肺炎疫情的实践无疑是最典型的案例。稳定的社会秩序能够保障劳动力参与到复工复产、经济生产中，为经济生产提供必要的人的要素，保障经济生产稳定有序进行。简单而言,经济发展需要稳定的社会秩序作为基础。当社会基础不稳定时,建立在不稳定基础之上的经济显得摇摇晃晃,难以形成稳定发展之势,更难实现经济持续发展。

社会政策与民众的生活福祉密切关联。当民众的生活福祉得到提升时,民众的获得感和幸福感随之得到提升和强化,更能直接提高民众参与经济生产的积极性。在中国的精准扶贫政策中,扶贫项目和扶贫工程并非直接和简单地发钱发物,而是通过与"扶志""扶智"相结合的路径,以各种形式调动建档立卡贫困户的积极性,引导他们参与贫困治理和资源分配活动。比如兴建扶贫车间,将建档立卡贫困户作为劳动力纳入其中;设置公益岗位,使得建档立卡贫困户通过劳动参与获得相应的补助和补贴等。通过上述种种形式,建档立卡贫困户的积极性得到提升,形成了参与劳动的强烈愿望。对于家户生计而言,形成了持续谋生的动力。对于经济生产而言,为经济发展注入了活力,促进经济可持续发展。提升民众劳动积极性一直是精准扶贫政策的着力点和着重点。简单来说,民众劳动积极性的提升有利于经济持续发展,而社会政策和民众的劳动积极性密切相关,良好优质的社会政策,能提升民众的劳动积极性。

2. 促进经济可持续发展

经济可持续发展强调经济生产秩序不受到破坏或影响,且需要保持稳定的状态。经济增长与发展的稳定状态一方面在于社会为之提供稳定的生产要素,如充足的劳动力;另一方面在于提供的生产要素要和社会时代相匹配,比如劳动力的质量问题等。无论是在传统经济生产发展中,还是在现代经济大生产中,经济发展离不开劳动力要素。当劳动力数量和质量不能满足经济生产需要的条件时,经济生产无法正常开展,经济增长便成为空谈。当劳动力数量和质量能够满足经济生产需要的条件时,经济生产能够开足马力,呈现加速发展趋势。

在充足的劳动力数量方面,充足的劳动力数量是经济持续发展的基础。所谓充足的劳动力数量,不仅仅强调的是劳动力的人数,更要是有健康体魄、能够参与劳动的社会成员。改革开放以来,中国经济的持续发展很大程度上依靠的是人口红利。在大流动背景下农民进城,为珠三角、长三角等沿海地区城市提供了充足的劳动力,使得遍布沿海城镇每个角落的小工厂、小作坊得以开足马力生产。归纳包括中国在内的经济大生产要素经验可知，早期经济的起飞和发展关键在于劳动力的健康条件。当劳动力身体条件较差，处于不健康或者亚健康的状态，他们在经济生产中的投入肯定要少，相对产出量也较少。当劳动力身体条件较好，不请假缺岗，能够全勤出工，自然也就为经济生产提供了必要的人的要素。

在高效的劳动力质量方面，随着技术的发展和运用，经济大生产并非纯粹地对人力的运用，而是劳动力通过操控机器实现规模化生产，其生产效率远远高于传统社会中的人工手动生产模式。例如，在当前的技术社会中，机器手臂的运用不仅节约了大量的劳动力，而且有效提升了生产效率。因此，在新型经济发展过程中，机器换人不是简单的用机器替代人，而是劳动力要更好地操作机器，这对劳动力的素质提出了较高的要求。在改革开放初期，进城农民通过强健的体魄等生物体能就能够找到工作，比如女性只要眼疾手快便能完成流水线上的电路板焊接工作，但是当前纯粹依靠生物体能特征很难适应信息化经济的发展，很难操作智能仪器设备。

如何提高劳动力的素质，一个重要方面要看这个国家教育政策的制定和执行情况。回顾以往农村户籍劳动力的流动，多数教育水平较低，初中文化程度占多数。《2009年农民工监测调查报告》显示，在外出农民工中，文盲占1.1%，小学文化程度占10.6%，初中文化程度占64.8%，高中文化程度占13.1%，中专及以上文化程度占10.4%。分年龄组看，低年龄组中的高学历比例明显高于高年龄组，30岁以下各年龄组中，接受过高中及以上教育的比例均在26%以上，其中，21—25岁年龄组中接受过高中及以上教育的比例达到31.1%。[①] 十年后，《2019年农民工监测调查报告》显示，在全部农民工中，未上过学的占1%，小学文化程度占15.3%，初中文化程度占56%，高中文化程度占16.6%，大专及以上程度占11.1%。[②] 从上述数据可知，近年来虽然进城农民的受教育水平有所提升，但是还是处于低端技术工人水平的状态。为新时代经济持续发展提供高质量的劳动力，关键在于提升劳动力的受教育水平。只有劳动者

---

① 国家统计局：《2009年农民工监测调查报告》，2010年。
② 国家统计局：《2019年农民工监测调查报告》，2020年。

的受教育水平提高了，他们才能够认知和理解相关操作说明，熟练掌握相关操作技巧等。否则，当前劳动力的知识结构很难与社会经济发展水平相匹配，难以促进经济可持续发展。在实践中，为了促进经济发展，政府部门制定了有关职业技术教育的社会政策法律。

社会政策的目标在于提升民生福祉。诸多国家和地区的经济发展证实，社会政策的制定和实施有利于提升经济发展水平，促进经济健康、持续发展。

三、推进社会公平正义

推进社会公平正义是社会政策重要的内容。在日常生活中，不同的阶层群体因结构性差异而呈现不平等状态，比如不同的阶层拥有不同的物质资源，在资源配置和分享实践中存在起点不平等、过程不平等与结果不平等。消除不平等、缩减社会发展成本是社会政策行动的重要指向。在实践中，社会政策的实施和执行有利于推进社会公平正义，具体表现在平等享有社会权益、社会内部矛盾得到协调两个方面。

1. 促进民众平等享有社会权益

作为普遍性社会政策的受益对象，每个社会成员都充分享有社会政策赋予的权益。在社会政策实施过程中，并不会因为受益对象的个人属性特征而影响权益的享受状况，比如年龄、性别、学历、民族等。在《国务院关于开展新型农村社会养老保险试点的指导意见》中，中央确定的基础养老金标准为每人每月55元。这意味着年满60周岁、未享受城镇职工基本养老保险待遇的农村有户籍的老年人，均可以按月领取养老金。[①] 现实中，基本上每位符合条件的老年人都能够领取基础养老金，只是由于地方社会经济发展水平不同，领取到手的养老金数额有差异而已。与之相似，在脱贫攻坚政策的实施过程中，每位建档立卡贫困户都能享受到"两不愁三保障"的社会福利政策。考核成效时，我们看到调查员会对建档立卡贫困户的"两不愁三保障"情况进行考核和评估，尤其在贫困县或村退出贫困考核评估过程中，调查员更会注重建档立卡贫困户

---

① 《国务院关于开展新型农村社会养老保险试点的指导意见》，2009年。

的"两不愁三保障"情况。比如在笔者的调查经验中，对于不愁吃、不愁穿情况的考核主要体现在家户内有必备的口粮、有换洗的四季衣服、被子等。因此调查员进入建档立卡贫困户家中时，会按照规定动作查看储存粮食的情况、衣柜里衣服的情况等。对于住房状况的考核，主要查验住房是否为C、D级危房等。调查员一方面查看相关专业评级证明，一方面实地查看住房有无漏雨、漏风等情况，以此综合判定房屋是否达到适合居住的标准。对于教育状况的考核，主要查看建档立卡贫困户的子女是否有义务教育阶段辍学等情况。调查员会根据户口簿上的人员情况进行比对，查看是否有辍学、退学的子女。对于基础设置中的用水情况考核，主要查看是否有清洁的水源、是否通自来水等。在调查过程中，调查员会拧开水龙头，让水流两三分钟，通过水质情况进行判断。如果上述有一条不合标准要求，则采取一票否决制，该建档立卡贫困户及其所在的村和县不能实现贫困退出的目标。

由此可见，在精准扶贫政策实施过程中，政策覆盖下的每一位成员都有充分享受"两不愁三保障"的权利。只要在社会政策的覆盖范围内，社会政策的受益对象都能充分享受对应的社会福利内容。在同一社会政策下，每位成员享有平等的权利，包括平等地享受社会福利体系的内容、平等地享受社会福利实践过程等。

2. 满足社会成员多层次需求

作为一项国家主导和实施的社会制度，社会政策之所以能够有效维护社会的公平正义，关键在于它能够满足社会成员多层次需求，能够发挥补短板的作用，能够做到消减两极分化和促进社会融合，实现社会成员共享社会经济发展成果。

一方面，在实现社会成员共享发展成果方面，发挥社会政策主导性功能，通过再分配或多次分配实现对社会低端人群的帮扶，实现对社会优势群体的社会福利内容的升级。在对低端人群生活补"短板"时，以养老服务资源配置为例，根据《国务院关于开展新型农村社会养老保险试点的指导意见》规定，政府对符合领取条件的参保人全额支付新农保基础养老金，其中中央财政对中西部地区按中央确定的基础养老金标准给予全额补助，对东部地区给予50%的补助。并且，对农村重度残疾人等缴费困难群体，地方政府为其代缴部分或全部最低标准的养老保险费。①

在对社会结构中优势人群的生活提档升级时，同样在养老服务资源领域的配置中，根据《国务院关于开展新型农村社会养老保险试点的指导意见》规定，参保缴费标准目前设为每年100元、200元、300元、400元、500元等五个档次，地方可以根据实际情况增设缴费档次。参保人自主选择档次缴费，多缴多得。对选择较高档次标准缴费的，可给予适当鼓励，具体标准和办法由省（区、市）人民政府确定。对于长期缴费的农村居民，可适当加发基础养老金，提高和加发部分的资金由地方政府支出。② 可见，在差异化的社会群体中，每个社会成员、群体、阶层都能够找到符合自身条件特征的社会福利体系内容，实现民众共享社会经济发展成果的目标。

另一方面，在促进社会融合方面，社会政策着力于缩减和消除两极分化，协调社会成员的内部矛盾。在社会分层体系中，不同层级的个体、人群、阶层等有着不同的生活资源、生活方式和文化习性等。如若缺少必要的协调规范和措施，个体、人群、阶层之间的差异会越来越大，形成分化的趋势，还有可能导致社会阶层结构固化的风险，呈现出个体、人群、阶层之间的区隔与排斥，尤其严重的是社会结构中的优势人群和低端人群间有了隔阂与对立。此时就要充分发挥社会政策的作用。比如实施资产型建设型社会政策，通过以房养老的形式让低端人群有充足的资本享受体面的老年生活，其实质是解决低端人群资本不足的问题；在社会政策的支持下，通过开展包容性的社会活动，让残疾人参与社会正常生产生活，展开友好互动；在社会政策的主导下，让进城的农民加入工会，享受工会会员的权益；在社会政策的介入下，农村留守儿童能够在生活、学习、心理等方面得到帮扶和陪护，实现和非留守儿童同样的成长目标。相反，如若缺少社会政策，社会秩序受到影响，不仅是老年人、残疾人、进城农民、农村留守儿童等社会弱势人群的社会权益受到忽视，社会阶层结构中优势人群的利益也会受到损害。长此以往，势必严重割裂社会阶层秩序。相反，社会政策的制定和实施，有效强化了不

---

① 《国务院关于开展新型农村社会养老保险试点的指导意见》，2009年。
② 《国务院关于开展新型农村社会养老保险试点的指导意见》，2009年。

同个体、人群、阶层间的积极互动，消除或缩减了社会不平等。割裂的社会或区隔的社会只能加快社会的分化和阶层的固化，不利于社会的稳定和发展。社会是一个共同体，具有较强的整体性和系统性特征。建立包容性的社会政策，消除或缩减社会不平等，有利于社会经济快速发展。在具有包容性的社会政策实施过程中，通过调整不同行动主体间的利益，影响多主体的行动内容，强化相互包容、互相帮扶的共同体的建设，让社会各阶层群体都能拥有获得感、幸福感，最终共享社会经济发展。

四、提升社会责任意识

社会政策的制定和实施，能够有效调动社会各阶层参与建设社会共同体，提升民众的社会责任意识和民生福祉水平。实践中，社会责任意识的提升具体表现为民众认知水平的提升、群体间的理解程度加深，社会福利价值理念的传播，公益行动得以落实，并且从原有的道德情感感化走向一种制度化的帮扶形式。

1. 提升民众的社会认知水平

作为一项国家主导的社会行动，社会政策的制定和实施主要包含宣传、落实、评估、反馈等过程。在社会政策的行动过程中，每一个环节都会影响到社会共同体中的成员，不仅包含社会政策的制定者、执行者和受益对象，还包括非受益对象等。比如，在精准扶贫政策制定和实施过程前，多数社会成员只是模糊地了解社会贫困问题，或许有少数人了解相关的扶贫开发政策，对农村社会贫困的深度和程度问题却不甚了解，自然难以形成一定的帮扶意识。通过多方面、多方位地宣传和实施精准扶贫政策，社会成员能够真实、客观地了解当前中国和全球范围内的贫困问题，深刻认知到在当前社会经济高速发展的状态下还存在如"三区三州"的许多贫困民众吃不饱饭、穿不暖衣的现象。同时，在精准扶贫政策的实施过程中，社会中存在的贫困问题和现象将促使非贫困成员、人群或阶层进行深入思考，比如，如果这些问题不解决将严重影响社会整体发展水平，包括非贫困成员、人群及阶层自身的发展利益等。无疑，所见所闻所思能够加深民众对贫困问题和现象的认识，明确贫困问题的客观性、现实性以及解决贫困问题的必要性。社会民众对贫困问题有了充分认知，广泛且深入地参与到脱贫攻坚战中，全社会形成人人参与扶贫的情境。否则，缺少必要的认知，就难以形成参与的基础，包括消费扶贫在内的扶贫项目和工程难以也无法得到有效的执行和推广。

可见，社会政策的制定和实施有利于社会行动主体深入认识当前社会的主要矛盾和主要问题，更聚焦于社会政策的目标。从社会政策行动的功效而言，社会政策行动的开展有利于提升民众对于社会建设的认知水平，明确社会共同体建设的目标，清楚自我和社会共同体间的关系等。

2. 传播社会福利价值理念

在社会政策的影响下，随着对社会问题和现象认知的加深，群体间的理解程度也会随之深化，更为重要的是社会政策倡导的公益理念同样会得到强化和传播。在实践中，社会政策并非简单地再配置社会福利服务和资源，而是一种社会福利价值理念的宣传和推广。社会福利价值理念主要是指以建设美好社会为目标的互惠互助、志愿服务、合作共赢的社会责任意识。行动主体的态度和立场决定了行动的方向和策略。当民众具有社会福利价值理念时，他们的社会行动多以公益慈善的形式出现，比如互帮互助、争当志愿者做公益活动等。反之，如若民众不具有社会福利价值理念，他们的社会行动便难以瞄准公益慈善的方向，或许以冷漠的态度进行处理。比如遇到老人摔倒的情境，若社会成员缺少社会福利价值理念，或许不会将老人扶起，甚至采取事不关己高高挂起的态度。通过必要的社会政策行动，能够令社会成员明确具体的社会共同体目标及其价值导向，明确社会共同体建设内涵，进而增强民众的社会福利价值理念。当民众具有社会福利价值理念，必定会增强他们的同理心，让他们能够设身处地为他人着想，产生利他行为，比如在盲人过马路时给予必要的引导和照顾，对于占用盲道的行动给予劝阻，又比如能够认识到残疾人群体的生活障碍，理解残疾人的生活困境，从而给予相应的协调和处理。社会政策的受益对象接受帮扶之后，在社会福利价值理念的作用下，他们也会以感恩的心态，对其他处于困境的社会成员、人群或阶层进行力所能及的帮扶。

社会行动主体对现实社会问题有了一定的认知后，并不一定会有积极的行动，也不会主动承担起社会建设的责任，但是当他们有了社会福利价值理念,他们的行动中多会体现出社会建设的担当和责任。因此,社会政策的制定和实施有利于社会福利价值理念的传播,有利于培养民众的社会责任意识。

3. 增进社会成员公益行为

培育民众的社会责任意识,让民众具有高度的社会责任感和付诸实际行动的志愿服务精神,需要民众对社会福利价值理念的理解从感性走向理性,从偶然走向必然,从道德化走向制度化等。[①] 从感性走向理性,意味着民众的参与并不仅仅是处于一时的兴趣或头脑发热,而是已经从"小我"上升到"大我"的境界,始终抱持着社会责任感,并且始终相信自我的行动和投入与自我及社会的发展密切关联。在实践中,应对老龄化社会中服务资源配置的"时间银行"案例便是现实的案例。从偶然走向必然,表示民众的参与不是突发事件,而是具有正当性和必然性,并且全社会的民众都会参与社会公益活动,如志愿服务等。日常经验显示,很多志愿活动难以形成持续性的形式,如社会成员参与一次义工活动相对容易,但是持续参与则存在较大困难。因此,调动社会成员持续参与的积极性,必须发挥社会政策的示范和引领作用且形成强有力的带动作用。目前,在社会福利价值理念的影响下,许多社会成员已经养成做义工、做慈善的习惯等。从道德化走向制度化,将情感因素的作用上升到常态化、组织化,提高全民参与社会福利体系建设的效率。包括中国志愿服务联合会等社会组织已通过有组织的形式联合众多志愿者,开展了一系列的常态化的义工服务活动。在高校,大学生志愿者经过所在共青团支部、班级、协会等与中小学、养老福利院等机构结成帮扶对子,使得志愿服务活动有序开展,有效提高了志愿服务效率。简而言之,建设人人参与的社会福利体系,增强民众的社会责任意识,关键在于让举手之劳的帮扶行动成为常态化行动。

社会政策的实施,不仅能够让社会福利资源惠及社会民众,而且能够在民众中传播社会福利价值理念,形成人人参与社会福利体系建设的新发展格局。

---

① Coleman J S. The Role of Social Policy Research in Society and in Sociology, The American Sociologist, 1987, 18 (2): 127-133.

思考题

1. 理解社会政策的基本理念。
2. 理解社会政策的基本目标。
3. 理解社会政策的基本功能。

第三章
社会政策的历史

现代社会政策起源于工业化所引发的社会问题的严重性与复杂性，随着工业社会的不断发展，现代社会政策逐步发展和完善起来。现代社会政策的发展可以划分为四个阶段：第一阶段是19世纪中期以前，这是现代社会政策出现和建立的阶段，社会救济政策构成这一阶段社会政策的主要内容；第二阶段是19世纪后半期，这是现代社会政策发展的阶段，社会保障政策的出现和实施构成社会政策发展的重要内容；第三阶段是20世纪前半期，这是社会政策扩展时期，社会政策的内容不断扩充，现代社会政策在许多的国家和地区得以实施；第四阶段是20世纪后半期以来，这是社会政策的改革时期，以社会福利政策为主要内容的社会政策改革在世界各国普遍开展。

第一节　西方社会政策的出现

一、西方早期社会政策

1. 西方社会政策的起源

社会政策是政府针对各种社会问题所采取的各种措施及行动。西方国家社会政策具有悠久的历史，早期西方各种社会慈善救济对社会政策的起源产生了重要影响，中世纪欧洲教会举办的慈善救济更是占有重要地位。教会往往将收入的一部分用于对穷人的各种救济工作，并建立许多救济院等机构。每个主教辖区的主教负有救济教区内的穷人的责任，主教辖区又分成若干牧师辖区，由牧师对其辖区的慈救济事宜直接负责。

慈善救济对欧洲社会政策的出现具有重要影响。有条件者特别是商人往往将自己的部分财产捐献给社会慈善事业，或者直接建立社会慈善机构。中世纪欧洲一些地方还以特许状形式规定市民的互助义务，佛兰德斯的埃伊市市民特许状就规定，本市友谊会成员都应当相互扶助；亚眠市民特许状也规定，所有居民都应当尽力互助；基尔伯特市民特许状指出，本自治体居民应相互扶助。

中世纪欧洲行会组织的救济规定对社会政策也产生了重要影响。行会组织建立起慈善机构，行会章程都对行会的社会救济职能做出明确规定。南安普敦商人行会章程规定，任何会员不幸陷于贫困无法生活时，可以从行会获得一定的救济；林里吉斯圣三一行会章程规定，任何会员为获得本会救济必须捐纳财物，行会必须对所有衰老、缺乏衣食以及贫困的会员提供救济，贫困会员也可以从本行会获得救济。

2. 社会政策的出现

14世纪的黑死病使社会问题引起广泛程度的关注，其后开始的西欧农奴制解体过程使社会问题进一步激化，贫困所导致的流民大军使社会状况极度不安定，也使正在变革的经济生活中严重缺乏劳动力。解决流民问题成为影响欧洲社会稳定的重要问题。尤其是英国大规模展开的圈地运动，使得流民问题越发加剧，英国政府不得不颁布一系列社会政策法令。

1349年，英国颁布和实施《劳工章程》，规定对没有劳动能力的无业人员实行旅行限制，有劳动能力者必须在其居住地工作，禁止慈善机构给身体健全的流浪者和乞丐提供帮助。1531年，英国议会颁布法令，规定：凡是有劳动能力的乞丐都将被捆绑到市场，处以赤身裸体的鞭刑，直至全身被打出血为止；市长、法官和其他政府官员应该努力发现并帮助所有年老的穷人以及那些值得尊敬和救济的人们。上述法令与政策构成西方早期社会政策的重要内容，也标志着西方社会政策开始出现。

二、济贫政策的出现

1. 英国济贫政策的出现

济贫政策在西方社会政策发展史上具有重要地位。1536年，英国颁布的《亨利济贫法》虽然对身体健全而不愿意工作者所实施的惩罚更加严厉，但同时规定，地方官员有义务分发教会收集的捐献物资用来救济穷人。1572年，英国议会颁布法令，规定法官和其他政府官员应该制定合适的自定赋税，每个公民都要缴纳费用给为了济贫而专门设立的基金，还应该设立教区贫民救济委员会负责为贫民提供救济，并为身体健全的无业者提供工作。

1601年，英国颁布著名的《伊丽莎白济贫法》，该法规定：父母有义务抚养子女，晚辈有责任赡养贫穷的长辈；政府有责任对没有工作能力的贫困者提供帮助，也有义务帮助贫穷的孩子去做学徒，并给身体健全者提供工作；用于向贫民提供救济的基金以每户固定缴纳的税款为主，那些不依法缴纳济贫税者将受到法律制裁。①

18世纪中期开始的工业革命，在推动英国社会经济发生重大变革的同时，也使得各种社会问题更加全面深刻地表现出来，从而推动了英国

---

① 丁建定、杨凤娟：《英国社会保障制度的发展》，中国劳动社会保障出版社2004年版，第5页。

济贫政策的发展变化。1795年，英国实施斯宾汉姆制度，其基本内容是根据食品价格决定基本工资标准，对不能达到这一基本工资标准者，由政府给予救济补贴。这种救济政策的最大特点是对贫困者实行济贫院外救济，救济对象除了工资收入者本人以外，还包括妻子和孩子等家庭其他成员。

斯宾汉姆制度的实施立即招致自由主义政治经济思想家的强烈批评，他们主张实行济贫院内救济，尽可能降低济贫院的条件和院内救济的标准，使那些有工作能力的贫困者难以在济贫院中久留，促使他们尽快寻找工作，并依靠自己的劳动摆脱贫困。1834年，英国颁布了新济贫法，规定贫困者必须进入济贫院才能得到救济，接受院内救济者不仅受到许多限制，还被剥夺选举权等政治权利。其后，英国各地逐步建立起济贫院。新济贫法所确立的院内济贫原则曾长期保持未变，成为19世纪前期英国实施贫困救济的主要社会政策措施。

2. 其他西欧国家社会救济政策的出现

从18世纪开始，西欧社会政策开始广泛出现。1788年，德国汉堡市设立一个办事处，综合管理全市救济事业，具体做法是将全市分为几个区，每区设监察员1人、救济员若干人，对失业者提供工作，将贫困儿童送往职业学校学习技艺，对患病者提供救治，但禁止贫民沿街乞讨。1852年，爱尔福特市建立一种新的救济制度，将全市分为564个段，每段约300人，其中贫民不得超过4人，每段设赈济员1人，负责社会救济工作，接受救济者必须接受家庭收入状况调查；每14个段构成一个救济区，每区设救济监察员1人，负责指导全区社会救济事务，每区成立一个救济委员会，监察员任委员会主席，负责制定全区救济工作计划；全市设立中央救济委员会，这是全市最高救济机构。①

济贫政策还在其他西欧国家建立起来。1763年，瑞典颁布《济贫法》，规定各市镇当局可以征收济贫税，以便对贫困人口提供救济。1847年，瑞典颁布新的《济贫法》，规定各地政府必须对贫民提供必要的救济。1862年，瑞典对地方政府实行改革，再次赋予地方政府为教育、济贫及其他慈善目的征税的权力，救济贫民的责任由教会转到地方政府。

---

① 王思斌：《社会工作概论》，北京大学出版社1998年版，第29-30页。

荷兰政府也于1854年颁布《济贫法》，确认教会和私人团体实施社会救济的责任，并提出地方政府在必要时应提供社会救济。1870年，荷兰通过法律，社会救济工作也开始由地方政府负责。

3. 美国济贫政策的建立

欧洲的济贫政策也被传播到北美殖民地。1642年，普利茅斯殖民地开始实施类似于英国的济贫法，弗吉尼亚、康涅狄格和马萨诸塞等殖民地也相继实施济贫法。罗德岛殖民地立法会议指出：救济穷人是本地立法机关的一贯方针，议会始终遵照执行并且委派教区的贫民救济委员会负责。

独立战争后，美国各州政府也将建立济贫机构、对值得救济者提供院内救济作为社会政策的重要目标。1824年，纽约州议会颁布《县级济贫院法案》，要求在每个县建立至少一个济贫院，所有接受救济者必须进入济贫院，济贫院所需全部费用由县专项税收基金支付。此后，其他各州也都纷纷建立济贫院。

独立战争后，美国联邦政府开始关注社会救济事业。1787年美国联邦宪法明确规定，国会有权规定和征收税金，以便为民众提供公共福利。1818年，美国联邦议会颁布法令，向独立战争时期的老兵提供帮助，并对公共或私人的福利机构提供资助。美国内战爆发以后，国会通过法令，决定对执行战斗任务而受伤或致残者提供救助，阵亡士兵的妻子与儿女可以得到一笔抚恤金。1865年，美国国会通过法令，建立自由民局，对黑人、难民提供救济和监护。

三、其他社会政策的出现

1. 工厂法政策的出现

19世纪初，随着工业革命在西方的广泛开展，工厂制度逐步建立起来。主要西方国家开始制定和实施工厂法。英国是19世纪工厂法比较完善的国家，共颁布实施了10余项工厂法令，对法律的适用范围、工厂雇佣工人的最低年龄、最高工作时间、从事夜间工作的工人的年龄与工作时间以及工资发放问题等做出了明确规定。此外，英国还多次颁布矿业法令，对从事矿业劳动者的工作时间、安全监督与伤亡责任等做出规定。

其他西欧国家在19世纪中期也都颁布实施一些工厂立法。法国于1855年、挪威于1860年、瑞典于1864年、丹麦于1873年、瑞士于1877年都实施了有关的工厂法。此外，其他西方国家也颁布实施了工厂法。1842年，美国马萨诸塞州通过一项有关童工的法令，康涅狄格州、宾夕法尼亚州和俄亥俄州也都颁布了类似法律，但这些立法都被各州法院以违宪为由而裁定无效。1868年，美国联邦政府颁布法令，对联邦雇员的工作时间做出规定。加拿大也在1867年颁布实施了工厂法等类似法令。

19世纪，西方国家不仅颁布一系列的工厂法，而且实施范围也逐步扩大。英国工厂法的适用范围在19世纪初主要为棉纺织工厂，其后扩大到所有纺织工厂，19世纪六七十年代扩大到所有工厂；英国工厂法最初主要适用于童工，后来逐步扩大到女工。法国工厂法适用于所有工厂的工人，瑞士工厂法也适用于各种工厂工人。工厂法所涉及的内容也越来越多。19世纪初期的工厂法主要涉及童工问题，19世纪中期工厂法的内容扩大到每周最高工作时间、劳动条件和工资待遇等。

2. 法国对社会福利权益的认可

法国大革命对法国社会政策的出现产生了深刻的影响。大革命后的法国将维护公民的社会福利权利放在重要位置。1791年宪法规定建立公共救助机构，以便养育弃儿、援助贫苦的残疾人，并对未能获得工作的壮健贫困者提供工作，同时推行免费教育。1793年宪法更加明确地指出，公共救助是神圣的义务。社会对于不幸的公民负有维持其生活之责，或者对他们供给工作，或者对不能劳动的人供给生活资料。教育是每个人所必需的。社会应尽其一切可能来赞助公共理智的发展，并使各个公民都得享受教育。社会保障就是全体人民保障各人享受并保存其权利的行动，此种保障以人民的主权为基础。

此后，随着工业革命在法国的不断开展，特别是1848年革命在法国的展开，法国政府对公民的社会福利权益更加重视。1848年"二月革命"后，劳动权和享受社会救济的权利被写进宪法草案，1850年，法国颁布《公共救济与预防法》，建立官方社会救济制度，法国社会政策开始出现。

第二节 西方社会政策的发展

一、社会保险政策的出现

1. 德国社会保险政策的出现

德国是最早实施社会保险政策的西欧国家。1883年，德国颁布《疾病保险法》，对工资劳动者实行强制疾病保险，费用由雇主和雇工分担，国家予以一定补贴。雇工在患病期间可以领取疾病津贴，但领取疾病津贴的最高时限不能超过13周。疾病保险基金开始时可以利用共济会或互助会等组织来管理，然后建立起地方疾病保险协会和公共疾病保险协会进行管理。

1884年，德国颁布《工伤事故保险法》，推行费用全部由雇主承担的工伤保险制度。因工伤丧失劳动能力者前几周依照疾病保险办理，工伤事故津贴额为工资的2/3，最高领取时限为14周，工伤致死者的家属也可以领取相当于死者工资的20%作为津贴。

1889年，德国实施《养老保险法》，在工业工人、农业工人、手工业者及公务员中建立养老保险制度，费用由国家、雇主及雇工三方分担，领取养老金的年龄为70岁，参加养老保险者必须工作满24年方可领取养老金，残疾者也必须工作满4年才可领取，养老保险由国家统一管理。德国社会保险政策的实施极大地推动了西方国家社会保险政策的出现，并对19世纪后期西方国家社会政策的发展产生了直接影响。[①]

2. 英国社会保险政策的出现

社会保险政策在20世纪初的英国也建立起来。1908年，英国议会正式批准《养老金法》，实施普遍和免费的养老金制度。年收入不超过31英镑10先令、年满70岁且作为英国公民达20年的居住在联合王国的土

---

① 丁建定：《试论近代晚期西欧的社会保障制度》，《史学月刊》1997年第4期。

地上的居民都有权利领取养老金；养老金发放标准为每周1~5先令；针对国家养老金的收费或转让及相关协议都是无效的，领取者也不能因领取养老金而被剥夺选举权、公民权及宪法保护的基本权益。

1911年，英国颁布《国民保险法》，正式建立起失业保险政策。法令规定：失业保险适用于建筑业、工程建造业、造船业、机械制造业、铸铁业和锯木业，申领失业保险津贴的条件为申请人在过去的5年中曾在该法所规定的上述行业中工作26周以上，申请人能够工作但未能得到合适的就业，自申请之日起一直失业；失业保险费由工人、雇主及国家共同承担，失业保险津贴标准为每周7先令，被保险人每缴纳5次失业保险费，方能享受1周的失业保险津贴，最高领取时限为12个月中不能超过15周。

《国民保险法》还在英国建立起健康保险制度。法令规定，所有16岁以上被雇佣者必须参加健康保险，健康保险费用由雇主和雇工分担，国家每周为每名工人拨付2便士。健康保险津贴包括医疗、疗养、疾病、伤残与产妇津贴等。健康保险津贴标准为每名男工每周10先令，女工每周7先令6便士，残废工人每周5先令。被保险人从其加入该项保险开始每年拖欠保费超过13周，则暂停其领取疾病及伤残津贴的权利；每年拖欠保费超过26周，则暂停其领取医疗、疗养及产妇津贴的权利；被保险人在申请疾病津贴时，如拖欠保费较少且不可能再拖欠下去，则只适当减少其津贴，每周所发放的津贴最低不少于5先令；被保险人如由于失业问题造成健康保险费的拖欠，应减少其拖欠额。[①] 社会保险政策的出现和实施成为19世纪末20世纪初英国社会政策发展的主要内容。

3. 法国社会保险制度的出现

19世纪末20世纪初，法国社会保险以雇主提供的养老保险和工伤保险基金形式出现，但这种基金很不稳定。1886年，法国颁布法令，对各项退休基金制度进行了重组和扩大；1890年，法国颁布法令，规定发生不正当解雇时，工人有权要求给付他们已经提供供款的退休金；1894年，法国通过法令，要求矿业工人和雇主的强制性分摊金须缴给国家退休基

---

① 参见丁建定：《从济贫到社会保险：英国现代社会保障制度的建立（1870—1914）》，中国社会科学出版社2000年版，第165-241页。

金，从而结束雇主对退休基金的支配，国家保证养老金的支付；1895年颁布的法律规定，雇主破产、企业关闭或转让时，雇主或雇员缴纳的所有款项对雇主与雇员的利益继续有效。

1898年，法国颁布《工伤保险法》，给工人提供由雇主承担费用的工伤赔偿。1905年，法国颁布法令，规定工伤事故受害人有权利直接对雇主所委托的保险公司提起有关工伤保险补偿诉讼。法国工伤保险最初只适用于工业企业从业者，1899年扩大到农业工人，1906年扩大到商业领域从业人员，1914年又扩大到林业人员，此后，又在自愿基础上扩大到所有行业劳动者。1910年，法国终于通过《工人和农业劳动者养老金法》，规定养老金费用由雇主及雇工分担，国家给予补贴，要求年收入3000法郎以下者必须参加，年收入3000～5000法郎者自愿参加。

法国还开始建立公共援助政策。1889年，法国确立了公共援助的一些基本原则，主要包括：公共援助的提供应该成为自治机构的责任；公共援助应该由接受者当时居住的教区给予；仅向没有资源和不能劳动的个人提供的公共援助只是所有其他各种帮助手段的补充。① 在此原则基础上，法国颁布一系列有关公共援助政策法令，如1893年实行公费医疗制度，1904年的法令建立了儿童救济制度，1905年的法令建立了对患有疑难杂症老人的义务救济制度，1913年又建立起孕妇的救济制度。

二、传统社会救济政策的发展

1. 英国济贫政策改革

1905年，英国组织了一个有关济贫法的皇家调查委员会，由于委员会成员之间观点不同，委员会提交了多数派报告和少数派报告两份报告。多数派报告和少数派报告在一些问题上看法一致，都认为济贫法下对贫困的救济效果十分有限，强调济贫法的不统一性，批评济贫法体制和地方政府体制在功能上的重叠，认为必须对救济申请者进行严格划分，根据不同情况区别对待，反对提供任何免费服务和福利等。

---

① Peter A. Kohler, *The Evolution of the Social Insurance*, 1881—1981, *Study of Germany, France, Great Britain, Austria and Switzerland*, New York, 1982, pp.110-111.

但是，多数派报告和少数派报告存在很大分歧。多数派认为，贫困主要是由于个人原因造成的，济贫法本身应该继续存在，所需要的只是根据社会现实的变化对它做一些改革，必须严格按照1834年新济贫法的原则实施救济；而少数派报告则认为，贫困主要是由于社会和经济因素造成的，济贫法提供的救济带有很大的局限性，济贫法已经不能适应社会问题多样性及复杂性的需要，因此必须废除济贫法。

委员会的分歧使英国政府对济贫法难以采取明确的行动，只能对济贫法进行改革。首先，改变混合济贫院的传统，把院内贫民划分为值得救济者和不值得救济者，对前者提供救济，对后者则实行强制劳动制度；其次，改善济贫院的环境，增加济贫医院的床位，建造新的条件较好的济贫院，改善济贫院的伙食；再次，逐步放松各项有关济贫院的规定，采取一定的措施改善济贫院的物质与精神娱乐。这样，英国的济贫法政策较之19世纪前期有一定程度的改善。①

2. 社会互助与救助政策的发展

19世纪末20世纪初，西方国家采取措施促进各种社会互助和社会救助事业的建立和发展。1875年，英国通过了《友谊会条例》，解散一些管理混乱、浪费成弊的友谊会，承认友谊会的联合互助性质，并对所有的友谊会进行登记。1896年的《友谊会整顿法》规定，把募捐会从友谊会中分离出来，实施不同的财政制度。

1870年，法国政府颁布法令，规定共济会等互助组织的会长由会员选举产生。1898年，法国通过法令，允许未经政府当局事先批准而建立的共济会，仅须向政府当局提交包含相关管理措施的共济会条例。1900年，法国政府又颁布法令，将共济会等互助组织的活动领域扩展到农业经济风险。其后，法国共济会等互助组织开始快速发展。

1861年，俄亥俄州通过了将所有的儿童从救济院中分离出来的法规。1890年，美国颁布立法，规定内战双方遗留下来的所有伤残退伍军人都可以领取战争抚恤金。1906年，又规定达到一定年龄的军人都可以领取抚恤金。西方国家上述法令的颁布实施，促进了社会政策的发展。

---

① 参见丁建定：《从济贫到社会保险：英国现代社会保障制度的建立（1870—1914）》，中国社会科学出版社2000年版，第155-164页。

三、其他社会政策立法的发展

1. 英国的劳动、教育与住房政策

19世纪末20世纪初，英国的工厂法可以分为四种类型。第一类是有关劳动时间的立法，如1878年《工厂法》、1886年《工厂法》、1908年《煤矿法》；第二类是有关劳动保护和劳动条件的立法，如1878年《工厂法》、1891年《工厂法》、1901年《工厂法》和1911年《煤矿法》等；第三类是有关工伤赔偿的立法，如1878年《工厂法》、1880年《雇主责任法》、1897年《工人赔偿法》和1906年《工人赔偿法》等；第四类是有关最低工资的立法，如1909年《行业局法》和1912年《煤矿工人最低工资法》。

1906年，英国颁布《教育法》，允许为有需要的学校儿童提供免费学校餐，费用可由志愿捐款承担或由公共基金支付。1907年的《教育法》规定，地方教育当局应该给学校儿童提供医疗检查，各地教育当局开始在学校建立医务室。

1868—1890年，英国共制定和实施6项住房立法，解决城市居民居住环境卫生问题，其中主要的有1875年《住房法》、1885年《工人阶级住房法》、1890年《住房法》和1900年《住房法》。这些法令赋予地方当局三大权力：一是执行健康立法的权力，对新建房屋实行监督，禁止现有住房的不卫生使用，并改善那些对健康有威胁的居住环境；二是拆除和关闭那些不适合居住的房屋的权力；三是拆除和清理不卫生住宅区的权力。这些相关社会立法的颁布实施，进一步丰富了英国社会政策的内容。

2. 其他西欧国家的劳动和福利政策

1878年德国颁布《童工法》，1891年又实行《女工法》，对童工和女工的劳动时间、参加工作年龄、生活状况等做了明确规定，还对诸如星期日劳动、实物工资制、正常支付工资等做了法律规定。1911年，德国颁布法律，建立职业委员会，对工资标准进行调查并提出建议。德国还建立工厂视察员制度，监督各项工厂立法的实施，并在西欧各国中较早

地推行免费义务教育。

1889—1903 年，法国至少实施了 32 项社会福利方面的立法，其中主要的是《工厂法》《教育法》《社会救助法》，对工厂的劳动条件、工作日、免费教育、老弱贫病幼残以及多子女家庭的救济等方面都做出了明确规定。比利时先后于 1919 年和 1921 年颁布法律，实施每天 8 小时、每周 48 小时工作时间制度。瑞士还颁布法律，禁止任意克扣工人工资。意大利于 1886 年制定了《童工法》。

3. 美国和大洋洲国家的社会政策

美国各州积极推行社会政策。1874 年，马萨诸塞州制定《妇女及童工 10 小时工作日法》，1875 年，又规定必须每周发放一次工资。纽约州制定法令禁止在公寓生产雪茄烟。1912 年，马萨诸塞州通过了关于最低工资的法案。其后，其他各州先后制定最低工资法律，由劳资双方成员组成委员会，决定适用于全部工人的最低工资标准。联邦政府也制定了一些立法，如 1892 年、1901 年、1912 年和 1916 年，美国先后颁布多次立法，逐步在政府雇员和铁路工人中推行 8 小时工作日制度。1906 年，美国又颁布《联邦雇主责任法》。

工厂法还在新西兰和澳大利亚等国出现。1891 年和 1925 年，新西兰先后颁布《工厂法》和《矿山劳动法》。1894 年，新西兰颁布实施《产业仲裁法》，规定仲裁法庭有权决定最低工资率。1896 年，澳大利亚的维多利亚州颁布有关最低工资法律，其适用范围包括制鞋、面包、服装、衬衣、家具制造业，最低工资由劳资双方代表组成的委员会决定，1903 年，该法成为永久法律，其他各州纷纷按照维多利亚州的做法实施最低工资制度。

第三节　社会政策的扩展

一、西方国家社会政策的发展

1. 英国社会政策的发展

20 世纪前期，以社会保障政策为主要内容的社会政策在英国进一步发展。1925年，英国颁布《寡妇、孤儿、老年人缴费养老金法》，该法改变了1908年以来英国养老金制度的免费性，开始在英国建立起缴费养老金制度。法令规定，养老金缴费标准为每名男子每周缴纳9便士，其中雇主和雇工各承担一半，每名妇女每周缴纳4便士半，其中雇主承担2便士半，雇工承担2便士。新的缴费养老金制度不仅给老年人提供养老金，而且还给寡妇及孤儿提供年金。

20世纪二三十年代，英国采取许多失业保障方面的政策。当时的失业保险法规定，年收入不足250英镑的劳动者均可参加失业保险制度，男子领取失业保险津贴标准提高到每周15先令，妇女提高到12先令，失业保险费增加为雇主和雇工每周各缴纳4便士，国家承担2便士，领取失业保险津贴的最高时限为47周。特别是1934年的《失业保险法》将失业保险的管理集中由失业保险法定委员会实施，失业救济补贴基金全部由财政部承担，这不仅实现了失业保险与失业救济的分离，还实现了失业救济与济贫法所提供的救济的合并。

1945年，英国颁布《国民保险（工伤）法》。法令规定，建立工伤保险基金，其费用由雇主、雇工以及议会批准的拨款构成，工伤保险缴费和津贴实行统一标准，工伤保险津贴由工伤津贴、工伤残废津贴及工伤死亡津贴构成。1946年，英国颁布新的《国民保险法》，规定国民保险制度是一种强制性缴费制度，它适用于从达到离开学校年龄到领取养老金年龄之间的每一个英国人，必须建立一个与工伤保险基金分离的国民保险基金和国民保险储备基金，国民保险基金提供失业保险、疾病保险、产妇保险、寡妇及养老保险津贴。英国国民保险制度得以完善。

1945年，英国颁布《家庭补贴法》，规定从第二个孩子开始，向每个孩子提供每周5先令的家庭补贴。1948年，英国开始实施《国民保健法》，规定应该建立一种普遍的国民保健制度，促进英国民众身心健康，加强疾病防治，除规定收费项目外，其他各项健康服务项目一律免费。国民保健制度由医院和特殊服务、地方健康当局提供的服务及开业医生提供的一般性医疗和牙科服务三部分构成。同年，英国实施《国民救济法》，国民救助所需各种支出均由议会批准的拨款承担，建立国民救济局，获得国民救济的基本条件是个人无法解决其基本需要，或者个人收入只能在得到补充后才能解决其基本需要。英国正式建立起国民救济制度。①

2. 德国社会政策的发展

20世纪前期,德国社会政策有了一定发展。两次世界大战之间,德国通过了一系列社会政策立法,主要的有1918年的《工人保护法》《失业救济法》《劳动时间法》,1922年的《工作介绍法》《工业法院法》《家庭劳动法》《劳动扩张法》《劳动仲裁法》,1923年的《残废救助法》,1924年的《公共救助法》《失业救济法》,1927年的《职业介绍和失业保险法》,1931年的《志愿工作法》和1932年的《义务劳动法》。

1927年的《职业介绍和失业保险法》是这一时期德国最重要的失业保障立法。该法规定,失业保险费由雇主和雇工平均分担,国家对此项社会保险所需费用不予补贴,失业保险津贴标准依照现时工资标准的百分比分为不同等级,一般领取标准相当于被保险人工资的60%~80%,工资较低者的领取标准要稍高一些,领取失业保险津贴的最高时限为每年不超过26周,确有特殊需要可以延长到每年不超过39周,但必须经过有关社会保险管理机构的同意。

第二次世界大战后,德国社会政策进一步发展。1956年,德国对《失业保险法》进行修改和补充。1967年,又对失业保险津贴和失业救济补贴具体管理做出规定。1969年,德国颁布《劳动促进法》,取代1927年颁布实施的《职业介绍和失业保险法》。该法规定,年龄未满65岁、足额缴付社会保险费、参加失业保险时间已经达到26周的失业者,可以领取失业保险津贴。1974年,德国又颁布了《失业救济法》,对无法领取或继续领取失业保险津贴者提供救济。

3. 美国社会政策的发展

20世纪前期,美国社会政策得到充分发展。各州社会政策立法走在联邦社会政策立法前面是美国社会政策发展的重要特点。1915年,阿拉斯加州首次提出退休金的立法,到1933年,美国已有28个州通过类似

---

① 参见丁建定:《英国社会保障制度的发展》,中国劳动社会保障出版社2004年版,第92-131页。

法案；1908年，向盲人提供救济的法案在美国开始出现，到1935年，颁布实施这种法案的州增加到29个；1911年，密苏里州和伊利诺伊州颁布实施寡妇抚恤金法令，到1930年，除4个州以外，美国其他各州都已经颁布向母亲提供救济的法案；1921—1933年，美国共有27个州通过了186个与失业保险相关的法令。①

美国联邦政府也颁布实施一系列社会政策立法。1928年，联邦政府通过一项失业保险法令。1930—1935年，美国先后通过多项失业保险立法，其中主要的有1932年的《瓦格纳-任尼法案》，1933年的《民间护林保土队救济法》《联邦紧急救济法》，1934年的《民间工作紧急救济法》《铁路职工退休法》，1935年的《紧急救济拨款法》《瓦格纳-克罗塞铁路职工退休法》。1935年，美国颁布《社会保障法》，建立联邦老年保障、特殊人群福利、公共健康和失业补偿制度，该法被认为是美国现代社会保障制度的开端。

此后，美国多次通过针对《社会保障法》的修正案，逐步扩大该法的适用范围，并提高社会保障津贴的标准。1939年修正案将养老保险适用范围扩大到海员、银行职员和雇员，并向年老的妻子和寡妇以及孤儿提供补贴；1950年修正案将农业工人、家庭劳动者、未参加公务员退休计划的联邦雇员包括在社会保障计划之中；1952年修正案提高了部分社会保障津贴标准；1954年修正案将个体农场经营者、牙医、律师和其他医生之外的自由职业者、农场主、家庭佣人以及地方政府的职员都纳入社会保障法的适用范围，并提高退休金津贴标准；1956年修正案将原来被排除在社会保障法之外的律师、牙医和其他专业人士纳入社会保障法体系；1961年修正案再次提高老年、遗属和残疾人年金标准，并将领取养老年金的年龄降低到62岁。

美国还实施其他一些社会政策立法。1961年的《未成年儿童援助法》，将对有需要的儿童提供援助改为对抚养儿童的家庭提供援助，并增加了联邦对老年援助、盲人援助和永久性完全残疾人援助的费用。同年的《住宅法》为中低收入家庭提供长期低息房租贷款或保险，为老年住房提供低息贷款，增加农村老年住房贷款，并对农村老年人租房提供保

---

① Industrial Relations Counselors, Inc. of New York, *An History Basis for Unemployment Insurance*, The University of Minnesota Press, 1934, p. 72.

险贷款等。1962年的《公共福利法》增加了联邦对老年援助、盲人援助和永久性完全残疾人援助的费用。1964年，美国颁布《经济机会法》，要求建立各种组织以帮助不同人群解决贫困问题，实施低收入农村家庭和移民工人特别资助与贷款项目，实施综合社区行动计划，帮助贫困社区居民向贫困开战。同年，美国还颁布实施《食品补助法》，收入较低的家庭可以购买政府提供的食品补助券，从而得到食品购买补助。1965年，美国颁布《医疗照顾和援助法案》，将医疗保障分为社会保险性医疗照顾和社会救助性医疗援助，医疗援助所需经费由各州和联邦政府共同承担，主要针对抚养有未成年人的家庭、盲人与永久残疾人等实施。1967年的《公共福利修正案》则把促使劳动者主动就业作为重要目标，规定如果成年人拒绝接受就业和培训机会，则失去原来的领取抚养未成年人家庭补贴资格。[1]

4. 日本社会政策的发展

第二次世界大战前，日本的社会政策已经开始确立。1929年，日本颁布《救护法》，建立针对老人、儿童、孕妇、残疾者、精神病患者的救济制度，进一步完善了社会救护制度。1922年，日本颁布《健康保险法》，规定经常雇佣10人以上的企业必须强制性参加健康保险制度，1938年的《国民健康保险法》建立农民健康保险。1941年，日本颁布《养老保险法》，该法仅适用于男性工资劳动者。1944年，日本将《养老保险法》改称为《厚生年金保险法》，不仅将被保险者对象扩大到妇女，还强制性要求5人以上10人以下规模的小企业也必须参加养老保险制度。

第二次世界大战以后，日本社会政策进一步发展。1946年，日本颁布《生活保护法》，救济对象为所有生活贫困者，但申请者必须接受资格调查。1950年的《生活保护法》废除申请资格条件限制，但重视对被保护者提供自立服务，并增加教育救助和住房救助。1947年，日本颁布《儿童福利法》，对18岁以下青少年儿童提供保护。1949年，日本又通过《残疾人福利法》。《生活保护法》《儿童福利法》《残疾人福利法》构成日

---

[1] 参见牛文光：《美国社会保障制度的发展》，中国劳动社会保障出版社2004年版，第153-166页。

本社会福利政策三法体制。①

1951年，日本政府颁布《社会福利事业法》，该法确立了社会福利事业的地位，确定了政府和民间福利组织的财政与职能范围，推动了日本社会福利事业民主化、规范化和多元化发展。1960年和1970年，日本先后两次颁布《精神病患者福利法》，提高精神病患者福利待遇。1963年，日本颁布《老年福利法》，进一步发展老人福利服务。1964年颁布的《母子福利法》规定，母子福利除经济援助外，重点放在为母子家庭创造良好的生活环境上。1971年，日本颁布《儿童津贴法》，建立儿童津贴制度。社会福利政策逐步完善。

日本还加快社会保险政策的实施。1947年，日本颁布实施的《失业保险法》规定，雇佣5人以上雇员的所有单位必须参加失业保险，失业保险费由国家负担1/3，其余部分由雇工与企业各负担一半。失业保险津贴标准为工资的60%，领取失业保险津贴的时限最多不超过180天。1958年的《失业保险法》将失业保险的范围扩大到雇佣5人以下的企业的职工。1963年的《失业保险法》提高了每天所支付的失业保险金的最高限额，并根据失业保险参加者抚养人数相应增加。20世纪60年代，日本还制定《就业对策法》《职业稳定法》，以促进充分就业的实现。

养老保险政策是日本社会政策的重要内容。1951—1955年，日本通过一系列相关的共济组合立法，建立起地方公务员共济组合、私立学校教职员共济组合和公共企业职员共济组合年金制度。1954年的《厚生年金保险法》将开始支付厚生年金津贴的男子年龄提高到60岁，女子提高到55岁，厚生年金保险在60年代又经过多次修改，其津贴标准逐步提高。1959年，日本正式颁布《国民年金保险法》，建立针对未加入其他公共养老保险者的国民年金制度。此后，日本对《国民年金保险法》多次进行修改，国民年金津贴标准不断提高。

同时，日本健康保险和工伤保险制度也逐步发展。1947年，日本颁布《劳动者灾害补偿保险法》，将工伤保险与健康保险分离。1948年，日本修改《国民健康保险法》，确立强制性国民健康保险的原则。1958年，日本颁布新的《国民健康保险法》，要求1961年在全国范围基本实现

---

① 参见沈洁：《日本社会保障制度的发展》，中国劳动社会保障出版社2004年版，第19-24页。

"全民皆保险"的健康保险目标。1960年的《劳动者灾害补偿保险法》将原来实施的有期限补偿制度改为长期疗养制度，并向受伤害者提供残疾人年金。1965年的《劳动者灾害补偿保险法》引进伤病补偿年金和残疾补偿年金，1973年的《劳动者灾害补偿保险法》又将上班途中发生的伤害纳入补偿保险范围。日本社会政策体系基本建立。

二、发展中国家社会政策的建立

1. 拉丁美洲国家社会政策的建立

拉丁美洲国家的社会政策在20世纪初开始出现，其中社会保障政策的出现构成拉丁美洲国家社会政策的重要内容。拉丁美洲各国先后颁布实施一系列社会保障政策法规。早在1904年，阿根廷就开始建立养老金制度，其后这一制度扩大到多个部门的职工。1916年，智利颁布《工伤事故保险法》，1918年建立铁路工人养老金制度，1924年实施劳动法令。1914年，乌拉圭颁布《工伤事故法》，1919年，又颁布《老年、工伤残疾和死亡保险法》，建立起社会保险制度。1923年，巴西开始建立养老金制度，并于20世纪30年代末建立起社会保障体系。

第二次世界大战以后，拉丁美洲国家社会保障政策获得进一步发展。社会保险制度在上述国家继续发展和完善的同时，在其他拉丁美洲国家开始出现，墨西哥、玻利维亚、哥伦比亚、委内瑞拉、秘鲁等国家都开始建立社会保险制度。社会保险制度的内容在拉丁美洲国家也开始扩大，在养老保险制度和工伤保险制度发展的同时，医疗保险制度和生育保险也开始出现。此外，一些国家和地区在建立和发展社会保险制度的同时，还开始建立和发展各种社会服务。这样，20世纪前期，拉丁美洲国家和地区的社会政策逐渐建立和发展起来。

2. 亚洲国家社会政策的建立

20世纪前期，亚洲一些发展中国家和地区的社会政策也开始建立和发展起来。新加坡的公积金政策在亚洲发展中国家社会政策中具有独特性。1946年，新加坡结束军事管制时代，为处理战争遗留问题，很快成立了社会福利部，但普通民众基本上没有机会享受社会福利。1951年，新加坡政府任命一个委员会，对在新加坡推行退休金制度进行调查，该委员会提出养老金计划和公积金计划两种方案，并倾向于建立一种公积金制度。1955年7月，新加坡政府通过立法，正式建立公积金制度，同时成立新加坡中央公积金局，负责管理公积金事务。

第二次世界大战后，韩国的社会政策开始逐步建立和发展起来。20世纪60年代，韩国将发展经济和完善福利作为发展目标，颁布实施10多部社会政策法令，但是，由于受经济发展水平的制约，这些法令并没有建立起全面的社会福利制度，仅仅推行了公务员年金、军人年金等特殊保障和一些救济措施。70年代，随着韩国社会经济的发展，韩国政府加快各种社会政策的实施步伐，颁布一些重要的社会政策立法，如1970年的《社会福利事业法》和1973年的《国民福利年金法》，1976年又修改了《医疗保险法》，逐步建立起社会保障政策体系。

三、社会主义国家社会政策的出现

1. 苏联东欧社会主义国家社会政策的建立

20世纪初，社会主义国家的社会政策开始出现。十月革命胜利后，苏维埃政府就发表《关于社会保险的政府通告》，提出实行社会主义社会保险政策。1918年，俄罗斯联邦批准了《劳动者社会保障条例》，提出建立针对伤残、疾病、老年和失业等的社会保障制度。1921年，俄罗斯联邦通过共和国社会保险决议、《残疾人员的社会保障》和《失去赡养人条件的劳动者和军人家庭成员的社会保障》等文件，加快社会主义社会保障政策的建立。1928年，苏联通过第一个《养老金法》，为纺织工人提供养老金，第二年，苏共中央通过关于社会保险的决议。1932年，苏联又通过《关于改进残疾、抚恤、养老金的决议》，社会主义社会政策体系初步建立。

第二次世界大战后，苏联加快实施以社会保障政策为主要内容的各项社会政策。1949年，苏联通过了《科学工作者老年和残疾恤金条例》，1956年通过《苏维埃社会主义共和国联盟国家老残恤金法》，建立起针对全体职工的养老金制度。1964年通过《集体农庄庄员养老金和补助费法》，建立起集体农庄劳动者的养老保障制度。这样，苏联社会主义社会保障政策有了明显的发展。①

20世纪前期，民主德国通过各种法令建立社会主义社会政策。1949年，民主德国通过《农业劳动力保护法》，1950年通过《休假法》《劳动法》《保护母婴和妇女权利法》，逐步建立起相关的社会政策体制。1956年，民主德国颁布《职工社会保险条例》，开始建立社会保险制度。20世纪60年代，民主德国又对《劳动法》进行多次修改，并制定有关教育、就业等社会政策。

社会主义社会政策在捷克斯洛伐克也开始出现。1948年，捷克斯洛伐克颁布《国民保险法》，1956年颁布《职工医疗保障法》，1964年颁布《合作农民医疗保障和母子保障法》，1971年颁布《母子补贴法》，1975年颁布《社会保障法》，捷克斯洛伐克的社会政策体制初步建立。

匈牙利也开始建立社会主义社会政策。1952年、1954年和1959年，匈牙利先后制定和实施三个关于退休的法令，初步建立起退休政策。1962年，匈牙利建立农业生产合作社社员退休政策。1975年，匈牙利颁布实施《社会保险法》，建立起职工、农业合作社社员、手工业者和其他行业工作者的统一的退休金政策。

此外，社会主义社会政策还在保加利亚开始出现。1947年，保加利亚开始实施健康保障政策，1948—1949年建立起国家公职人员的社会保障，1951年颁布《劳动法典》，后来又颁布实施《抚恤金法》和《农业社员抚恤金法》。

2. 中国社会主义社会政策的建立

新中国成立以后，中央人民政府立即采取社会政策措施解决各种社会问题。1950年，政务院通过《救济失业工人暂行办法》，决定对失业工人提供各种相关救济。同年颁布《民兵、民工伤亡抚恤暂行条例》，建立起针对伤残士兵及其他人员的伤残抚恤制度。1951年，政务院公布《劳动保险条例》，正式建立包括养老、医疗、工伤和生育在内的劳动保险制度。

20世纪50年代中期到60年代中期，我国政府颁布多项法律规定，对各种社会政策进行调整。1956年发布的《女工保护条例》，对女工权益

---

① 参见朱传一：《苏联东欧社会保障制度》，华夏出版社1991年版，第12-15页。

做出保护规定；1957年发布的《关于职业病范围和职业病患者处理办法的规定》，在城镇推行医疗保险，并适度扩大职工承担医疗保健费用的项目，同时加强职业病保护；1958年的《国务院关于工人、职员退休处理的暂行规定》，使国家机关工作人员与企业职工的退休金制度统一起来；同年发布的《关于国营、公私合营、合作社营、个体经营的企业和事业单位的学徒的学习期限和生活补贴的暂行规定》，正式建立起学徒制度。

20世纪60年代中期以后，中国社会政策尤其是劳动保险制度发生变异，社会保险统筹改变为"企业保险"，社会保障待遇失去正常标准，社会福利水平下降，社会保障重心由政府移向企业或单位，单位保障制度逐步形成，企业与单位办福利成为一种模式，企业社会负担开始加重，给新中国社会政策的发展造成消极影响。

第四节　社会政策的改革

一、发达国家社会政策的改革

1. 减少社会福利支出政策

20世纪后期，由于政治经济和社会条件的变化，主要西方国家的社会政策开始进入改革时期，这场社会政策改革在不同国家存在一些差别，但在改革的主要内容方面还是具有很大的共同性。

减少社会福利支出是20世纪后期西方国家社会政策的重要内容，其主要措施是降低一些社会福利项目的津贴标准。1980—1981年，英国针对病人、失业者以及失去工作能力者的短期津贴已经减少了5%。1982年1月，保守党政府决定取消与收入相联系的疾病与失业短期津贴。1986年，英国又通过立法，把与收入相联系的养老金建立在领取人一生平均收入水平上，而不是20年最好收入的平均水平上，以降低与收入相联系的养老金的津贴标准，同时将国家收入养老金的最高标准降低到平均收入的20%。2013年4月，英国政府发布新修订的《福利政策改革法案》，拟实行社会救济金封顶、福利房限制、残疾人救济改收入抵免等多项补贴政策合并；同时，加强对申请福利人员的审核，缩小发放范围，鼓励国民去工作，减少了180亿英镑的政府福利开支。①

德国在科尔政府时将失业保险缴费标准由原来的占工资的3%提高到6.5%，同时将失业救济标准降低3%，停止发放因自然原因不能工作者的收入损失补贴，从1995年开始停发长期生活补助，1996年又将病假工资从标准工资的100%降至80%。1999年，德国《养老保险改革法》规定，每天只能工作3小时以下的养老金制度参加者可以获得全额工作能力下降养老金，能工作3~6小时者可以获得半额工作能力下降养老金，能工作6小时及以上者则不能领取该项养老金。2003年，施罗德政府提出"2010年议程"改革计划。其一，将失业保险金的发放时间从现在的32个月按不同年龄段分别减少，55岁以下的失业者减少到12个月，55岁以上的失业者减少到18个月，以促使失业者尽快寻找新的工作。将失业救济金降到社会救济金的水平上，并最终将失业救济金和社会救济金合并，以便降低失业者对失业救济金的期望值，促使他们尽快寻找工作。将养老金津贴标准由占税前工资的48%降低到40%，同时将养老金缴费比例由19.5%上调为22%。其二，提高退休年龄，从2011年开始把退休年龄提高到67岁。其三，扩大私人养老保险，所有在职员工必须参加私人养老金制度，凡参加私人养老金制度者可从政府得到相应数额补贴，私人养老金制度的规模和目标是占整个养老金的15%，并逐步增加到25%~30%。其四，实施养老金政府补贴制度，政府每年拿出700亿欧元用来补贴养老保险基金。其五，养老金津贴标准的提高将按缴纳养老保险费的人数与退休者人数的比例进行计算，当缴纳养老保险费的人数减少时，养老金津贴数额的增长将自动停止。

美国政府也采取措施减少社会福利支出。1981年的预算方案将公共援助开支减少128亿美元，其中未成年人日托补贴减少1/5。1984年的预算中将公共援助减少176亿美元，联邦对各州医疗援助补贴减少3%~4.5%。1981—1985年，抚养未成年人家庭援助削减13%，儿童营养补助减少20%，住房援助减少4.4%，医疗援助减少5%，一般就业和训练基金削减35%，工作刺激项目削减33%。1993年，克林顿政府提出增税

---

① 郝福庆、杨京平：《英国社会公共管理政策及启示》，《宏观经济管理》2014年第6期。

和减少社会福利支出计划，4年内增加1860亿美元税收，同时减少1410亿美元的社会福利开支。

日本政府也将减少社会福利支出作为社会政策的重要内容。1984年，日本修改《健康保险法》，将被雇佣者医疗保险对个人的支付比率从100％降为90％，同时建立退休人员医疗制度，将60—70岁老人的门诊和住院费支付比率从70％提高到80％，以保证退休老人的医疗需求。

2. 强调社会政策中的个人责任

为有效避免各种社会政策所带来的消极影响，当代西方国家社会政策改革中，都将推动个人责任意识和进取精神作为重要目标。英国撒切尔政府认为，必须改变社会保障的普遍性原则，推行选择性原则。英国1986年的《社会保障法》规定，收入补贴的发放将仅限于有子女的家庭以及丧失工作能力的家庭，而不是所有收入低于规定标准的家庭，附加补贴也不再对所有低于最低生活标准者发放，仅向18—24岁的单身者和特殊困难家庭发放。产妇津贴也只向低收入家庭提供。英国政府还减少了一些福利补贴项目，以促使家庭责任和个人责任的发挥。从1980年起不再要求地方政府提供学校餐。1986年，减少了18—25岁人口的津贴。1988年起，收入补贴不再对16—18岁者有效，儿童津贴也不再对正在接受全日制教育者有效。1990年，又规定所有单亲母亲都必须授权政府部门采取行动，以便使孩子父亲履行自己应尽的责任，父亲必须为养育自己的子女及以前伴侣承担责任与义务。①

德国1988年的《卫生保健改革法》在医疗保险中引入竞争机制和激励机制，提倡多样化和多种形式的医疗保险，逐步增强个人在医疗保险中的责任，降低部分医疗保险项目的津贴标准，取消部分医疗保险津贴项目。1992年的《养老金改革法》将养老金缴费标准由原来占工资的18.5％提高到19.2％，养老金的增加与净收入增长挂钩。1996年的养老金改革又将男性退休年龄从63岁提高到65岁，女性退休年龄从60岁提高到65岁。

美国在1981年规定，收入高于所在州的需求标准150％的家庭不能享

---

① 参见丁建定、杨凤娟：《英国社会保障制度的发展》，中国劳动社会保障出版社2004年版，第167-176页。

受抚养有未成年人家庭援助补贴，此类家庭中的孩子如不准备读完中学或在19岁时仍不接受假期培训的，也不能再享受该类家庭援助补贴；首次怀孕的孕妇在怀孕6个月后才能享受该类家庭援助补贴；享受该类补贴者必须参加公共服务就业；此类家庭的家长已经获得正式就业后不再享受该类家庭援助补贴。收入达到贫困线标准130%者不能领取食品券。1983年的《社会保障法修正案》规定，自2009年开始将退休年龄从65岁推迟到66岁，从1990年起领取社会保障津贴的纳税年限从10年提高到20年。1996年，美国通过具有重要影响的社会福利改革法案：具有工作能力者享受社会福利援助的时间为5年，并且必须在2年内找到工作；18岁以下的未婚母亲必须在校或与成年人一起居住，才可以得到相关援助；在6年内将食品券开支削减240亿美元，没有获得美国公民资格的移民不能领取联邦公共援助；联邦所划拨的公共援助资金如何使用由各州而不再是联邦政府决定。

1994年，日本政府做出决定，从1999年开始，将女性退休年龄从58岁推迟到60岁，只要个人愿意可以工作到65岁，养老金支付仍从60岁开始，但60—64岁之间仍然工作者，可以领取部分养老金，到65岁时再领取全额养老金；从1996年4月开始，领取失业保险者停止领取养老金，企业如果雇佣60—64岁人员，政府可以提供25%的工资补贴。日本政府从2003年开始推行新的养老金改革方案：养老保险缴费由按月工资缴纳改为按年收入缴纳，以便将雇员的年中和年末的奖金计入年收入，以提高养老保险基金的收入；实行青年学生养老保险费补缴办法，原来没有收入的20岁以上的青年学生可以向地方政府申请减免养老保险缴费，现改为向地方政府申请在其就业后的10年内补缴；延长养老保险缴费的年限，原来60岁以后的老人再就业后无须缴纳养老保险费，现改为65—70岁的就业者必须缴纳养老保险费，并根据就业收入情况减少其在就业期间领取的养老金数额；增加政府对养老保险基金的负担比例，将政府负担的国民基础年金津贴的比例从1/3提高到1/2；将养老金津贴标准降低50%；将领取养老金的年龄标准从60岁逐步提高到65岁；从2003年开始，养老保险缴费率从13.5%逐步提高0.3%，直到2022年提高到20%。① 2002年的《健康保险法》规定：从2003年4月起，将工薪

---

① 《日本养老保险陷入危机》，（日本）《中华时报》2004年5月15日。

收入的被保险者的医疗费用负担由原来的20%提升至30%，同时将所有3岁以下儿童医疗费负担统一为20%。

3. 实行积极的就业政策

当代西方国家社会政策改革中，都将推进积极就业作为重要内容，这方面的主要改革内容包括以下几个方面。

首先，创造新的就业机会，促进就业增长。德国政府为新企业创办者提供培训，失业者创办新企业在接受此类培训时还可以领取生活费补贴。政府为新企业的创办提供厂房、仓库、实验室等必要设施，并对新创办企业提供相关服务、政策优惠与财政补贴，补贴额相当于新创办企业自有资本的1%。法国政府大力发展第三产业，同时建立全面社会服务体系，以便提供更多的就业机会。法国政府还利用财政手段，逐步将向创造就业机会的企业发放奖金改为减免企业社会保险费，鼓励中小企业增加雇佣人数，扩大就业机会。

其次，加强职业培训，提高劳动者素质和竞争力。德国政府依法确立职业培训的地位，实行企业内部技术培训与职业技术学校专业知识学习相结合的双轨体制。20世纪70年代以后，美国政府颁布实施一系列职业技术培训立法，主要有1973年的《就业机会法》、1974年的《青年就业与示范教育法》和1984年的《就业培训合作法》。这些法令规定，提供就业调查研究和职业咨询，提供教育和技能训练，提供自谋职业培训。第二次世界大战以后，日本就颁布《劳动基本法》《职业安定法》《技能养成法》，对失业者进行再就业必需的职业技术培训。此后，日本政府多次对《职业培训法》进行修改补充，并于1985年实施《职业能力开发促进法》，逐步建立起职业技术培训制度。1971年，法国颁布《职业教育方向法》和《学徒训练改革法》，规定所有雇佣10人以上的企业每年必须缴纳相当其工人工资总额1%的费用作为国家继续教育费用。1978年，法国政府又规定：工程技术人员有权享受培训假期。1998年，日本实行"教育训练补助"，规定不管在职与否，只要参加政府劳动管理部门举办的就业培训者，均可得到80%的培训费用补贴。

再次，改革失业保险制度，推动失业者再就业。德国《就业促进法》规定，失业保险津贴领取者必须准备接受劳动部门安排的新工作，政府向已经领取 4 周以上失业保险津贴或失业救济补贴并愿意个人自谋职业者发放自谋职业补助。20 世纪 90 年代初，德国政府又把本来准备用于发放失业保险津贴和失业救济补贴的资金用作就业促进补贴，资助那些安置失业者再就业的行业或部门的生产经营，为失业者提供更多的就业机会。1974 年，日本通过《雇佣保险法》，规定雇佣保险津贴领取时限根据被保险者的年龄而定。1984 年，日本实行再就业津贴制度，失业保险津贴领取者在领取失业保险津贴期间，如找到合适工作可以领取一定时间的再就业津贴。1995 年，日本又实行"连续就业补助"，针对那些年龄较大、很难找到连续性就业机会者提供连续性就业补助。1996 年上台执政的英国工党政府推行所谓"从福利到工作"的"新政"，努力争取所有具有劳动能力者都能就业，从而提高有劳动能力者的自我救助和保障能力。为此，布莱尔政府采取一系列向各种失业者提供就业帮助的措施。解决青年失业者的失业保障是工党政府"新政"的主要任务。政府为失业半年以上的年轻人提供 4 种选择：雇主提供的有补贴的工作，每雇佣一名年轻失业者的雇主可获得每周 60 英镑的补贴；环境保护部门提供的为期 6 个月的工作；志愿性组织提供的工作；接受全日制教育和技术培训。[①]

最后，加强劳动立法，依法保护劳动者权利。德国的《解雇保护法》规定，雇主在进行解雇行为前，必须向政府劳动部门报告解雇原因、解雇人数、解雇日期及其他有关问题，当解雇发生时，雇主还必须付给被解雇者一次性补偿金。日本政府在战后制定一系列劳动立法，保护劳动者权利。1964 年的《劳资关系调整法》确立了公民的基本劳动权，1966 年的《雇佣对策法》保证雇佣和就业稳定，1974 年的《雇佣保险法》和《劳动者灾害补偿保险法》保护劳动者就业权利，1988 年的《劳动关系调整法》、1991 年的《中小企业劳动力确保法》和《男女雇佣机会均等法》都为保护劳动者的合法权益发挥了积极影响。[②]

4. 社会保障和社会服务私营化与地方化政策

社会保障和社会服务私营化与地方化是 20 世纪后期西方国家社会政

---

① 刘燕斌：《面向新世纪的全球就业》，中国劳动社会保障出版社 2000 年版，第 30 页。

② 丁建定、柯卉兵：《发达国家积极就业政策及其启示》，《华中科技大学学报（社会科学版）》2004 年第 2 期。

策改革的又一重要内容。1990年，英国颁布《国民保健与社会关怀法》，对国民保健制度实施私有化与市场化改革。法令规定，医院和社会医疗关怀应该从地方健康当局的直接控制中摆脱出来，建立起自主经营的国民健康服务公司。从1993年4月起，社会保障制度不再对私人或志愿性寄宿院中的新增人员提供帮助，地方当局有义务确定提出此类需求者的要求是否属实，并采取适当措施为其提供有效的服务。到1995年，几乎所有的英国医院及大部分社会服务已经实现私营化与市场化。英国政府还要求，从1988年起，所有企业必须为其雇工建立职业养老金制度，政府对此予以一定的优惠措施，并鼓励个人通过银行储蓄、参加保险等方式，为自己准备养老费用。2014年5月，英国《养老金法案2014》获得批准。在公共养老保险制度方面，该法案将现有的国家基础养老金和与收入相关的第二养老金合并为单一层次的公共养老金，其目的在于解决英国部分人口养老金水平过低和养老保险制度整体设计过于复杂的问题。同时根据政府的估计，1300万英国人缺乏充足的养老金储蓄，而且私人养老金储蓄水平有逐年下降的趋势，为此该法案中也包含了鼓励私人养老金制度发展的内容，以增强养老保险制度发展的可持续性。①

1986年，日本对《老年保健法》进行修改，增加患者所负担的医疗费，患者承担的门诊费由400日元增长到800日元，住院费从每天300日元提高到400日元。1991年，日本对《老年保健法》再次进行修改，个人承担的门诊治疗费用标准分阶段提高到每月1000日元，个人承担的住院费用分阶段提高到每天700日元，同时提高公费负担的比例，护理费的一半由国家承担，并增设老人访问看护制度。20世纪八九十年代，日本政府颁布法律，确认从事社会福利工作者的专业技术资格和地位，大力倡导社会福利事业社会化、地方化和家庭化，积极鼓励社会福利事业商业化，大力发展银发产业。1987年，建立"社团法人银发商业振兴会"；1988年，修改《社会福利和医疗事业团法》，对银发事业提供贷款；1989年，颁布《推动民间社会福利事业法令》，并制定《推进老年保健福利事业十年战略计划》，将家庭福利事业的发展作为未来十年日本社会福利事业发展的战略目标之一。

---

① 苏琳：《2014年国际社会保障十大事件》，http://intl.ce.cn/specials/zxgjzh/201502/28/t20150228_4683553.shtml。

美国政府将推动社会福利与服务地方化作为社会政策改革的重要内容。1982年，里根政府就提出10年内将数十项社会福利与服务项目在联邦、州和地方政府之间进行明确划分的目标，要求联邦政府在1984年全部接管和担负医疗补助项目，抚养未成年人家庭援助与食品券等社会福利项目由各州政府负担。1983年，里根政府又提议再将30多种专项补助合并为4项，并划归各州和地方政府实施。

二、发展中国家社会政策改革

1. 新加坡公积金政策改革

20世纪后期，为适应新加坡经济和社会条件的发展变化，新加坡开始对公积金政策进行改革，改革的主要目标是在保证公积金养老功能的同时，扩大公积金制度的适用范围。1968年，新加坡决定公积金制度参加者可以使用公积金存款购买低价公房。1984年，为应付不断上涨的医疗费用，新加坡实施保健储蓄计划，公积金存款可以用来支付医疗费用。1986年，鉴于公积金投资收益率比较低，新加坡对公积金制度进行改革，允许公积金制度参加者将其公积金部分存款用于自行投资。

20世纪80年代中期以后，新加坡加快公积金制度改革步伐。1987年，新加坡制订最低存款计划，规定年满55岁的会员在提取公积金时必须在自己的账户上留足3万新元，以保障退休后的基本生活。1989年，新加坡又制订家属保障计划，允许从公积金中贷款以支付子女教育费用。1990年，新加坡制订医保双全计划，以弥补保健计划的不足，为大病和灾害事故支付费用。1992年，新加坡再次扩大公积金制度的适用范围，允许自我雇佣者加入公积金制度。这样，新加坡的公积金制度从最初的仅仅适用于养老保障，逐步扩大到住房、医疗保健、教育和其他领域，从受雇佣者逐步推广到其他劳动者，成为新加坡社会政策的核心部分。

1993年，新加坡又制定法律，推进公积金投资环境的改善。1995年，新加坡政府修改了最低存款额度，调整为4万新元，其中现金最少为4000新元，其余可以为财产抵押。之后最低存款额度不断提高，每年提高5000新元，2003年达到8万新元，其中现金最少为4万新元。从2004年开始，最低存款根据每年的通货膨胀情况进行调整，2013年达到

12万新元。① 2014年5月，新加坡中央公积金局宣布，新加坡公积金最低存款余额的下限将从2014年的14.8万新元调高至15.5万新元。②

新加坡政府还逐步增加一些新的保障项目和保障内容，放宽了对中央公积金投资领域的限制，创新投资方式。2001年实施的"新"新加坡股份计划、2002年实施的老年保障盾牌计划和2003年实施的经济重组股份计划等都对中央公积金原有的保障项目、内容、投资领域和方式进行了补充和完善。③ 2007年，新加坡总理李显龙在国庆演讲中提到了修改中央公积金制度，新加坡中央公积金制度实施"三管齐下"的改革措施，如实行更高的回报率和利息，延后提取最低存款额的"D红利"和"V红利"，年长员工推迟退休，年长员工的就业入息补贴等。④

2. 智利社会政策改革

20世纪前期逐步建立起来的智利社会保障政策体制，到20世纪70年代已经面临严重困难，养老金津贴水平持续提高，在职人员与退休人口比例不断下降，社会保障支出压力逐年加剧，社会保障缴费率不断提高，社会保障政策改革迫在眉睫。1981年，智利开始推行以私营化为主要内容的社会保障政策改革。建立具有独立法人地位的退休基金管理公司，负责经营管理养老金业务，退休基金管理公司依法将养老基金用于投资，自负盈亏。劳动者选择一家公司投保，基金管理公司为每一名投保者建立专门账户，并将雇员和雇主的缴费以及个人应得的投资红利存入个人账户。

职工退休时，可以选择三种途径获得养老金。第一种选择为利用个人账户积累向保险公司购买年金，但个人账户积累必须达到足以获取不低于国家规定的最低年金的标准；第二种选择是通过暂时年金和延期终

---

① 龙玉其、刘巧红：《新加坡中央公积金制度的改革及其启示》，《改革与战略》2013年第11期。

② 《新加坡人反感"家长管账"的公积金制度》，http：//news.163.com/14/0716/10/A1947QOE00014JHT.html。

③ 贾洪波、穆怀中：《新加坡中央公积金制度改革评析》，《北京交通大学学报（社会科学版）》2009年第4期。

④ 杨伟、吕元礼：《新加坡中央公积金制度改革分析》，《东南亚纵横》2008年第8期。

身寿险获得养老金，由基金管理公司在参加者有权获得延期终身寿险以前向其支付一定期限的养老金，其后由养老金参加者所投保的保险公司以寿险方式向其支付养老金；第三种选择为领取由自己所参加的基金管理公司所提供的养老金，条件是个人账户积累必须达到足以使其养老金不低于国家规定的最低养老金标准的120%。[①]

智利社会保障政策改革收到一定的成效，社会保障基金积累明显增长，社会保障缴费率却有下降。智利的社会保障政策改革不仅在拉丁美洲国家社会保障政策改革中具有典型性，对当代世界社会保障政策的改革和发展也产生了一定的影响。

2006年，来自中左翼联盟的候选人巴切莱特上台，任命成立了一个"养老金改革总统咨询委员会"，负责对智利的养老金体系进行全面评估，并要求提出改革建议。2008年，智利开始新的养老金制度改革。新的智利养老金将建立在三个支柱构架的基础上，保留基于个人资本化账户的缴费（第二支柱），但扩宽其覆盖范围，将被排除在外的工人包含进来；而重要的改革之处在于另外两个支柱：第一支柱为初级层面的由政府财政支持的社会安全网，即团结支柱；第三支柱为希望提升自己在强制限制之外养老金积累的缴费者提供的自愿储蓄。[②]

3. 中国社会政策改革

20世纪70年代末，中国社会经济开始进入改革阶段，中国社会政策的发展也进入一个新时期。国务院颁布了《关于安置老弱病残干部的暂行办法》和《关于工人退休、退职的暂行办法》，开始恢复被破坏的退休政策。80年代开始，以社会保障政策改革为主要内容的中国社会政策改革全面展开。改变单位保障模式，实行社会保障模式，成为社会保障政策改革的主要内容。1986年颁布的《国营企业实行劳动合同制暂行规定》，结束了计划经济时代的用工制度，开始实行市场化用工制度。同年实施的《国营企业职工待业保险暂行规定》，重新提出实行社会保险政策。

---

① 参见刘纪新：《拉美国家养老金制度改革研究》，中国劳动社会保障出版社2004年版，第36—40页。

② 孙树菡、闫蕊：《2008年金融危机下智利养老金三支柱改革——政府责任的回归》，《兰州学刊》2010年第1期。

进入 90 年代，中国社会保障政策改革加快步伐。1991 年的《关于企业职工养老保险制度改革的决定》，正式提出实行养老保险制度。1993 年的《中共中央关于建立社会主义市场经济体制若干问题的决定》，将建立多层次社会保障体系作为目标，并且指出社会保障体系包括社会保险、社会救济、社会福利、优抚安置和社会互助、个人储蓄积累保障，同时提出城镇职工养老和医疗保险金由单位与个人共同负担，实行社会统筹与个人账户相结合的原则，极大推进了我国社会保障政策的改革进程。同年的《国有企业职工待业保险规定》开始建立失业保险制度，《国有企业富余职工安置规定》建立下岗职工就业安置制度。1994 年的《关于职工医疗制度改革的试点意见》开始了医疗保险制度改革。1995 年的《关于深化企业职工养老保险制度改革的通知》推进了养老保障制度改革步伐。1997 年的《关于建立统一的企业职工基本养老保险制度的决定》开始推行统账结合养老金模式，同年的《关于在全国建立城市居民最低生活保障制度的通知》，正式建立城市居民最低生活保障制度。

1998 年以来，我国社会保障政策改革加快步伐，新型社会保障政策加快实施，各种重要的社会保障政策相继出台。1998 年的《关于建立城镇职工基本医疗保险制度的决定》开始建立统一的基本医疗保险制度，1999 年发布并实施的《失业保险条例》推进了失业保险制度的完善和发展，同年开始实施的《城市居民最低生活保障条例》进一步规范和完善了最低生活保障制度，2000 年的《关于完善城镇社会保障体系的试点方案》加快了统账结合为主要特点的社会保障制度建设步伐，2003 年的《工伤保险条例》使工伤保险制度开始规范化发展，同年发布的《关于建立新型农村合作医疗制度意见的通知》推动了农村公共医疗卫生事业的发展。2004 年的《关于进一步做好城乡特殊困难未成年人教育救助工作的通知》，开始建立城乡特殊困难未成年人教育救助制度，同年的《农村部分计划生育家庭奖励扶助制度试点方案（试行）》，建立农村部分计划生育家庭养老及其他保障制度。2005 年，国务院颁布了《关于进一步完善企业职工基本养老保险制度的决定》，全国开始建立和完善城镇职工基本养老保险制度。这样，适应社会主义市场经济要求并具有中国特色的社会政策体系逐步建立起来。

之后，国务院制定了一系列文件规定，中国社会保障制度体系建设开始进入以制度结构调整促进制度体系完善的新阶段。农村社会保障制度体系建设快速发展：2006年的《关于解决农民工问题的若干意见》，提出建立适合农民工特色的社会保障制度；同年的《农村五保供养工作条例》，建立起适应新时期的农村五保供养制度；2007年的《关于在全国建立农村最低生活保障制度的通知》，开始建立农村居民最低生活保障制度；2009年的《关于开展新型农村社会养老保险试点的指导意见》，开始建立农村居民社会养老保险制度。城镇居民的社会保障制度体系建设同样受到高度重视并积极推进：2007年的《关于开展城镇居民基本医疗保险试点的指导意见》，开始建立城镇居民基本医疗保险制度；同年的《关于解决城市低收入家庭住房困难的若干意见》，开始建立城市低收入家庭住房保障制度；2011年的《关于开展城镇居民社会养老保险试点的指导意见》，开始建立城镇居民的基本养老保险制度。十六届六中全会以后，相关社会救助制度得以完善，2009年的《关于进一步完善城乡医疗救助制度的意见》建立起城乡医疗救助制度，2010年的《自然灾害救助条例》建立起自然灾害救助制度。

十八大以来，中国特色社会保障政策取得新发展。一是推进社会保障制度整合与协调。如2014年，国务院实施《关于建立统一的城乡居民基本养老保险制度的意见》；2015年，国务院实施《关于机关事业单位工作人员养老保险制度改革的决定》；2016年，国务院实施《关于整合城乡居民基本医疗保险制度的意见》；2017年，民政部等多部委联合发布《关于进一步加强医疗救助与城乡居民大病保险有效衔接的通知》；2019年，国务院办公厅印发《关于全面推进生育保险和职工基本医疗保险合并实施的意见》。二是推进低收入群体的社会保障制度建设。如，2014年的《社会救助暂行办法》、2018年的国务院《关于建立残疾儿童康复救助制度的意见》。三是推进社会保障责权关系进一步均衡化。2017年，国务院公布《划转部分国有资本充实社保基金实施方案》；同年，人社部、财政部联合印发《企业年金办法》，从2018年2月1日起施行；2017年，国务院办公厅还发布《关于加快发展商业养老保险的若干意见》，国务院办公厅印发《关于进一步深化基本医疗保险支付方式改革的指导意见》；2018年，人社部、财政部发布《关于建立城乡居民基本养老保险待遇确定和基础养老金正常调整机制的指导意见》，财政部等多部门《关于开展个人税收递延型商业养老保险试点的通知》；2019年，国务院办公厅印发《降低社会保险费率综合方案的通知》，同时发布《降低社会保险费率综合方案》。四是推进社会福利服务的健康发展。如2013年的《关于加快发展养老服务业的若干意见》《关于促进健康服务业发展的若干意见》、2015年的《关于推进医疗卫生与养老服务相结合的指导意见》、2016年的《关于全面放开养老服务市场提升养老服务质量的若干意见》。2017年，国务院颁布修订后的《残疾人教育条例》；2019年，国务院办公厅发布《关于推进养老服务发展的意见》，同年，国务院办公厅发布《关于促进3岁以下婴幼儿照护服务发展的指导意见》。2020年，国务院办公厅发布《关于促进养老托育服务健康发展的意见》等，极大地推动了社会福利服务的健康、快速发展。五是扎实推进精准扶贫和精准脱贫。2013年的《建立精准扶贫工作机制实施方案》、2015年的《中共中央国务院关于打赢脱贫攻坚战的决定》对新时期脱贫攻坚提出具体要求。总体目标是到2020年，稳定实现农村贫困人口不愁吃、不愁穿，义务教育、基本医疗和住房安全有保障。

思考题

1. 早期西方社会政策发展的主要特点。
2. 19世纪末20世纪初西方社会政策发展的主要内容和特点。
3. 发展中国家社会政策建立的过程。
4. 社会主义国家社会政策的建立过程。
5. 发达国家社会政策改革的主要内容。
6. 中国社会保障政策发展与改革的阶段特征。

第四章
社会政策的理论

社会政策不仅是社会经济发展变化的结果,也与社会政策思想理论的发展与影响密切相关。西方不同历史阶段的社会政策的发展都有与之相适应的社会政策理论基础。西方社会政策理论的发展同样经历了四个发展阶段。第一阶段是19世纪前期,这是自由主义社会政策理论时期;第二阶段是19世纪后期,这是国家干预理论初步形成时期;第三阶段是20世纪前期,这是国家干预理论兴盛的时期;第四阶段是20世纪后期,这是新自由主义与中间道路社会政策理论产生重要影响的时期。20世纪80年代以来,随着中国改革开放和社会主义现代化的发展,中国特色社会保障政策理论逐步发展和完善。

第一节　19 世纪前期的社会政策理论

一、自由主义社会政策理论

1. 古典经济学家的社会政策思想

社会政策思想理论对西方社会政策的产生和发展具有重要影响。古典政治经济学家的经济社会思想对 19 世纪前期西方社会政策产生了重要影响。亚当·斯密指出，劳动者的工资至少必须维持其生活所需，而英国劳动者的工资却不是以符合人道的最低工资为标准的，因此，劳动者常常陷于贫困之中。他认为，社会财富的增长必须服务于人类繁荣与幸福的需要，尤其应该关注普通劳动者生活状况的改善。斯密指出，普通劳动者在任何社会都占绝大部分，社会大部分成员生活境况的改善绝不能被认为对社会全体不利，大部分成员陷于贫困的社会也绝不能说是繁荣幸福的社会。

亚当·斯密认为，人口的增长必须与社会财富的增长保持协调，也必须与对劳动者的需求状况保持一致。他指出，正像对商品的需求必然支配生产一样，对人口的需求也必然支配人口的生产。生产过于迟缓，则应该加以促进；生产过于迅速，则应该加以抑制。但是，亚当·斯密主张实行自由放任的经济社会政策。他认为，个人自己做主较之政府干预能够发挥更好的作用。他指出，关于可以把资本用在哪些产业上其生产物才会具有最大价值这一问题，每一个人处于他所了解的当地的位置，他们能判断得比政治家或者立法者好得多。如果政治家企图指导私人应如何运用其资本，那就是自寻烦恼地去注意最不需要注意的问题，这种做法也是再危险不过了。①

---

① 参见亚当·斯密：《国民财富的性质和原因的研究》（上卷），郭大力译，商务印书馆 1972 年版，第 26-72 页。

古典经济学家大卫·李嘉图也认为，人口的发展受到生产力发展、社会经济与财富增长状况的制约。他指出，有些国家肥沃土地很多，但是由于居民愚昧而遭受着贫困与饥饿等灾难，这就是人们常说的人口对生活资料产生了压力。还有一些国家则由于农产品供给率递减而遭受着人口稠密的灾难。前一种情况下，灾害起因于政治不良、财产不安全以及人民缺乏教育，只要革新政治、改良教育就可以促进民众的幸福。后一种情况下，人口增加比维持人口所必需的基金的增加更快，每一种努力除非伴随着人口繁殖率的减退，否则只能助长灾害的程度。

李嘉图认为，工资有自然价格和市场价格之分。工资作为劳动的自然价格应该让劳动者能够生活下去，并满足劳动力再生产的需要。劳动的市场价格是根据供求比例实际支付的价格，劳动稀少时就昂贵，充足时就便宜。劳动的市场价格超过其自然价格时，劳动者生活状况会得到明显改善，但当较高的工资刺激人口增长并使劳动者人数增加时，工资又会降到自然价格水平；劳动的市场价格低于其自然价格时，劳动者生活状况就会十分困苦，当贫穷已使劳动者人数减少或劳动需求增加之后，劳动的市场价格又会逐渐上升到自然价格水平，劳动者生活水平才会得以改善。

李嘉图也提倡实行自由放任政策，主张国家不要对社会与经济生活实施干预。他指出，劳动力供求状况影响劳动价格变动，这就是支配工资的法则，也就是支配每一个社会绝大多数人幸福的法则。工资正像其他契约一样，应当由市场上公平而自由的竞争决定，而不应当由立法机关干涉。济贫法具有人人皆知的弊端，它不能改善贫民的生活状况，而只能使贫富双方的状况都趋于恶化。因此，应该废除济贫法。修改济贫法的任何计划如果不以废除它为最终目标都是不值一顾的。李嘉图强调贫民应该通过个人努力摆脱困难。他指出，灾害的性质指明了补救的方法，只要逐渐缩小济贫法实施的范围，使贫民深刻认识到自立的价值，教导他们只可依靠自己努力维持生活，我们就可以逐步接近更为合理和更为健康的社会状态。[1]

---

[1] 参见大卫·李嘉图：《政治经济学及赋税原理》，郭大力、王亚南译，商务印书馆1962年版，第77-91页。

古典经济学家马尔萨斯认为，人口增长和生活资料增长具有不同模式，人口以几何模式增长，生活资料则以代数模式增长。人口增殖力与土地生产力天然不相等，当人口增长超过生活资料增长所能允许的范围时，就必然会出现贫困。一个国家的幸福并非绝对取决于其贫富状况、历史长短和人口疏密，而是取决于其发展的速度，取决于每年食物增加与人口增加相接近的程度。因此，人口增加必然受生活资料的限制，当生活资料增加时，人口总是增加，较强的人口增殖力被贫困所抑制，使实际人口同生活资料保持平衡。

马尔萨斯认为，贫困的存在不仅是必然的也是有用的。生活上的困难有助于使人具有才能，男人必须为养家活口而付出努力，由此唤醒他们的一些机能，当形势发生新变化时，就会造就一些富有才智者来应对新形势所带来的困难。虽然不能指望消除社会中的贫富差距现象，但如果能够找到一种政治制度来减少贫富两极人数，我们无疑应该采用这种制度。

马尔萨斯指出，现行济贫法存在以下弊端：① 它使人口趋于增长而养活人口的食物不见增加；② 济贫院中的人一般都不是最有价值的社会成员，但他们所消费的食物将会减少更为勤劳、更有价值的社会成员本应享有的份额，这会迫使更多的人依赖救济为生；③ 它影响人们自立意识的发挥；④ 它助长一些人的浪费行为，不利于勤俭节约意识的发展；⑤ 它对民众的自由构成影响。为使一些穷人得到救济，英国全体普通民众不得不忍受整个济贫法的限制，这种救济方法是与自由思想格格不入的。

马尔萨斯提出了解决社会问题的三种政策措施。① 完全废除现有的济贫法。② 鼓励人们开垦新地，尽最大可能鼓励农业而不是制造业，鼓励耕种而不是畜牧。③ 各郡可以为极端贫困者建立济贫院，由全国统一征收的济贫税提供经费，收容各郡贫民。但是，不应该把济贫院看作困难时期过舒服生活的避难所，只应该将其视为可以暂时缓和一下严重困难的地方。这种计划似乎最能增加普通人的幸福总量，而实施这种计划的第一步就是废除现行的济贫法。①

---

① 参见马尔萨斯：《人口原理》，朱泱等译，商务印书馆1992年版，第33-39页。

2. 功利主义社会政策思想

功利主义思想对 19 世纪前期西方社会政策同样产生重要影响。边沁是功利主义学说的奠基人。他认为，主宰整个人类社会的是痛苦和快乐，自然把人置于两个最高主宰——痛苦和快乐的统治之下，人们总是趋向一种共同的目标，而这种共同的目标就是幸福，可见，边沁所谓的功利就是人们这种避害趋利的倾向。边沁指出，幸福并不是个别人的幸福，而是社会大多数人的幸福，最大多数人的最大幸福是衡量正确与错误的标准。他把幸福分为生存、充裕、平等和安全四个具体目标，认为人类应该努力做好自己的各种事情，并积极探求实现幸福的办法，社会改革则是实现人类幸福的重要途径。边沁指出，为了实现最大多数人的最大幸福，就应该注意协调好个人利益与全体利益，社会要关心个人利益，个人要服从社会利益；国家、政府与法律是实现幸福的具体目标的重要保证，但国家、政府和法律所施加的干预必须尽可能限制在最低限度，它不能妨碍个人最大限度地追求自己的幸福与快乐。

功利主义者穆勒将自由放在十分重要的位置。他提出了反对政府干预的主要理由：① 政府干预本身是强制性的；② 实施政府干预必然增加政府职能；③ 政府干预的实施和政府职能的增加会增加政府的工作和责任；④ 私人经营因为对所经营对象具有较大利害关系而效率更高；⑤ 反对政府干预可使人养成共同行动的习惯。但是，他同时指出，不干预原则在以下情况中不能适用：① 初等教育；② 社会弱势群体；③ 订立永久性契约；④ 规定劳动时间；⑤ 利他行为；⑥ 公益服务与社会事务。[①] 可见，穆勒不仅主张有限自由，而且主张有限的政府干预。

穆勒认为，社会财富的增长必须有利于使民众从中得到福利，应该实行有效的财富再分配以实现社会公平。如果民众从社会财富增长中得不到一点好处，这种增长就没有任何意义。穆勒不赞成自然竞争的生活状态，一些人认为人类生活的正常状态是生存竞争状态，而他并不欣赏这种生活理想，还指出这种状态也不是未来的博爱主义者们想要帮助实现的那种完美的社会状态。他主张人与人之间应该相互帮助，社会应该

[①] 参见约翰·穆勒：《政治经济学原理》（下卷），赵荣潜等译，商务印书馆 1991 年版，第 531-570 页。

对贫困人口实行救济。

穆勒同时指出，对穷人提供的帮助如果不注意方式和程度，那就会造成有害的结果，因此，最好的帮助办法是实施有限救济，各种帮助应该以不损害个人自助精神和自立意识为界限，帮助过多或者没有帮助都会同样损害人的自立精神。

斯宾塞社会政策思想的基础是社会有机体学说。他指出，各种生命都是一个有机体，生命的运动和变化就是有机体内部各种组成部分的发展变化，生物有机体的发展变化也是有机体本身适应外部环境变化的结果。人类社会也是一个有机体，只不过是一个更加复杂的有机体，有机体各个组织之间是相互依赖的，这是共同构成有机体的基础，低级有机体是这样，作为高级有机体的社会更是如此。斯宾塞进一步指出，当发现社会及其成员之间存在如此重大的联系时，公共利益与私人利益是基本一致的事实就会被更加清楚地认识了。

斯宾塞指出，要得到最大数量的幸福，一方面必须有一定数量的人口，这些人口只能通过最好的生产制度才能加以供养，也就是说通过最好的分工和相互依赖；另一方面，每个人又必须有机会做他的欲望激励他去做的事情。个人获得幸福的先决条件是他为获得幸福而进行的活动范围不减少其他人获得同样幸福而进行活动的范围，个人不应以任何直接或者间接方式使别人感到不幸福，能使每个人都能够由其余人的幸福中得到幸福是最好的状态。此外，每个人都应该能够采取为使他自己的私人幸福达到最充分限度所需采取的行动。

斯宾塞强调个人为实现自己的幸福而做出努力，反对给个人努力施加无为的干预，主张对国家的职责范围做出严格限制，提倡尽可能的自由放任。他系统阐述了反对实施政府济贫的原因：① 政府实施的救济工作不利于人们正常同情心的发展；② 政府济贫计划与自然和社会进化规律相违背；③ 政府济贫计划不利于培养人们适应社会性状态的能力；④ 政府济贫计划对正常劳动者的收入状况带来不利影响。[①] 斯宾塞对有助于实现个人自助的各种措施表示支持，并指出他本人反对的只是各种不明智的救济行为，至于那些可以帮助人们实现自助的慈善行为应该给予支持和鼓励。

---

① 参见斯宾塞：《社会静力学》，张雄武译，商务印书馆1996年版，第146-148页。

二、空想社会主义社会政策理论

1. 圣西门的社会政策思想

空想社会主义社会政策思想对推动19世纪前期西方社会政策的出现和发展具有直接影响。圣西门是19世纪法国著名空想社会主义思想家。他认为,人类社会的发展和人的成长一样,有一个从童年到成年的过程,每一种社会制度要想完美无缺,必须满足下列两个条件:① 这种社会制度要有利于社会,即要给社会带来实际效益;② 这种社会制度要同社会现状协调。他提出了社会进步的四条标准:① 要尽可能使大多数人过着幸福生活;② 要使内心修养高尚者拥有最多的机会来获得较高的地位;③ 要把人数最多的人团结在一起;④ 要鼓励劳动,促进重大发明,推动文明和科学的最大进步。①

他认为,为民造福应是国家、政府和各种社会组织唯一的目的,为实现这一目标必须解决所有制问题,实行平等制度,尊重生产劳动者。社会现实局面是可以而且应当完全加以改变的,最重要的应当是改进我们的精神福利和物质福利。圣西门提出著名的"实业体系"计划作为改造社会的理想蓝图。在实业体系中,实业家阶级占有首要地位,实业家就是从事生产或者向各种社会成员提供物质财富以满足他们需要的人,例如播种谷物和养殖家禽家畜的农民是实业家,马车制造匠、制鞋匠和木匠是实业家,商人、车夫和海员同样是实业家。

2. 傅立叶的社会政策思想

傅立叶是19世纪法国又一重要的空想社会主义者。他指出,近代工业制度既带来经济的发展,也导致诸多社会弊端。首先,工业制度导致贫困人口的大量出现。在工业制度中,生产毫无秩序,分配非常不合理,难以保证雇佣劳动者从增加的财富中获得自己应该得到的部分。其次,工业制度造成集体利益与个人利益的冲突,使得任何一个劳动者都由于个人利益而和群体利益处于对立状态。再次,工业制度加剧分配的不合

---

① 圣西门:《圣西门选集》(第3卷),董果良、赵鸣远译,商务印书馆1985年版,第213-214页。

理。工业制度下的分配只朝着有利于富有阶级的方向增长,而贫困阶级的财富增长缓慢,他们获得的份额永远少于维持生活所必需的份额。

傅立叶指出,文明制度下的工业只能创造幸福的因素,而不能创造幸福,相反,如果不能发现循着社会发展阶梯前进的办法,则工业的过分发展会给文明制度带来极大不幸。为了消除工业文明制度带来的种种弊端,以便使全人类获得真正的幸福,傅立叶提出建立劳动协作组织"法郎吉"的主张,他指出,劳动协作组织的建立和发展必须遵循劳动引力、比例分配和人口平衡的原则,劳动协作制度下的劳动必须具有吸引力,必须实行公正的分配制度,并防止人口无限制增长。傅立叶认为,人类社会要想摆脱贫困状态必须实现两个条件:第一,要创造大规模的生产与高度发展的科学和艺术,这是建立协作制度所必须的,这个条件已经做到;第二,创建一种协作结构,这个条件还根本没有做到,这应该是人类现在努力争取的目标。

傅立叶指出,通常可以把社会保障分为两种,即作为贫苦劳动阶级生存与福利的劳动保障和对于中层阶级与富有阶级在社会关系上的真理保障,与此相应,实现社会保障的办法也就有两种,一种办法是为穷人建立福利的保障,另一种办法是为富人在经济利害关系上建立安全和诚实的保障。①

3. 欧文的社会政策思想

欧文是19世纪英国的空想社会主义者。他认为,社会问题与工业化发展直接相关,工业化不仅会带来巨大的社会财富,同时也带来许多社会恶果,这些社会恶果的影响如此之大,以至于人们对前者是否超过后者产生怀疑。工业化使民众形成一种新的思想倾向,这种思想倾向不利于个人或者一般的幸福,除非通过社会立法遏止其发展趋势,否则就会产生最可悲和最顽固的恶果,遗憾的是这些至今尚未引起政府当局的足够重视。

他指出,贫困问题的加剧与工业化发展不可分割,大量贫民存在的唯一原因是一些人尽管愿意劳动,却没有为他们安排有用和生产性的劳

---

① 参见傅立叶:《傅立叶选集》(第2卷),赵俊欣等译,商务印书馆1979年版,第302-304页。

动。社会问题的真正原因在于私有制度的存在，他呼吁社会关注普通民众的生活问题，并指出社会不仅应该关注农业和商业利益，无数衣不蔽体、食不果腹、与时俱增的贫民的福利问题同样应该引起人们的密切关注。欧文认为，国家应该采取措施通过对失业者提供工作的办法，帮助他们走出失业和贫困。政府还应该通过立法，依法收集有关劳动力价值与需求的信息；应该颁布工厂法解决女工问题、童工问题与劳动保护等。制定济贫法的动机无疑是正确和善良的，但济贫法的直接作用和影响与其最初的动机是相悖的，它几乎是在彻底地伤害贫民并因此伤害国家，它表面上是在救济贫民，实际上却是在帮助贫民养成最坏的习惯，它使贫民的人数不断增加，也使贫民的苦难不断加重。

欧文系统地提出了一种新的社会改革计划。1816年，欧文提出建立"公社"制度的思想。1817年，欧文进一步提出了"新村"制度，并详细描述了这种"新村"的空间布局以及各种建筑设施的功能、各种人员的职责与生活条件、"新村"建设所需费用及其来源以及举办方式。19世纪20—30年代，欧文对新社会制度的思想进行总结和系统化，并在40年代提出了理性社会制度的思想。他指出，在理性社会制度中，人与人之间是一种联合的关系；社会是一种有机统一体，其中整体利益高于个体利益；生活中的主要事情将是生产财富和享用财富，培养合乎理性的性格；不合理的分配制度将不复存在，财富的分配将是一切生活问题中最简单的问题；社会成员也是一种平等的关系。

三、马克思主义社会政策理论

1. 无产阶级贫困化理论

马克思恩格斯社会政策思想是19世纪前期社会政策思想的重要内容。马克思恩格斯始终关注无产阶级的贫困问题。马克思指出，工人的劳动为富人创造了财富，却为自己生产了赤贫，劳动者越是生产更多的财富，他反而越来越贫困。恩格斯也指出，大城市里工人阶级的状况表现为一个逐渐下降的阶梯：最好的情况是生活暂时还过得去，最坏的情况是极端贫困，直到无家可归和饿死的地步；一般说来是更多地接近于最坏的情况，而不是接近于最好的情况。恩格斯还指出，英国工人中到处都可以看到经常的或暂时的贫困,到处都可以看到人的精神和肉体在逐渐地无休止地受到摧残。

马克思恩格斯论述了无产阶级贫困化的原因,认为无产阶级贫困化是资本主义制度的产物。恩格斯指出,无产阶级处境悲惨的原因应该到资本主义制度本身中去寻找,资本主义制度使得社会分裂为两个部分,一部分是全部生产资料的所有者,另一部分是除了劳动力以外一无所有的雇佣劳动者,这使社会大多数成员几乎得不到保障而陷于极度贫困之中。生产资料私有制、资本主义的工资制度、资本主义生产手段的改进和资本积累等都进一步加剧了无产阶级的贫困化。

马克思恩格斯还指出,随着资本主义社会经济的发展,无产阶级贫困还存在相对化。马克思指出,在发展过程中,工资双重地下降:第一,相对地,对一般财富的发展来说。第二,绝对地,因为工人所换得商品量愈来愈减少。不过,马克思还明确指出,尽管无产阶级贫困化同时存在绝对化与相对化,无产阶级与资产阶级的生活状况的差异还是明显扩大,工人和资本家的生活状况之间的鸿沟越来越大。

恩格斯还对新济贫法提出批评,他指出,新济贫法只承认一种救济方式,即把穷人收容到已经在各处迅速建立起来的习艺所里去,这些济贫院是'穷人的巴士底狱'。他还通过对济贫院救济的详细描述,揭露和批判新济贫法,指出新济贫法是英国资产阶级对付无产阶级的手段,因此,新济贫法还将唤起英国无产阶级新的斗争意识。

2. 社会政策基本思想

马克思提出了建立社会后备基金,防止社会灾难导致的贫困的社会政策思想。他指出,为防止各种不幸事故与灾变带来的后果,一般应该建立后备基金,这种后备基金来源于社会总产品。社会总产品在进行分配以前,应该首先扣除三个部分:① 用来补偿消费掉的生产资料的部分;② 用来扩大生产的追加部分;③ 用来应付不幸事故、自然灾害等的后备基金或者保险基金。在扣除上述三个方面所需的生产消费资料部分以外,剩余的社会总产品才能成为消费资料。但在对这部分消费资料进行个人分配之前,还必须从中首先扣除下列三项费用:① 和生产没有直接关系的一般管理费用;② 用来满足共同需要如学校和各种保健设施等的部分;

③ 为丧失劳动能力的人设立的基金。

马克思进一步指出，社会福利基金等的扣除数额应该与经济发展状况保持协调。从社会总产品中扣除社会后备基金和保险金在经济上是必须的，至于扣除多少，应当根据现有的资料和力量来确定，部分地应当根据概率来确定。社会福利费用尽管来源于生产者的劳动所创造的财富，它又会直接或间接地用来为生产者谋福利。

恩格斯同样提出一些社会福利政策思想。恩格斯在《共产主义原理》中提出了与社会福利问题相关的重要主张：① 如所有的儿童应由国家实施公费教育，并将教育与工厂劳动有机结合起来；② 在国有土地上建立房屋作为公民的公共住宅；③ 拆毁一切不合卫生和建筑条件的住宅和街道。恩格斯指出，废除资本主义私有制的重要目的之一，是促进工人阶级共同福利的发展，无产阶级进行革命斗争的重要目的之一，也是建立真正的为全社会所有的福利。即将到来的社会变革将把这种社会生产基金和后备基金，即全部原料、生产工具和生活资料，从特权阶级的支配中夺过来，并且将它们转变给全社会作为公共财产。①

第二节　19世纪后期的社会政策理论

一、激进自由主义与新古典学派社会政策理论

1. 激进自由主义社会政策思想

激进自由主义社会政策理论出现于19世纪90年代的英国，与传统自由主义社会政策理论相比，激进自由主义社会政策理论的重要内容是重新认识国家的职能，强调国家对社会生活的干预。霍布豪斯、霍布森等是激进自由主义社会政策理论的著名代表人物。

霍布豪斯明确指出，国家的职责是为公民创造条件，国家的义务不是为公民提供食物，给他们房子住或者衣服穿，而是创造一种经济条件，

---

① 参见丁建定：《社会福利思想》，华中科技大学出版社2005年版，第100-116页。

使那些没有缺陷的正常人能通过有用的劳动为自己及其家庭获得食物、房子和衣服。如果一个诚实正常的人无法依靠自己的有效劳动养活自己及其家人，这就不是个人对社会的负债，而是个人受到了社会组织的损害，这个社会制度就存在缺陷。要想解决社会制度缺陷，既要依靠个人的责任，也要依靠国家和社会的责任，国家可以从两个方面履行责任，一是为个人提供获得生产资料的机会，二是保证个人在共同的财富中享有一份。

霍布豪斯主张国家应该采取措施促进社会福利事业的发展。他指出，我们不应该仅仅注意到救济穷人，而应该力求使得避免贫穷的方法人人都能做到。实现这一点的途径主要有两个，一是为个人提供一个可据以脚踏实地工作的基础，另一个是国家举办的社会保险。霍布豪斯还提出解决其他社会问题的政策建议，老年问题最合理的解决办法是推行养老金制度，工资不仅应该能够支付妻子和儿女的吃穿用费，而且还应该能够对付疾病、意外事故和失业风险，工资还应该能够提供教育费用，还应该能够储存一部分钱供养老使用。

霍布森认为一个治理得当的国家应该以新形式的社会有效支出来解除目前公众生活的贫困，并把它作为国家的主要责任。国家在经济上做些调整，使剩余产品的一部分用于提高社会上收入不高者的生活水平，社会改良也就会取得伟大胜利。霍布森分析了资本主义社会贫困问题的基本原因，他指出，贫困的基本原因是人力资源的浪费，主要原因是机会的不平等；贫困也是由于个人的无效率造成的，但个人效率不可能产生财富，财富的创造来自土地、工具、工厂以及资本的使用和占有，因此贫困来自普通工人取得土地、工具、工厂以及资本等方面的不平等条件，是由于工人出卖劳动力的条件。霍布森提出了解决贫困问题的主张：① 土地归人民使用，土地所产生的价值归人民所有；② 国家对公路、铁路、运河的公有；③ 对信用、保险的公共控制。

塞缪尔也指出，为了自由本身的缘故，国家必须进行干预，劳工立法常常是解决那些工业社会带来的社会问题的唯一办法。塞缪尔既主张国家应该干预社会生活，又强调这种干预必须适度，因为国家权力是有限的，如其对社会生活的干预超过一定限度，就会损害自由和自立，适度的改革会促进工商业发展与财富积累，过度改革则会破坏工商业信用，阻止资本投资，不利于资本积累。①

2. 新古典学派社会政策理论

新古典学派社会政策理论是作为与激进自由主义社会政策理论相对立的理论出现的。新古典学派指出，社会福利应该按照这样一种方式来设计，那就是保护人们获得机会的最大自由，在这种原则下，对贫困的救济应该以现金的形式发放，其领取人应被允许将其用于他们所希望的任何福利之中，个人可以将现金用于私人健康保险、养老储蓄金甚至失业保险。

新古典学派对家长式的社会政策尤其是社会保障政策非常不满。他们认为，这种家长式社会保障管理使得国家对社会保障制度的所有方面实行干预，这影响了个人充分自由的原则。没有什么道德目标使国家在强制性福利方面发挥一种强有力的作用，甚至坚定的个人主义原则在健康保障、养老金和教育等方面的合理推行，也会对大众价值观的发展产生严重的障碍。

新古典学派认为，社会福利是个人从其行为特别是市场交换中获得的满足，为促进社会福利的发展，不应该采取任何集体行为。国家对社会福利的干预，只有在这种干预促进个人满足的机会的增长时才是合理的，这种福利应该通过现金再分配的形式来实现，而不是通过直接的实物或服务的形式来实现。

新古典学派还指出，社会保险制度实际上是不需要的，因为人们在国家开始着手解决社会问题以前，已经通过友谊会及其他相关私人互助组织为自己的失业、健康等做好了安排。新古典学派主张建立和发展私人保险制度，认为私人保险制度更能避免一些弊端的产生，国家保险制度使人们认为国家有义务在任何情况下提供无限期的福利津贴。

新古典学派把道德危机看作是日益扩大的集体福利制度所带来的结果，并提出了解决这一问题的具体办法，这就是：① 实施类似于新济贫法那样的原则；② 必须对公民的社会福利权利给予一定的限制；③ 将大

---

① 参见丁建定：《社会福利思想》，华中科技大学出版社2005年版，第125-132页。

部分的社会福利服务恢复到由志愿性组织实施。①

二、社会民主主义社会政策理论

1. 英国早期费边社的社会政策主张

社会民主主义社会政策理论出现于19世纪中期,发展于19世纪后期,其对19世纪后期西方社会政策产生直接影响。早期费边社的社会政策主张在19世纪后期西方社会政策理论中具有重要地位。费边社十分关注各种社会问题的产生及其解决办法。

首先,关于贫困的原因及其解决办法。费边社指出,贫困主要由于资本掌握在一小撮人的手中,土地的不平等所有也是造成贫困的主要原因。贫困与造成贫困的原因都是可以消除的,主要办法是把土地所产生的地租以及资本所带来的利润当作公共财富用到公共事业上。费边社指出,社会主义要把社会保险及对重大事故的预防列为第一位,真正趋向社会改革的政府,应该增进整个社会的福利。

其次,关于失业问题。费边社认为,失业问题必须分为农村和城市两种情况加以解决。解决农村失业者的办法有两种:第一种是把失业者组织起来从事生产劳动,这是一种明智的办法;第二种是仅给失业者提供一些救济性的工作,这是一种不明智的办法。为了更好地组织失业者从事劳动,必须首先对失业者进行登记,分为有技术和无技术两类,并首先录用有技术者。为了减少农村人口向城市的盲目流动,应该把城市中那些失业的农村人口重新安排到农场去劳动。城市失业者中的有技术者,应该按照他们自己所属行业就雇于市营工场,为使失业者能自己养活自己,应该给他们工作而不应通过向就业者征税来给失业者提供维持生活的费用,失业者必须成为自己所需消费品的生产者,而不应该因失业而消费他人所创造的财富。对于那些随便拒绝政府机构为其提供的工作机会的失业者,社会没有必要提供任何救济。

再次,关于工厂法。费边社会主义者认为,制定工厂法的目的是保

---

① See R. M. Page, *British Social Welfare in the Twenty Century*, MacMillan, 1999, pp. 63-79.

护工人的身体健康及提高工人的生活水平。为实现这一目标，工厂法必须包括下列内容：① 工厂法适用范围应该扩大到所有企业和工厂；② 大量增加工厂视察员的数量，尤其是要委派妇女视察员；③ 立即无条件地在一切企业和部门实行八小时工作日制度；④ 实行国民最低生活标准。

此外，关于老弱病残和儿童问题。费边社指出，那些在健康及成年时期曾经诚实地劳动的人们，在其生病及晚年时都应该享受到劳动的报酬，应该给老年人建立一种养老金制度，给病人建立一种疗养制度。为了使所有的儿童特别是最贫困的儿童能受到充分教育，国家必须采取如下措施：增加政府对学校的拨款，废除小学的学杂费，在中等学校建立奖学金制度，帮助家境贫寒而又勤奋好学的学生顺利接受教育。①

2. 法国社会民主主义社会政策主张

法国社会民主主义社会政策主张在 19 世纪晚期逐步形成。1876 年，法国工人代表大会就曾提出有关工人退休金制度的基本原则。1888 年，法国工会代表大会提出下列改革要求：① 八小时工作日制度；② 最低工资制度；③ 禁止转包工；④ 由资方负担工伤事故费用等。1890 年，法国举行大规模示威游行，其宗旨是：① 争取八小时工作日制度；② 劳动保护立法；③ 保证最低工资；④ 限制童工和女工，取消夜间劳动；⑤ 取缔私人职业介绍所和转包工。

法国工人党也十分重视社会政策问题。1881 年，法国工人党经济纲领规定：① 成年工人实行每天八小时工作日制度，每周休息一天；② 每年规定最低工资标准；③ 实行男女同工同酬；④ 对全体儿童进行科学和职业教育，由政府和市镇负担费用；⑤ 由社会负担老人和残疾人的生活费用；⑥ 禁止雇主干预工人互助金和保险金的管理，这些基金完全由工人自行管理；⑦ 雇主应该对工伤事故负责，雇主应根据所雇佣工人的数量和该行业危险程度向工人基金缴纳保证金；⑧ 工人参与工厂规章的制定，取消雇主对工人任意罚款和擅自处理工人的权利。

法国工人党议员也十分关注社会政策，并提出一些有关社会福利政策的重要提案。1894 年，爱德华·瓦扬等 20 多位法国工人党议员联名提

---

① 参见萧伯纳：《费边论丛》，袁绩藩等译，生活·读书·新知三联书店 1958 年版，第 220—239 页。

出议案，要求设立劳动、卫生和公共救济部，此后在1898年和1903年，瓦扬等法国工人党议员又多次提出有关建立劳动部的议案。正是在法国工人党议案的影响下，1906年，法国颁布关于设立劳动部的法令，正式设立劳动部，使得法国社会政策得以显著改进。①

三、新历史学派社会政策理论

19世纪70年代，德国统一大业基本完成，如何实现经济快速发展与社会稳定成为德国社会的重要问题。在这样的时代背景下，以施穆勒和桑巴特为代表的新历史学派开始出现，并对19世纪后期德国社会政策的发展产生直接影响。新历史学派的主要社会政策主张包括以下几个方面。

首先，强调国家在经济发展和社会进步中的重要作用，主张实行强有力的国家干预政策。施穆勒特别强调国家在经济发展中的影响，他甚至提倡实行"国家经济"。桑巴特指出，资本主义精神是资本主义经济发展的动力，但是，这种精神在国家内部并通过国家才能发挥作用。国家对资本主义经济发展具有重要影响，它帮助资本主义开拓市场，获得劳动力，推行新技术，国家通过社会政策实行有意识的干涉，可以保护并推进资本主义的利益。瓦格纳非常强调国家在促进经济发展中的作用，他指出，国家是最重要的"强制共同经济"，是自由经济的修正者和补充者，它不仅应该通过政府与法律维护国内秩序，而且应该通过社会政策增进民众的社会福利。

其次，卡特尔经济组织形式的出现，有利于德国资本主义经济计划性的实现，这也是实现德国经济走向一定的计划经济的有效途径。瓦格纳指出，俾斯麦开始了一个在企业转化为国家财产的基础上逐步向社会主义过渡的新时代。布伦坦诺提出了"有组织的资本主义"的观点，他认为，卡特尔不仅可以消除经济危机，实现经济计划性，而且可以促进工人阶级的社会福利。桑巴特提出了"混合经济"的概念，他认为，资本主义经济将通过内部自我调节走向更加稳定和计划性，从而为过渡到社会主义做好准备。

再次，提倡社会改良，主张实施社会政策立法，促进社会福利事业

---

① 参见丁建定：《社会福利思想》，华中科技大学出版社2005年版，第212-215页。

的发展。施穆勒指出,应该促进德国经济的社会化,改变分配制度和所有制形式,以满足所有社会成员的权利和要求。社会中存在过度的阶级分化和阶级对立会对社会稳定带来极大危害,只有进行大规模社会改良,推进社会政策,才会促进社会稳定发展。新历史学派主张制定社会立法,推行社会保险制度,建立工厂监督员制度和劳资纠纷仲裁制度,加强劳动保护,对贫穷者提供社会救济,推进一些经济领域的国家化,并改革财政制度。[①]

第三节 20世纪前期的社会政策理论

一、凯恩斯学派社会政策理论

凯恩斯是20世纪前期英国著名经济学家,他提出的充分就业主张和扩大社会需求主张,对20世纪前期的西方社会政策产生了深远的影响。充分就业理论是凯恩斯社会政策理论体系的核心内容。凯恩斯认为,新古典经济学派把失业问题仅仅归因为摩擦性失业和自愿性失业是不充分的,除了摩擦性失业与自愿性失业以外,还存在一种非常重要的非自愿性失业。他指出,事实上,总有一部分人愿意接受现行工资而工作,但却无工作可做。凯恩斯认为,充分就业包含两种情况:第一种情况是不存在非自愿性失业,第二种情况是指社会就业量达到一种饱和状态。

凯恩斯认为,资本主义社会难以实现充分就业的根本原因,不是供给不足而是社会需求与新投资量的不足。他指出,消费倾向与新投资量二者决定就业量,如果消费倾向与新投资量所产生的有效需求不足,那么,实际就业量将小于现行真实就业率下所可能有的劳动力供给量。因为只要有效需求可以不足,就业量就常常在没有达到充分就业水准以前即行中止而不再增加。

如何扩大社会需求并增加新投资量,成为凯恩斯就业理论的基本内容。凯恩斯认为,实现扩大社会需求与增加投资总量的目标有以下几种

---

① 参见丁建定:《社会福利思想》,华中科技大学出版社2005年版,第144-148页。

途径。首先，应该通过收入再分配政策措施提高消费倾向。他指出，我们生存在其中的经济社会存在许多缺点，其主要缺点在于不能提供充分就业以及在财富与所得分配方面存在不公平。如果现在采取措施重新分配所得，提高消费倾向，对资本主义社会经济是非常有利的。其次，降低利率，刺激消费。凯恩斯指出，有效储蓄的数量决定于投资的数量，而在充分就业限度以内，鼓励投资的主要因素是低利率。所以，我们最好参照资本的边际效率表，把利率降低到某一点，进而可以达到充分就业。再次，必须放弃自由放任主义的传统政策，实行政府干预政策。他指出，随着资本主义社会经济的发展变化，传统自由放任主义已经不能适应时代的需要，国家对经济与社会生活实施强有力干预的时代已经来临。自由放任主义必然被国家干涉主义所代替，必须对资本主义内部进行一定的干预与限制，没有限制的资本主义内部是不稳定的，这种不稳定会影响资本主义的正常发展。

凯恩斯指出，要实现社会需求的扩大和充分就业，最好的办法是双管齐下，一方面设法由社会来统制资本总量，让资本边际效率逐渐下降，同时用各种政策来增加消费倾向。国家必须用改变租税体系、限定利率及其他方法指导消费倾向。国家干预是实现消费倾向增强与投资增加的唯一途径，要使消费倾向与投资引诱二者相互适应，政府机能不能不扩大。国家干预应该限定在调节资源和报酬分配方面，其目的是实现资本主义的更好发展，而不是推翻资本主义制度。[①]

二、瑞典学派社会政策理论

瑞典学派形成于 20 世纪二三十年代，它与同时期的凯恩斯学派一起构成 20 世纪前期西方社会政策理论的重要内容，尤其是对 20 世纪前期西方国家纷纷采取的国家干预政策产生了直接影响。

瑞典学派认为，提升经济萧条的极低限与降低经济繁荣的极高限都是可能的，政府预算在经济萧条时期不会保持平衡，相反，公共工程的扩张与低税率将会给经济带来一种刺激，这种刺激是直接的还是间接的，要根据多种影响因素的实际情况而定。经济萧条的主要原因是需求降低，而需

---

① 参见丁建定：《社会福利思想》，华中科技大学出版社 2005 年版，第 151-159 页。

求降低与消费欲望和能力直接相关。在经济萧条期间，政府应该采取有效政策措施对经济加以干预，其中最主要的政策措施是实行扩张性财政政策，扩大公共支出，实施公共工程计划，改善社会保障制度。这不仅可以吸收失业者就业，而且可以增加人们的购买力，刺激消费需求，带动市场有效需求的增加，影响生产的增长，推动经济走向正常化。

瑞典学派对社会政策提出许多建议和主张。米尔达尔认为，瑞典需要的是"预防性"的社会政策，国家的职责不应该是对遭受因社会制度的缺陷而造成的后果的人们进行关怀，而应该是改变这种社会制度本身，以便使人们不再遭遇这样的问题。瑞典需要更多更积极的社会计划，也需要更多更有效的社会政策措施。政府应该承担起更大的责任，为孩子提供更好的社会福利与教育条件，提高家庭住房标准与社会保障水平，公共部门应该为民众提供尽可能的免费社会服务，如免费午餐、免费医疗保健等。[①]

三、社会民主主义社会政策理论

1. 英国社会民主主义社会政策主张

20世纪前期，英国社会民主主义社会政策理论获得全面发展，对英国社会政策的完善和发展的影响也越来越深刻。著名社会民主主义思想家柯尔对20世纪初英国社会保障制度存在的缺点和不足提出批评。他说，国家在社会保障方面已经做出了许多努力，但仍存在很多差距，保证民众合理的基本收入是社会保障制度的重要目标，实现这一目标的办法之一是把合法工资章程的适用范围扩大到所有行业，办法之二是为那些可以从国家得到一些补助但是这些补助显然过少的人提供有效的收入，此外，还要建立普遍性家庭补贴制度。国家的目标首先应当是防止失业，但仅仅对失业者进行救济是不够的，应该使失业者能够尽快重新就业。必须制定最低基本生活标准，以保障广大民众的正常生活。必须实行普遍的社会保险制度，任何需要社会保险的人都应有资格得到它们。柯尔反对在提供救济时实施极度严格的家庭财产状况调查，但也不能毫无限

---

① 参见丁建定：《社会福利思想》，华中科技大学出版社2005年版，第160—166页。

度地提供救济。

克罗斯兰认为，政府应该采取行动改正或补充市场交换制度，甚至可以取代市场交换制度。政府按照这种方式行动有助于平等、民主与福利的提高与发展，这些都是福利国家的目标。国家还可以利用社会支出与其他手段来改正与市场经济分配制度相联系的不平等与不公平，通过社会支出制度，政府就可以对社会收入进行再分配，实现有效的社会保障以及更大的社会公平。

著名社会民主主义思想家蒂特马斯认为，现代工业社会需要建立一种有效的国家福利制度。因为，现代工业社会中市场对人的社会责任感与义务感起到削弱作用。国家福利制度具有五大职能与目标：① 社会福利服务可以通过许多途径并在许多方向上对社会收入实施分配与再分配；② 国家福利能够促进社会的紧密结合与协调；③ 社会福利服务在解决社会问题时具有重要的作用；④ 国家福利可以促进个人与社会福利的发展；⑤ 社会福利服务同时还是一种投资方式。

蒂特马斯主张实施普遍的社会保障制度。他指出，既然市场制度不利于人的社会责任与义务意识的发展，既然社会政策与经济政策的主要区别是社会政策具有社会凝聚力功能，那就不仅应该建立国家福利制度，而且这种制度应该实行普遍性原则。他认为，私人福利不利于促进社会平等，反而可以造成社会不平等范围的扩大与程度的加深，英国现行私人福利制度削弱和危害了公共福利，并对人们的社会责任与义务意识危害更大。①

2. 德国社会民主主义社会政策主张

第二次世界大战后，德国社会民主主义社会政策理论有了明显发展，并对这一时期德国社会政策产生影响。1946 年，德国社会民主党第一次代表大会宣布，社会民主党经济政策的主要任务，是把德国所有的民主力量集结在社会主义旗帜下，不仅要改变德国政治力量的对比，而且要改变德国的经济基础，社会民主党要追求计划指导和共同塑造的"民主社会主义"经济，生产规模、方向和分配必须考虑到大众的利益。

---

① 参见丁建定：《社会福利思想》，华中科技大学出版社 2005 年版，第 187-196 页。

1959年，德国社会民主党发表著名的《哥德斯堡纲领》。纲领写道：德国社会民主党要使通过工业革命和生活各领域技术化释放出来的力量为所有人都能享有的自由和正义服务。纲领同时提出了社会福利方面的目标，即国家必须为公民提供社会保障，以使每一个人都尽可能实现自立，并促进一个自由社会的发展。

1975年，德国社会民主党提出《八五大纲》。大纲指出，社会民主党为争取一个民主和公正的社会制度而采取的政策，需要得到多数人民的信任，这一政策必须确保充分就业和经济稳定发展，同时还必须顺利推行社会改革。大纲强调指出，人们因已经许诺的改革未能兑现和经济进步受到威胁而产生的失望情绪，同样能动摇他们对社会政策的信任基础，这种信任基础应该包括维持福利国家对人民提供的保障，特别是对经济上和社会上处于弱势地位的人们的保障。

3. 法国社会民主主义社会政策主张

20世纪前期，法国社会民主主义社会政策思想进一步发展，并影响着法国社会政策的发展变化。1918年，法国总工会发布最低纲领，提出了工人阶级在第一次世界大战后的基本要求，如八小时工作日、养老金与其他形式的社会保险立法。第二次世界大战期间，在左翼党派的推动下，全国抵抗委员会发布的纲领要求建立最广泛的民主社会，使法国民众能够享有劳动、休息、教育和社会保障的权利，具体措施则为保障最低工资、增加人民收入、建立社会保障体制等。

第二次世界大战以后，法国社会民主主义政党更加关注社会政策的制定和实施。法国社会党著名领袖罗卡尔将下列三个方面确认为社会民主主义为欧洲文明提供的样板，这就是：① 建立在人权基础上的公共组织；② 文化与经济的高水平发展；③ 高水平的社会保险。1972年，法国社会党与共产党签署的《共同施政纲领》明确提出，增加工资和制定最低工资水平，在不减少工资的情况下恢复每周40小时工作制，延长休假时间，退休金应占工资的75%，降低退休年龄，改善教育制度等。

第四节 20世纪后期的社会政策理论

一、新自由主义社会政策理论

1. 哈耶克的社会政策思想

新自由主义社会政策理论是对20世纪后期西方社会政策改革产生直接影响的理论。哈耶克是新自由主义的奠基人，他的新自由主义社会政策思想产生于20世纪30—40年代，发展于50—60年代，到70年代末成为影响西方社会政策改革的理论基础。哈耶克认为政府干预主义存在严重弊端，如果不对政府权力施以限制，不仅会摧毁社会繁荣与和平，还将摧毁民主这一维护自由的手段。他指出，自由与个人责任始终是密不可分的，个人责任意味着个人必须创造自己的幸福和福利，并为自己的生活采取相应的预防措施。

哈耶克指出，在社会经济领域引入一定程度的计划性是必需的，但是，这种计划性不能代替竞争占据资本主义经济调节手段中的主导地位。由市场所决定的分配是最公正的，任何人为的分配措施都会破坏这种公平性。他极力推崇经济自由，倡导市场竞争，认为竞争具有优越性，也是人们所知道的最有效的方法。

哈耶克认为，收入保障是与个人选择职业的自由不相容的，它有可能带来特权，影响他人的利益，从而对自由构成损害，并可能导致社会对立和社会价值标准的蜕化，因此，他坚决反对收入保障制度。哈耶克指出，防止出现赤贫的适当的社会保障必须是社会政策的主要目标之一，政府和社会应为此做出各种努力，而要想使这些努力获得成功而又不损害个人自由，那就必须在市场以外提供保障而让竞争自然进行且不受阻挠。

哈耶克还反对国家实施的带有垄断性的社会保障。他说，如果我们仅仅为了扩大社会保障制度的直接覆盖面而把社会保障管理职责交给一个组织，很可能就会阻碍其他组织的发展，而后者对社会福利的贡献也许会比前者更大。哈耶克反对实行由国家垄断的养老金制度，认为这将把整个养老金制度变成一种政治工具。他同样反对实行国家控制的健康保险制度，认为这种健康保险的实施往往是出于政治因素的考虑。他还指出，我们有理由在任何可行的地方推行失业保险制度，但所有西方国家所采取的综合性失业保险制度，都是在由工会强制行为所控制的劳动力市场上运作的，这样的失业保险制度从长远来看只能把就业问题越搞越糟。

需要指出的是，哈耶克也承认建立完善的社会保障制度的合理性和必要性。他指出，为了避免各种灾难所带来的社会问题，建立完善的社会保障制度具有其合理性，没有理由认为不应该向所有的人提供社会保障，政府也没有理由不帮助个人对生活中的那些意外事件做出准备，凡是能够减轻个人既无法防范又不能对其后果预做准备的灾祸的公共行动，无疑都是应当采取的。哈耶克主张为最低收入者或没有收入者提供保障。他指出，使每个人都能得到一定标准的最低收入是应对社会风险的一道完全合法或正当的保护屏障。但为每个贫困者确保提供同等的最低标准的福利有其先决条件，即只有证明他存在这一需要时才能有权享受这一最低福利。[①]

2. 弗里德曼的社会政策思想

弗里德曼是美国新自由主义的著名代表。弗里德曼十分重视自由在资本主义经济和政治生活的地位。他指出，政治自由意味着一个人不受其他人的强制性的压制，对自由最大的威胁是权力的集中，国家最重要的职责是保护自由。经济自由不仅与政治自由紧密相连，也是保证政治自由的必要条件。弗里德曼坚决支持自由经济，提倡实行竞争性资本主义经济政策，反对国家对经济生活实施过多干预。他指出，为了经济稳定和增长，我们迫切需要的是减少而不是增加政府的干预。为了保证社会有效运行，必须依靠政府行为，而为了保证自由不受侵犯，政府的职责又必须限制在一定的范围之内。弗里德曼主张就业自由，反对过多干涉就业自由的政策。他指出，对人与人之间订立契约的自由进行一定的干预是应该的，但这种干预必须限制在最小的范围，不能对自由就业产

[①] 参见丁建定：《社会福利思想》，华中科技大学出版社2005年版，第225—235页。

生影响。

弗里德曼指出，我们应该提出一种帮助贫民的计划方案，这种计划的目的应该是帮助作为一般人的人，而不应该是作为某种特殊集团的人。他提出了解决贫困问题的负所得税主张，认为实行负所得税具有现行各种解决贫困问题的办法所不具备的优点：① 它是专门针对贫困问题的；② 它向个人提供最有用的现金帮助；③ 它可以代替现在已经实施的很多特殊措施；④ 它明白地表示出社会所负担的费用；⑤ 它在市场之外发生作用；⑥ 如同其他缓和贫困的措施那样，它减少那些被帮助者自助的动机，但是却没有完全消除这种动机。①

弗里德曼指出，现行的分配政策促成了许多旨在增加特殊集团的福利的措施，其中最重要的是社会保险，其他还有公共住房、法定最低工资、公费医疗与特别援助等。尽管人们已经接受社会保险制度的既成事实并且不再怀疑其必要性，但它涉及大规模地侵犯大部分人的个人生活，因此，并不存在实施社会保险制度的有说服力的理由。

弗里德曼从三个方面批判并否定了国家养老金制度。第一个是从再分配方面。他指出，通过养老金制度进行再分配不存在任何依据存在。第二个是从养老金管理机构方面。他指出，养老金管理机构国有化有助于强制执行养老金，但养老金管理国有化的代价要超过它的任何优点。第三个是从养老金性质方面。他指出，实行强制性养老金制度纯粹是一种家长主义做法，它为了很少的好处花费了很大的代价，剥夺了我们对自己大部分收入的控制权。

二、中间道路社会政策理论

1. 英国中间道路社会政策主张

中间道路（又称第三条道路）社会政策主张是影响当代西方社会政策改革和发展的重要主张，也是在主要西方国家普遍盛行的社会政策主张。吉登斯是当代英国中间道路著名思想家，他指出，左派社会政策理论十分强调国家的责任与作用，相对忽略个人的责任，右派则主张尽可

---

① 弗里德曼：《资本主义与自由》，张瑞玉译，商务印书馆1986年版，第175页。

能限制国家的作用，推行市场经济原则。正是在分析和概括左右两派社会福利思想分歧的基础上，吉登斯提出一种介乎左右两派社会政策的中间道路主张。这种主张主要包括以下几个方面的内容。

（1）"无责任即无权利"。他指出，政府对其公民负有一系列的责任，但是，传统左派往往倾向于将权利作为不附带任何条件的种种要求。作为一项伦理原则，无责任即无权利不仅适用于福利制度的受益者，也应适用于每一个人。不应该把福利国家改革简单地理解为营造一张安全大网，只有造福于大多数人的福利制度才能产生出一种公民共同道德。如果福利只具有一种消极内涵，并主要面向穷人，它就必然导致社会分化。

（2）"积极福利"。他指出，我们应当倡导一种积极福利，公民个人以及政府以外的其他机构也应当为这种福利做出贡献，它将有助于财富的创造。福利在本质上不是一个经济学的概念，而是一个心理学的概念，它关乎人们的幸福，因此，经济上的利益或好处本身几乎从来都不足以创造出幸福，福利制度还必须在关注经济利益的同时关注心理利益的培育。

（3）"社会投资国家"。在社会投资国家中，作为积极福利的福利开支不再完全由政府来创造和分配，而是由政府和其他各种机构之间的共同合作来提供，福利社会不仅仅是国家，还延伸到国家之上和国家之下；在社会投资国家中，个人与政府之间的关系也发生了转变，自主与自我发展将成为重中之重，社会福利制度不仅关注富人，更关注穷人；在社会投资国家中，自上而下分配福利资金的做法应当让位于更加地方化的分配体制，福利供给的重组应当与积极发展公民社会结合起来；在社会投资国家中，社会保障观念发生积极变化，应当逐步废除固定的退休年龄，把老人视为一种资源而不是一种负担，失业福利支出应当维持适当的标准，并且主要用于人力资源的投资方面。①

英国工党领袖布莱尔提出了所谓"第二代福利"的观点。他指出，应该建立第二代福利社会，其主要特点是：① 第二代福利要给人以扶持而不仅仅是施舍；② 第二代福利能够适应家庭生活方式的改变；③ 第二代福利承认公民身份建立在权利和义务相结合的基础上；④ 第二代福利

---

① 参见吉登斯：《第三条道路：社会民主主义的复兴》，郑戈译，北京大学出版社、生活·读书·新知三联书店2000年版，第68-132页。

不会通过高高在上的政府来发号施令，而是鼓励公共或私人开展合作；⑤第二代福利要消除英国中等收入阶层的不安全感和低等收入阶层的贫困。①

2. 当代德国中间道路社会政策主张

施罗德是当代西方中间道路理论的支持者和实践者，其中间道路社会政策主张的主要内容可以概括为以下几个方面。

首先，提倡左右道路之间的妥协。施罗德指出，不必对社会民主党和保守派的经济政策加以区分，而是要对现代和非现代的经济政策做出区分。施罗德还指出，长期以来引起人们愤怒的不是什么左的或右的经济社会政策，而只能是正确的或错误的经济社会政策。

其次，强调社会公正。施罗德指出，我们要填平社会鸿沟，要所有的人都有工作并过上富裕的生活，要把社会看成是强者和弱者团结互助的共同体。正因为实现和维护全面的社会公正始终是社会民主党政策的最高目的，因此，我们再也不能仅仅停留在分配的公正上，还要实现机会公正。

最后，强调社会保障改革的必要性。他认为退休制度和老龄化问题已经严重地威胁现行养老金制度，要采用资本化养老基金取代现行再分配性的养老金。他指出，只有加快改革进程才能长久地保持德国的福利制度。现代公民社会的核心在于实现更多的以公益为目标的自我责任，必须把个人与社会的价值和目标结合起来，当代社会民主主义者要把社会保障网从一种权利变为通向自我责任的跳板。

3. 其他国家中间道路社会政策主张

中间道路社会政策主张在西方其他国家同样具有重要影响。法国的若斯潘认为，社会发展道路是各式各样的，没有必要去深究这些方式的属性，为解决就业、产品竞争力、经济增长等问题，政府应当放开企业资本，甚至实行私有化，但在出售国有企业股权时，法国政府应尽量避免使用"私有化"而以"开放资本"表述其政策。在社会福利方面，法

---

① 参见布莱尔：《新英国——我对一个年轻国家的展望》，曹振寰译，新华出版社1999年版，第170-172页。

国政府注意发挥国家的主导作用，处理好财富的生产与分配之间的关系，在坚持福利国家基本原则的同时，将国家干预和社会责任协调起来。若斯潘政府推行"年轻人就业计划"，同时在制定其他社会政策方面尽量考虑到贫困阶层的利益，减少社会不公平。

克林顿就任美国总统后，跳出长期存在的关于社会政策的极端化争论，他指出，我们的政策既不是随便的也不是保守的，既不是共和党的也不是民主党的，我们的政策是新的，是与以往不同的，是介于自由放任资本主义和福利国家之间的中间道路政策。小布什继任总统后继续奉行中间道路社会政策主张。他指出了社会保障改革的六条原则：① 制度变革不能改革退休或行将退休人员的给付水平；② 全部社会保障盈余不能挪作他用；③ 不能提高社会保障税；④ 政府不能将社会保障基金投资股市；⑤ 新制度必须保留伤残和遗属保障项目；⑥ 新制度应包括个人控制的、自愿的个人退休账户，以便增大社会保障安全网。① 显然，小布什力图做到既不损害公众的利益，又不增加国家财政负担，既要提高效率，又力求公平，这正是中间道路社会政策理论的基本特色。

第五节　中国特色社会保障政策理论

一、中国特色社会保障政策的功能

1. 建立合理的个人收入分配和社会保障制度

改革开放初期，打破平均主义、提高经济效率成为经济体制改革的最初目标与基本途径，反对平均主义成为中国共产党在这一时期的经济主张的核心内容，这在 1984 年的《中共中央关于经济体制改革的决定》中得以集中和明确的体现。该决定指出："历史的教训告诉我们：平均主义思想是贯彻执行按劳分配原则的一个严重障碍，平均主义的泛滥必然破坏社会生产力。当然，社会主义社会要保证社会成员物质、文化生活

---

① 李珍：《小布什社会保障改革思路评析》，《经济学动态》2002 年第 7 期。

水平的逐步提高，达到共同富裕的目标。但是，共同富裕决不等于也不可能是完全平均，决不等于也不可能是所有社会成员在同一时间以同等速度富裕起来。如果把共同富裕理解为完全平均和同步富裕，不但做不到，而且势必导致共同贫穷。只有允许和鼓励一部分地区、一部分企业和一部分人依靠勤奋劳动先富起来，才能对大多数人产生强烈的吸引和鼓舞作用，并带动越来越多的人一浪接一浪地走向富裕。"

20世纪90年代初期，中国共产党对社会保障制度的功能的认识开始发生变化，这在1993年的《中共中央关于建立社会主义市场经济体制若干问题的决定》中得以明确的体现。该决定提出，要"建立合理的个人收入分配和社会保障制度"，并对社会保障制度的功能做出比较明确的表述："建立多层次的社会保障体系，对于深化企业和事业单位改革，保持社会稳定，顺利建立社会主义市场经济体制具有重大意义。""重点完善企业养老和失业保险制度，强化社会服务功能以减轻企业负担，促进企业组织结构调整，提高企业经济效益和竞争能力。"显然，20世纪90年代初，中国共产党开始认识到建立合理的社会保障制度体系的必要性，但是，基于经济建设的中心地位，中国共产党虽然认识到社会保障制度的政治与社会功能，但却突出了社会保障制度的经济功能。

2. 加快建设与经济发展水平相适应的社会保障体系

世纪之交，中国共产党对社会保障制度功能的认识有了一定的发展。这在1999年的《中共中央关于国有企业改革和发展若干重大问题的决定》中可以清楚地看出。该决定指出："下岗分流、减员增效和再就业，是国有企业改革的重要内容。要把减员与增效有机结合起来，达到降低企业成本、提高效率和效益的目的。""加快社会保障体系建设，是顺利推进国有企业改革的重要条件。"显然，该决定更加突出了社会保障制度的经济功能，并将社会保障制度建设定位于顺利推进国有企业改革的条件。

中国共产党在认真总结以往认识的基础上，结合经济发展的基本要求与民生改变的普遍需求，对社会保障制度功能进行新的思考和定位，并在2003年的《中共中央关于完善社会主义市场经济体制若干问题的决定》中得以明确的表达，该决定提出，"加快建设与经济发展水平相适应的社会保障体系"。这不仅表明中国共产党对建立和完善社会保障制度必要性的认识的发展,而且表明中国共产党已经正确认识到社会保障制度与经济发展的关系。显然,世纪之交,中国共产党对社会保障制度功能的认识存在一个显著变化的过程,这就是从突出强调社会保障制度的经济功能,转变为强调社会保障制度建设与经济发展水平的关系,从而在一定程度上确认了社会保障制度功能的综合性。

3. 社会保障是保障人民生活、调节社会分配的一项基本制度

中国共产党第十六次全国代表大会以后,中国共产党在总结改革开放以来关于社会保障制度功能认识的经验与教训的基础上,对社会保障制度功能进行了重新定位,并集中体现在2006年的《中共中央关于构建社会主义和谐社会若干重大问题的决定》之中。该决定明确指出:"完善社会保障制度,保障群众基本生活。"该决定表明党对社会保障制度功能的认识发生重大变化,社会保障制度的基本目的是保障群众的基本生活,经济体制改革依然是党的工作重心,但不再强调社会保障制度作为经济体制改革的经济性功能,而其促进社会公平与民生幸福的社会性功能得以肯定并受到高度重视。

十七大以后,中国社会保障制度体系建设和国民经济与社会发展的实践,推动着中国共产党对重大社会问题、重大社会政策的认识不断发展,从而使得中国共产党对社会保障制度功能的认识走向全面、科学和成熟。这突出表现在十八大报告之中,该报告明确指出:"社会保障是保障人民生活、调节社会分配的一项基本制度。"可见,党对社会保障制度功能的认识提升到一个新的高度,社会保障制度不再被作为推动经济体制改革的工具,也不再仅仅是为了保障人民群众的基本生活,而是为了保障人民生活和调节社会分配。不是保障人民生活和调节社会分配的一项特殊或者临时制度,而是一项基本制度。2021年2月,中央政治局第二十八次集中学习中,习近平强调指出,社会保障是保障和改善民生、维护社会公平、增进人民福祉的基本制度保障,是促进经济社会发展、实现广大人民群众共享改革发展成果的重要制度安排,是治国安邦的大问题。

二、中国特色社会保障政策的目标

1. 保障和改善民生

早在改革开放初期,邓小平同志就重视和强调改善民生。他指出,我们搞四个现代化,因为经验不足,会面临多方面的困难。如改造一个企业就要减人,减下的人怎么安置,这也是困难。又如我们要建立退休制度,这是很正确的,但是也会有很多人思想抵触,这也是很大的困难。①

江泽民同志也强调指出,改革开放的重要目的是改善人民生活。加快改革开放和经济发展,目的都是为了满足人民日益增长的物质文化需要。随着生产发展和社会财富的增加,城乡居民的实际收入、消费水平和生活质量要有明显提高。② 一定要使群众得到应该得到的、看得见的物质利益,而且随着经济的发展,要使群众得到的、看得见的物质利益不断有所增加。不能做好这方面的工作,是无法向党、向人民交代的。③

胡锦涛同志同样强调保障和改善民生。他指出,要牢牢把握保障和改善民生这一根本目的。保障和改善民生,既是满足人民日益增长的物质文化需求的必然要求,也是加快转变经济发展方式、扩大消费的必然要求。要加强保障和改善民生工作的制度建设,增强公平性、透明度、可持续性。④ 提高人民物质文化生活水平,是改革开放和社会主义现代化建设的根本目的。要多谋民生之利,多解民生之忧,解决好人民最关心最直接最现实的利益问题,在学有所教、劳有所得、病有所医、老有所养、住有所居上持续取得新进展,努力让人民过上更好生活。⑤

保障和改善民生是习近平总书记强调的社会保障制度的重要目标。习近平总书记指出:"做好经济社会发展工作,民生是'指南针'"。要全面把握发展和民生相互牵动、互为条件的关系,通过持续发展强化保障

---

① 《邓小平文选》(第二卷),人民出版社1994年版,第230页。
② 《十四大以来重要文献选编》(上册),人民出版社1996年版,第32页。
③ 《江泽民论有中国特色社会主义》,中央文献出版社2002年版,第112-113页。
④ 《胡锦涛文选》(第三卷),人民出版社2016年版,第575-576页。
⑤ 《胡锦涛文选》(第三卷),人民出版社2016年版,第640页。

和改善民生的物质基础,通过不断保障和改善民生创造更多有效需求。①"让老百姓过上好日子是我们一切工作的出发点和落脚点","多做一些雪中送炭、急人之困的工作,少做些锦上添花、花上垒花的虚功"。② 习近平总书记还指出,抓民生要抓住人民最关心最直接最现实的利益问题,抓住最需要关心的人群,一件事情接着一件事情办、一年接着一年干,锲而不舍向前走。要多谋民生之利,多解民生之忧,在学有所教、劳有所得、病有所医、老有所养、住有所居上持续取得新进展。③ 改革开放以来,中国共产党关于保障和改善民生的一系列重要认识,为中国社会保障制度的建设和发展指明了基本的目标。

2. 全面建成小康社会

邓小平同志早在 1979 年就提出了小康社会的目标。他指出,我们的四个现代化的概念,不是像西方那样的现代化的概念,而是"小康之家"。到 20 世纪末,要达到第三世界中比较富裕一点的国家的水平,比如国民生产总值人均 1000 美元,也还得付出很大的努力。就算达到那样的水平,同西方来比,也还是落后的。中国到那时也还是一个小康的状态。④

在十五大报告中,江泽民同志指出,提高人民生活水平,是改革开放和发展经济的根本目的。在经济发展的基础上,使全国人民过上小康生活,并逐步向更高的水平前进。在十六大报告中,江泽民同志系统阐述了全面建设小康社会的目标,其中与人民生活和社会保障直接相关的目标是:城镇人口的比重较大幅度提高,工农差别、城乡差别和地区差别扩大的趋势逐步扭转。社会保障体系比较健全,社会就业比较充分,家庭财产普遍增加,人民过上更加富足的生活。社会秩序良好,人民安居乐业。

胡锦涛同志在十八大报告中明确提出了全面建成小康社会的奋斗目

---

① 《习近平论扶贫工作——十八大以来重要论述摘编》,《党建》2015 年第 12 期。
② 《习近平总书记系列重要讲话读本》,学习出版社、人民出版社 2014 年版,第 109 页、第 111 页。
③ 《习近平总书记系列重要讲话读本》,学习出版社、人民出版社 2014 年版,第 113 页。
④ 《邓小平文选》(第二卷),人民出版社 1994 年版,第 237 页。

标，其中之一就是，人民生活水平全面提高。基本公共服务均等化总体实现。就业更加充分。全民受教育程度和创新人才培养水平明显提高，进入人才强国和人力资源强国行列，教育现代化基本实现。收入分配差距缩小，中等收入群体持续扩大，扶贫对象大幅减少。社会保障全民覆盖，人人享有基本医疗卫生服务，住房保障体系基本形成，社会和谐稳定。

习近平总书记关于全面建成小康社会的论述，为中国社会保障制度的发展和完善确立了重要目标。他指出，"我们已经确定了今后的奋斗目标，这就是到中国共产党成立 100 年时全面建成小康社会"①。全面建成小康社会，强调的不仅是"小康"，而且更重要的也是更难做到的是"全面"。"小康"讲的是发展水平，"全面"讲的是发展的平衡性、协调性、可持续性。如果到 2020 年我们在总量和速度上完成了目标，但发展不平衡、不协调、不可持续问题更加严重，短板更加突出，就算不上真正实现了目标，即使最后宣布实现了，也无法得到人民群众和国际社会认可。全面小康，覆盖的领域要全面，是五位一体全面进步。全面小康，覆盖的人口要全面，是惠及全体人民的小康。全面小康，覆盖的区域要全面，是城乡区域共同的小康。② 全面建成小康社会是中国共产党提出的第一个"百年"奋斗目标，这一目标既是中国经济社会发展的指引，也是中国社会保障制度发展和完善必须服务的方向。

3. 满足人民对美好生活的向往

习近平总书记明确提出，要把不断满足人民对美好生活向往作为党的奋斗目标。"我们的人民热爱生活，期盼有更好的教育、更稳定的工作、更满意的收入、更可靠的社会保障、更高水平的医疗卫生服务、更舒适的居住条件、更优美的环境，期盼孩子们能成长得更好、工作得更好、生活得更好。人民对美好生活的向往，就是我们的奋斗目标。"③ 在十九大报告中，习近平总书记指出，带领人民创造美好生活，是我们党始终不渝的奋斗目标。必须始终把人民利益摆在至高无上的地位，让

---

① 《习近平谈治国理政》，外文出版社 2014 年版，第 44 页。
② 《习近平谈治国理政》（第二卷），外文出版社 2017 年版，第 78-81 页。
③ 《习近平谈治国理政》，外文出版社 2014 年版，第 4 页。

改革发展成果更多更公平惠及全体人民，朝着实现全体人民共同富裕不断迈进。保障和改善民生要抓住人民最关心最直接最现实的利益问题，既尽力而为，又量力而行，一件事情接着一件事情办，一年接着一年干。坚持人人尽责、人人享有，坚守底线、突出重点、完善制度、引导预期，完善公共服务体系，保障群众基本生活，不断满足人民日益增长的美好生活需要，不断促进社会公平正义，形成有效的社会治理、良好的社会秩序，使人民获得感、幸福感、安全感更加充实、更有保障、更可持续。

习近平总书记进一步指出，中国特色社会主义进入新时代，这个新时代，是决胜全面建成小康社会、进而全面建设社会主义现代化强国的时代，是全国各族人民团结奋斗、不断创造美好生活、逐步实现全体人民共同富裕的时代。中国特色社会主义进入新时代，我国社会主要矛盾已经转化为人民日益增长的美好生活需要和不平衡不充分的发展之间的矛盾。我国稳定解决了十几亿人的温饱问题，总体上实现小康，不久将全面建成小康社会，人民美好生活需要日益广泛，不仅对物质文化生活提出了更高要求，而且在民主、法治、公平、正义、安全、环境等方面的要求日益增长。同时，我国社会生产力水平总体上显著提高，社会生产能力在很多方面进入世界前列，更加突出的问题是发展不平衡不充分，这已经成为满足人民日益增长的美好生活需要的主要制约因素。总之，不断满足人民对美好生活的向往，是中国共产党的奋斗目标，中国特色社会保障制度的发展和完善，则是不断满足人民对美好生活的向往的重要制度保障。

三、中国特色社会保障政策的理念

1. 就业是民生之本

江泽民同志明确提出就业是民生之本。他指出，要结合本地区经济社会发展的需要和下岗失业人员的特点，有组织地开发一批适合下岗失业人员从事的就业岗位。要有针对性地开展面向下岗失业人员的职业介绍和职业指导。解决就业困难群众的再就业问题，必须提供更有针对性的就业服务，进一步把工作做细做实。要充分重视职业培训在促进再就业工作中的重要作用。要提高再就业培训的针对性、实用性和有效性。要积极开展再就业援助。政府的资金和政策要集中用于帮助最困难的群众实现再就业,政府开发的公益性就业岗位主要应用来安排他们,并采取提供就业援助、社会保险补贴和岗位补贴等更加优惠的扶持政策。要继续巩固"两个确保",搞好"三条保障线"的衔接,切实做到应保尽保。①

胡锦涛同志同样强调就业是民生之本。他指出,要始终把就业再就业工作作为一件关系全局的大事来抓,认真落实中央关于促进就业再就业的政策措施,切实解决存在的突出问题,务求取得实实在在的效果。发展是促进就业再就业的根本途径。要通过发展社区服务业、劳动密集型产业、中小企业、公益性事业等就业容量大的行业和企业,培养新的就业增长点,实现发展经济和扩大就业的良性互动。要加强就业技能培训,切实提高劳动者就业技能和竞争能力。要进一步做好就业再就业服务工作,大力改善公共职业介绍服务的设施和手段,建立健全再就业援助制度,规范劳动力市场秩序,为促进就业再就业创造良好环境。②

习近平总书记明确提出必须崇尚劳动、造福劳动者。他指出,要维护和发展劳动者的利益,保障劳动者的权利。要坚持社会公平正义,排除阻碍劳动者参与发展、分享发展成果的障碍,努力让劳动者实现体面劳动、全面发展。③在党的十九大报告中,习近平总书记进一步指出,就业是最大的民生。要坚持就业优先战略和积极就业政策,实现更高质量和更充分就业。大规模开展职业技能培训,注重解决结构性就业矛盾,鼓励创业带动就业。提供全方位公共就业服务,促进高校毕业生等青年群体、农民工多渠道就业创业。破除妨碍劳动力、人才社会性流动的体制机制弊端,使人人都有通过辛勤劳动实现自身发展的机会。完善政府、工会、企业共同参与的协商协调机制,构建和谐劳动关系。改革开放以来,中国共产党逐步提出一系列关于促进就业、保障失业人员基本生活、实现劳动体面劳动的思想,成为中国社会保障制度发展的基本理念。

---

① 《江泽民文选》(第三卷),人民出版社2006年版,第508-509页。
② 《胡锦涛文选》(第二卷),人民出版社2016年版,第181-182页。
③ 《习近平谈治国理政》,外文出版社2014年版,第46页。

2. 共享发展

邓小平同志指出，各项工作都要有助于建设有中国特色的社会主义，都要以是否有助于人民的富裕幸福，是否有助于国家的兴旺发达，作为衡量做得对或不对的标准。① 我们允许一部分人先好起来，一部分地区先好起来，目的是更快地实现共同富裕。正因为如此，所以我们的政策是不使社会导致两极分化，就是说，不会导致富的越富，贫的越贫。② 坚持社会主义的发展方向，就要肯定社会主义的根本任务是发展生产力，逐步摆脱贫困，使国家富强起来，使人民生活得到改善。没有贫穷的社会主义。社会主义的特点不是穷，而是富，但这种富是人民共同富裕。③

江泽民同志也十分强调共同富裕。他指出，实现共同富裕是社会主义的根本原则和本质特征，绝不能动摇。④ 允许一部分地区一部分人通过诚实劳动和合法经营先富起来，带动和帮助其他地区和其他群众，最终达到全国各地区的普遍繁荣和全体人民的共同富裕，这是我们必须长期坚持的一个大政策。⑤ 在整个改革开放和现代化建设的过程中，都必须努力使广大工人、农民、知识分子和其他群众共同享受到经济社会发展的成果，使他们不断得到看得见的物质文化利益。⑥

胡锦涛同志在十七大报告中指出，要始终把实现好、维护好、发展好最广大人民的根本利益作为党和国家一切工作的出发点和落脚点，走共同富裕道路，促进人的全面发展，做到发展为了人民，发展依靠人民，发展成果由人民共享。他在十八大报告中再次指出，共同富裕是中国特色社会主义的根本原则。要坚持社会主义基本经济制度和分配制度，调整国民收入分配格局，加大再分配调节力度，着力解决收入分配差距较大问题，使发展成果更多更公平惠及全体人民，朝着共同富裕方向稳步前进。

---

① 《邓小平文选》（第三卷），人民出版社1993年版，第23页。
② 《邓小平文选》（第三卷），人民出版社1993年版，第172页。
③ 《邓小平文选》（第三卷），人民出版社1993年版，第264-265页。
④ 《江泽民文选》（第一卷），人民出版社2006年版，第466页。
⑤ 《十五大以来重要文献选编》（上册），人民出版社2000年版，第685-686页。
⑥ 《江泽民论有中国特色社会主义》，中央文献出版社2002年版，第111页。

习近平总书记全面系统地论述了共享发展的理念。2016年1月18日，习近平在省部级主要领导干部学习贯彻党的十八届五中全会精神专题研讨会上指出，共享理念实质就是坚持以人民为中心的发展思想，体现的是逐步实现共同富裕的要求。共享发展的内涵主要有四个方面。一是共享是全民共享。这是就共享的覆盖面而言的。共享发展是人人享有、各得其所，不是少数人共享、一部分人共享。二是共享是全面共享。这是就共享的内容而言的。共享发展就要共享国家经济、政治、文化、社会、生态各方面建设成果，全面保障人民在各方面的合法权益。三是共享是共建共享。这是就共享的实现途径而言的。共建才能共享，共建的过程也是共享的过程。四是共享是渐进共享。这是就共享发展的推进进程而言的。习近平总书记在十八届五中全会第二次会议上讲话指出，广大人民群众共享改革发展成果，是社会主义的本质要求，是社会主义制度优越性的集中体现。我们必须坚持发展为了人民、发展依靠人民、发展成果由人民共享，做出更有效的制度安排，使全体人民朝着共同富裕方向稳步前进。共享发展理念是新时期中国经济社会发展的五大理念之一，也是新时期中国社会保障制度发展和完善的重要理念之一。

3. 社会公平正义

胡锦涛同志不仅提出了社会公平正义的重要性，而且提出了社会公平正义的保障体系。他指出，维护和实现社会公平正义，涉及最广大人民的根本利益，是我们党坚持立党为公、执政为民的必然要求，也是我国社会主义制度的本质要求。要把维护社会公平正义放到更加突出的位置，综合运用多种手段，依法逐步建立以权利公平、机会公平、规则公平、分配公平为主要内容的社会公平保障体系，使全体人民共享改革发展成果，使全体人民朝着共同富裕的方向稳步前进。[①] 胡锦涛在十八大报告中进一步指出，必须坚持维护社会公平正义。公平正义是中国特色社会主义的内在要求。要在全体人民共同奋斗、经济社会发展的基础上，加紧建设对保障社会公平正义具有重大作用的制度，逐步建立以权利公平、机会公平、规则公平为主要内容的社会公平保障体系，努力营造公平的社会环境，保证人民平等参与、平等发展权利。

---

① 《胡锦涛文选》（第二卷），人民出版社2016年版，第291页。

习近平总书记十分强调社会公平正义理念在社会保障制度乃至经济社会发展中的地位。关于社会公平正义的本质内涵，习近平指出，公平正义是中国特色社会主义的内在要求。① 全面深化改革必须以促进社会公平正义、增进人民福祉为出发点和落脚点。这是坚持我们党全心全意为人民服务根本宗旨的必然要求。必须着眼创造更加公平正义的社会环境，不断克服各种有违公平正义的现象，使改革发展成果更多更公平惠及全体人民。② 关于促进社会公平正义的决定性要素，习近平指出，实现社会公平正义最主要的还是经济社会发展水平，我们要在不断发展的基础上尽量把促进社会公平正义的事情做好。③ 关于社会公平正义的重要保证，习近平指出，制度是社会公平正义的重要保证。我们要通过创新制度安排，努力克服人为因素造成的有违公平正义的现象，保证人民平等参与、平等发展权利。要把促进社会公平正义、增进人民福祉作为一面镜子，审视我们各方面体制机制和政策规定。要加紧建设对保障社会公平正义具有重大作用的制度，逐步建立以权利公平、机会公平、规则公平为主要内容的社会公平保障体系。④ 改革开放以来，中国共产党关于社会公平正义的一系列思想理论的提出，确立了中国社会保障制度建设和发展的另一基本理念，成为中国社会保障制度建设和发展的重要理论基础。

四、中国特色社会保障政策的道路

1. 社会保障政策的中国特色

邓小平同志在1978年就指出，工会要努力保障工人的福利。我们的国家还很落后，工人的福利不可能在短期间有很大的增长，而只能在生产增长特别是劳动生产率增长的基础上逐步增长。但是，这决不能成为企业领导不关心工人福利的借口，尤其不能成为工会组织不关心工人福

---

① 《习近平谈治国理政》，外文出版社2014年版，第13页。
② 《习近平总书记重要讲话文章选编》，党建读物出版社、中央文献出版社2016年版，第96页。
③ 《习近平总书记重要讲话文章选编》，党建读物出版社、中央文献出版社2016年版，第97页。
④ 《习近平总书记重要讲话文章选编》，党建读物出版社、中央文献出版社2016年版，第96-97页。

利的借口。工会要努力改善工人的劳动条件、居住条件、饮食条件和卫生条件，同时要在工人中间积极开展各种形式的互助活动。①

江泽民同志系统地论述了建设有中国特色的社会保障制度的必要性与现实是意义。他指出，加快建立多层次的社会保障体系，特别是抓紧建立和完善养老、失业、医疗保险制度。这对于深化企业改革，保持社会稳定，顺利建立社会主义市场经济体制，具有重大意义。② 在十五大报告中，江泽民同志明确提出，建立社会保障体系，实行社会统筹和个人账户相结合的养老保险制度、医疗保险制度，完善失业保险和社会救济制度，提供最基本的社会保障。他还指出，社会保障工作，直接关系到坚持党的全心全意为人民服务的宗旨，关系到维护人民群众的切身利益，关系到保证改革开放和经济建设稳定发展的大局。③

胡锦涛同志在十七大报告中明确提出建立覆盖城乡居民的社会保障体系，保障人民基本生活。他指出，社会保障是社会安定的重要保证。要以社会保险、社会救助、社会福利为基础，以基本养老、基本医疗、最低生活保障制度为重点，以慈善事业、商业保险为补充，加快完善社会保障体系。在中央政治局集体学习时，他强调要加快建立覆盖城乡居民的社会保障体系。这是坚持立党为公、执政为民的具体体现，是推动科学发展、促进社会和谐的重要工作，是保增长、保民生、保稳定的重要任务，也是保持国家长治久安的重要条件。把加快完善社会保障体系作为实现好、维护好、发展好最广大人民根本利益的重要工作扎实推进，努力使全体人民学有所教、劳有所得、病有所医、老有所养、住有所居，不断促进社会和谐。④

在十九大报告中，习近平总书记系统论述了新时代中国特色社会保障制度建设的新方向，他指出，要加强社会保障体系建设。按照兜底线、织密网、建机制的要求，全面建成覆盖全民、城乡统筹、权责清晰、保障适度、可持续的多层次社会保障体系。全面实施全民参保计划。实施

---

① 《邓小平文选》（第二卷），人民出版社1994年版，第137-138页。

② 中共中央文献研究室：《十四大以来重要文献选编》（中册），人民出版社1997年版，第1375页。

③ 《新时期劳动和社会保障重要文献选编》，中国劳动社会保障出版社、中共中央文献出版社2002年版，第354页。

④ 《胡锦涛文选》（第三卷），人民出版社2016年版，第211-212页。

健康中国战略。人民健康是民族昌盛和国家富强的重要标志。要完善国民健康政策，为人民群众提供全方位全周期的健康服务。积极应对人口老龄化，构建养老、孝老、敬老政策体系和社会环境，推进医养结合，加快老龄事业和老龄产业发展。改革开放以来，中国共产党关于建立和完善中国特色社会保障制度的必要性及其重大意义的论述，成为指导中国社会保障制度建设和发展的思想理论基础。

2. 社会保障政策的城乡统筹

江泽民同志指出，千方百计增加农民收入，是当前农业和农村工作的一项重要任务。全国实现小康，重点和难点都在农村。农村实现小康，关键是增加农民收入。要从调整优化结构、增加农业投入、扩大以工代赈、促进农产品流通等方面采取综合措施，开辟农民增收的新途径新领域。① 贫困地区尽快脱贫致富，是实现第二步战略目标的重要组成部分。②

胡锦涛同志指出，要进一步加强统筹城乡发展工作。没有农民的小康就没有全国人民的小康，没有农村的现代化就没有全国的现代化。要建立健全农村社会化服务体系和支持保护体系。要继续加强扶贫开发工作，提高扶贫开发成效，加快贫困地区脱贫步伐。要加强农村教育，要把改善农民群众生产生活条件，提高他们生活水平作为一件大事来抓。③ 要加大农村扶贫开发力度，因地制宜实行整村推进的扶贫开发方式，继续对缺乏生存条件地区的贫困人口实行易地搬迁扶贫，对丧失劳动能力的贫困人口实行救助制度。④

习近平总书记也十分重视社会保障制度的城乡统筹发展。他指出，改革开放以来，我国农村面貌发生了翻天覆地的变化。但是，城乡二元结构没有根本改变，城乡发展差距不断拉大趋势没有根本扭转。根本解决这些问题，必须推进城乡发展一体化。必须健全体制机制，形成以工促农、以城带乡、工农互惠、城乡一体的新型工农城乡关系，让广大农民平等参与现代化进程、共同分享现代化成果。推进城乡要素平等交换

---

① 《江泽民文选》（第二卷），人民出版社2006年版，第441-442页。
② 《江泽民文选》（第一卷），人民出版社2006年版，第235页。
③ 《胡锦涛文选》（第二卷），人民出版社2016年版，第68-69页。
④ 《胡锦涛文选》（第二卷），人民出版社2016年版，第461页。

和公共资源均衡配置。① 中国共产党关于统筹城乡经济社会发展尤其是统筹城乡社会保障制度发展的认识，对于中国社会保障制度的进一步完善产生了直接而又重大的推动作用。

3. 社会保障政策的可持续

邓小平同志指出，我们只能在发展生产的基础上逐步改善生活。发展生产，而不改善生活，是不对的；同样，不发展生产，要改善生活，也是不对的，而且是不可能的。逐步改善人民的生活，提高人民的收入，必须建立在发展生产的基础上。解决这类问题，步子一定要稳，要对群众很好地进行引导，千万不能不负责任地许愿鼓动。②

江泽民同志指出，建立社会保障体系要把握以下几个原则：一是从国情出发，与国民经济发展水平以及各方面承受能力相适应，首先保证人们基本生活的需要；二是坚持公平与效率相结合，权利与义务相对应，兼顾国家、企业、个人三者利益；三是要积极稳妥，注意新老体制的衔接和过渡，避免出现大的波动。③

胡锦涛同志十分强调社会保障制度的可持续发展。他在十八大报告中指出，要坚持全覆盖、保基本、多层次、可持续方针，以增强公平性、适应流动性、保证可持续性为重点，全面建成覆盖城乡居民的社会保障体系。具体而言，就是以社会保险、社会救助、社会福利为基础，以基本养老、基本医疗、最低生活保障制度为重点，以慈善事业、商业保险为补充，统筹协调做好各项工作，实现社会保障事业可持续发展。④

习近平总书记非常关注社会保障制度的可持续发展。他指出，要处理好发展经济和保障民生的关系，既要在经济发展的基础上不断加大保障民生力度，也不要脱离财力做难以兑现的承诺。⑤ 我国仍处于并将长期处于社会主义初级阶段，改善民生不能脱离这个最大的实际提出过高目标，只能根据经济发展和财力状况逐步提高人民生活水平，做那些现实

---

① 《习近平谈治国理政》，外文出版社2014年版，第81页。
② 《邓小平文选》（第二卷），人民出版社1994年版，第257-258页。
③ 江泽民：《论"三个代表"》，人民出版社2002年版，第91页。
④ 《胡锦涛文选》（第三卷），人民出版社2016年版，第212页。
⑤ 《习近平总书记重要讲话文章选编》，党建读物出版社、中央文献出版社2016年版，第274页。

条件下可以做到的事情。① 我们要坚持从实际出发，收入提高必须建立在劳动生产率提高的基础上，福利水平提高必须建立在经济和财力可持续增长的基础上。② 构建公平、可持续的养老保险制度至关重要。要完善个人账户，坚持精算平衡，增强社保缴费激励，提高收付透明度，提高统筹层次，有序推进基本养老保险制度改革。③ 加快推进住房保障和供应体系建设，要处理好政府提供公共服务和市场化的关系、住房发展的经济功能和社会功能的关系、需要和可能的关系、住房保障和防止福利陷阱的关系。④ 中国共产党关于社会保障制度可持续发展的理论，指导着中国社会保障制度更加健康地发展。

思考题

1. 自由主义社会政策理论的主要内容。
2. 马克思恩格斯社会政策思想的主要特点。
3. 社会民主主义社会政策理论的主要特点。
4. 新自由主义社会政策理论的主要特点。
5. 中间道路社会政策理论的主要特点。
6. 中国特色社会保障政策理论的基本内涵。

---

① 《习近平总书记系列重要讲话读本（2016年版）》，学习出版社、人民出版社2016年版，第214页。
② 《习近平总书记重要讲话文章选编》，党建读物出版社、中央文献出版社2016年版，第325页。
③ 《习近平总书记重要讲话文章选编》，党建读物出版社、中央文献出版社2016年版，第322页。
④ 《习近平谈治国理政》，外文出版社2014年版，第193页。

第五章
社会政策的制定

　　社会政策的制定是社会政策运行过程的首要阶段,也是社会政策成败的关键阶段。本章主要阐述社会政策制定的理论依据、现实依据和历史经验依据,阐述社会政策制定过程中应遵循的基本原则,主要包括公正与效率原则、利益与系统原则、连续性与可行性原则,同时还通过对社会政策议程确立、社会政策规划和社会政策合法化的阐述揭示社会政策的制定程序。

第一节　社会政策制定的依据

一、社会政策制定的理论依据

社会政策作为应用性的社会科学具有很强的综合性。社会政策的综合性与以下三个因素密切相关。其一，现实生活中的人是具有多种属性的综合体。参与社会政策和受社会政策影响的人，既是一个生物人、社会人、经济人，又是一个政治人、伦理道德人、文化人等，而并非只是一个单面的经济人。其二，社会问题本身也具有复杂性和综合性。这种复杂性和综合性具体体现在社会问题的产生、影响和解决等方面，社会问题之间也存在着错综复杂的联系。社会政策的制定和执行离不开正确地认识和解决社会问题，这就需要借鉴人文社会科学的多种理论，对社会问题进行综合"诊断"和"治疗"。其三，社会政策的运行结果也具有一定的综合性。社会政策不仅会影响到一个国家的宏观经济政策、政治政策、社会道德等，还会影响到微观领域的个人行为、态度、价值观、政治观等。社会政策的综合性要求在社会政策的制定、执行、评估过程中综合运用人文社会科学的各种理论，从而使社会政策的运行建立在科学理论基础之上。

1. 社会政策相关的经济学理论

经济学主要解释个人与社会如何进行选择，以达到稀缺资源有效配置的问题。社会政策作为国家或政府对社会稀缺资源的再分配手段，必然会影响个人和社会的经济生产、交换和消费等。从宏观上看，社会政策的实行必然影响到国家的投资、社会的消费和对外贸易等；从微观上看，社会政策的实施也会影响到劳动力素质、劳动力供给和个人经济行为等。

效率理论是社会政策制定的经济理论依据之一。社会政策是国家或政府为主导的社会力量在社会经济生活领域的积极干预行为，它的运行是以一定的经济作为基础的，而一项社会政策要具有生命力，必然要考虑到它对经济和社会的贡献，在资源有限的情况下，政府的干预政策必然要考虑到效率问题。对于效率，我们应从以下几个方面来理解：投入与产出之间的比率关系，即投入固定产出最大，或是产出固定而投入最小；产出与社会需要之间的关系，即生产的产品和提供的服务以符合社会需要为前提，否则，生产越多、浪费越大；效率还应考虑外部性的问题，假定某个企业生产产品时造成当地环境严重污染，从这个企业来看或许是有效率的，但从社会整体角度来看就是没有效率了；效率还应顾及眼前利益和长远利益的结合；效率还应包含丰富的社会内容，而不能仅从量化的原则去衡量。[①]

对社会政策效率的考虑可以从不同的参与主体的行动中得以体现。首先，作为公共利益代表的国家或政府，在调动社会的人力、物力和财力等稀缺资源来解决社会问题的过程中，必然要考虑它的投入与产出问题，如何将社会有限资源用好是决策者在决策过程中必须要考虑的一个问题，一个没有效率的政策是很难维持下去的。其次，作为某个集团或政党利益代表的政策参与者而言，他们在参与社会政策的过程中也会考虑到参与社会政策的成本以及给某个集团或政党带来的收益问题。最后，对于一个普通的公民而言，其参与社会政策的热情与程度，与他在社会政策过程中的个人效率也密切关联。很难想象，一个公民会对自己不感兴趣或与自己价值观相反或不会给他带来什么利益的社会政策投入热情和精力。

当然，在现实生活中社会政策的投入与产出是难以通过货币来加以量化的，因为社会政策的产出不仅有经济效益，更多的是社会效益，它带给个人的不仅是经济利益，可能更多的是政治、精神等方面的利益。但不能因为社会效益、政治和精神利益难以衡量就忽视社会政策的产出问题。20世纪80年代以后，世界各国在进行社会福利改革的过程中，都很重视将市场竞争的力量引入社会福利领域，想以最小的投入获取最大的产出，从而提高社会政策的运行效率和社会服务的质量。

马克思主义关于经济基础决定上层建筑理论也构成社会政策制定的理论依据。马克思认为，社会由经济基础与上层建筑组成，它们之间存

---

① 黄恒学：《公共经济学》，北京大学出版社2002年版，第318页。

在着辩证的关系。一切政治活动都建立在一定的经济基础之上，反映一定经济关系的要求，政治是经济的集中表现，同时政治对经济也具有巨大的反作用。按照这一理论，一项好的社会政策就是要与特定的经济基础相适应，利于一定的社会经济的发展。

2. 社会政策相关的政治学理论

对政治现象、政治主体的行为及其政治运行规律进行解释和说明，这是政治学理论的重要内容。社会政策是政治学中的一个具体的实践领域，它不能离开政治环境这个大背景，离不开政治学中关于政治主体、政治意识、政治行为和政治发展等理论，这些理论对社会政策的参与主体而言，具有重要的指导作用。其中，精英理论、渐进主义理论和系统理论对社会政策的制定具有重要影响。

按照精英理论的观念，社会被分为统治阶级和被统治阶级两个阶级，社会的权力和主要资源主要控制在政治精英、财富精英和知识精英等少数社会精英的手中。社会政策运行过程中的主动权主要掌控在少数政治精英的手中，而广大群众则是被动的和消极的。精英理论对于我们认识和理解社会政策的运行有着重要的启示作用，它让我们意识到，社会政策运行过程中某些少数人物起着关键性的作用，尤其在一些专制性政治系统中，精英理论对解释社会政策制定过程具有较强的解释力。

渐进主义理论认为，社会政策过程是对以往政策行为不断补充和修正的过程，新的社会政策是在发现旧的社会政策的问题和缺陷的基础上制定的，以往政策的经验是制定新的社会政策的重要依据。这一理论重视社会政策本身的延续性问题，看到新的社会政策与旧的社会政策之间的内在联系，看到了新的社会政策的制定是在不断发现和修正现行社会政策缺陷的过程中不断完善。这种理论虽然有一定的保守倾向，但在一个相对稳定的发展时期还是具有较强的解释力，在社会急剧变迁的时代背景下，其解释力就相对较弱。

政策分析的系统理论将社会政策视为政治系统与外部环境互动的结果。当社会中存在一定的社会问题，并影响人的生存和发展时，个人或团体就会通过一定的途径和渠道向政治系统发出一定的政治诉求，从而对政治系统施加一定的影响和压力，而政治系统为了自身的存在和发展也必然会对环境的要求做出一定的反应。出于社会复杂多变的要求，是否将这种反应变为一定的社会政策，政治系统需要制度上的安排并通过有关机构和活动强化这种安排，政治系统通过一定的社会政策的输出来缓解环境的压力或弱化公众的要求。政治系统与外部环境之间的互动是一个反复循环的过程，政策输出会引起公众要求的变化，而新要求的不断提出会使新的政策不断出台。但政治系统也可以通过下列途径保护自身利益，维持系统生存：政策输出满足环境需求，符合公众利益；加强系统自身建设，完善内部机制；以武力为威慑或直接使用武力。①

3. 社会政策相关的社会学理论

对人与群体的关系、社会结构和社会问题的研究，是社会学研究的重要组成部分。社会政策是为了解决社会问题，社会政策的制定与执行离不开正确理解和运用社会学相关理论。

社会问题的研究对于社会政策的意义和作用主要表现在以下两个方面：一是社会问题理论研究是对社会问题的范式、特征、类型、原因及解决对策等做出理论解释，它为我们认识和理解现实生活中具体的社会问题提供了必要的理论基础和认知框架；二是社会问题的应用研究是对现实社会中某一问题产生的特征、类型、原因等进行的具体研究，为我们正确认识和解决社会问题提供了必要的理论支持。

为解决弱势群体的问题，建立与经济发展相适应的社会福利制度是各国政府面临的共同问题。社会政策在解决社会问题和满足弱势群体的需要方面发挥着不可替代的作用。而面对各种不同的弱势群体，社会政策如何介入才能更加积极和有效，这是理论界和政府所要密切关注的一个理论和实践问题。在这方面，西方一些理论和实践值得借鉴，如在解决贫困问题上，西方各国社会政策的重点也从收入维持与保障计划逐渐走向注重对个人、家庭、社区的投资，改善个人的能力及其所生存的环境，从而达到更加积极和有效地解决弱势群体的问题。美国、英国、加拿大等出现了个人发展账户的新形式，它被用来作为扶贫的主要手段之一，其实质就是要对弱势群体的扶贫由以前被动的"输血"转变为对主动积极的"造血"功能的培养，这也是社会政策介入方式和途径的一次革命。

---

① 参见谢明：《公共政策导论》，中国人民大学出版社2002年版，第76—95页。

社会中的个人由于利益、兴趣、爱好等方面的相同而组成了群体。群体理论对社会政策的指导作用主要体现在以下几个方面。首先，群体理论强调关系对个人决策的影响。如在两个或两个以上彼此之间存在利害关系的个人之间进行决策时，每个人的选择都会对他人的决定产生影响，最终的结果依赖于所有参与者的选择。也就是说，一个人的决策是在与其利益密切相连的社会关系中进行选择、取舍，而不是仅考虑自己的需要和能力，孤立地进行选择。其次，群体决策具有风险转移的特征。在解决社会问题的过程中，国家或政府需要调动大量的社会资源，这些资源的投入能否获取相应的产出就是决策者应承担的社会风险。公共利益的决策者在群体决策的过程中利用"法不责众效应"，使其个人在群体决策过程中应承担的责任分散到全体成员身上；也有一些人想显示自己的果断或超人的胆识，在群体决策过程中做出他在个人决策时难以做到的决策行为。最后，群体之间的竞争、妥协对社会政策的制定具有影响。群体与群体之间会围绕各自不同的利益、价值观、权力等而展开竞争。国家或政府在社会政策制定的过程中，应该为各种群体的利益表达提供一定的渠道和平台，促进利益群体在社会政策运行过程中进行沟通、协调，从而寻找到各个利益群体相互妥协、协商的均衡点，取得一个相对平衡。这种相对均衡只有在实行民主政治的社会中才可能实现。政府在这一过程中也不是完全被动和消极的，而是时而扮演组织者角色，时而扮演协调者角色，有时还要扮演最后的决定者角色。值得指出的是，各个群体之间的竞争与妥协对于科学决策是必要的，只有通过群体之间的对话、竞争和妥协才能反映出更多群体的利益和要求，才能更好地保证社会政策的贯彻实施。

4. 社会政策相关的心理学理论

在社会政策运行过程中，研究者和决策者在面对多种问题、多种意见、多种方案、多种资源时都要做出相应的"评估"和"决策"。而现实生活中，人们对事物的直观"评估"和"决策"往往带有很大的主观性和片面性，错误的"评估"和"决策"与心理效应造成的认知偏差是密切关联的。如何减少因心理效应而带来的认知偏差，这也是影响社会政策有效运行的因素之一。影响个体认知偏差的心理效应主要有光环效应、首因效应、近因效应和从众效应等。

光环效应是指一个人被赋予了一个肯定或有价值的特征,那么他就很可能被赋予其他许多积极的特征。光环效应的实质是人的认知上的一种泛化,将各种互相独立、没有必然联系的特性加以叠加,统统赋予认知的对象。首因效应是指人们最初获得的信息所形成的印象不易改变,甚至会左右对后来获得的新信息的解释。这种心理反应在日常生活中经常存在并表现出来,如每个老师都很重视第一堂课,情人第一次见面都将自己打扮一番等,其目的就是想给对方"留下一个好印象",以便后来的互动。近因效应是指人们很看重新近信息,并以此为依据对问题做出判断,却往往忽略了以往信息的参与价值,从而不能全面、客观、历史、公正地看待问题。① 从众效应是指人在群体中由于受到群体压力的影响,从而自觉不自觉地以多数人的意见为准则做出自己的判断、决策的心理变化过程。当然,这种从众现象对个人决策的影响是与个人的知识水平、自信程度、群体中人际关系的强弱、群体凝聚力等多种因素相联系的。这种从众效应很容易使个人丧失独立性,并因他人的意志而放弃个人的观点。

5. 社会政策相关的其他理论

社会政策的制定还会涉及管理学、法学、伦理学的一些理论。因为在社会政策制定过程中会涉及国家、政府、社会团体、大众传媒和公民个人等多种政策主体,涉及国家税收、集资、社会捐赠、志愿者服务等多种资源,还要面对各种错综复杂的社会问题,考虑政治、经济、文化等环境因素。如何正确定位社会政策计划的目标,如何有效地调动和组织这些政策主体和资源,如何协调各种群体之间的利益,如何控制社会政策运行过程中可能出现的偏差行为,等等,都需要一定的管理学理论和知识作为基础。

世界各国在发展和治理过程中都十分强调法治的作用。如何使国家或政府的政治行为不偏离既定的轨道,防止因某个领导的喜好而使社会

---

① 参见全国13所高等院校《社会心理学》编写组:《社会心理学》,南开大学出版社1995年版,第125-128页。

政策变化很大，防止"公权私用"并尽可能减少腐败现象的发生等，都需要将国家或政府在社会政策过程中的行为纳入一定的法治框架下运作，真正做到依法行政。而要做到依法行政首先得做到依宪治国，强调宪法的尊严和权威，真正做到依宪治"权"、依宪治"党"、依宪治"钱"等。一方面为国家、政府、社会成员参与社会政策运行提供一定的制度环境；另一方面，可以做到科学决策和民主决策，从而提高决策效率。要真正做到社会政策主体参与社会政策运行行为的规范化、程序化、民主化等，都需要借鉴和运用一些法学的理论，尤其是一些公共法学的理论。

社会政策所关注的社会问题是市场逻辑所无法推导的，从这个角度来看，社会政策带有一定的理想主义和人道主义成分，它是人类理想的实践过程，所以社会政策制定和执行过程中很强调社会的公平和公正、社会理想、人道主义等一些价值观。

二、社会政策制定的现实依据

作为国家或政府对社会问题回应手段之一的社会政策将随着社会政策主体、对象和环境的变化而不断变化。一项社会政策制定的现实依据具体包括该项政策的需求情况、政府的目标、政策的预期效果、社会政策行动的成本和政策可利用的财力及制度和技术的可行性等。

1. 社会政策的需求情况

社会政策的需求情况是指社会中是否存在着某种问题需要政府通过制定社会政策来加以解决。这其中，社会成员的需要和社会问题的存在情况对社会政策的影响也是有一定弹性的。当然，政府并不会对所有社会问题或部分社会成员的需求都做出政策回应。只有当对问题的严重性程度做出评估后发现，这种需求较为普遍且存在较大的社会影响，政府才可能重视并着手通过社会政策或其他公共政策来解决这些问题。

2. 政府的目标

满足人民群众基本需要和解决各种社会问题都是政府的基本目标和基本职责之一，因此，任何政府都会采取一定的社会政策行动去满足这些需求和解决社会问题。2004年，党的十六届四中全会明确提出"构建社会主义和谐社会"的目标和"社会建设"的任务，自此，各级政府在以民生为重点的社会建设中投入明显加大。2012年中共十八大以来，"美好生活""人民福祉""公平正义"等概念在我国广泛流行，"让发展成果更多更公平惠及全体人民""不断满足人民对美好生活的向往和追求"，这些都是政府重视民生、加强社会建设的重要体现，是影响社会政策发展的重要因素。

3. 政府的财政能力

社会政策运行依赖政府的财政投入，因此政府的财政能力对于社会政策制定具有重要的约束作用。所谓政府的财政能力是指政府调动资金以投入社会政策行动的能力。一个国家政府在社会政策方面的财政能力既取决于该国经济发展水平和全社会的财富状况，同时也受其政治体制、经济和社会事务方面功能的强弱等因素的影响。因此，政府在社会政策行动中的财政能力一方面受其总体财政实力的约束，另一方面也受其对社会政策重视程度的影响。[①]

在制定社会政策时，除了需要重点考虑以上现实因素外，还需要考虑社会政策的预期效果、制度方案和技术条件等。一项社会政策只有与一定的社会现实环境和条件相适应，才能保证政策具有经济可行性、政治可行性、文化可行性和技术可行性。

三、社会政策制定的经验依据

在一个具有连续性的政治环境下，任何一个政府都要保持其施政的延续性，都要对其上一届政府曾经做出的承诺承担一定的责任。从这个角度看，社会政策具有一定的延续性，国家或政府在制定政策时离不开历史责任的承担。社会政策制定的历史依据还表现在借鉴和参考以往社会政策制定和实施成败的经验教训。社会政策过程是一个十分具体而复杂的社会实践活动，要制定符合实际的社会政策需要参考以往相关的政策及其实践。这种相关的社会政策包括原有社会政策形成的成果及其他政策的实践活动。原有社会政策制定和执行过程中的成功经验值得提倡

---

① 参见关信平：《社会政策概论》（第2版），高等教育出版社2009年版，第117-119页。

和继承，暴露出的一些问题和不足则要避免和进一步完善。其他相关社会政策的实践活动也值得借鉴。因为在社会政策体系中，各种政策是相互联系、相互影响和相互制约的关系。有些政策在社会政策体系中处于主导的、核心的地位，这些处于主导和核心地位的政策的实践活动是其他政策制定的重要现实依据。一般来说，总社会政策是那些相关的策略性政策的重要依据，基本社会政策及其实践活动是那些相关具体政策的重要依据，中央社会政策是各部门和地方制定政策的重要依据，上级机关社会政策是下级机关制定政策的重要依据。如果总的上级的政策发生了变化，其相应的具体的、下级的政策也会发生相应的变化。

第二节　社会政策制定的基本原则

一、公正与效率原则

　　社会政策的核心是通过社会有价值资源的再分配实现社会公正，社会公正的实质是一种社会权益的正当划分。社会中的个人或集团在追求和维护各自的利益与权利时会相互争夺，造成不公的情况。任何国家在发展的过程中，社会也必然会出现利益分化，造成群体间利益差异。为了避免群体利益的严重分化与社会不公，需要诉诸政府行为，通过政策对社会利益关系进行恰当的调整。①公正原则具体体现在两个方面。首先，公民及社会团体在社会政策运行过程中享有参与权、知情权和监督权等，这就要求社会政策本身的运行具有一定的开放度和透明度。其次，利益分配平等原则。社会政策不应成为强势集团谋取利益的工具，而更应从全局、长远发展和人道的高度，密切关注弱势群体的情况，兼顾全民的福利。这种有限资源的再分配，必须为公众所认可并且符合法律规定。当然这种利益分配的平等原则需要一定的民主来保证。

　　公正原则优先，但也不能忽视效率问题。这就要求社会政策在坚持公正原则的前提下，坚持效率原则。政府通过政策进行干预时，需要考

---
① 林闻钢：《中国社会政策》，武汉大学出版社2011年版，第24-25页。

虑如何使这些有限的资源发挥更大的效能，使有限资源在使用过程中达到社会效率的最大化，不断提高社会劳动生产率，或有利于激励劳动者的生产积极性，或有利于促进群体之间的沟通，加强社会的整合，或有利于国民素质的提高，从而使社会政策促使社会更好的发展，以实现更高水平的公平与公正。

二、利益与系统原则

社会政策作为国家或政府的权威力量对社会有价值资源的再分配过程中，利益是再分配的核心问题。这里的利益不仅指经济或物质上能满足人类需要的物质资源，而且泛指政治、文化、社会关系上的各种有价值的稀缺资源。追求这些利益以满足人本身多样性需求，也是个人行为的动机所在。协调社会各群体的利益关系，也是社会和谐稳定的一个必要条件。所以，无论从个人还是从社会的角度来看，坚持利益原则都有极其重要的意义。社会政策制定中的利益原则就是指制定社会政策要重视个人或群体的利益表达，同时还要通过利益来积极引导个人或群体的行为，要正确协调好各种利益关系，如近期利益和长远利益、国家利益和群体利益、个人利益与群体利益、群体与群体之间的利益关系。

在制定社会政策时坚持利益原则应该注意以下几点。首先，应全面认识利益概念，改变那种只重物质利益，不重精神、政治利益的观念。其次，重视个人或群体利益需求的分析。现代社会的一个重要特征是社会分化现象较为严重，这种分化导致各种政策主体政策诉求差别很大，所以，在社会政策制定过程中，要重视各个群体的利益需求的分析，尽可能有针对性地调动各种社会群体与个体的利益，满足相应个人或群体的需求。再次，重视个人或群体的利益表达并通过利益的协调来调动各方面的积极性。个人或群体对各自所关心的利益进行一定的表达，这是人的一种本能，社会应该积极给予引导。这种表达本身具有很强的正功能，如释放不满情绪起到"安全阀"作用，利于社会的稳定。客观的利益表达使社会政策的制定和执行更能体现各种群体的要求，这样才能提高社会政策的运行质量。最后，要协调和处理好各种利益关系。要处理好国家、集体和个人，中央和地方等多层次利益关系，同时也要协调好各个阶级和阶层的利益冲突，处理好近期利益和长远利益的关系。

社会政策的制定，在坚持利益原则的同时，还应遵循系统原则。所谓社会政策的系统原则是指在制定和执行社会政策时，要注意社会政策系统内部以及社会政策系统之间的相互配合问题，其目的就是要提高社会政策本身的适应性并提高社会政策的运行效率。社会政策的系统主要涉及社会政策的主体系统、资源系统、环境系统等。坚持这一原则就要求政策制定者在制定社会政策时，必须把社会政策的各要素看作是一个互相联系、互相依赖、互相制约的有机整体，把政策的制定过程作为一项社会系统工程，使各层次的政策上下一致、相互协调。

在制定社会政策中坚持系统原则应该注意以下几点。

首先，政策系统内部的协调问题。政策系统内部的协调包括社会政策系统内部的横向与纵向协调。所谓横向协调是指在制定政策时一定要考虑到该政策在同一级别的政策系统中的地位和联系，使政策在横向上协调一致，避免彼此的冲突或重复，促进社会政策的整体效应。所谓纵向协调是指在制定政策时要注意上下一致，要使总政策、基本政策和具体政策形成一个整体，从而使政策得到具体落实。

其次，重视和调动非官方系统及其资源在社会政策运行中的作用。社会政策作为一种"社会性"的政策，需要各种社会力量和资源的介入。由于体制和历史的原因，我国的非官方政策主体在社会政策制定过程中的作用还没有得到应有的发挥，社会力量在解决社会问题过程中的作用还有待提高。所以，我们既要关注官方政策主体在社会政策运行过程中的作用，还要关注社会中各种各样的组织、群体和个人在社会政策运行过程中的作用，他们以各种各样的方式发起或参与社会政策行动，为社会政策运行做出贡献。①

最后，重视系统与系统之间的适应与整合。社会政策市场是由不同类型的具体政策系统构成，不同的社会政策系统所制定的依据以及针对的客体存在不同，但是，各种社会政策系统间的关系应该相互适应和相互协调，而不是相互排斥和相互冲突，只有这样才能更好地解决社会问题并满足社会政策目标群体的需要。

---

① 关信平：《社会政策概论》（第2版），高等教育出版社2009年版，第78页。

此外，制定社会政策时还要考虑特定的经济环境、政治环境、社会环境、文化环境和国际环境等，尽可能使社会政策与特定的社会政策环境相适应。

三、连续性与可行性原则

所谓连续性原则就是指制定社会政策必然要注意政策发展过程的继承性和衔接性，使社会政策具有稳定性，以保证经济、社会的稳定发展。社会政策就是在不断发现原有社会政策运行中的缺陷或问题的基础上不断完善。尤其在一个政局相对稳定的社会，社会政策本身更具有很强的连续性。要保证国家的政策连续性，保持经济稳定、政治稳定、社会稳定和人心稳定，使经济和社会健康发展，也必须坚持社会政策的连续性原则。

在制定社会政策时坚持连续性原则就必须做到以下几点。首先，要研究政策的历史和现状，了解政策发展的过程，保持政策合理内容的继承性。其次，要使政策具有相对稳定性。保持政策的连续性才能使政策具有相对稳定性。政策是一个政党和国家政治行为的规范和指南，关系各阶层、各利益群体的切身利益。保持政策的相对稳定性才能给人们一种政局稳定感和有序感，才能推进经济、社会的发展。再次，把政策的连续性同政策的变动性统一起来。一方面，事物是不断发展的，政策必须随着事物的发展和形势任务的变化而变化，社会政策具有变动性的特点。另一方面，政策在变动性中贯穿和体现着连续性。政策虽然在具体内容、形式上不断变化，但是社会政策的指导思想与宗旨在一定时期内应该是基本稳定的。

社会政策的可行性原则，是指在制定社会政策时要使政策符合事物的规律性，立足实际，易于落实，便于执行，以顺利实现政策的目标。社会政策的可行性原则是制定政策的重要原则。任何社会政策都是为了解决问题，实现政策的目标。只有政策切实可行，才能树立政策的权威，增强人们的政策意识，调动人们执行政策的积极性，才能有效地规范人们的行动，发挥政策的效力，顺利实现政策的目标。

社会政策的可行性主要包括经济可行性、政治可行性和技术可行性等。经济可行性主要包括财政上"能不能承担"，运行之后是不是"很经济"的问题。政治可行性一方面指某项或几项社会政策能否被相关的政府机关或领导人所采纳，在执行过程中有无相配套的工作人员、物资设备等，即是否具有行政上可操作性的问题；另一方面也是指目标群体是否接受解决问题的方式、方案和结果。技术上的可行性即社会政策在技术上的可实施性，其中包括项目的管理、服务及配套行动的过程中所需要的各种技术设备、有效的制度安排及合格的专业人员。

要做到社会政策制定中政治、经济和技术上的可行性，首先，要求我们的社会政策必须从民众中来，代表民众的利益，反映民众的呼声和要求，得到民众的拥护，这样，民众才能自觉地承受和克服新的政策可能带给他们的困难和风险，坚定地执行社会政策。其次，在制定社会政策中，必须充分考虑政策施行的各种条件。不但要重视实践中提出的政策问题，还要重视政策问题的条件是否成熟。最后，社会政策目标必须恰当、明确，政策措施必须具体、切实，使人们易于理解记忆，便于掌握，利于贯彻执行。

第三节　社会政策制定的程序

一、社会政策议程的确立

当社会政策主体认识到社会问题已妨碍了社会发展或损害一些社会成员的利益，与主流的价值观所期望的状态存在一定的距离时，可以通过体制内或体制外的渠道向有关社会政策决策部门提出政策诉求。这时，政府会根据各项任务的轻重缓急而安排制订社会政策的计划。政府社会政策议程的实质是政府对解决各种问题的优先性安排，即哪些问题应该优先解决。

在现实生活中由于多种原因，只有一部分社会问题能进入决策部门的政策视野，因此列为政府政策议程的问题非常有限。社会政策问题从何种渠道被提出来，决策部门对这些社会政策问题如何进行选择，是社会政策运行的关键环节。社会政策问题的确立比政策方案的精心设计更为重要。对决策者来说，用一个设计精妙的方案去解决一个错误的问题带来的不良影响，比用某种存在缺陷的方案去解决一个正确的问题要大得多，这不仅是政策资源的浪费，而且可能引发更大的社会问题。社会政策问题的确立主要涉及两个方面的问题：一是什么人通过何种渠道向决策者提出政策问题的诉求；二是哪些因素影响着决策者对社会政策问题的选择。

1. 社会政策问题的提出途径

政府部门是社会政策问题最直接和最重要的提出主体。广义上的政府包括立法、行政和司法等部门，它们都会成为社会政策问题的提出者。政府部门一方面负有维护社会公平和公正的责任，另一方面它们也具有相应的权力和资源，所以它们会通过自身信息系统，主动提出各种政策问题，这些部门提出的政策问题也容易进入政府的政策议程。

从政府部门内部的上下级关系来分，可以将社会政策问题划分为上级决策机关提出的政策问题和下级行政机关提出的政策问题。上级决策机关提出的政策问题是指为执行上级的政策，一般需要制定更为具体的政策。中国实行下级服从上级的组织制度，除特殊情况外，下级机关都必须执行上级机关制定的政策。考虑到各地的情况不完全一样，上级机关有时候只规定了政策的一般原则，而留给下级一定的政策空间，下级可以且往往也必须制定更为具体的政策，否则就可能因为政策太空泛而无法执行。

很多社会政策问题的确立是通过自下而上的报告体系来完成的。现实生活中如果这种报告链条过多，就有可能引起沟通障碍和信息失真，最终导致决策失误。社会政策问题确立过程中问题描述应做到准确，并尽量缩短报告链条，减少报告层次，防止信息在传输途中被扭曲或中断。

由政治领袖提出社会政策问题也是各国社会政策问题提出的重要渠道。在我国，领导人调研一般都带着相关的政策研究部门和决策部门随行，通过深入社会实际，了解社会问题，倾听基层领导和群众的呼声和建议，然后以一定的讲话、文件和通报等形式提出社会政策问题。这样，一些相关的决策部门就会很快将领袖提出的社会政策问题纳入国家社会政策的议程。

现代社会大众传媒以其形式多样、传递迅捷、渗透面广的特点在社会政策的制定过程中发挥了非常重要的作用。一方面，大众传媒会以社会上大多数人的代言人形象出现，准确地反映现实生活中存在的非常重要的社会问题，并对国家或政府发出一定的政策诉求；另一方面，由于大众传媒也受到意识形态、政治经济环境的制约以及自身利益的局限，其对社会问题的看法也有价值选择性和倾向性。社会问题通过大众传媒自身的影响力，不断地唤醒更多公众，强化公众对该问题的认识，也就不断地放大了问题的严重性，从而对国家或政府进行社会政策问题选择施加了极其重要的影响。

2. 影响社会政策选择的因素

国家或政府在进行社会政策选择时所受到的影响因素应是多元的。社会政策问题本身的性质和可行性、与上级部门或领导人的适应程度、社会舆论的影响等是社会政策问题选择的重要因素。

一是社会政策问题本身的性质。在面临多种社会政策问题时，依社会政策问题对社会秩序、社会发展和群众利益的影响和危害程度，国家或政府首先要解决的是严重妨碍社会稳定和社会秩序、群众需求最迫切的社会政策问题。从社会政策问题影响的深度和广度而言，国家或政府会优先选择那些影响面广且影响深度大的社会政策问题。从社会政策问题本身的紧迫程度来看，首先纳入国家或政府政策视野的是那些迫切需要解决的问题。

二是社会政策问题的可行性。那些在国家或政府责任和能力范围内的社会政策问题，易进入国家或政府决策部门的视野。一项社会政策问题是否迫切需要解决，既要考虑是否与国家或政府的发展目标和发展战略密切相关，又要顾及社会政策的主体在特定条件下所拥有的资源和生存的环境。如想使一项社会政策问题达到预期的解决效果，就必须考虑社会政策问题被解决的可行性问题。

三是与上级部门或领导人的适应程度，包括与国家或政府发展目标和发展战略的关联程度、与上级政府的相关程度、与上级领导人偏好的相关程度。国家或政府在特定条件下提出的发展目标和发展战略，是凝聚一个国家或地区力量并为之奋斗的目标和方向，它对各级部门的决策具有宏观指导作用。与国家或政府的发展目标和发展战略密切相关的社会政策问题,就容易引起相关部门的重视。社会政策问题与现行政策冲突程度的大小,会直接影响到社会政策问题能否纳入社会政策的议程。在社会政策制定的过程中,处于权力中心的领导人,包括一个国家或地区的政治领导人和政府行政部门的主要官员,他们虽然在一定程度上是公共利益和一定政党、阶级或阶层的代表,但在决策过程中,其个人利益、价值倾向、社会态度等个人偏好也会对社会政策问题的选择产生直接影响。

四是社会舆论的影响。公民对社会问题都会有自己的看法和见解,这种看法和见解在社会上交流和传播,会形成一定的社会舆论。社会舆论再通过大众媒体的传播和交流,使一些社会问题更加显性化,对个人和社会的影响力也会逐渐增加,从而形成一股重要的舆论压力,成为影响国家或政府决策的重要因素。

另外,一个国家的政治、经济和文化制度,利益集团,各党派,社会政策信息系统等因素,对国家或政府确立社会政策问题也有着重要影响。

二、社会政策的规划

社会政策议程确立以后,社会政策的制定就进入规划阶段,它包括调查研究、政策目标确立、政策方案设计、政策方案评估择优、政策方案可行性论证、政策试点等主要环节。

1. 调查研究

首先要组织一个社会政策起草班子。如果政策只涉及一个部门,起草班子的组成就由这个部门的领导人指定;如果政策涉及多个部门,就由这些部门的共同上级指定组成一个班子,或者确定班子的组成原则后由各部门协商决定。不论班子如何组成,一般都确定与政策事项关系最密切的部门为起草班子的牵头单位,负责召集会议、安排日程等日常工作及文本的具体起草。同一政策问题的牵头部门在不同的地区和不同的时期可能不同。牵头单位是起草班子的灵魂所在,政策的基调往往由其确定。

社会政策起草班子组成初期的主要工作是调查研究。这一阶段的调查研究重点是确定所要解决的社会问题、原因与对策。调查研究的内容包括收集整理上级有关政策、有关领导人的讲话和意见，了解政策的沿革过程；收集下级的有关做法和想法，特别是政策对象的现状和具体的政策要求；收集外地甚至外国的相关政策，以做对比参考之用。

调查研究的方法多种多样。整理现有政策比较容易，查阅有关文件汇编就可以相当全面地了解上级政策及其变化的过程。通过查阅报纸杂志、网上搜索或实地考察访问，一般也能得到相关的经验介绍。工作量最大的是对本地区、本部门情况的掌握，实践中大都采取召开基层干部座谈会的办法，请他们介绍现状，并提出他们的政策诉求。为全面了解情况，一般还会邀请与该政策有关的其他方面人员参加座谈会。在社会政策调查研究中，统计资料是必不可少的。如果已掌握的数据不能满足分析的需要，往往要专门设计一种统计方法，进行抽样调查或全面调查。只有充分掌握了这些信息，才能对政策项目所需要的经费投入数量及经费分配方式、受益者界定、管理体制等做出合理的设计。

2. 社会政策目标的确立

社会政策目标是社会政策主体为解决有关社会政策问题而采取的行动所要达到的目的、指标和效果。为了保证社会政策目标的正确性，确立目标时应注意以下几点。

一是问题的针对性。任何政策目标的设立都是基于对一定的社会问题的关注。缺少对有关问题和群体的针对性，任何政策目标都难以立足。

二是目标的具体性。在目标制定过程中，社会政策要达到的状态、时间、条件与数量等方面都要清晰界定，目标应尽可能量化，便于政策实施和评估。

三是目标的可行性。目标的制定应该切合实际，不能定得过高，也不应定得过低，它必须是在现有条件下通过一定的努力可以实现的。

四是目标的协调性。社会政策所要解决的社会问题常常是比较复杂的大问题，因而政策目标往往不是单一的而是多目标的有机结合，形成由总目标和子目标构成的多层次目标体系。各个目标之间应该相互协调，不能相互矛盾和抵触，政策制定者必须选择一个适当的平衡点。

五是目标的规范性。政策目标要体现政策制定者所代表的社会利益，也要符合社会的道德规范和行为准则,政策目标不能和宪法、法律相抵触。

六是目标的适当弹性。社会政策目标的制定必须留有余地,避免陷入被动局面,妨碍目标的实现。

3. 社会政策方案设计

社会政策方案设计的目的就是提供可供选择的政策方案,以最终确定一种可行性政策。方案设计是政策制定的中心环节,政策是否可行直接影响到政策的实施及其后果。在社会政策方案设计的过程中要紧扣政策目标,方案要具有创新性和实际可操作性,同时设计出来的方案要彼此独立和具有多样性。

政策方案设计包括政策方案轮廓设计和细节设计。政策方案轮廓设计就是从不同角度、不同途径提出多种多样的方案设想,这是方案设计的第一步,主要包括两个方面的内容:一是为实现既定目标,尽可能提出多样性的方案;二是将各方案的轮廓勾画出来。政策方案的轮廓至少包括行动原则、指导方针、基本措施、政策的发展阶段等主要内容。在政策方案轮廓构想时,应把握以下几个原则:政策方案应尽可能多样化,以扩大选择余地;要满足政策方案轮廓整体上的完备性;构想政策方案轮廓要体现政策方案的超前性。

细节设计主要是按照所构想的方案轮廓,将政策方案具体化,确定实现政策目标的途径、措施和手段,包括政策界限的规定和相关的机构设置、人员配置、物资经费的保证等。细节设计注重政策方案的效果与可行性,并应充分考虑各种外部条件和环境。在政策方案的细节设计中,既要有对方案后果及其效应的准确估计,也要有对方案实施细节的详尽规定,要在政策方案初稿完成后,以不同的形式向各方征求意见,以便对政策方案进行修改和完善。

4. 社会政策方案的评估择优

它是指对多种社会政策方案进行评估,从中选择或综合出一个最优方案的过程。这里的评估发生在政策执行之前,所以也叫社会政策的预评估。它是就该方案的可靠性、可行性和绩效等方面进行评估,权衡方案的利弊得失及可能产生的后果，阐明方案内容的合理性，分析方案各种依据的可靠性，纠正方案的缺点和不足，从而使方案更加完善，更加切实可行。

社会政策方案的择优是在方案评估基础上，对各种方案进行比较和鉴别，选择或综合出最优方案的过程。政策方案的择优关键是将备选方案进行比较，从而选择最佳的备选方案。不同备选政策方案的比较应满足以下可比条件：政策收益的可比性，包括社会政策对社会的伦理道德、社会心理等产生的影响，社会政策收益要换算成可以比较的量化指标；政策费用的可比性，也即不同方案所消耗的劳动和费用的不同（为了对各个方案进行政策费用的比较，费用的构成、计算方法、计算单位之间必须具有一定的可比性）；时间的可比性，由于各种条件的限制，各种政策方案发挥作用的时间以及有效年限等方面常常存在很大的差异，从而产生不同的结果。

5. 社会政策方案的可行性论证

多种政策备选方案经评估择优以后，还要对所选方案进行可行性分析，以确保政策的顺利实施。政策方案的可行性论证，就是围绕政策目标，运用定性和定量相结合，民众的意见与领导人意见、部门意见、专家意见相结合，多学科和多种具体方法集合的方法，对政策方案是否可行进行系统分析和研究。政策方案的可行性包括政治可行性、经济可行性、技术可行性、文化可行性、伦理价值可行性等。社会政策可行性论证的结果是否定、支持或有条件支持一项社会政策方案，或者是在多个社会政策方案中选择可行性最高的方案。各方面可行性比较均衡的方案被选中的概率更高。一般而言，大多数可行性研究报告都会对所分析的方案提出具体的修改、完善和增加配套措施等方面的建议，以供决策者参考。①

6. 社会政策的试点

对于影响范围较大、较为复杂的社会政策，在正式审批和实施前一

---

① 参见关信平：《社会政策概论》（第2版），高等教育出版社2009年版，第130-132页。

般还需要在局部地区进行试点。所谓社会政策的试点就是把社会政策用于经过精心选择的典型单位,开展局部的社会实验,看其在现实中是否具有可行性。一方面,社会本身是一个错综复杂的系统,人们对它的认识存在着一个不断加深的过程。社会政策制定者由于受到主客观条件的限制,制定出来的社会政策是否正确还必须把它放到实践中去验证。另一方面,社会政策是一个庞大的社会工程。一项社会政策,尤其是中央一级的社会政策,其影响的范围比较广,涉及的利益比较多,这种社会政策制定得是否合理直接关系整个社会的发展或大多数人的利益,甚至涉及社会的稳定。同时,社会政策一旦启动,修改其行动方案的难度与成本较高,所以,为减少社会政策施行的风险,需要对社会政策进行实验,以便在试验的基础上对社会政策做进一步的完善。可见,作为局部社会实验的社会政策的试点是为了检验社会政策方案的可行性和效果;发现该方案的缺陷与不足,以便进一步完善;发现该方案实施可能带来的社会后果,尤其是负面的后果,以便在正式全面实施前做好相应的准备。①

社会政策实验是一项实践性、科学性很强的工作,必须有领导、有目的、有计划地进行。首先,要组建较强的试点工作班子,选派懂得政策、理论水平高、工作经验丰富、思想作风好的干部参加试点工作。其次,要选择具有典型性的试点单位。试点单位应具有典型性,试点单位选择得好坏,直接影响到试点的效果,甚至决定试点工作的成败。重视试点地区和单位的代表性,如果条件允许可选多个具有不同特征的单位同时进行试点工作,以尽量包含真实社会的各个方面的多样性。再次,在试点的过程中,应该尽量保持客观、真实的社会条件,以使社会政策方案能够在真实的条件下得到真正的检验,并发现问题。为此,既要防止上级领导为了取得试点工作的"好成绩"而给试点地区或单位提供特殊优惠的条件,又要防范试点地区或单位的领导及群众对于自己的地区和单位被选为试点单位而感到荣耀,并期望通过试点的"成功"而再获政绩或得到新的优惠政策,从而对试点工作给予过分重视,过多地调动本地区或本单位的资源去完成试点工作任务。最后,对于试点工作的总结和评估,更应该实事求是,全面总结和评估试点工作的结果,尤其是

---

① 关信平:《社会政策概论》(第2版),高等教育出版社2009年版,第133页。

社会政策运行过程中不足之处,避免出现"报喜不报忧"的现象。①

三、社会政策的合法化

所谓社会政策的合法化是指法定主体为使政策方案获得合法地位而依照法定权限和程序实施的一系列审查、通过或批准、签署及颁布政策的行为过程。它包含了社会政策合法化的主体、社会政策合法化的程序、社会政策合法化的内容、社会政策的法律化。社会政策合法化在社会政策制定过程中具有重要意义。社会政策合法化是社会政策制定过程的重要阶段,又是社会政策执行的前提;社会政策合法化也是决策民主化、科学化和法制化的具体体现;社会政策合法化还是依法治国的需要。当然,社会政策合法化最主要的作用是确保社会政策的效果。

1. 社会政策合法化的主体

社会政策合法化的主体是依法有权使社会政策方案获得合法地位的国家机关。合法化主体具有宏观上的广泛性和微观上的特定性。所谓宏观上的广泛性是指从总体上看,社会政策合法化的主体是相当广泛的,有权使社会政策方案获得合法地位的国家机关,都可以成为社会政策合法化的主体。微观上的特定性是指每一项社会政策方案的合法化主体都是特定的。当然,法律对不同的国家机关规定了不同的职权,社会政策主体在社会政策合法化过程中应注意各自的权限问题:主体要有合法依据;注意政策所及事项、地域、措施和手段等的职权限制;注意滞后法律的效力问题。

2. 社会政策合法化的程序

社会政策合法化的程序是指社会政策方案获得合法地位的步骤、次序和方式。不同的社会政策方案,不同的合法化主体,社会政策合法化的程序也存在一定的差异。行政机关社会政策合法化过程与我国行政首长负责制密切相关。在行政首长对社会政策方案决定、签署之前,有些做法或制度,如政府法制工作机构对社会政策方案的审查,特别是重大

---

① 关信平:《社会政策概论》(第2版),高等教育出版社2009年版,第134页。

问题必然经常务会议或全体会议讨论决定的法定制度，是与行政机关社会政策合法化过程密切相关的。立法机关或权力机关社会政策合法化过程与行政机关社会政策合法化过程或程序不可能完全一致，但基本上包括提出议案、审议议案、表决和通过议案、公布政策等环节。

3. 社会政策合法化的内容

社会政策内容的合法主要是指社会政策应与国家宪法和现行法律相一致。不仅要符合有关的法律原则，而且要符合法律的具体规定。为了做到这一点，不仅需要在决策过程中把备选方案与相关的法律法规相对照，而且需要充分发挥法律性政策机构的审查作用，必要的话，应考虑在政策制定的相关程序中建立专门的法律审查程序。美国的司法审查制是司法机关通过一定的司法程序，审查立法机关和行政机关制定的法律法规，并对其是否违宪做出裁决，但它属于事后进行的审查，多在提起诉讼后才会具体介入。英国的违宪审查在议院内部完成，即议院审查自己制定的有关法律法规是否违宪，这虽然是一种事前的审查，但自行审查往往容易引起对审查效果的过多猜疑。德国、法国、意大利等国家都建立了专门的机构——宪法法院或宪法委员会独立行使违宪审查权，它们多采用预防性的审查方式，即在法律法规正式生效之前做出最终裁决。

4. 社会政策的法律化

所谓社会政策的法律化是指享有立法权的国家机关依照立法权限和程序，将成熟、稳定而有立法必要的社会政策转化为法律。它实际上是一种立法活动，所以又称政策立法。社会政策合法化属于政策制定的范畴，是经政策规划而得到的社会政策方案获得合法地位的过程，社会政策方案未经合法化过程就不具有执行效力。而社会政策法律化是将经实践检验证明是成熟、稳定的政策转化为法律，即该政策已处于执行阶段，而不是制定阶段。可见，社会政策法律化与社会政策合法化又是不同的，它是社会政策合法化的一种特殊形式。[1] 为了保证社会政

---

[1] 参见陈振明：《公共政策分析导论》，中国人民大学出版社2015年版，第69-72页。

策的合法化必须有一套相应的制度，如立法听证制度、公民参与制度、行政程序制度、政务信息公开制度、政党协商制度、行政监察制度和违宪审查制度等，只有建立和完善相关的制度，社会政策的合法化才能更好地实现。

思考题

1. 社会政策的制定依据。
2. 社会政策制定的基本原则。
3. 社会政策规划的基本内容。
4. 社会政策的合法化。

第六章
社会政策的实施

社会政策的实施是指社会政策实施主体将社会政策运用于社会实际生活中的具体实践，它包括三个紧密相连的环节：社会政策执行、社会政策评估与社会政策调整。社会政策制定者将人们普遍关注的社会问题变为社会政策问题，将社会成员的愿望和需求上升为社会政策，然后，就需要把它付诸实施。研究社会政策活动的终极目标在于推动社会政策的有效实施，从而促进社会的良性发展。因此，不仅要关注社会政策本身，更要看社会政策能否在社会生活中得到实现。

第一节　社会政策的执行

社会政策的执行是将合法的社会政策方案变成现实的过程,它是社会政策实施的关键环节。狭义的社会政策执行指某项具体的社会政策的贯彻、推行和实施；广义的社会政策执行是指社会政策执行者为贯彻、落实社会政策以实现社会政策目标的全部活动和整个过程,包括整个社会政策系统和各种准备工作及善后工作。如何最佳地将国家制定的各项社会政策付诸实践,既有赖于科学原则的指导,又必须遵循合理的程序,还应建立相应的监督体系作为保障。

一、社会政策执行的原则

社会政策的有效执行,有赖于科学原则的指导。社会政策本身固有的属性决定其最基本的原则包括坚定性原则、创造性原则、整体性原则、公正原则与持续发展原则。

1. 坚定性原则

坚定性原则是指执行社会政策必须始终坚持社会政策的原则立场,遵循社会政策的精神实质,保证社会政策的统一性、严肃性和权威性,严格执行社会政策的规定及其要求,全面地不折不扣地实现社会政策目标。社会政策是社会政治实体的政治行为,它规定了政治活动的性质、方向和方法,从而决定了它有很强的原则性、权威性和严肃性。社会政策是指导和保证经济、社会持续、协调、有序发展的行动准则和行为规范,因此,每个社会成员必须坚定地按照社会政策规定去实现社会政策目标,只有这样才能保证社会政策目标得到实现。

我国社会政策执行过程中长期存在的一些积弊使坚定性原则显得尤为必要。社会政策执行中,违背执行社会政策坚定性原则的现象很多,一种普遍的现象是"上有政策,下有对策",这种现象的存在严重地影响了社会政策的有效执行。地方政府对中央社会政策拒绝执行或变形执行都影响了中央社会政策的权威性、严肃性，使得国家社会政策无法有效实施，社会政策目标落空。坚定地执行社会政策，要求我们一方面加强法律意识，树立牢固的政策观念，不允许"上有政策，下有对策"；另一方面，要正确处理好局部与全局的关系，协调好局部利益与全局利益的关系，做到两者兼顾，局部利益服从全局利益，维护中央的权威，反对地方主义和本位主义。同时，贯彻坚定性原则，还要始终坚持社会政策的原则立场，加强对社会政策执行活动的监督，使各项社会政策得到真正有效的贯彻落实。

2. 创造性原则

所谓创造性原则，是指在不违背社会政策原则精神和坚持社会政策目标方向的前提下，根据实际情况采取灵活多样的方式方法，使社会政策目标得到迅速和全面的实现。社会政策的时效性、灵活性决定了执行社会政策的创造性。任何社会政策都是为解决一定条件下的特定社会问题而制定的，因此，每一项社会政策都是在一定条件下才有效，执行者如何根据具体条件，结合本地区、本部门的实际情况，审时度势，创造性地解决实际问题，是社会政策有效执行的根本方略。执行社会政策的创造性还是制定社会政策的目的的要求。制定任何社会政策都有一定的目的，都是为了解决一定的社会政策问题。为解决相关的社会政策问题，达到社会政策目标，必须根据实际情况采取多样化的社会政策措施和手段来执行社会政策。

坚持执行社会政策的创造性原则，要求我们把握社会政策的精神实质，根据实际情况，创造性地贯彻落实社会政策。要研究执行社会政策的具体情况，从实际出发，合理有效地执行社会政策，因时、因地制宜地执行和落实政策目标，避免脱离客观实际的主观"创造"和未做周密调查研究的盲目行动。社会政策执行过程中总会遇到各种新情况和新问题，这就要求社会政策执行者勇于创造性地解决这些新情况、新问题，根据实际灵活地补充、修正并逐步完善社会政策。

3. 整体性原则

整体性原则是指在执行社会政策时，要把社会政策作为一个有机整体来看待，注意发挥社会政策的整体效应。社会政策是一个体系，具有明显的层次性，各层次之间具有相关性，这决定了执行社会政策的整体性原则。从纵向层次上看，社会政策体系可分为总社会政策、基本社会政策和具体社会政策。其中，总社会政策规定了社会政策的基本目标和方向，它支配和决定着基本社会政策和具体社会政策。基本社会政策和具体社会政策是对总社会政策不同层次的具体化和落实，是总社会政策实现的条件和保障，即基本社会政策和具体社会政策服从和服务于总社会政策。这种体系特征要求我们在执行社会政策时要从整体上把握社会政策体系和层次结构，基本社会政策和具体社会政策的执行要围绕总社会政策的执行，通过基本社会政策和具体社会政策的执行来最终贯彻落实总社会政策的总目标。

社会政策体系又是各项社会政策有机联系的总合，任何一项社会政策都处于相互联系、相互制约之中。同时，社会政策体系又是国家政策系统的一个子系统，社会政策与政治政策、经济政策等其他政策无时无刻不处于有机联系之中。因此，在执行社会政策过程中必须从社会政策的相关性出发，从社会政策体系的整体出发去执行社会政策，既要考虑相关政策的目标，又要达到总体目标的实现，不能只看局部效应。整体性原则是把社会政策与法规及其执行者作为一个有机整体来看待，注意发挥社会政策的整体效应。因此，坚持执行社会政策的整体性原则要求加强社会政策的全面控制，确保社会政策系统的正常运行，同时必须加强社会政策的协调工作，搞好社会政策的综合平衡，以取得理想的整体效应。

4. 公正原则

公正原则是指在执行社会政策时要以公正为原则，规范社会政策执行，解决社会问题，保证社会成员平等的基本权利，改善社会环境，增进社会的整体福利。社会政策应该确保社会的公平，无论其制定还是实施都应遵循这个原则。

公正是制度安排的一种基本价值取向与规则，它需要通过一定的载体方能在现实社会中体现出来。就社会层面而言，公正必须通过社会政策体系才能具体体现。正是从这个意义上讲，社会政策是公正在社会领域的具体化，公正的社会功能在很大程度上是通过各种各样的社会政策来实现的。因此，在执行社会政策时，首要的原则就是公正。要做到社会政策执行的公正性，就必须正确理解社会政策的精神实质，对社会政策所能覆盖的社会各个层面适用一致的目标、一贯的原则、一样的评价指标，从而确保社会政策的最佳执行。

5. 持续发展原则

社会政策的执行还必须坚持可持续发展原则。1987年，联合国世界环境与发展委员会发表了影响全球的报告《我们共同的未来》，在此基础上提出了可持续发展的概念。其要义是在满足当代人需要的同时，不损害人类后代满足其自身需要的能力的发展。1992年，在巴西里约热内卢召开了联合国环境与发展大会，这次会议通过了《里约环境与发展宣言》和《21世纪议程》两个纲领性文件。在《里约环境与发展宣言》中，提出了从生态、经济、社会乃至伦理等方面推进全球可持续发展的27项基本原则，从而在全球范围内第一次庄严宣告和确立了可持续发展战略和行动的地位。从此，可持续发展理念被广泛地运用到社会经济政策发展实践中去。因此，无论是社会政策的制定，还是社会政策的执行，都应该在可持续发展理念的指导下进行。

除了上述各项基本原则外，社会政策执行还需要遵循一些其他的原则，如目标与手段相统一原则、及时果断与效益相统一原则、领导与群众相统一原则等。

二、社会政策执行的过程

社会政策的执行过程不仅包括具体的实施过程，也包括之前的准备过程，还包括贯穿其中的监督过程。

1. 准备阶段

社会政策的执行是一个有准备、有计划的过程。在准备阶段，首先要学习社会政策，制订出执行计划，其次要宣传社会政策，并进行物质和组织上的准备。

1）学习和宣传

学习和宣传是准备阶段的第一个环节，是社会政策执行的重要前提。执行社会政策之前，首先要组织执行人员学习并在此基础上进行社会政策宣传。通过深入学习，全面掌握社会政策的内容、适用范围和条件，深刻领会和把握其精神实质，明确社会政策所要达到的目标，并了解社会政策制定的背景。只有这样，才能完整、准确、深刻地理解和把握社会政策，使社会政策得到切实有效的贯彻执行。

社会政策关系到一定社会成员的利益，其执行需要社会的广泛支持。宣传就是向目标群体介绍社会政策意图，引导人们按照社会政策规定自觉地、积极地调整自己的行为，为社会政策的执行做舆论准备。宣传社会政策就是要通过各种渠道使社会成员充分知晓和理解社会政策基本内容、精神实质和政策目标，认识到社会政策与他们切身利益之间的紧密关系。一般来说，进行社会政策的宣传工作，应遵循三项原则：第一，说服原则，即以理服人、正面引导；第二，适时原则，即抓住时机、确保效果；第三，个性化原则，即区别对待、因地制宜。社会政策的宣传有直接宣传和间接宣传两种形式：前者属人际传播，形式灵活，针对性强；后者主要凭借大众传播媒介，属大众传播范畴，它往往以潜移默化的方式发挥作用，有很大的吸引力。

2）制订计划

制订计划是准备阶段的重要环节。社会政策的执行是一个有计划的过程。社会政策内容本身往往只是提出确定和实现社会政策目标的基本原则和基本方向，比较抽象。为有效执行社会政策，就要根据社会政策内容的要求和实际情况，把社会政策具体化为一系列行动细节，使社会政策执行活动有秩序、有组织、有步骤地进行，这个过程就是制订社会政策执行计划。

制订科学可行的计划，是保证社会政策执行活动有序进行的重要条件，是实现社会政策目标的必经之途。计划主要包括三个方面的内容：第一，分解社会政策目标。将整个社会政策的目标分解为近期、中期、长期目标，或者将整个目标横向分解为各个具体目标，并制订相应的具体执行计划，以便分步骤执行。第二，调配组织力量。根据社会政策与法规方案的要求，指挥、协调组织力量，明确职责，合理配置资源，使不同部门的执行机关和执行人员的行动相互配合、相互协调形成合力。第三,准备防范措施。充分考虑社会政策与法规方案在执行后可能出现的潜在问题及其影响和危害,通过分析潜在问题的出现概率和危害程度,对潜在问题进行分类排队,准备相应的防范措施。

制订社会政策执行计划,还要注意以下几点:一是计划的可行性。计划要切合实际,可操作性强。二是计划要具有适应性。应考虑到环境等变化因素对社会政策执行的影响,充分考虑到应变性,准备相应的防范措施。三是计划的全面性。制订计划时,一定要考虑周全,注意社会政策执行各部分、各步骤之间的相互关系,统筹安排。

3)组织准备和物质准备

社会政策执行是一种有组织的活动。执行之前,要做好必要的组织准备和物质准备。通过建立一定的机构和人员配备,把已经拟定的计划转化为具体的执行活动。各项计划、指标的贯彻执行及整体目标的实现都离不开组织和组织活动。

首先,要确定负责执行某项社会政策的组织。一般性问题可由原来的执行机构具体负责执行,不必另行建立机构。特殊性问题可抽调适当的人员建立临时办事机构,负责实施某项社会政策与法规。其次,配备胜任的社会政策执行人员。合理的社会政策执行机构需要有合格的社会政策执行人员。执行人员的素质关系到社会政策能否有效地执行。再次,合理授权,责权统一。任何一级领导者在分配给下级任务的同时,必须授予其相应的权力,责权结合。最后,还要建立、健全各种相关的管理制度,确保每个执行部门和个人都能明确自己的职责。

社会政策的执行还离不开一定的物质条件。应根据执行活动的需要,在制订计划时编制预算,事先计算各个项目所需要开支的经费数目。物质准备工作的内容包括编制经费预算、落实活动经费,办公用品、文书档案及设备等也都要做好准备。做好物质准备工作必须坚持以最小的投入获取最大的产出为原则,既要经济又要适用,既要保证执行活动正常开展,又要避免浪费。

2. 执行阶段

经过充分的准备,社会政策的执行便进入执行阶段。这个阶段又可分为试验和全面实施两个阶段。

一是试验阶段。进行社会政策试验是社会政策执行过程的一个重要原则,特别是重大社会政策的执行和重大改革举措的实施,都应有必要的典型试验。试验是指人们通过选取较小的场所,在较短的时间内,使用较少的人力、物力、财力和其他社会成本,把那些变化剧烈、关系重大的非常规性决策方案付诸实施,进行检验,以便证实、补充、修改或发展原来设想的一种实践活动。

社会政策与法规试验的目的之一是为了解决社会政策执行的问题。试验大致包括选择试验对象(选点)、设计试验方案、总结试验结果几个步骤,最后在试验的基础上普遍推广,指导社会政策的普遍执行。试验对象要有典型性、代表性,试验方案的设计应力争周密,对于范围广、变化较大的复杂问题,为了比较鉴别择优采用执行方案,最好有几个不同方案同时试验。总结试验结果是社会政策试验过程中最关键的一环,应对试验的全过程和产生试验结果的各种原因进行全面系统的考察分析,对试验的执行情况包括成绩和缺点做出实事求是的评定,重点是对试验执行结果和社会政策与法规目标的吻合程度做出分析,为调整社会政策打下基础。

二是全面执行阶段。社会政策的全面执行阶段就是根据试验情况,把准备阶段中已经确定的目标、实施方案、组织机构以及责、权、利的划分等,通过命令、引导、沟通、监督的过程,切实落实到执行实践中去,把整个执行活动从静态推向动态,使执行系统运行起来,从而实现既定的目标。这个阶段是社会政策执行过程中操作性、程序性最强,涉及面最具体、最广泛的一个环节。

全面执行阶段的具体步骤是:首先,准备相关的社会政策文件;其次,要将中央和上级的社会政策分解为各个具体的社会政策,化为各种具有可操作性的措施办法和步骤,再加以颁布,由社会政策执行主体转化为具体行动;再次,执行者执行、实施社会政策。

社会政策执行过程中,指挥者有着特别重要的意义,正确有效的指挥是社会政策执行者顺利实现社会政策目标的有力保证。为此,首先,指挥必须集中统一,以保证执行的统一;其次,指挥者必须拥有一定的指挥权力和较强的责任意识;最后,指挥必须按照一定的层级体系进行。

三、社会政策执行的监督

社会政策要达到其预期目标，取得预期的政策效果，关键在于社会政策的执行，如果社会政策得不到良好的贯彻和实施，任何政策目标都只能停留在构想阶段。为防范社会政策执行的变形，保证社会政策执行的有效性，监督是十分必要的。社会政策执行的监督是监督主体按照一定的标准和规范，运用适当的监督手段，对监督客体执行社会政策目标的行为进行检验、矫正、纠正，旨在发现和纠正违反社会政策与法规目标的行为，把各种执行活动规范在社会政策与法规允许的范围内，社会政策执行的监督是防止和纠正社会政策与法规执行和落实不到位的一个重要环节。

1. 社会政策执行监督的类型与作用

对社会政策执行活动进行监督的种类很多，从监督主体的角度看，有政党的监督、国家权力机关的监督、政府执行机关内部的监督、司法机关的监督、社会各界的监督。从监督内容来看，包括以下两个方面：① 对偏离社会政策与法规行为的矫正监督。监督执行者是否完整、准确地执行了社会政策与法规，有没有偏离社会政策与法规精神或违反社会政策与法规规定的行为等。② 对社会政策与法规失误的矫正监督。检查、监督社会政策与法规的正确程度，检查社会政策与法规有无失误之处以及失误程度的大小等。

监督在社会政策执行过程中主要起预防性作用。通过对执行情况进行监督，可以预防一些违反社会政策与法规行为的滋长与蔓延。监督还可以起保证性作用，通过对执行情况的监督，及时发现和纠正执行中发生的偏差，保证正确的社会政策与法规得以具体贯彻和实现，并保证后续的社会政策与法规执行活动顺利进行和开展。监督还可起补救性作用，通过及时发现社会政策与法规的失误或执行活动的偏差，可以尽早采取措施加以补救，消除不良后果，在一定程度上减少损失，并改进工作。最后，监督能起到评价性作用。通过监督，对社会政策与法规制定和执行做出比较符合实际的评价，从而有助于总结经验教训，提高社会政策与法规水平。

2. 社会政策执行监督的步骤

社会政策执行的监督程序分四个步骤。一是明确各执行部门的工作计划和各执行者的工作任务，建立起评价执行情况和执行者完成任务情况的客观标准。同时根据标准对各类人员实行目标管理。二是及时发现问题。要及时地发现和察觉社会政策与法规执行中的问题和偏差，就要深入实际进行广泛的调查研究。还要建立一定的信息反馈渠道，及时弄清真实情况。三是准确判明问题的性质以及执行者应负责任的大小。四是根据问题的性质和大小采取有效而适当的纠正措施。

社会政策执行的监督应坚持求实性原则、依法性原则、民主性原则、经常性原则与独立性原则等。从我国社会政策执行的实际情况出发，我们必须不断完善政策执行监督机制。要强化政策执行监督意识，充分认识政策执行监督的必要性和重要性；要有防患于未然的意识，加强政策执行事前监督和事中监督意识，不能局限于事后监督；还要强化人民群众参与政策执行监督的意识。要强化监督主体的监督作用，还必须完善政策执行监督制度，实行政策执行公开化制度与政策执行者责任追究制度，把政策执行控制在法律秩序的范围内，使违背政策的责任落实具体，从而增强政策执行者的责任感。

第二节　社会政策的评估

社会政策评估是以调整、制定新的社会政策为目的，依据一定的标准和程序，对社会政策的效益、效率、效果及价值进行综合分析与判断的一种活动。社会政策评估系统包括五个基本构成要素：社会政策评估者、社会政策评估对象、社会政策评估目的、社会政策评估标准和社会政策评估方法。社会政策评估是介于社会政策执行与社会政策调整、终结之间的重要环节。社会政策评估亦称政策评价，是政策运行过程的重要环节，也是政策运行科学化的重要保障。

一、社会政策评估的标准

1. 社会政策评估标准的内涵

准确评估离不开科学的标准。社会政策评估离不开对社会政策效果的研究，准确区分和衡量社会政策效果必须依据一定的标准。评估标准是评估者在评估过程中依据政策目标进行优劣判断的准则，它决定于评估目的，也与评估者和评估方案密切相关，但它又具有客观性，不是评估者可以随意设定和废除的，必须客观地反映社会对政策的要求。

政策评估的重要概念来源于微观经济学。如关于自由市场模式、成本、收益、主体资格、外部性、弹性、边际分析、公正等经济学的标准都可借用过来对社会政策进行分析评估。[①] 确定社会政策评估标准是一项十分复杂而细致的工作，要想制定全面、客观、公正的评价标准，应遵循这样几个原则。① 科学性原则。评估是否科学首先取决于标准的科学性，标准要真实而科学地反映事物发展的客观规律。② 客观性原则。尽量采用量化的标准，对那些不能量化的则尽量让更多的公众参与评估。③ 可比性原则。评估标准要考虑到在相类似的条件或基础之上的相关政策间的相互比较。④ 方向性原则。评估标准应体现社会改革与发展的方向。⑤ 准确性原则。评估标准要切合实际。

社会政策评估既是一个事实判断的过程，也是一个价值判断的过程，价值判断须以事实判断为基础。因此，社会政策评估既要设立价值标准，也须设立事实标准。价值标准建立在伦理、道德、文化、利益、政治、社会的价值取向基础上，它在社会政策评估活动中的应用，旨在确定一项社会政策在价值上所造成的影响。事实标准一般用数量、比率、统计结果来建立，也可以确定以某一特定事物或既成事实作为标准。事实标准在社会政策评估活动中的应用，旨在确定一项社会政策在事实上产生哪些效果或影响。

2. 社会政策评估的事实标准

从社会政策评估标准的具体内容来说，事实标准主要包括以下几个方面。

[①] 花菊香：《社会政策与法规》，社会科学文献出版社2002年版，第258页。

(1) 政策效率。即政策投入与产出或成本与收益之间的比例关系。显然，这是一项经济与财政可行性标准。在这里，政策所消耗的成本既包括政策主体投入的钱和物，也包括投入的人力资源，还包括政策对象方面物质和精神的消耗，以及自然环境和社会环境方面受到的负面影响。政策收益当然也要相应地对政策主体、政策对象、政策环境这三个方面考察和核算其各自所获得的正面政策效果。此项标准的目的是衡量一项政策达到某种水平的产出所需要的资源投入量，或者一定量的政策投入所能获取的最大产出，它关注的焦点是一项政策是否以最小的投入获得最有效的产出。

(2) 政策效能。即某项政策达到预期结果或影响的程度，也就是政策的成本与效能之间的比例关系。成本可以用货币化单位来计算，但效能不要求通过货币化形式表现政策的价值。成本效能分析关注的是通过相同单位成本所达成的政策目标或相同政策目标所付出的单位成本来考量政策的投入与产出比。换言之，成本效能分析关注的是通过可计算的政策成本与可比较的政策效果来考量政策的合理程度。

(3) 政策绩效。即政策目标得以实现的程度。绩效是在政策期望值的基础上，分析政策的实际产出是否达到了预期的结果以及对政策环境所造成的实际影响。政策绩效标准比较复杂，具体运用时需考虑到各种因素的影响。首先，政策效益是根据政策目标衡量出来的，一个明确而具体的目标是进行绩效评估的重要前提。其次，要分析绩效的充分性，也就是要高度重视政策执行完成或实现目标的充分性。实现目标的充分性不仅表现为政策实施的结果满足人们需要的有效程度，还表现为需要被满足的人数；不仅包括解决社会问题的深度，还包括解决社会问题的广度。再次，分析政策的总体效应。即对政策执行后社会发展总体状况的变动加以描述和分析，衡量它给社会带来了什么样的影响，造成了怎样的后果。还必须注意政策的全部效益，即正负效益、主从效益、经济效益和非经济效益等，把公共政策的负效益从政策的正效益中排除来，并要考虑它对公共政策正效益的抵消。但是，公共政策是否达到了目标以及达到目标的程度，又与人们的主观感受和认识有关，所以绩效标准的运用很难排除主观因素的影响。因此，在实际的评估过程中，必须充分考虑到主观因素对效益标准的各方面的影响，注意坚持实事求是的原则，尽量保证政策评估的客观性。

（4）回应的充分性。充分性指的是绩效的有效性，即既定政策目标实现以后所能消除的问题的程度，亦即政策结果满足人们的需求、价值与机会的有效程度。

（5）执行力。它分析的是政策执行机构实际具有的整体执行政策能力与它投入某项政策的执行过程的能力之间的比例关系。这项标准的设立使我们有可能在政府执行力与政策结果之间建立起某种因果关系。

3. 社会政策的价值标准

（1）社会生产力的发展。任何一项公共政策，都应当满足大多数人的利益，其中最重要的是经济利益。经济利益以及其他许多社会利益的满足都要依靠经济的发展，归根结底是依靠社会生产力的发展。

（2）社会健康发展。所有领域的政策活动都应当推动社会健康发展。为此，每一政策活动都应当正确处理当前利益与长远利益的关系、局部利益与整体利益的关系，应当正确处理经济效益与社会效益的关系以及环境、资源与发展的关系等。

（3）社会公正。政策结果所表现出来的与该项政策有关的成本与收益应在社会不同群体间公正地分摊与分享，社会公正标准主要是衡量政策的成本和收益在不同集团或阶层中分配的公平程度，并通过对政策实施前后社会发展总体状况的变动的描述和分析，衡量政策的实施给社会带来什么影响、造成什么后果。

无论是社会政策评估的事实标准还是价值标准，在具体应用中都很少仅仅使用单一的标准，而是使用一组标准，这组标准通常是彼此具有内在逻辑联系的一个体系。另外，在为某项政策设立评估标准时，也很少仅仅使用事实标准或仅仅使用价值标准，而是将二者都包括在内。

二、社会政策评估的类型与方法

1. 社会政策评估的类型

社会政策活动的多样化决定了社会政策评估的多样化。我们可以从不同的角度出发,依据不同的划分标准,将多样化的政策评估活动划分为不同的种类。从评估组织活动形式上看,社会政策评估可分为正式评估和非正式评估;从评估机构在政策活动中的地位看,社会政策评估可分为内部评估和外部评估;从政策评估在政策过程中所处的阶段来看,社会政策评估可分为事前评估、执行评估和事后评估。

(1) 正式评估和非正式评估。正式评估是指事先制定出完整的评估方案,由确定的评估者严格按照规定的程序、内容和目标所做的评估。正式评估是在政策评估中占据主导地位的一种评估方式,其结论是公共机关考察社会政策效果的主要依据。正式评估具有评估过程标准化、评估方法科学化、评估结论比较客观全面等优点。由于有科学严密的评估方案,正式评估能够有效地排除评估中的随意性,排除某些主观因素的影响,得出科学的社会政策评价结果。但是,正式评估的缺点是要求的评估条件较为苛刻,一般要求社会政策评估组织必须具备一定的评估经费和系统的评估资料,还要求评估者自身具备较高的素质。

非正式评估是指对评估者、评估形式、评估内容不做严格规定,对评估的最后结论也没有严格的要求,人们依据自己所掌握的情况对政策自由进行评估。社会政策非正式评估具有社会广泛性、形式多样性等优点,简便易行、方式灵活。通过这种非正式评估,既可以全面了解社会政策的实际效果,又能够吸引社会各阶层人士参与评估活动,集中反馈社会公众的意见,增强公众的参政意识,拓宽公众参政渠道。非正式评估的缺点是由于缺乏科学的程序和方法处理相关信息,得出的评估结论难免粗糙,甚至以偏概全,有失客观公正。

(2) 内部评估和外部评估。内部评估是由社会政策系统内部的评估者所进行的评估,它包括由社会政策制定者或执行者自己实施的评估,也包括机构中专职评估人员实施的评估。由于政策的直接制定者和执行者就是评估的主体,对整个政策过程有全面的了解,掌握着有关政策制定与执行的第一手资料,这有利于评估活动的展开。此外,由于内部评估者有条件根据评估结论对政策目标和政策措施适时、迅速地做出调整,有利于评估结果真正发挥作用。但是,由于评估结论关系到自己作为政策制定者和执行者的声誉,他们也就有可能在评估中夸大成绩,掩盖失误,从而影响社会政策评估的全面性、客观性与公正性。

政策评估是一项复杂而细致的工作，需要评估者系统地掌握有关的理论知识，并熟悉某些专门的方法和技术，而对于多数政策操作人员来说，可能缺乏这方面的系统训练。由机构中专职评估人员进行评估，可以克服相关理论、专业知识和技术方法缺乏系统的训练等问题，但是这种评估仍然受到机构利益的牵制，并须听命于机构负责人的指示，因此仍有可能缺乏真正的客观性。

外部评估是由社会政策系统外的评估者所进行的评估。根据评估主体的不同，又可以具体分为如下几种类型。

第一，受委托进行的评估。这是最主要的外部评估方式，被委托对象包括营利性研究机构、学术团体、专业咨询公司或者高等院校的专家学者。较之其他评估，这类评估的优点十分明显。一方面，由于评估者置身于社会政策制定与实施机构之外，能够较公正地进行评估。另一方面，由于评估是以委托方式进行的，评估者与政策制定与实施机构之间是一种契约性合作的关系，因而评估者负有明确的责任。另外，由于评估者是专业评估人员，具有评估不同政策的丰富经验，这对于提高评估活动的质量也是大有裨益的。但是，由于接受委托的评估经费、评估资料等方面受到委托人的控制，也有可能出现评估者迎合委托人的意愿的现象。

第二，投资或立法机构所组织的评估。由于投资者关注投入政策的各种资源是否得到了合理的利用，立法部门关心政策付诸实施之后的最终效果，它们都有可能要求组织自己的评估活动。与上述几种评估方式相比，这类评估最为客观和公正，最能够体现评估活动的本质要求。但此类评估也具有一些弱点：一是无论是投资者还是立法机构，都受到各自部门利益的局限，都难以有机地将经济和政治的利益结合在一起考虑；二是由于这类评估的结论对于相关的个人和群体至关重要，因此，他们很有可能通过提供虚假的材料来影响评估者得出客观的结论。

第三，其他各种外部评估者组织的评估。包括一些研究机构、学术团体出于研究的目的而进行的各种评估，大众媒体、社会团体和公民自主进行的评估等。这类评估的范围很广，一般不直接代表任何公共机构特别是政府部门的利益，评估的态度最能代表社会各阶层对于政策的看法。其缺点是评估活动缺乏权威性，难以从有关部门取得评估所需要的各种资料,评估结论也不易受到政策主体的重视,这类评估也常常面临评估经费不足的窘境。

从以上分析可以看出,内部评估和外部评估各有利弊,在操作方式上也多种多样。在实践中,我们应把内外部评估结合起来,取长补短,以提高评估质量。

(3)事前评估、执行评估和事后评估。事前评估又称预评估,是在政策执行前所进行的一种带有预测性质的评估,其主要功能是将政策评估从单纯的事后检测变成事前控制的有效工具。事前评估的内容包括对政策实施对象发展趋势的预测;对政策可行性的预测;对政策效果的预测,即通过对政策内容和外在环境的综合分析,对政策实施后可能产生的效果做出评估。现代科学技术尤其是电子计算机的发展,大大地提高了人们的预测能力,增加了在政策执行以前对政策效果做出的估计的可信度,从而使事前评估作为一种职业性的政策研究活动迅速地发展起来。需注意的是,"政策评估不单是发生在评估政策选项和政策执行后的评估阶段,政策过程中也一直需要对政策实施情况进行监控和分析,因此,政策评估事实上是一个连续统一体"[1]。

执行评估是对政策执行行为进行的系统分析和评价。执行评估的目的就是具体分析政策在实际执行过程中的情况,准确地反映出政策执行的效果,并将有关信息提供给决策者。执行评估有助于效果评估,它是解释政策效果和政策影响的依据,因为政策只有通过执行才能显示出效果。一般来说,政策实施过程中出现的问题有两种:一是政策本身的问题;二是执行问题,即未能按原计划付诸实施。通过执行评估,可以弄清原因,从而有的放矢地修正政策。执行评估的重点是对执行条件和执行能力的评估。前者指的是对政策执行所需要的主、客观条件的保障程度所做的考察和评价,如执行计划的编制与落实、执行方法的选择、执行人员的安排、政策教育的进行、资金的筹集和投入等;后者指的是对政策执行机构执行某项政策所表现出来的能力以及有可能进一步发挥出来的能力所做的评估。

事后评估是政策执行完成后对政策效果的评估。它是最主要的一种评估方式。事后评估旨在鉴别社会政策执行对社会政策问题的解决程度

---

[1] 郑文换:《社会政策引论》,北京大学出版社2016年版,第116页。

和影响程度，综合分析对社会政策环境的影响状态，辨识社会政策效果成因，从而得出评估结果。作为政策过程的总结，事后评估对政策所做的价值判断具有权威性和影响力。

社会政策效果就是政策执行后对政策客体及环境所产生的影响，其基本内容包括：政策预定目标的完成程度；政策非预期影响；与政策行为相关的环境的变化；投入政策的直接成本和间接成本。与此相对应，社会政策效果评估的主要内容包括：考察和研究政策运行中所产生的全部结果；解释政策运行好坏的原因；通过对比不同地区和不同部门政策执行中的差别，以及与国外同类政策执行情况的比较，说明在什么情况下能达到最佳的执行效果；政策目标受阻并产生负效果的原因，如何克服这些障碍、消除负效果等。

2. 社会政策评估的方法

社会政策评估方法指社会政策评估者在社会政策评估过程中所采用的具体方法。评估方法对社会政策评估具有重要意义，评估方法的改进是社会政策评估科学化的关键。评估方法多种多样，从方法论的角度可分为经验分析方法和演绎推理方法，从事物的质和量的角度可分为定性分析方法和定量分析方法，从评估所涉及的工具可以分为传统方法和现代方法等。

（1）比较评估法。比较评估法是对社会政策进行比较分析从而实现对社会政策的评价。比较可以对社会政策结果进行比较，也可以对社会政策投入与社会政策结果进行比较，还可以对社会政策的积极效应与消极效应进行比较。比较评估方法包括直接比较与间接比较：直接比较是将两种需要比较的状态进行直接对比，不需引入任何中介；间接比较是将两种需要比较的状态分别与中介状态进行直接对比，再实现二者的比较，它需要引进参照系。比较评估方法包括单项比较与综合比较，单项比较仅就反映两种状态的某一同类指标进行比较，综合比较是将反映两种状态的全部指标进行综合比较。比较评估还包括动态比较，即通过对社会政策对象及社会环境的发展变化程度的比较来评价社会政策。

（2）整体评估法。整体评估法侧重于从整体上评估社会政策。具体来说有以下几个方面：一是评价社会政策发挥了怎样的整体功能；二是评价社会政策各组成部分是否发挥了应有的功能；三是评价社会政策各组成部分是否相互促进；四是评价社会政策是否与社会政策环境相适应。

（3）层次评估法。层次评估法侧重于从社会政策的内部层次出发评估社会政策，主要包括评估社会政策是否具有合理的层次，评估社会政策之间是否界限分明，评估社会政策是否用不同方法解决了不同层次的问题，评估各层次社会政策目标是否服从社会政策的整体目标。

（4）优化评估法。优化评估法侧重于从优化角度评估社会政策，具体来说主要包括以下几个方面：一是评估社会政策实现了哪些方面的优化；二是评估社会政策优化是否能不断完善和发展；三是评估社会政策优化的代价。社会政策在实现一定的优化目标的同时必然要付出代价，因此，要对社会政策优化付出的代价与社会政策优化取得的效果进行比较，从而做出评估结论。

（5）非平衡评估法。非平衡评估法侧重于从社会政策的非平衡性出发评估社会政策。它包括三个方面：评估社会政策是否为开放系统，只有形成开放系统的社会政策才能不断地完善与发展；评估社会政策是否处于非平衡状态，是否依据不同的社会政策对象而采取不同的政策行为；评估社会政策是否具有非线性作用[①]；评估社会政策是否具有起决定性作用的组成部分。

三、社会政策评估的程序

政策评估是一种有计划、有步骤进行的活动过程。由于评估的类型不同，评估活动的步骤也不尽相同。按照客观过程的内在规律，可以将社会政策的评估过程大致划分为以下三个阶段。

1. 社会政策评估的准备阶段

周密的组织准备是评估工作的基础和起点，也是评估工作得以顺利进行和卓有成效的前提条件。组织准备比较充分，就能抓住关键问题，明确评估的中心和重点，避免盲目性。组织准备阶段的主要任务包括两方面。

---

① 非线性作用是指事物内部各组成部分之间相互联系、相互制约的一种复杂作用。评估社会政策是否具有非线性作用，是评估社会政策的整体及各部分能否随着某一部分的变化而相应变化，以保持社会政策的有序状态。

(1) 确立评估对象。确立评估对象实质上是解决评估什么的问题。虽然评估对于政策的命运至关重要,但这并不意味着任何一项政策法规在任何时候都可以而且有必要进行评估,在确定评估对象时,我们必须根据理论研究和实际工作的需要,遵循有效性与可行性相结合的原则,选择那些比较成熟、政策效果与环境变化有较明显因果关系以及评估结论较有推广价值的政策作为评估对象,以便评估收到最佳效果。

(2) 制定评估方案。制定评估方案是政策法规评估准备阶段最重要的一项工作,评估方案设计得合理与否,直接关系到评估的质量高低和政策评估活动的成败。评估方案需要包括三个基本内容:一是明确社会政策的目标。既要明确社会政策的总目标,又要明确社会政策分解的具体目标。二是明确评估目的。评估的目的决定社会政策评估的基本方向。制定评估方案时,要根据实际需要或有关机构的要求,明确社会政策评估的目的、意义和要求。三是确定评估标准。正确的评估标准是社会政策评估科学性、客观性、公正性的基本保证。四是规定社会政策评估手段。为保证评估工作的顺利进行,必须有相应的评估手段与方法作为保障。在评估方案中应对评估的具体手段如评估的主体、时间、场所、具体的步骤与方法,乃至评估经费的筹措和使用等做出明确的说明。

2. 社会政策评估的实施阶段

评估实施阶段是社会政策评估活动中最重要的阶段。其主要任务是在充分获取社会政策制定、社会政策执行、社会政策影响以及社会政策效益等各方面信息的基础上,对整个社会政策过程进行系统分析和整理,运用相应的评估方法,对社会政策进行评估,得出评估结论。社会政策评估的实施包括评估信息的采集与综合分析评估两个环节。

在评估实施阶段首先必须对社会政策作用对象及社会环境所处的状态进行客观描述以获取评估资料。这主要包括:社会政策作用前社会政策对象及社会环境的状态;社会政策作用后社会政策对象及社会环境的状态;社会政策对象与社会环境间相互影响、相互作用的状态。为保证这种描述的客观公正性,需要建立反映社会政策对象客观实际的指标体系，并进行必要的社会调查。

社会政策评估所建立的指标体系主要包括总量指标、强度指标、结构指标、比例指标、平均指标、差异指标、比较指标、相关指标、动态指标、指数指标等，这个指标体系从不同侧面系统而全面地反映了社会政策对象及社会环境的状态。社会调查是获取有关社会政策评估资料，特别是建立起反映社会政策对象客观实际的统计指标体系的最有效、最可靠的方法。社会政策评估过程所采用的调查法是社会学调查的几种基本方法，主要是普查法、典型调查法和抽样调查法。实际运作中，这些方法往往需要结合使用，以保证获取信息的广泛性、系统性和准确性。

在获取评估信息的基础上，需要系统地对社会政策过程的各方面的资料进行整理、分类、统计和对比，从而对社会政策的效力、效果、效益进行整体综合评估。综合分析评估的内容主要包括以下部分。

(1) 社会政策效果分析评估。即评估一项社会政策实现目标的程度。社会政策评估的重要依据之一就是社会政策效果。主要评估社会政策预定目标的完成程度、非预期影响、与政府行为相关的环境条件的变化、投入社会政策的直接成本和间接成本。社会政策结果与社会政策目标越接近，社会政策效果越好，社会政策实现目标的程度越高。

(2) 社会政策效益评估。效益评估是对结果和投入之间关系所做的判断，目的在于分析社会政策各种投入是否取得了充分的效益。它关注的是如何以最小的投入，获取最好的社会政策结果。其实就是将社会政策投入和社会政策结果进行比较，社会政策结果较之社会政策投入越大，社会政策效益越好。

(3) 社会政策效应评估。效应评估是从整个社会系统的角度，来综合分析评估社会政策对社会系统所产生的影响。一项好的社会政策不仅从自身来看具有较好的社会效果和社会效益，而且还应该在社会系统中积极作用大于消极作用。效应评估要考虑到正效应与负效应、短期效应与长期效应、直接效应与间接效应。

3. 撰写评估报告

进行社会政策评估，目的在于找出社会政策优劣的原因，并据此做出结论。在这个阶段，应在前面分析总结评估的基础上，针对社会政策的问题进行分析，还要检视整个评估过程得出的结果的可信度和有效度，并与社会政策活动各阶段的主体交流，以便发挥评估的诊断、监督、反馈、完善和开发功能，提高社会政策的科学性。一般来说，必须写成书面的评估报告，提交给有关领导和部门，作为他们继续、调整、中止社会政策的依据。评估报告除了对评估结果做客观描述外，还要对评估过程、方法及评估中的一些主要问题加以说明，对评估工作的优缺点进行总结，以提高今后社会政策评估活动的水平。

总之，社会政策评估是决定政策执行走向的科学依据，是重新确定政策目标、制定新政策的必要前提，是政策资源合理配置的基础，是政策运行民主化、科学化的必由之路。政策评估发展的历史较为短暂，在我国尚处于起步阶段，需要加以建设、规范、完善和发展的地方还很多。我们既要看到政策评估在整个政策过程中的重要意义，也要认清其所面临的困难和今后的发展方向。

第三节　社会政策的调整

一、社会政策调整的原则与类型

1. 社会政策调整的内涵

关于什么是社会政策调整，存在不同观点。有人认为，所谓政策调整，是指对实施过程中的政策做出某些必要的补充或删减、修订或修改、调整或更新，使其更加完善和科学。政策调整是政策实施过程的有机组成部分，是完善政策的重要环节。政策调整实际上是实施过程的暂时中断，是政策过程回复到政策制定阶段的延续。[①] 也有人认为，政策调整是依据政策评价的结果，对实施中的现行政策采取补充、修正和终止的动态过程。所以政策调整有三个基本内容。① 政策补充。在被认为继续可行的政策中，增加新的内容，拓展政策的规范空间，以适应内外政策因

---

① 沈承刚：《政策学》，北京经济学院出版社1996年版，第314页。

素变化的需要。② 政策修正。改正政策中那些已被实践证明了的错误内容，同时还依据新的政策环境，修订已经过时的内容，进一步增强与保证政策实施的可行性。③ 政策终止。取消失误的政策，重新制定新政策。① 还有人认为，所谓的政策调整，也就是在政策监督和控制所获得的有关政策系统运行（尤其是政策执行的效果）的反馈信息的基础上，对政策方案、方案与目标之间的关系进行不断的修正、补充和发展，以便达成预期政策效果的一种政策行为。②

我们认为，社会政策调整是社会政策过程必不可缺的环节，指的是社会政策制定者依据社会政策监督和评估结论反馈的信息，对社会政策的内容和形式进行部分或全部改变的行为，实质上是制定过程的延续，是完善社会政策过程的重要环节。之所以要进行社会政策的调整，客观上是因为社会政治、经济、文化的发展变化必然使社会政策问题、社会政策资源、社会政策环境发生变化，主观方面则是因为制定者自身的认识会不断发生变化。

2. 社会政策调整的原则

社会政策调整对整个社会政策有重要的意义，我们调整社会政策时必须要在相应原则的指导下进行，以确保调整的合理性、科学性、有效性。社会政策调整应该注意以下原则。

（1）客观性原则。客观性原则是指社会政策的调整必须以客观事实为基础，依据社会政策监督和评估反馈的信息来进行。信息反馈是实现社会政策调整的前提，社会政策主体根据监督和评估反馈回来的信息，对社会政策方案进行调整，再输出给执行系统，起到控制社会政策过程，达到社会政策预定目标的作用。反馈的信息必须灵敏、及时、准确。如果执行结果有利于社会生产力发展，符合社会发展目标，对社会发展起加速作用，这样的社会政策应予以保留，否则就必须坚决调整，即使受到决策者的阻挠，也不能放弃或改变调整的标准。

（2）适度性原则。适度性原则要求我们在进行社会政策调整时要注意，调整的幅度和范围不能超出人们的承受能力。这是因为，当一项社

---

① 陈庆云：《公共政策分析》，中国经济出版社1996年版，第271页。
② 陈振明：《政策科学》，中国人民大学出版社1998年版，第391页。

会政策实施一段时间后，由于采取了大量的宣传贯彻手段，投入了一定人力、物力资源，已经在人们心中造成了某种影响，在这种情况下，如果调整幅度和范围过大、过急，人们可能从心理上和行为上难以适应这些变化，就会对社会政策表现出疑虑和担心，对调整后的社会政策采取观望和犹豫的态度，甚至产生抵触情绪。我们在进行社会政策调整时，尽可能在社会政策对象的心理承受能力范围内做调整，同时通过一些辅助手段，对将要调整的社会政策进行相应的评估，增强人们对调整后新社会政策的承受能力。

（3）动态性原则。社会政策调整不能一次完成，只能根据不断变化的新情况，依据反馈的信息及时补充、修正和完善。社会政策的作用对象和环境处在不断发展变化之中，应该根据不断变化的条件调整社会政策，不断剔除新形势下不适用的社会政策，使实施中的社会政策适应不断变化的客观实际需要，从而保持其有效性。

（4）整体性原则。社会政策是一个系统，任何一项具体的社会政策都是这个整体系统中的一个组成部分，一项社会政策的调整必然引起相关政策的相应调整，这样才能保持整个系统的平衡性、合理性，才能更好地发挥社会政策系统的整体效应。

（5）程序性原则。社会政策活动过程是一个程序性的过程，因此，社会政策调整的本质也是程序性的、渐进性的，需要遵循科学的程序进行。即在政策监督与评估的基础上，制定并选择调整方案，然后制订实行计划，最后进行具体的社会政策调整。社会政策调整的一条基本原则是，社会政策应遵循渐进的路线缓慢变迁、逐渐调整，以便保持新旧政策之间的连续性。

3. 社会政策调整的类型

从内容的角度来看，社会政策调整涉及社会政策内部的各要素、各环节、各方面，包括社会政策问题调整、社会政策目标调整、社会政策方案调整、社会政策效力调整、社会政策关系调整。从调整的形式来看，社会政策调整是指对实施过程中的政策做出某些必要的补充或删减、修订或修改、调整或更新，使其更加完善和科学。社会政策变动的方式可以分为修订、改革和终止一项社会政策。① 它可以更具体地分为四种基本类型。

（1）增扩型与缩减型社会政策调整。增扩型社会政策调整是对可继续执行的社会政策的目标及范围、措施等做相应的扩充。在调整过程中，表现为增加新的社会政策内容，提高社会政策目标要求，扩大社会政策适用范围，强化社会政策措施，以适应内外社会政策因素变化的需要。在实践中，有些社会政策虽然本身是正确的，但由于实施一段时间后，它的目标要求已经明显落后于客观实际，显得过低，这就需要通过调整提高其目标要求，以适应形势发展的需要。有些社会政策经过一段时间证明是有效的，并且其客观条件更加成熟，这需要及时扩大原社会政策作用范围，使其更好地发挥引导作用。

缩减型社会政策调整是指对原社会政策目标、范围、措施等做相应的缩减，使之更符合现实所具备的条件。这种调整主要表现为降低社会政策的目标要求，缩小社会政策适用范围，减弱社会政策作用力度等。在实践中，有的社会政策目标虽然在原则上是正确的，但由于目前还不具备完全实行和实现的条件，这就需要通过调整降低目标，使之与现实条件符合；也有的社会政策不落实，同样需要通过调整缩小实施范围或减少目标团体；还有的社会政策措施及其目标弹性过大，需要通过调整来缩小弹性，以增加其可行性。此外，因为社会政策的作用，使社会环境和条件发生变化，某一社会问题得以部分解决和改善，所以可适当缩小社会政策适用范围，减弱其作用力度。

（2）合并型与分解型社会政策调整。合并型社会政策调整是将两个或两个以上各自独立的社会政策，合并成一个新社会政策的调整过程。在实践中，原有一些社会政策在内容上相近，但由于制定主体不同，相互之间容易出现矛盾，甚至互为掣肘，削弱了社会政策的效果。这就需要权威部门做出调整，对这些社会政策进行相应的合并，使目标更加明确，内容更加充实，措施更加完善，减少争执，提高执行效果。

分解型社会政策调整是将比较原则性的社会政策分解成若干个目标明确、可操作性强的社会政策过程。在社会政策体系中，高层次社会政策具有提纲挈领和总揽全局的指导作用，因此，其内容的原则性强，在

---

① 关信平：《社会政策概论》（第3版），高等教育出版社2014年版，第162页。

实践中必须将这些社会政策分解成若干个目标明确、可操作性强的具体的社会政策。

（3）延续型与终止型社会政策调整。延续型社会政策调整是指社会政策由一种规范形式转化为另一种规范形式的过程。在实践中，有一些社会政策被证明是正确的并具有长期生命力，为了更好地发挥其规范、引导、约束的作用，将一些效力等级较低的政策形式转化为效力等级较高的法律形式。虽然，社会政策形式发生了变化，但其内容和功能却被延续下来，而且使社会政策规范功能更加强化了，社会政策的效力得到了延续。

终止型社会政策调整是指一项社会政策经过执行过程后，从社会政策体系中消逝的现象。社会政策同其他事物一样，也有其产生、发展和灭亡的必然性。如果一项社会政策针对的问题已获得圆满的解决，其目标已经实现，那么，它存在的必要性就丧失了，自然要予以终止。如果执行一段时间后，出现严重的失误、失效的情况，这样的社会政策也应该及时终止，否则，其存在的时间越长，消极影响越大。社会政策终止有两种形式：一是自然终止，即随着社会政策问题的解决，社会政策自然退出社会政策体系的现象；二是人为终止，是指由于社会政策方案本身或其他各种因素对社会政策的影响，使其执行过程中负效应越来越大，在这种情况下，其制定者通常以发布公告或颁布新社会政策来取代旧社会政策的形式，终止原来社会政策。

（4）修正型社会政策调整。社会政策的修正主要是指在社会政策对象不变的情况下，对实施中的现行社会政策的具体内容、适用范围、有关限定等具体条文所做的修正，即改正被确定是错误的内容，同时依据新的社会政策环境，修改社会政策中被认为不十分合理的部分内容或修订已过时的内容，进一步增强与保证社会政策实施的可行性。

我们从社会政策调整的程度来看，还可以将社会政策的调整分为激进型社会政策调整和渐进型社会政策调整。激进型社会政策调整是指调整的内容范围和幅度大，是对原社会政策方案的根本性调整。渐进型社会政策调整是一个缓和的、渐变的调整过程，是对原有社会政策方案的部分修改和补充。

二、社会政策调整的程序

社会政策调整是一个具有严格程序性的过程,一般来说,可以按提出调整方案、选择调整方案、做出调整决定、进行调整等几个环节来进行。

1. 提出社会政策的调整方案

提出调整方案是调整的首要环节和依据,是社会政策主体依据社会政策监督和社会政策评估的反馈信息,对原社会政策的修改原则、内容、方法和步骤做出决定,制定社会政策调整方案。调整方案的质量决定了社会政策调整的质量。在制定调整方案时要注意:首先,方案的制定必须以反馈信息为基础。一定要尽量收集社会政策监督和社会政策评估活动的反馈信息,经过科学分析,确定需要补充、修改和完善的地方。为此,获取信息要全面、准确、及时。其次,社会政策的调整必须建立在客观事实的基础上。社会政策调整不能以社会政策决策者的主观意愿为依据,而应看社会政策执行的实际结果,根据客观事实来制定调整方案。再次,方案的制定要适度。这是社会政策调整的一个基本原则。最后,社会政策调整方案的制定必须考虑到社会政策系统的整体性。只有实事求是、综合考虑,才能制定出高质量的、可行的社会政策调整方案。

2. 选择社会政策调整方案

社会政策调整方案一般是在若干个可供选择的方案中进行比较分析,从中选择出一个最佳方案。选择方案的过程实际上也是做出决策的过程,是对原社会政策方案进行修正。即使原社会政策是正确的,但由于主客观条件的变化,也要对原社会政策进行调整,这个过程也称追踪决策。追踪决策与一般决策比较有以下四个特征。

(1) 回溯分析。追踪决策是在决策已经实施,而在实施中情况又发生了变化,致使原有决策面临失效的危险情况下做出的重新决策。追踪决策首先是从回溯分析开始,即对原决策的产生机制与产生环境进行客观分析,找出失误产生的环节及原因。

(2) 非零起点。一般决策是以零为起点,追踪决策所面临的状况已不是原决策起点的状态，而是人们按照既定方案，已经实施了一段时间。这种实施伴随着人、财、物等资源的消耗，并已对周围环境已经发生实际影响。非零起点的含义不是原决策的重复，而是对原决策的修正补充。

（3）双重优化。一般决策方案的优选属于一次优化的范畴，即从并列的方案中择优即可，而追踪决策的方案选择不仅优于其他备选方案，还要优于原来的方案。

（4）心理效应。追踪决策是对原社会政策的改变，它会引起相关人员的心理变化。对于决策者来说，追踪决策意味着对原社会政策部分或全部的否定，决策者有可能从自身利益出发，逃避责任，竭力为原社会政策辩护，目标团体也会因社会政策有所改变而产生不安情绪。所以，进行决策时要充分考虑社会心理效应，事先做好细致的工作，将社会政策调整的幅度、范围控制在一个社会可接受的限度内，以免引起消极和抵触情绪。①

3. 社会政策调整的实施

社会政策调整过程可以分为认识准备阶段和实施调整阶段。从提出方案到选择方案都属于调整的准备阶段，而要真正达到调整目的还要经过实施阶段，即做出调整决定、进行调整。

在社会政策调整方案的实施阶段，社会政策主体要依据一定的组织程序进行调整。其基本要求是：第一，任何个人都不能对社会政策调整直接做出决定，必须经过一定的组织程序和组织手续来完成；第二，下级机关不能直接调整上级机关制定的社会政策，只能向上级机关提出有关调整的建议；第三，对比较重大的社会政策调整，必须经过上级领导机关批准，对一般性的社会政策调整，也要上报上级领导机关或主管部门备案；第四，在上级领导机关尚未做出决定之前或尚未正式公布之前，必须继续按原社会政策执行。

总之，社会政策的调整必须有步骤、按一定组织程序进行。对需要做出部分调整的社会政策，一般应由制定机关以下发实施细则或补充规定的方式，对原社会政策比较抽象的条文加以详细阐述和补充说明，对于一些容易产生分歧的词句加以注解，使之便于执行和监督，并明确指

---

① 刘庆龙、韩树军编著：《中国社会政策》，河南人民出版社2002年版，第151页。

出过去有关规定与本规定不一致的地方，一律以本文件规定为准。原社会政策需要进行根本性调整的，不但要重新下发文件，而且要采取一定形式对原社会政策进行清理，以决策机构的名义对已被证明为错误的社会政策给予明确否定。这些活动都需要以组织的形式或名义，按组织程序进行。

▲ 思考题

1. 社会政策执行的原则。
2. 社会政策评估应遵循的基本标准。
3. 社会政策评估的作用。
4. 社会政策调整的基本原则。
5. 社会政策调整应遵循的基本程序。

第七章
中国的人口与家庭政策

  中国的人口政策呈现出典型的阶段性特征,经历了鼓励增长、放任增长和严格控制增长、适度增长等几个重要阶段。人口问题事关国家长远发展和国民经济增长。人口问题不仅仅是数量问题,也是综合发展问题。这一部分内容主要从生育政策、广义的人口政策和家庭政策三个方面来探讨我国人口政策的发展历程、特征和功能。

第一节　中国的生育政策

近年来，中国的总和生育率持续处于更替水平以下。生育水平和生育政策是一个与人们的生活息息相关的话题。中国存在较高的"低生育陷阱"风险，应该尽早放开生育乃至鼓励生育，实现生育自主，缓解人口老龄化问题。生育是人口学三大重要的传统研究领域之一。在生育率过低或者过高时，都需要生育政策的介入。

从20世纪70年代开始，全球生育情况发生了质的变化，整体上呈现出希望提高生育率和主张降低生育率并存的现象。联合国资料显示，发达国家的平均生育率在20世纪70年代中期就低于世代更替水平，2005—2010年只有1.66。印度、埃及等仍然实施鼓励公民减少生育的政策，国家通过免费提供避孕药具、对自觉实行计划生育的家庭给予奖励等方式进行干预；而西班牙、澳大利亚、俄罗斯、日本、新加坡等低生育国家，则通过提供奖励金、提供父母津贴、完善儿童照护等方式鼓励多育。我国的生育政策主要经历了计划生育政策、单独二孩政策、全面二孩政策、全面三孩政策等不同的政策内容。2020年十九届五中全会进一步提出了"优化生育政策，增强生育政策包容性"，这进一步拓展我国生育政策的外延并丰富其内涵。

一、生育政策的发展

1. 生育政策的内涵

生育政策是指由政府制定的影响人们生育行为的法令和措施的总和，旨在通过生育数量的控制，达到合理调节人口增长速度、提升人口质量的目的。生育政策体现国家对生育的态度，对生育行为具有指导及约束作用。从宏观层面看，中国的生育政策包括与生育相关的法律、行政法规、地方性法规、自治条例及单行条例、部门规章和地方政府规章等。① 也有研究认为，生育政策不仅对"生"做出合法性定义，还含有"育"的保障体系，从而围绕"生育"形成一整套具有自洽性的社会关系与政策体系。② 基于中国当前的政策实践和现实需求，本书主要采用前者的定义。

2. 生育政策的发展

新中国的人口生育政策主要划分为四个阶段，即从新中国成立初期的多孩思想到20世纪60年代初期节制生育思想的萌芽阶段、从20世纪60年代节制生育思想的发展到70年代末期生育政策初步建立阶段、从1980年到2013年前的严格控制生育数量阶段、从2013年开放"单独二孩"生育政策开始的逐步宽松阶段。计划生育政策制定与变迁如表7-1所示。

表7-1 计划生育政策制定与变迁

时间	规范类型	内容
1955年	政策建议	节制生育
1955年3月	中央文件	节制生育是关系广大人民生活的一项重大政策性的问题。在当前的历史条件下，为了国家、家庭和新生一代的利益，我们党是赞成适当地节制生育的
20世纪70年代	政府工作计划	将人口控制指标纳入国民经济发展计划 成立计划生育领导小组 开始全面实行计划生育政策
1978年3月	宪法	国家提倡和推行计划生育
1978年10月	政策口号	一对夫妇生育子女数最好一个，最多两个 生育间隔三年以上

---

① 沈澍、王玲：《互动式发展：新中国成立70年来生育政策与生育保障的演进及展望》，《社会保障研究》2019年第6期。

② 贾玉娇：《生育率提高难在何处？——育龄女性生育保障体系的缺失与完善之思》，《内蒙古社会科学》2019年第3期。

续表

时间	规范类型	内容
20世纪70年代末	党中央会议	确立了人口数量目标是力争到20世纪末把我国人口控制在12亿以内
1980年2月	《人民日报》社论	提供一对夫妇只生育一个孩子
1980年9月	全国人大会议	提倡一对夫妇只生育一个孩子
1980年9月	党中央公开信	一孩政策的正式出台并全面实施
1981年3月	组织构建	成立国家计生委
1982年2月	中央指示	形成了具体完备的政策实施体系
1982年12月	宪法	国家推行计划生育 夫妻双方有实行计划生育的义务
2000年3月	中共中央、国务院发布决定	《关于加强人口与计划生育工作稳定低生育水平的决定》
2001年12月	立法	制定通过《人口与计划生育法》（2002年9月1日起施行）
2006年12月	中共中央、国务院发布决定	《关于全面加强人口和计划生育工作统筹解决人口问题的决定》
2013年11月	党中央会议	单独二孩政策
2015年10月	党中央会议公报	全面实施一对夫妇可生育两个孩子政策
2016年1月	政策实施	全面二孩政策
2021年5月	政策实施	全面三孩政策

建国之后，中国第一代国家领导集体对中国的人口发展态势及有关人口问题是非常关注的。建国初期，"人多力量大"的人口观奠定了新中国成立初期人口思想的基础。在这种思想下，随着新中国成立初期民主改革运动的完成，普遍的共识是人民可以安居乐业，安心养育小孩了。同时，1950年朝鲜战争的爆发，催生了奖励生育政策的出台。当时主要学习苏联的政策制度，对多生孩子的妇女给予鼓励：生孩子达到5个的，是"光荣妈妈"；10个以上的则被授予"英雄妈妈"称号。那时，农村吃"大锅饭"的现象十分普遍，"人多力量大"的观念被民间广泛认同。而对城里人来说，组织上的政策也多有倾斜：多子女的职工困难户可领取

补助；按家庭人口分配住房；单位还会对生孩子的夫妇发放一定数量的津贴，对双胞胎及多胞胎给予奖励。

随着新中国经济持续快速增长以及医疗卫生事业的进步，中国人口的自然增长率迅速上升。人口无计划地盲目增长同国民经济有计划发展的矛盾开始显露出来。新中国政府感到人口众多是一个负担。1955年1月，卫生部提出关于适当节制生育的建议报告，同年3月，中共中央批准了报告，并明确提出：节制生育是关系到广大人民生活的一项重大政策性的问题，在当前的历史条件下，为了国家、家庭和新生一代的利益，党是赞成适当地节制生育的。1956年，周恩来在中共八大会议上也讲到了节制生育。70年代，中国将人口控制指标纳入国民经济发展计划，国务院还成立了计划生育领导小组，开始全面实行计划生育政策。

1980年9月，全国人大五届三次会议提出："除了在人口稀少的少数民族地区以外，要普遍提倡一对夫妇只生育一个孩子，以便把人口增长率尽快控制住，争取全国总人口在本世纪末不超过12亿。"1980年9月25日，中共中央发出《关于控制我国人口增长问题致全体共产党员、共青团员的公开信》（简称《公开信》），要求所有共产党员、共青团员，特别是各级干部要带头只要一个孩子，并向广大人民群众做好宣传动员工作。《公开信》的发表标志着我国"一孩政策"的正式出台并全面实施。"人多是包袱"的思想在这一时期达成了共识。1982年党的十二大报告确立了力争到20世纪末把我国人口控制在12亿以内的目标。2000年以后，保持低生育水平依然是生育政策的核心内容。2000年3月，中共中央、国务院发布了《关于加强人口与计划生育工作稳定低生育水平的决定》。2001年12月29日，全国人大常委会通过《人口与计划生育法》，计划生育政策进一步得到了强有力的法律保障。2006年底，中共中央、国务院又发布《关于全面加强人口和计划生育工作统筹解决人口问题的决定》。从本质上说，我国人口数量问题的认识和判断依然未出现实质改变，21世纪的各类复杂人口问题，特别是人口结构、人口转变问题，没有得到应有的重视。2006年，学界"人口惯性增长的势头依然强劲"的判断占据了主流，为"千方百计稳定低生育率"的政策主张提供了理论基础。在接下来的较长时期内，计划生育政策维持了既定的主导地位。

事实证明，这一研判并未完全符合我国人口增长的趋势。新生儿增速反而很快呈现出下降趋势。随着单独二孩的实行，我国生育率下降的趋势并未得到有效缓解。2016年以来，我国全面实施二孩政策，实行生育登记服务制度，对生育两个以内（含两个）孩子的，不实行审批，由家庭自主安排生育。2021年5月，全面三孩政策实施。中国向来有"多子多福"的传统观念，但在放宽政策限制后，我国的生育水平和出生人口持续走低，最直接的原因在于包括住房、教育、医疗相关的养育成本的攀高，并且职业女性生育后的机会成本较高。

二、生育政策的特征

1. 计划生育政策长期占据主导地位

从1980年《公开信》的发表至2013年"一独生二"的首次提出，严格的计划生育政策实施30年有余。进入21世纪后，我国人口数量出现加速下行的态势。2013年11月，党的十八届三中全会召开，《中共中央关于全面深化改革若干重大问题的决定》指出，"坚持计划生育的基本国策，启动实施一方是独生子女的夫妇可生育两个孩子的政策，逐步调整完善生育政策，促进人口长期均衡发展"。单独二孩政策的正式落地，标志着计划生育政策退出历史舞台，也为全面二孩政策的放开发出重要信号。2013年，卫生部和国家人口计生委合并，成立国家卫生和计划生育委员会，标志着我国计划生育工作进入新阶段。

2. 从鼓励少生优生到倡导全面三孩

我国的生育政策在40余年的执行过程中都是以计划生育为主，近年来逐步实施全面二孩、全面三孩政策。1969年，全国突破8亿人口大关，人口问题凸显，人口形势日益严峻，切实控制人口增长及出台政策已经迫在眉睫，计划生育政策应运而生。该政策对生育数量的收紧主要体现在两个方面。一是将人口政策生育指标具体化。各地根据人口规划需要和实际情况进行具体安排。并且规定，对于只生一胎的育龄夫妇发放独生子女补贴作为鼓励；对于生二胎和二胎以上的，应从经济上加以必要的限制或处罚。二是将人口目标纳入国民经济计划。为了保证人口增长目标和具体生育数量目标的实现,从 20 世纪 70 年代开始,将人口控制目标纳入国民经济计划指标系统,将人口管理纳入计划经济管理系统。2010 年以后,随着我国生育率的持续走低,人口生育政策调整的步伐加快。单独二孩、全面二孩政策的实施是对我国生育政策的重大调整。全面二孩背景下,生育支持政策不断完善,鼓励自主生育的政策方向日趋明朗。随着以降低生育、养育、教育成本为内容的配套政策的持续完善,我国生育政策的内涵将更加丰富,这有利于构建中国特色的生育政策,并为人口均衡发展提供有力支撑。

3. 以生育数量为主到以生育质量为主

实施单独二孩、全面二孩、全面三孩政策,是对一孩政策进行根本性、战略性的调整。伴随着二孩政策的全面放开,我国执行多年的独生子女政策成为历史。但计划生育政策依然是我国的一项基本国策,生育限制依然存在,生育权回归家庭和生育主体依旧任重道远。值得关注的是,我国计生工作的重心已由控制人口数量、稳定低生育水平逐步转变为提高出生人口素质,促进人口长期均衡发展,以及人口与经济社会的协调发展。总的来说,我国计生工作的中心已从计划生育政策严格实施时期的"以数量为本"转变为全面三孩时代的"以人为本"。

4. 生育支持政策急需完善

计划生育政策的实施,对我国生育率水平的下降和人口转变的实现发挥了主要作用。可以说,总和生育率的大幅下降是经济社会快速发展与实行严厉计划生育政策共同作用的结果。20 世纪 80 年代以来,计划生育政策的严格实施,使得育龄妇女的生育率得到降低,使得我国人口增长率实现有效控制,推动了人口迅速转型,在短时间内扭转了建国后生育率持续走高、人口激增给社会经济发展以及资源、环境等方面带来巨大影响的不利局面。同时,人口抚养比的下降也减轻了家庭和社会的负担,促进了经济建设、社会发展和人民生活水平的提高。但从已经实施的"全面二孩"政策效果来看,"全面二孩"政策很难改善低生育水平的现实。全面二孩政策的出台使得全民共同实现的总和生育率比更替水平更低,可见,全面二孩政策难以更改我国未来人口负增长的趋势。我国现有生育政策仍集中在生育数量的调整上,但由于生育率的不可逆趋势,数量上的生育政策其作用力度将越来越小。[1] 欧洲是全世界生育率最低的地区之一,"家庭友好"政策体系对推动欧盟国家的生育率回暖起到了显著效果。我国的生育支持政策建设刚刚起步,围绕婚育假期、生育津贴、劳动权益保障、托幼服务、儿童教育等构建全方位、多层次、全生命周期的生育政策体系,将有利于提升育龄人群的生育意愿。如何基于中国国情和经济基础建设匹配的生育福利政策将是未来生育政策的重要着力点和战略方向。

三、生育政策的功能

1. 推动人口迅速转型

人口转变是人口发展过程中的重要现象。以生育转变为核心的人口转变与经济社会发展状况紧密相连,一般来说,经济和社会发展到一定程度后会出现生育转变。计划生育政策的实施,对我国生育率水平的下降和人口转变的实现发挥了主要作用。总和生育率的下降受到经济社会发展的显著影响,但此间我国经济发展程度并不足以促成如此快速的人口转变,计划生育政策的实施对此间生育水平的下降发挥了主导作用。

随着限制性生育政策持续、深入地推行,生育水平显著下降,在获得成效的同时也带来了包括生育率跌破更替水平、人口老龄化等一系列问题。为应对新时代的新问题,生育政策也进行相应的调整,主要包含双独二孩、单独二孩、全面二孩、全面三孩。生育政策的放开,有利于实现人口再生产的良性循环,实现人口长期均衡发展。这也说明生育政策并不是一成不变的,而是随着社会的发展而不断变动的,并且生育政策的每一次变动都会对人民生活的方方面面产生显著影响。

2. 确保生育权利平等

生育权是公民的一项基本权利。生育政策需要不断根据经济、社会

---

[1] 饶健:《中国生育政策对居民生育意愿与生育行为背离的影响研究》,首都经济贸易大学硕士学位论文,2019年。

发展和变化加以调整,但无论如何调整,都应遵循生育权利平等的原则,基于人口结构和人口发展规律,做到不同民族、不同地区的群众享受平等的生育权,这不仅有利于我国国民素质的提高,还有利于促进家庭发展并减少社会不安定因素,而且能够促进人口长期均衡发展。

3. 释放人口红利

人口红利使劳动力优势得到充分发挥,劳动密集型产业快速发展,将劳动力雄厚的潜力挖掘出来,并带动经济的快速发展。在经济增长过程中,人口红利会起到有力的推动作用。计划生育政策的实施控制了人口的过快增长,有效缓解了人口与经济之间的突出矛盾,反映出人口增长与生活资料和生产资料的匹配。所以,计划生育政策在特定历史时期下,有效解决了我国人口与经济发展的矛盾。少年儿童抚养比的下降,减轻了家庭抚养孩子的成本,增加了家庭储蓄,提高了社会的储蓄规模,储蓄水平得到空前提高,从而提高了国家的积累水平。同时也提高了居民的消费水平,有利于拉动整个社会的经济增长。[①] 随着近10年生育率的下降,我国人口红利总量在缩小,实施全面三孩政策,有利于最大化释放育龄群体的生育意愿,延缓人口红利的缩减速度。

4. 提升人口素质

人口素质是身体素质和文化素养整合到一起的量值。计划生育政策作为我国的一项基本国策,实施以来所释放出的巨大人口红利极大程度上促进了我国经济的发展和繁荣,人民的生活水平显著提高,同时也促进了我国医疗卫生事业的发展,为提高整体人口的身体素质创造了条件。而且人口出生率的降低,除了推动我国人口迅速转型外,还为教育普及程度和教育水平的提高提供了良好机遇,为适龄人群接受教育创造了更好的条件。伴随着我国教育事业的发展,计划生育政策有利于教育资源的优化配置,提高了人均教育资源占有水平,自然也从整体上有利于提

---

① 杨琦:《新中国计划生育政策及其历史影响研究》,吉林财经大学硕士学位论文,2019年。

高我国人口素质水平。① 随着我国生育支持政策体系的逐步完善，当前生育政策的发展转型还需要进一步落实生殖健康、母婴安全、托育托幼等服务供给，特别要加快发展多种形式的婴幼儿照护服务，通过相关政策提高家庭可支配收入，解决女性工作与家庭之间的冲突，加强生育服务全程支持，这有利于提高生育质量，营造生育友好型社会，提高家庭子女的优育优教。

在当前的生育政策实践中，生育政策的内涵也在不断拓展，支持性政策正不断构建从"生"到"育"的完整保障体系。全面二孩政策的效应持续放缓，三孩生育和养育问题逐步成为政策框架中的核心议题，完善生育支持政策的配套措施成为政府和公众共同的关注焦点，这也是满足我国人口长期均衡发展的迫切需求。推动完善生育支持政策相关的公共服务和公共政策，妥善解决"幼有所育"的问题，既有利于政策的充分实施，也有利于人口和经济持续健康发展。2020年11月公布的《中共中央关于制定国民经济和社会发展第十四个五年规划和二〇三五年远景目标的建议》明确提出"优化生育政策，增强生育政策包容性，提高优生优育服务水平，发展普惠托育服务体系，降低生育、养育、教育成本，促进人口长期均衡发展"，这也是进一步放开生育政策的重要信号，未来的生育政策导向将更加强调家庭生育行为的自主性和主动性。2021年5月"全面三孩"政策出台后，国家的生育支持政策也将深入解决育龄人口所普遍关注的生育、养育和教育成本问题，这会更大程度上释放青年夫妻的生育潜能。基于国外的政策实践，低生育率是21世纪全球的人口常态，生育支持政策的效果也是千差万别。以育儿时间、托幼服务、经济津贴、就业支持、住房保障等措施为重点的生育支持体系在日本、韩国等东亚文化情境下的生育拉动效应并不显著。结合国际经验，立足中国国情，在现有的产假、陪产假、经济支持等生育支持措施的基础上，补充父母育儿假、托育服务、持续性养育津贴、女性就业保护、三孩家庭的住房优惠等支持性措施，将会促使更多的年轻人群敢生、早生，实现生育意愿充分释放、生育行为充分自主。

---

① 杨琦：《新中国计划生育政策及其历史影响研究》，吉林财经大学硕士学位论文，2019年。

第二节　中国的人口政策

一、人口政策的内涵

1. 人口政策的类型

当今世界是一个人口发展、变化多元化的世界，不同地区的人口走向各异。发达国家的人口增长极其缓慢，甚至出现负增长，受困于人口老龄化、高龄化和劳动力不足；发展中国家有的人口出生率仍高企，力图减慢人口增速，也有的已成为世界上低生育水平的国家。我国生育率维持在更替水平以下，人口增长惯性明显衰减。同时我国已经步入老龄化社会，城镇化加速，流动人口规模巨大，人口结构性问题突出。尽管不同国家面临不同的人口态势、担忧不同的人口问题，但关注干预人口发展却是一个日益共同的选择。这一选择以政府对人口的看法和人口政策为标志，大体起始于20世纪50年代，在90年代达到了新的历史高度。其中在1974年和1994年两次世界人口大会之间的20年中，全球有近50个发展中国家明确制定了人口政策，这些政策有的单独发布，有的则纳入了国家长期发展规划。

整体而言，人口政策有广义和狭义之分。广义上，人口政策是以一定的人口理论或人口思想作为依据，对于人口问题所采取的战略决策，用以指导一个时期人口的发展，以达到一定的社会经济发展目的。广义人口政策的调整领域还包括以人口再生产为基础的人口空间分布和移动、人口社会移动，如人口分布、人口迁移流动、人口部门结构、职业结构等。贝雷尔森认为，人口政策指导政府的人口行动，旨在改变人口事件或事实上确实去改变人口状况，因而人口政策包括三个主要特点：① 它是指政府行为，在大多数情况下，人口政策是由国家政府推行的；② 它是指人口事件；③ 它是指意图和后果。从内容来看，广义的人口政策主要涵盖人口的规模及其增长、人口结构、人口分布、生育、死亡与健康促进等多个维度，具体包括生育政策、人口迁移政策、人口分布政策和国际移民政策。[1]

狭义的人口政策用以调节人口自身生产和再生产，主要涉及人口出生、死亡、婚姻、家庭等数量和质量方面。也有研究将人口政策和生育政策作为相似的概念使用。生育政策不等同于人口政策，后者的内涵更丰富，覆盖人口数量（规模）、结构、生育、死亡（健康）、分布与迁移等多个维度；而生育政策是构成人口政策的最基本部分。[2] 本节讨论的人口政策主要是广义的人口政策。

2. 人口政策的复杂性

一定历史条件下社会经济发展和运动的复杂性造就了人口政策。人口政策是公共政策科学决策中一个极具挑战性的难题。人口政策与人们的家庭和个人福祉休戚与共，而且实实在在地影响着社会经济发展的进程。20世纪五六十年代，越来越多的学者和决策者关注到过快的人口增长制约经济发展并带来严重的资源和环境问题，也将带来严峻的移民压力。家庭计划开始充当人口政策的先锋，成为发展中国家脱贫致富的首选。全球性的家庭计划项目普遍指向人口控制和计划，并且作为生育控制的工具。随着1992年联合国环境与发展大会、1997年京都会议等的召开，全球变暖问题上升为政治议题。自从梅多斯等学者提出"增长的极限"以来，人口、资源与环境的协调发展与公共政策选择就已经逐渐进入世界各国尤其是西方发达国家政府的政治视野。

20世纪末，可持续发展与永续能力从地区或区域性问题上升为世界性的社会发展目标。[3] 20世纪90年代以来，世界人口剧增的根本原因不再是出生人口更多，而是由于人口活得更长。国际社会早就认识到发展中国家人口政策选择应该摒弃单一的家庭计划。《国际人口与发展大会行动纲领》明确要求放弃人口和家庭计划项目目标，支持一种更广泛的政策议程。除了一系列旨在赋予妇女权利并强化她们权利的社会和经济政策措施外，还包括一系列生殖健康措施，包括迎合妇女整体生殖需求的家庭计划。

---

[1] 王学鹏：《试论我国人口政策变迁的逻辑》，《湘南学院学报》2018年第4期。
[2] 王琳：《中国人口政策与社会发展》，《中国劳动关系学院学报》2019年第5期。
[3] 彭伟斌：《江浙人口政策比较研究》，上海社会科学院博士学位论文，2015年。

全球范围内，人口增长和老龄化加剧已发展成为21世纪最严重的人口挑战。尤其是欧洲和日本等主要发达国家和地区，人口结构已经从原来的金字塔状慢慢变为柱状，使得这些经济体正在逐渐失去活力，社会负担不断加大。美国人口仍将继续按世界平均水平增长，老龄化进程比欧洲和日本稍慢一些。随着人口老龄化的富裕国家债务堆积和泡沫破裂，类似日本"昏迷经济"的历史仍将在发达经济体中重演。与第一次人口转变相比，欧洲第二次人口转变无论在深度、广度，还是在变化的机理方面，都有很大的不同。发达国家和地区，尤其是欧洲和日本正在经历超低生育率带来的经济寒冬。当今新人口发展问题是世界人口的绝对增长落后于世界人口年龄和分布的变化。各国都期待稳定优质的人口发展，年轻人势必影响社会经济系统的正常运转。无论是发达经济体还是发展中国家，只有高度重视人口增长的质量与结构才能从根本上解决这些问题。

在出生率和生育意愿下降的情况下，我国将会出现如同日本一样的少子老龄化，将对社会经济发展产生严重的制约作用。当前及今后相当长的一段时期内，我国人口政策面临前所未有的复杂局面，政策调整的需求和难度都在加大。我国的人口政策，从新中国成立伊始，就以计划生育政策的形成、发展和调整为主要特征。在我国计划生育政策实施30多年后，计划生育的负面效应逐渐出现，主要表现在人口老龄化不断加剧、出生率下降、人口结构不均衡等方面。自2013年开始，我国人口政策经历了从单独二孩到全面三孩的变化。我国的人口政策的内涵开始发生重大变化，人口政策不仅要控制人口数量，也要对人口质量、人口发展环境、人口结构进行管理。国务院2016年12月30日发布的《国家人口发展规划（2016—2030年）》提出，到2030年，人口自身均衡发展的态势基本形成，人口与经济社会、资源环境的协调程度进一步提高，全国总人口达到14.5亿人左右。

中国人口政策的主要内容包括生育政策及其支持政策、人口迁移政策以及养老政策等，鉴于生育政策在中国具有显著的历史转折性，需要做出上述专门阐述，养老政策将在中国的社会保障政策中详细阐述，这里主要阐述生育支持政策与人口迁移政策。

二、生育支持政策及其发展

生育支持政策是生育政策的重要构成。随着"全面三孩"政策的实施，我国人口政策的内涵更加丰富，生育支持政策不断完善，逐渐成为独立于生育政策的重要支撑性政策。

中国的计划生育已经走过了40多年的历程，这是一个基于国情不断改革、发展的过程，也是一个顺应时代和国际潮流、与时俱进的过程，更是从强调人口控制到注重生殖健康、突出优质服务，从"埋头"本国的计划生育到积极参与全球人口行动的转变过程。

21世纪初，以"小额贷款、项目优先、科技扶持、政策优惠"等为政策措施的计划生育利益导向机制被正式提出；随后，农村部分计划生育家庭奖励扶助制度、计划生育家庭特别扶助制度以及"少生快富"工程等逐步建立并开展。在不同地区，对计划生育的激励机制更不断扩大到集体福利、宅基地划分、土地承包、就业培训、就医、低保、扶贫开发、住房及子女入托入学等社会生活的各个领域。随后，计划生育利益导向机制逐步转变为人口和计划生育利益导向政策体系，表现为推动计划生育的一类"特惠"政策。其中的大多做法是源于相关社会保障制度的缺位而由计划生育领域先行推进，如农村部分计划生育家庭养老的奖励扶助制度；或是对计划生育家庭的政策倾斜，如在新农合、新农保中的缴费补贴；还有专门针对计划生育的补助或奖励，如独生子女奖励、手术并发症的特别扶助等。"全面二孩""全面三孩"政策实施以后，政府提出了改革、完善计划生育服务管理的主要思路，从多个方面提出了同步或配套的支持性、保障性政策和措施。

1. 婚姻支持

在现行制度下，婚内生育是一种普遍现象，婚姻行为与生育行为紧密相连。早婚通常意味着早育，晚婚则意味着晚育。提高结婚率并降低离婚率有利于保持生育率的稳定乃至家庭的和谐稳定。在建国初期，封建主义婚姻家庭和传统习俗是主要的社会问题之一，尤其是封建家长制、封建旧礼教束缚、男尊女卑、三从四德、强迫包办、买卖婚姻等。这意味着传统的封建婚姻是新中国社会主义建设运动面临的最紧迫的社会问题之一。1950年4月，中央人民政府委员会第七次会议通过《婚姻法》，明确规定"实行男女婚姻自由、一夫一妻、男女权利平等、保护妇女和子女合法权益的新民主主义婚姻制度"，为婚姻自由、男女平等、妇女解放奠定婚姻家庭基础。1980年9月,第五届全国人民代表大会第三次会议审议通过了新修订的《婚姻法》,此次修订主要表现在:增加计划生育以及保护妇女、儿童和老人的合法权益两项原则;在男女结婚法定年龄分别提升2岁,并鼓励青年晚婚晚育;专门增加男女双方可根据登记约定互为对方家庭成员的规定;扩大了家庭关系的范围,加强了法律对家庭成员的调整;完善了离婚制度;健全了违反《婚姻法》的制裁与处理机制。1992年4月第七届全国人民代表大会第五次会议通过并颁布了《妇女权益保障法》,该法律中明确对妇女的婚姻家庭权益进行解释,国家依法保障妇女享有平等的婚姻家庭、婚姻自主、生育自由权利,对夫妻财产享有与男子平等的使用、收益等权利,禁止对妇女实施家庭暴力等。2001年4月,第九届全国人大常委会第二十一次会议通过修订并颁布新《婚姻法》,此次修订新增禁止有配偶者与他人同居、禁止家庭暴力、符合结婚实质条件的按规定补办登记、约定个人特有财产、无效婚姻与可撤销婚姻、确定离婚条件标准等规定。2005年8月,第十届全国人大常委会第十七次会议审议修订了《妇女权益保障法》,明确将男女平等的基本国策写入总则,进一步明确了执法主体,强化政府责任,进一步明确了妇联组织的职责,完善并保护了妇女的政治权利、受教育权、人身权利、婚姻家庭权利、劳动和社会保障权益。随后,2011年7月、2017年2月相继对《婚姻法》进行了司法解释补充规定。针对家庭暴力问题,2015年12月由第十二届全国人大常委会第十八次会议通过颁布了《反家庭暴力法》,该法明确并强调了职工所在单位、群团组织、公安机关、人民法院、法律援助机构、新闻媒体和学校在开展反家庭暴力宣传教育和处置家庭暴力问题的责任角色。

进入新世纪,我国婚恋观念总体上朝着开放、多样化的方向发展。结婚年龄的推迟是现代化的一个重要标志,因而晚婚晚育现象日益凸显。一些负面效应也慢慢出现,我国青年未婚先孕、离婚比例大幅提高、"物质性恋爱"、"闪恋闪婚"现象日渐突出。婚姻家庭和由婚姻家庭引发的各种社会问题,如婚姻家庭生活稳定性降低、离婚率居高不下、妇女合法权益保护和男女地位平等落实有障碍等日趋严峻。2017年,中共中央、国务院印发了第一个国家层面的青年发展规划《中长期青年发展规划(2016—2025年)》,首次将"青年婚恋"纳入其中。2017年9月,共青团中央、民政部、国家卫生计生委联合发布《关于进一步做好青年婚恋工作的指导意见》，这是在司法体系之外第一个专门针对青年群体而制定的婚恋服务政策。国家通过鼓励青年适龄结婚，加强婚前、婚后辅导教育来进一步提高青年人口的婚育意愿。

2. 妇幼健康

新中国成立以来，我国不断通过立法加强管理，妇幼卫生服务能力快速提高。一方面引导人口生育，另一方面立足育龄人群，满足他们对避孕节育信息、咨询和服务需求的社会服务计划或项目。2000年后，计划生育政策由单一的人口控制向促进生殖健康全面转变。计划生育的内涵更加丰富，不再是"人口控制"的单一功能，越来越接近"家庭计划"的广泛意涵，这不仅是生殖健康的重要手段，而且是国家改善民生、促进健康基本服务的一部分，并且成为提高家庭福利、家庭幸福的重要途径。《母婴保健法》《中国妇女发展纲要》《中国儿童发展纲要》等政策性文件也为计划生育政策的转型和完善提供了良好的制度基础。

1980年，卫生部制定了《妇幼卫生工作条例（试行草案）》等一系列文件，对妇幼卫生工作的任务、组织机构、人员编制以及有关服务等进一步做了明确的规定。1992年，国务院制定和颁布了《九十年代中国儿童发展规划纲要》，体现了我国政府高度重视和关怀儿童事业。1994年10月，第八届全国人大常委会第十次会议审议通过《母婴保健法》。1995年，国务院制定并下发了《中国妇女发展纲要（1995—2000年）》。至此，在以"一法两纲"为核心的指导下，又相继出台了一系列关于妇幼卫生服务的规范性文件，如《婚前保健工作规范》等。

进入21世纪后，我国妇幼卫生事业进入快速发展阶段，也是各项法律法规不断完善和非常必要的时期。2001年，国务院妇女儿童工作委员会制定了《中国妇女发展纲要（2001—2010年）》《中国儿童发展纲要（2001—2010年）》。2001年，《母婴保健法实施办法》颁布，进一步明确了母婴保健工作方针和服务内容，并对相关服务和母婴保健技术鉴定和监督管理做出具体规定。根据社会发展和妇幼卫生工作的需要，国家妇幼卫生行政部门先后颁发了《产前诊断技术管理办法》《新生儿疾病筛查管理办法》《中国提高出生人口素质、减少出生缺陷和残疾行动计划

（2002—2010）》《卫生部关于加强预防艾滋病母婴传播工作的指导意见》《关于加强生育全程基本医疗保健服务的若干意见》《孕产妇妊娠风险评估与管理工作规范》等一系列配套规章和文件，使妇幼卫生工作做到了有法可依、有章可循。① 这些措施在出生缺陷干预、"两癌"（宫颈癌、乳腺癌）免费筛查、孕产妇性传播疾病及其母婴传播阻断等方面都取得了明显成效。

2013年国务院机构改革中，原卫生部与国家人口计生委进行了机构合并，为将原先作为两个独立服务系统的妇幼卫生和计划生育（生殖健康）技术服务实现资源共享、服务整合提供了历史性的机遇。妇幼保健机构有优质的医疗资源和技术优势，而计划生育技术服务机构有完善的基层网络，擅长群众工作。新的服务体系涵盖围产、儿童、妇女和生殖健康/计划生育四大部分，并兼有医疗卫生和预防保健两类服务。2019年，国务院发布《健康中国行动（2019—2030年）》启动"妇幼健康促进行动"，主要针对婚前和孕前、孕期、新生儿和儿童早期各阶段分别给出妇幼健康促进建议。

3. 托幼服务

建国初期，托儿所数量持续上涨。人口增长是托儿所数量上涨的直接原因，计划经济体制为其创造了制度条件。1953年《劳动保险条例实施细则》要求企业为女工人、女职员单独或联合其他企业设立托儿所或哺乳室。1956年，教育部、卫生部、内务部发出《关于托儿所、幼儿园几个问题的联合通知》，再次强调为了帮助母亲们解决照顾和教育自己孩子的问题，托儿所和幼儿园必须有相应的增加。1955年，国务院发布《关于工矿、企业自办中、小学和幼儿园的规定》，提出为满足单位职工低龄子女的照护需求，要求各工矿及企业用人单位财政预算创办托幼机构。1962年《国务院关于企业职工福利补助费开支办法的规定》明确指出，职工福利补助费除主要用于职工的生活困难补助，其余部分可适当用于补贴托儿所等集体福利事业的开支。这段时期，相对完善的托育服务体系在我国大部分城乡地区陆续建立，以单位为依托的托育机构正是

---

① 王振亚：《新中国成立70年 我国妇幼健康水平发展历程》，《健康中国观察》2019年第10期。

当时"单位福利制度"的一种体现。①

"文化大革命"时期，托幼机构几乎消失殆尽。改革开放后，全国的托幼机构开始恢复和重建。1979年《全国托幼工作会议纪要》提出，继续提倡机关、部队、学校、工矿、企事业等单位积极恢复和建立哺乳室、托儿所、幼儿园。这一时期托幼机构的数量以缓慢的速度增长。随着家庭联产承包责任制的推行，人民公社退出历史舞台，集体办托儿所失去投资来源，福利化的单位托儿所也因剥离国企办社会职能的改革而逐步解体。托育服务逐步带有经济化的色彩。1979年全国托幼工作会议后，中共中央、国务院转发《全国托幼工作会议纪要》，对各部门职责进行了划分，提倡采取公办和民办"两条腿走路"的方针，建立保教队伍并提高保教质量。1980年1月，国务院设立托幼工作领导小组，国务院副总理陈慕华任组长，该小组涵盖了13个部门，在中国妇联设立办事处。同年，卫生部、教育部联合发出《托儿所、幼儿园卫生保健制度（草案）》。该草案中规定了九项制度，并在后续得到逐步的补充完善，此外，卫生部还发布了《城市托儿所工作条例（试行草案）》，内容包括婴幼儿卫生保健、婴幼儿教养、组织编制及工作人员职责、房屋和设备等，并明确提出托儿所负有教养3岁前婴幼儿及解放妇女劳动力的双重任务。1987年，国务院办公厅转发国家教委、国家计委、卫生部等《关于明确幼儿教育事业领导管理职责分工的请示》，提到"托儿工作对提高我国人口素质有重要意义"，进一步凸显了国家对托育工作的鼓励和支持。1985年，《托儿所、幼儿园卫生保健制度》发布，规定了婴幼儿饮食、体格锻炼、预防疾病等制度。1988年《女职工劳动保护规定》，进一步指出"女职工比较多的单位应当按照国家有关规定，以自办或者联办的形式，逐步建立女职工卫生室、孕妇休息室、哺乳室、托儿所、幼儿园等设施，并妥善解决女职工在生理卫生、哺乳、照料婴儿方面的困难"。1995年，国家教委、国家计委等联合发布《关于企业办幼儿园的若干意见》，提出改革现行幼儿园收费制度，支持企业办园，意味着包括当时托儿所在内的学前教育体系失去相应的福利性，向市场靠拢。1999年第三次全国教育工作会议上，《中共中央国务院关于深化教育改革，全面推进素质教育

---

① 胡西蒙：《多源流理论视角下我国0—3岁婴幼儿托育服务政策变迁研究》，华中师范大学硕士学位论文，2020年。

的决定》提出幼儿教育作为素质教育范畴的一部分，要重视开发婴幼儿的身体和智力、普及早期教育知识，创办公办与民办相结合的托育机构。市场化体制下的托育服务逐步走向了市场，原有的福利化特征向经济化特征转变。

2000年以后，托育服务逐渐受到重视。2001年，国务院发布《中国儿童发展纲要（2001—2010年）》，提出"建立并完善0—3岁儿童教育管理体制"，从健康、教育、法律和环境等四个方面为儿童身心健康成长保驾护航。2003年，教育部、中央编办、国家计委等十一部门发布《关于幼儿教育改革与发展的指导意见》，主张多部门共同开展0—6岁儿童相关工作。2006年，《中共中央国务院关于全面加强人口和计划生育工作统筹解决人口问题的决定》，指出为提高出生人口素质，应开展婴幼儿早期教育。2010年，托幼政策和事业面临重大转折点。2010年2月，全国妇联、教育部等九部门联合印发《全国家庭教育指导大纲》，提出坚持儿童为本、家长主体和多项互动的原则，各地各部门充分发挥职能优势，共同承担家庭教育指导等一系列工作。同年，国务院通过《国家中长期教育改革和发展规划纲要（2010—2020年）》，指出要重视婴幼儿教育。2011年，国务院发布《中国儿童发展纲要（2011—2020年）》，树立卫生保健、福利水平、法规体系等目标，提出积极开展0—3岁儿童科学育儿指导，将家庭教育指导服务纳入城乡公共服务体系等一系列措施。2013年，教育部发布《关于开展0—3岁婴幼儿早期教育试点的通知》，在北京、上海等14个地区启动0—3岁婴幼儿早教试点计划，把发展0—3岁婴幼儿早期教育列入当地教育发展总体规划。2014年，国务院发布《国家贫困地区儿童发展规划（2014—2020年）》，规定"开展婴幼儿早期保教。依托幼儿园和支教点，为3岁以下儿童及其家庭提供早期保育和教育指导服务"。

2016年随着二孩政策的全面放开，社会开始呼吁发展公共托育服务。国家制定一系列与托育服务相关的政策文件。党的十九大报告中，习近平总书记提出"幼有所育"新要求，"幼有所育"正式成为国家的基本方略。2018年政府工作报告中，李克强总理重申加强对儿童托育服务全过程监管。鉴于托育服务供给状况难以充分满足有照护困难家庭的婴幼儿照护需求，2019年5月，国务院办公厅发布《关于促进3岁以下婴幼儿照护服务发展的指导意见》，提出 3 岁以下婴幼儿照护服务的基本原则之一是"家庭为主，托育补充"，2019 年 6 月，《关于养老、托育、家政等社区家庭服务业税费优惠政策的公告》由财政部、税务总局、民政部等六部委联合发布。2019 年 10 月，国家卫健委印发《托育机构设置标准（试行）和托育机构管理规范（试行）的通知》，0—3 岁婴幼儿托育服务政策体系逐步构建。2020 年《国务院办公厅关于促进养老托育服务健康发展的意见》提出，促进托育服务健康发展，健全幼有所育的政策体系，统筹推进城乡托育发展，积极支持普惠性托育服务发展，扩大多方参与、多种方式的托育服务供给，增强家庭照护能力，优化居家社区服务，提升公办机构服务水平，拓宽普惠性服务供给渠道。

4. 产假保障

中国现行的生育保护假期主要包括产假、生育奖励假、陪产假等。其中，产假包括生产前、分娩以及产后休养这三段时间，是产妇的专属权利。1951 年《劳动保险条例》设立产假制度，规定女性职工可享有 56 天产假，休假期间工资照常支付，此产假待遇适用主要限定于有 100 名职工以上的工厂以及从事矿业、铁路、航运的企业。1988 年出台的《女职工劳动保护规定》将产假增加至 90 天，产假适用范围扩展为一切国家机关、人民团体、企业、事业单位的女性劳动者。企业单位不得拒绝聘用符合工作要求的女性劳动者，产假期间用工单位不得减少女性劳动者基本工资或解除劳动合同。1995 年正式实施的《劳动法》将产假适用范围延展至与中国境内企业签订劳动合同的所有女性劳动者。为鼓励晚婚晚育，2001 年《计划生育法》规定符合规定生育的公民可获得晚育奖励假期，各地方根据具体情况执行规定。2012 年《女职工劳动保护特别规定》第 2 条和第 7 条中对产假制度做了详细规定：中华人民共和国境内的国家机关、企业、事业单位、社会团体、个体经济组织以及其他社会组织等用人单位的女职工，有权享有 98 天产假，符合 2000 年 ILO《保护生育公约》（简称"第 183 号公约"）中关于 14 周标准产假的国际标准。其中，产假可以休假 15 天；难产的，增加产假 15 天；生育多胞胎的，每多生育 1 个婴儿，增加产假 15 天。女职工怀孕未满 4 个月流产的，享受 15 天产假；怀孕满 4 个月流产的，享有 42 天产假。

2002年生效的《人口与计划生育法》第25条创设了"生育假"（在地方立法中多被称为"生育护理假"），规定"公民晚婚晚育，可以获得延长婚假、生育假的奖励或者福利待遇。"各地对晚育奖励假的规定分为以下几种：一是对符合晚育条件的，直接在原有法定产假天数上予以增加，并奖励配偶一定天数的护理假期；二是只有在产假期间根据地方相关法规领取《独生子女父母光荣证》的，才能获得额外奖励产假和配偶护理假；三是必须符合晚育条件并领取《独生子女父母光荣证》才可获得生育奖励假。2015年通过《人口与计划生育法修正案》，将第25条修改为合法生育可获得延长生育假的奖励，将原有晚育奖励假改为生育奖励假，包括延长产假和陪产假。虽然各地条例均增加了产假天数，但由于地方法律位阶较低，增加的产假天数并未完全在地方落实。①

陪产假是我国合法登记结婚的男性配偶有权利享有的，该假期属于生育政策性奖励假期。陪产假的具体内容由各地依据本地区社会经济发展状况规定。2016年全国二孩政策施行后，全国多个省份对陪产假做了不同程度的延长和调整。

无论是假期天数还是产假工资补贴、生育医疗费水平，我国产假制度都处于全球前列，但仍存在较多需要完善的方面，例如育儿假期尚未纳入完整的生育假期体系，地方法规关于假期天数和生育补贴数额存在较大差异，立法侧重保护女性劳动者生育权益而未明确男性劳动者享有生育假期权益，生育保险制度有待完善等问题。

5. 妇女劳动权益保护

《女职工劳动特别保护规定》是我国第一部综合性女职工劳动保护专门性法规，是在1988年颁布实施的《女职工劳动保护规定》基础上修订而成，立法目的在于保障女职工劳动权益，促进妇女全面发展。国务院2012年颁布《女职工劳动保护特别规定》之后，一些省份也陆续采取了相应举措进行落实。如山西省2015年7月30日通过《山西省女职工劳动保护条例》，自2015年10月1日起施行；安徽、宁夏、河北、浙江、江西、陕西、江苏、河南等省份也相继出台了省级规定。《湖南省女职工劳动保护特别规定》自2020年3月8日起正式施行，在规定上有了较多创

---

① 陈咏：《生育假期法律制度的研究》，深圳大学硕士学位论文2019年。

新。第3条"用人单位应当采取下列措施,加强对女职工的劳动保护"的具体规定是对国家规定第3条和第4条的具体细化;第4条则是对国家规定第5条的具体细化和深化,尤其是在国家规定基础上进一步规定"用人单位不得因女职工结婚、怀孕、休产假、哺乳等情形","限制其晋级、晋职、评定专业职务";其第8条增加规定"符合法定生育条件的,依法享受奖励产假60天","怀孕满7个月终止妊娠的,享受75天产假";第12条规定"女职工比较多的用人单位应当根据女职工的实际需要,建立女职工卫生室、孕妇休息室、哺乳室等设施";第13条规定"鼓励用人单位以单独或联合相关单位共同举办的方式,在工作场所为女职工提供福利性1至3岁婴幼儿照护服务";第14条规定"县级以上人民政府可以通过采取提供场地、减免租金、政府补贴等政策措施,支持社会力量开展婴幼儿照护服务"。

三、人口迁移政策的变化

建国以来的人口政策划分为六个阶段。[①] 1949—1957年为人口自由迁移阶段。中共中央七届二中全会提出了"党的工作重心由农村转向城市"的主张,对人口流动实行自主迁移政策,允许城乡居民在城乡之间或城镇之间自主迁移,形成了新中国成立以来第一个比较稳定的人口迁移活跃期,带来了第一次大规模的农村向城市人口迁移。

1958—1977年为人口限制迁移阶段。1961年开始,大力精简城市人口,充实农业第一线,出现了第一次逆城市化运动。1966—1977年出现了以知识青年下乡和干部下放为特征的第二次逆城市化运动。

1978—1988年为人口流动放开阶段。1983年1月,中央发出一号文件《当前农村经济政策的若干问题》,开始在全国农村推行家庭联产承包责任制改革。这种改革使农民有了生产经营自主权利,大量农民从土地上解放,成为剩余劳动力。随着农村商品生产和商品交换的迅速发展,乡镇工商业蓬勃兴起,越来越多的城郊农民转向城镇务工经商。政府于是规定,在城镇有固定住所、有经营能力或在乡镇企事业单位长期务工、经商、办服务业的农民和家属可以在城镇落户,农民流向城镇的闸门开启。

---

① 此部分参考张希:《中国人口流动政策的演进、特点与建议》,《宏观经济研究》2019年第3期。

1989—1999年为人口流动管制阶段。1989年3月，国务院办公厅正式发出《关于严格控制民工盲目外出的紧急通知》，揭开了中国流动人口管制政策的序幕。1990年，政府提出要运用法律、行政、经济的手段对进城务工的农村劳动力实行有效控制和严格管理，并建立临时务工许可证和就业登记制度。1991年2月，国务院办公厅发布《关于劝阻民工盲目去广东的通知》，旨在控制人口的盲目流动。1994年11月，劳动部颁布《农村劳动力跨省流动就业管理暂行规定》，开始对跨省人口流动进行控制。暂行规定主要实行流动就业证制度控制流动人口跨省流动，采取本地就业优先原则、严格控制招收方式等限制跨省人口流动。1995年7月，中央社会治安综合治理委员会会同公安部、劳动部等16个部委在厦门召开全国流动人口管理工作会议，中国流动人口管制政策逐步走向规范化和制度化。1997年4月，中央社会治安综合治理委员会成立了流动人口治安管理工作领导小组，统筹指导、协调全国流动人口治安管理工作。

2000—2008年是人口流动加快阶段。2000年6月，中共中央、国务院发布《关于促进小城镇健康发展的若干意见》，允许中小城镇对有合法固定住所、稳定职业或生活来源的农民给予城镇户口。这表明中国流动人口政策发生了积极变化。《关于解决农民工问题的若干意见》《关于进一步加强流动人口服务和管理工作的意见》是规范中国流动人口融合政策的重要文件。

2009年至今是人口流动深化阶段。党的十八大报告明确指出，加快改革户籍制度，有序推进农业转移人口市民化，努力实现城镇基本公共服务常住人口全覆盖。十八届三中全会明确指出，推进农业转移人口市民化，逐步把符合条件的农业转移人口转为城镇居民。十八届五中全会明确指出，推进以人为核心的新型城镇化，深化户籍制度改革，促进有能力在城镇稳定就业和生活的农业转移人口举家进城落户，并与城镇居民享有同等权利和义务。党的十九大报告提出加快农业转移人口市民化。2019年3月，国家发改委印发《2019年新型城镇化建设重点任务》，进一步明确了加快农业转移人口市民化的重点人群、具体任务等。国家"十四五"规划（2021—2025）要求推进以人为核心的新型城镇化，加快农业转移人口市民化。

四、人口政策的特征与功能

1. 人口政策的特征

从注重人口数量到促进人的全面发展。长期以来，计划生育政策等同于人口政策。从紧控制生育的人口政策占据主流。人口政策作为配套工程，发挥着为实现经济目标保驾护航的作用。在实现了人口再生产类型转变之后，人口政策也从数量控制型转向稳定低生育水平型。国家开始调整和优化计划生育政策，从关注生育多少孩子的狭义人口政策转向关注人口健康与福利的广义人口政策。随着2016年全面二孩政策的实施，人口政策进入统筹解决人口问题、促进人的全面发展的新阶段。人口政策目标更加丰富，涵盖改善人口结构，引导人口合理分布，保障人口安全，促进人口与经济、社会、资源、环境协调和可持续发展。

人口老龄化逐渐成为政策重点。长期以来的"一胎化"独生子女政策所带来的老龄化、出生性别比等社会问题已使人口年龄和性别结构不能很好地适应当今社会经济发展之需要。全面二孩政策的放开带来了新的契机。2020年底，中国妇女的总和生育率已低于1.5，面临较高的"低生育率陷阱"风险。三孩生育政策的放开，能够适度释放一部分人的生育意愿，但现实的养育困境又会反向抑制生育意愿，若相应的生育支持性政策体系不够完善，构建人口均衡型社会难以实现。40多年来中国的发展动力中，除了改革开放释放的制度红利外，人口红利也是功不可没的。第七次全国人口普查数据显示，我国60岁以上人口约有2.64亿，占总人口的18.7%。并且我国人口老龄化程度将不断加深，据预测，到21世纪中叶，60岁以上人口将达到4.87亿，约占总人口的35%。人口老龄化将成为不可逆的社会趋势。人口老龄化不仅仅是挑战，也是发展机遇。让老年人共享经济社会发展成果，充分发挥老年人的社会参与作用，积极构建老年友好型社会。老龄产业很可能成为新的经济增长点。充分利用老年人的消费需求促进经济增长，不仅满足老年人消费需求，提高老年人福祉，也是事关经济可持续增长的重点问题。目前国家正从经济领域、养老金制度、老龄文化、老龄消费、老龄教育等多方面，推动积极老龄化国家战略的实践路径和具体措施。

目前我国只有一部《老年人权益保障法》是专门针对老年人权益的，国家层面应对人口老龄化的行政法规亟待尽快完善。政府、市场、社会、家庭和老年人个体应联动起来提高养老服务水平，这对减轻全社会对人口老龄化、养老预期焦虑具有积极意义。现阶段养老服务聚焦在解决最困难、最需要帮助的失能失智老年人照护服务上。老龄消费市场要加快本土创新，结合老年人的生理心理特点，满足他们的精神文化娱乐休闲需求，方便老年人的"轻技术"产品供给有待加强。同时引导健康老年人提高学习能力，提升整体素质，对提高我国劳动力供给质量有重大意义。

以人为本与可持续发展理念逐步融入。进入新时代，我国社会主要矛盾转化为人民日益增长的美好生活需要和不平衡不充分的发展之间的矛盾。当前，经济社会总量发展尚不能满足人民日益增长的生活质量要求。人口发展进入深度转型期，人口发展不平衡不充分问题上升为我国人口发展中的重要矛盾。人口总量压力与结构性（年龄结构、老龄化、城乡结构、素质结构等）问题并存，生育的家庭自主性、主动性进一步增强。我们要积极应对人口老龄化，推进以人为本的新型城镇化，把人民对美好生活的向往作为奋斗目标；探索人口发展道路，实现人口长期均衡发展，达成可持续发展的目标。社会经济发展战略决定人口发展目标，当下人口政策呈现出大人口观，生育支持政策、老龄化政策、城镇化政策多维一体，要对人口问题进行综合治理，克服"单打一"的人口战略和措施，即对人口问题进行综合治理，克服单一人口数量导向的人口战略和措施，注重人口的多重需求满足和人口长期稳定发展目标的双重实现。

注重政策的延续性和连贯性。人口自身发展及人口与经济社会、资源环境协调发展是现代化建设进程中面临的根本性问题之一。人口数量、素质、结构、分布状况既是国家发展的禀赋条件，也是经济社会的衡量指标和发展目标。计划生育政策实施30多年后，逐步转向单独二孩、全面二孩、全面三孩政策，这是既定生育政策在新的经济社会形势下的重大调整和转型。生育政策的逐步调整、老龄化政策的稳步完善、人口城镇化政策的日益全面，均体现了人口政策的延续性和连贯性。人口政策的稳定是人口长期发展的需要。有效的人口政策，依赖人口与经济社会的两性互动。在新的时代背景下，人口政策将面临科技更迭、产业组织形态、劳动力合作模式等方面的重大调整，需不断摸索人口数量、素质的发展规律性，并及时做出回应，以满足人口结构变迁的新要求。

2. 人口政策的功能

引导生育行为。从计划生育到全面三孩的生育政策演化过程，满足了我国人口结构调整的迫切诉求。过去的计划生育政策为社会经济发展聚集了丰富的劳动力资源和低负担人口结构，这是中国经济腾飞的重要劳动力基础。① "质量-数量"权衡理论认为，随着家庭中子女数量的减少，投资于每一个子女的资源更多，我国实施的计划生育政策有利于提高人力资本投资质量。而在现在低生育水平的社会背景下，全面三孩政策的实施和一系列生育支持政策（如延长孕妇产假、延长配偶陪产假，增加夫妻共同育儿假，发放多孩生育补贴，优化婴幼儿照护政策和托育服务，保障妇女产后返岗和支持女性职业发展）的推行，有利于刺激育龄人群的生育意愿，提高多孩生育率，使更多家庭想生、敢生、会生。

调整和干预人口数量、结构、素质及分布。2016年全面放开二孩是中国生育政策不断适应人口发展新态势的必然要求。但"全面二孩"政策实施以来，中国的总和生育率依然维持在较低水平。生育政策调整的边际效应进一步减弱。随着老龄化社会的到来，发展高质量的老年大学和老年人力资源培训机构，鼓励老有所学的终身学习体系和"人才蓄水池"机制，有利于将老年人积累的生产技能和知识再次运用到社会生产中，获得合理报酬、劳保福利。以人为中心的城镇化政策有利于引导农业转移人口合理流动，提高农业转移人口市民化水平。在城镇化过程中实现人与自然和谐共存、经济社会与生态环境协调发展，关系着每一个家庭、每一位个体的生活与生存质量。要积极发展数字化学习资源，革新教育模式，不断提高新进入劳动力市场的增量劳动力群体的技能水平，通过优化劳动力供给质量缓解产业数字化转型和智能化升级过程中的结构性失业。

推动人口要素自身均衡发展，促进人口与经济社会资源环境协调、可持续发展。人口政策是人口发展战略的重要体现。适度人口发展战略

---

① 王琳：《中国人口政策与社会发展》，《中国劳动关系学院学报》2019年第5期。

意味着人口数量、人口增长速度、人口结构是合理的，人口与资源、环境、经济、社会发展之间是可持续的。① 国家应将人口政策作为社会政策的一部分，以更全面地促进国民的自由发展和社会进步，而非采取单一的人口政策盯住人口数量不放。人口要素是经济社会发展的重要基础。在积极老龄化的国家战略基础上，激发老年人口活力、释放老年人红利，实现全人口全生命周期内的有序发展与经济社会整体均衡，开启老年人口红利机遇期，实现老龄化"中国问题"向"中国特色"的转化。②

对于中国人口政策而言，需讨论和反思的不是技术层面的问题，而是价值理念问题，这恰恰是一切社会政策的根源。中国需要建立以社会政策和社会福利制度为基础的新型人口政策，要从单一人口政策向宏观社会经济政策引导转化，要将人口政策置于社会政策和社会福利制度之中，结合就业、卫生、教育、社会保障、环境保护、社会福利等各个方面，来妥善解决人口问题，改善人口结构，提高人口素质。更重要的是对中国未来人口调控和计划生育走向的思考。在国家大力发展和建立全覆盖社会保障体系的背景下，可以考虑融入国家的社会保障制度体系，包括社会保险、社会福利、社会救助等各个领域，如农村计划生育家庭的养老奖励扶助，新农合、新农保的缴费补贴等，采用增补有限的方式，体现制度保障和公平理念。③

第三节 中国的家庭政策

一、家庭政策的内涵

家庭作为人口行为的基本决策单位和实施主体，其行为结果构成人

---

① 王跃生：《再现历史与走向未来——读〈大国之策——新中国人口政策回顾与展望〉》，《当代中国史研究》2020年第5期。
② 李连友、李磊：《构建积极老龄化政策体系 释放中国老年人口红利》，《中国行政管理》2020年第8期。
③ 刘爽、朱宇、郑澜：《全球人口干预与"新的中国选择"——超越"全面两孩"政策的思考》，《人口研究》2016年第6期。

口发展的微观基础。受当前少子老龄化的家庭结构性变化和社会文化观念变迁的影响，中国家庭的养育后代、赡养老人等功能逐渐弱化，传统的代际支持模式（主要指子代对父代的代际支持，即成年子女对老年父母经济、生活和精神等方面的支持）也在发生改变。中国的家庭政策建立势在必行。在生育支持、幼儿养育、青少年发展、老人赡养、病残照料等方面，突出以家庭整体作为相关政策的实施对象，确保家庭政策既能帮助弱势家庭成员，提升养老育幼功能，避免代际贫困，同时能促使家庭在经济社会发展战略中的主体作用。

社会政策的演变过程事实上是对政府与家庭责任界限不断重新界定的过程。在家庭政策的框架下，国家、企业、社会对家庭的支持通过立法被制度化，内容涵盖家庭照顾、生育/抚育/教育、养老等多个方面。政府对家庭功能的认识与重视程度在很大程度上决定了家庭政策的走向。家庭政策主要是指政府用于稳定家庭与承担家庭功能而针对家庭所推行的社会政策。家庭政策将家庭整体作为基本的福利对象，以发展家庭能力为目标进行家庭投资，推进家庭政策的适度普惠性。广义的家庭政策包含了卡梅尔曼和卡恩所谓的显性和隐形家庭政策，前者具有直接而明确的家庭目标，并以家庭为对象，包括对婚姻行为、生育行为、家庭关系、儿童保护等直接施加影响的政策法规，为对象家庭（如多子女家庭）或家庭中成员（如孕产期夫妇、儿童、老人）提供收入支持和公共服务等；后者指没有明确的家庭目标但对家庭有影响的政策。[1] 狭义的家庭政策概念，指政府针对家庭，稳定家庭与承担家庭功能的社会政策，包括生育孕产政策、婚姻政策、养老与儿童保护政策等。从政策涉及的范围而言，家庭政策和社会政策并无二致，差别在于前者把重点放在家庭和个人的家庭角色上，政策目标关注的是家庭福利和个人从家庭获得的福利。[2]

当今中国，家庭模式多元，除了主流的核心家庭外，还出现了空巢家庭、失独家庭、单亲家庭、丁克家庭、独身家庭、同居家庭及同性家

---

[1] Kamerman, S. B. E., Kahn, A. J. E. Family Policy: Government and Families in Fourteen Countries, 1978, Columbia University Press.

[2] Alter, C. Understanding Family Policy: Theories and Applications - Zimmerman, SL. Washington: Natl Assoc Social Workers, 1997.

庭。不同类型的家庭需求呈现差异化，目前的制度和政策还鲜有涉及，家庭政策需不断完善，才能促进家庭功能的正常发挥，提升家庭成员的幸福感。空巢家庭、单亲家庭、未婚母亲等现象的增多以及一系列社会问题引起人们的关注，家庭功能和责任的复原成为社会各界普遍的诉求。

概括起来，我国的家庭政策主要包括婚姻政策、生育孕产政策、儿童保护政策、养老政策。

二、家庭政策的发展

1. 家庭价值目标变化

家庭政策经历了从国家在家庭之外对市场和社会的干预以弥补家庭功能，到投资人力资本、支持家庭、建立发展型家庭政策以增强家庭功能的转变。① 家庭政策以家庭福利为主要形式，以资源再配置、鼓励生育、家庭照顾、促进性别平等等为功能目标，对家庭资源和家庭行为直接产生影响。对公民个体的支持和对家庭关系的支持是家庭政策需要保持相对平衡的两个不同面向。② 在东亚各国，家庭本身一直是重要的福利供给主体。在我国的生活实践中，家庭政策具有比在其他国家更为重要的地位。国家对家庭生活的干预更为突出，如提高妇女地位，鼓励妇女参与生产劳动和限制生育等。国家替代市场承担住房等大宗公共产品供给。这些都构成了影响个体-家庭关系的特殊力量。

1949年以来，中国的家庭制度在不同历史时期经历了价值目标的重大转变。1950年《婚姻法》凸显了当时婚姻法为主、家庭法为辅、家庭政策依附在婚姻政策的大背景下，国家在社会主义新型婚姻家庭政策建设中扮演主导性和建设性角色的时代性特征。相比于东亚其他国家，中国的"国家-家庭-个体"关系在20世纪50年代至70年代曾经历了不同的演变历程，这构成了当下家庭政策供给体制的历史背景。国家以法律的形式对家庭成员间的抚养/赡养义务做了规定。1950年《婚姻法》第13条明确规定："父母对于子女有抚养教育的义务；子女对于父母有赡养

---

① 吕青：《社会政策转向与中国家庭政策选择》，《甘肃社会科学》2013年第1期。
② 陈映芳：《价值暧昧抑或目标分异——当下中国的家庭政策及其供给机制分析》，《社会》2020年第6期。

扶助的义务;双方均不得虐待或遗弃。"在1950年《婚姻法》的基础上,1980年《婚姻法》以专门一章的形式列出了"家庭关系"(第三章),进一步明确了子女与父母(增加了继父母)之间的赡养和抚养/教育的责任。此外,该法律还将祖孙关系、兄弟姐妹间的关系也明确纳入"家庭关系"的范围,并规定了家庭成员间的生活保障责任。1982年,家庭责任被正式列入宪法:"父母有抚养教育未成年子女的义务,成年子女有赡养扶助父母的义务"(第49条)。1996年的《老年人权益保障法》又明确、详细地将"养老"规定为家庭成员责任。2001年,新修正的《婚姻法》再次强化家庭成员间的生活保障责任。相对于1980年的《婚姻法》,2001年修正的《婚姻法》规定,家庭成员之间,即使中间一代仍在,祖孙间也依然必须承担相互的生活保障责任。另外,此次修改的《婚姻法》还规定了弟妹对兄姐的反哺性生活保障责任。在这样的法律框架下,家庭责任实际涵盖了联合型家庭(通常所说的"大家庭")的所有成员。成年子女与原生家庭间被构建成一个边界模糊的消费共同体。一旦部分成员遇到生活困境,另一些成员承担救济责任。代际家庭作为消费共同体的属性及功能受到另一些隐形的家庭政策的鼓励和影响。中国没有出台遗产税、赠与税等相关税法。中国普遍存在父母为子女购房、父母将房产及其他财产赠与子女的财产转移/赠与现象。子女与父母间形成了财产权一体化的关系,家产制在代际家庭中得以维系。20世纪80年代以来,婚姻法规保持了婚姻自由原则的一致性——中国一直采取离婚自由主义和对无过错离婚基本无限制的立法原则。人们越来越多地获得了婚姻自主权。2003年发布的基于2001年《婚姻法》的《婚姻登记条例》取消了一个月的离婚审批期的做法,这导致协议离婚的零限制,申请者可以即时拿到离婚证。2020年《民法典》又重新规定了30天的离婚冷静期。

从婚姻双方的权利义务来看,1950年《婚姻法》曾规定,婚姻期间的债务在离婚时无夫妻共同财产偿还时由男方负责归还。在1980年《婚姻法》中,此规定改为离婚时由双方共同偿还。1993年最高人民法院曾在司法解释中规定,一方婚姻财产随着婚姻存续时间的延长,可视为夫妻共同财产。2011年的司法解释一取消了这一规定。2018年,国家再次对《婚姻法》修改,规定一方的婚前财产,离婚时另一方无权分割。这些法律变迁充分体现了相关家庭政策对横向婚姻关系中个体自由的不断强化，但法律对传统家族主义中的代际关系并没有予以干涉。2021年1月1日实施的《民法典》，在婚姻家庭篇中设定了一项新制度——为期一个月的"离婚冷静期"。这有利于减少冲动离婚、随意离婚现象的发生，但同时这种以家庭化为目标的制度设置很难收到预期效果，反而可能降低结婚预期。

2. 家庭制度的重构

20世纪70年代末80年代初，中国曾出现一个由自下而上与自上而下双向互动而形成的家庭化的社会转变过程，90年代的经济体制转变和市场化运动不仅进一步推进了社会生活保障的家庭化，还带来了国家主导的家庭主义意识形态的复兴。改革开放以前，虽然"阶级"观念本身具有非亲缘共同体甚至去家庭化的属性，但随着"家庭出身"的身份化，以及"社会关系"（亲属网络）被纳入政治审查体制，个体与原生家庭及其亲属团体的关系事实上也被延伸到婚姻家庭法之外的制度空间，成为直接影响个体和家庭获得身份地位及公共服务资源的重要因素。由于国民户籍身份的属地化、差异化，地方政府同时也成为公民社会权的主要供给主体，人们因为国家总体发展需要被纳入不同的家庭政策对象群体。[1] 在近几十年来重构家庭制度的过程中，虽然有非常活跃的法律和公共政策的持续供给，但其背后的价值立场不乏混乱，尤其在个体价值和家庭价值之间，以及女性权利平等等问题上，表现出摇摆不定和具有功利性特点的国家主义立场。[2]

近年来，"家庭"作为社会权的受益单位，逐步进入社会政策的改革议题。地方政府作为社会政策的主要供给主体，如何将"家庭"设计为社会政策的受益单位，依然面临难题，这客观助长了地方政府对社会政策的工具性倾向。由于地方政府的社会政策主要以公民为对象，大部分城市政府根据自身的经济需要和财政支付能力，理性地建立起依据劳动力经济价值而差异化地制定市民身份的国内迁徙政策（具体而言，即吸

---

[1] 陈映芳：《价值暧昧抑或目标分异——当下中国的家庭政策及其供给机制分析》，《社会》2020年第6期。

[2] 吴小英：《公共政策中的家庭定位》，《学术研究》2012年第9期。

引年轻劳动力到城市,支付高工资,而年迈的劳动力得不到保障,只能返乡),其中包括对各种流动人员的家庭关系实行吸纳或排斥的工具性社会政策,这也是城市政府"去家庭化"的具体体现(乡城双栖家庭、流动家庭),家庭不在场现象大量存在。① 同时,城市政府也损失了一部分这些家庭作为消费共同体和福利供给主体的经济功能。

三、家庭政策的特征与功能

1. 家庭政策的特征

去家庭化和家庭化双重模式并存。国家在保障公民个体基本权益的同时,通过家庭政策维护家庭整体利益,并对个人-家庭关系做出调整。自1949年以来,在以政治伦理形式介入家庭亲密关系的同时,国家以法律的形式对家庭成员间的抚养/赡养义务做了规定。在单位制中,个体作为不同性质的职业团体的"单位人"或"家属人",可以从国家获得种种不同的福利资源的配置。20世纪90年代的经济体制转变和市场化运动不仅进一步推进了社会生活保障的家庭化,还带来了国家主导的家庭主义意识形态的复兴。同时户籍身份的差异使得地方政府提供公共服务时以劳动力为供给主体,对其家庭成员采取部分接纳的态度;企业在招聘女性职工过程中,更加青睐完成婚育任务的女性。这均是"去家庭化"政策的具体体现。

分散化和碎片化分布。现有家庭政策缺乏完整的表述,价值目标多元并存。婚姻关系、代际关系、亲子关系是家庭关系的主要内容。婚姻政策、生育孕产政策、儿童保护政策、养老政策等呈现碎片化分布,我国还没有一部系统的《家庭法》。与发达国家相比,我国的家庭政策在很多方面是缺失的,除了生育政策对低收入家庭及部分特殊家庭的支持政策相对完整外,大多数领域要么是政策空白,要么是政策目标不清,且缺乏具体可操作的措施。

补缺型政策为主,普惠型政策缺失。改革开放后,我国的家庭政策基本缺位。在制定法律和政策时,较少从家庭的整体视角出发。在个别

---

① 何艳玲:《面向家庭的治理变革》,《城市治理研究》2018年第1期。

领域，如社会救助制度、计划生育奖励救助制度等方面存在以家庭为对象的政策。① 家庭政策以补救和应急为主，只有当家庭出现了功能方面的缺陷时才会提供帮助。目前学界的基本共识是要构建"家庭友好型"政策，政府也开始重视对家庭整体的支持和保护。

2. 家庭政策的功能

为困境家庭提供福利供给。针对困境家庭，政府不仅向贫困家庭提供兜底的社会救助，还采取措施促进家庭自我发展能力的提升，如城乡低收入家庭、低保家庭、计划生育特殊家庭、残疾人家庭、家庭成员患有重大疾病的家庭。在家庭支持不足以抵御家庭风险的情况下，家庭政策能够有效提高这些家庭的风险应对能力和可持续发展能力。

促进婚姻和家庭稳定。家庭变迁及家庭结构、关系、功能的变化，对社会和个人的影响是巨大的。家庭规模小型化、家庭功能弱化、代际利益冲突增多及家庭的动荡和异化现象都会增加家庭问题进而引发社会问题。在全面三孩的社会背景下，有关儿童和老人照顾的政策逐步由市场、政府承担，这有利于弥补家庭功能弱化的缺陷，促进妇女进入劳动力市场实现工作与家庭平衡，改善双职夫妻的家务分担压力，有利于保障婚姻和家庭关系的两性发展。家庭通过婚育政策的支持，增强已婚个体经营家庭的能力，减少家庭破裂的风险。

促进家庭功能正常发挥。家庭各项基本功能的正常发挥是维持成员身心健康和发展的前提。家庭功能包括性功能、繁殖功能、经济功能和教育功能等。我国的家庭功能弱化成为广泛关注的社会问题。养老育幼功能由社会、市场承担来平衡双职夫妻的工作-家庭冲突，已成为普遍的社会诉求。城镇化背景下乡城频繁流动使得农村家庭的完整性受损，农村留守家庭、城市流动家庭的教育和赡养功能的发挥受到了较大抑制。家庭政策的构建和完善是当前社会发展的迫切诉求。

促进经济和社会稳定。随着各种与家庭相关问题的范围不断扩大和复杂化，以及这些问题对经济和社会发展的影响日趋明显，家庭问题不再是私人问题，家庭行为（如消费）也会影响经济发展，家庭具有公共

---

① 刘永廷：《论我国家庭政策的制度性支持》，《中华女子学院学报》2020 年第 3 期。

产品的属性。基于资产投资的角度，提高家庭发展能力，就是投资于社区、市场和整个社会，有助于形成全社会良性发展的局面。①

我国的家庭政策还不够系统和完善，在未来的家庭政策构建中，要突出以家庭发展能力为重点。具体来说，一方面是就业支持政策，包括平衡工作角色与家庭角色的矛盾，从制度上保障家庭照顾者的就业权利，发展家庭服务业，对就业困难家庭提供就业机会和培训；另一方面是供养家庭支持政策，包括劳动者供养家庭的税收优惠措施，就业者社会保障权益向法定受抚养者的合理延伸，家庭最低收入保障等。②

思考题

1. 中国生育政策发展特征及其主要功能。
2. 中国人口政策的主要特征及其功能。
3. 中国家庭政策的发展特征及其主要功能。

---

① 吕青：《社会政策转向与中国家庭政策选择》，《甘肃社会科学》2013 年第 1 期。
② 陈卫民：《我国家庭政策的发展路径与目标选择》，《人口研究》2012 年第 4 期。

第八章
中国的劳动就业政策

　　劳动就业政策是中国社会政策的重要组成部分。新中国成立以来，我国劳动就业政策经历了计划经济体制下的劳动就业政策、社会主义市场经济体制下劳动就业政策的初步建立和社会主义市场经济体制下的劳动就业政策的发展等不同阶段，并在不断调整中逐步走向完善。与此同时，中国的就业服务政策与劳动保护政策也随着社会主义市场经济的不断完善与劳动就业政策的不断发展而逐步完善。

第一节　劳动政策概述

一、劳动政策的内涵

1. 劳动政策的主体

劳动政策是由政府及其他组织制定的，以满足劳动者的美好生活需要、保护劳动者的合法劳动权益为重点，面向劳动者实施的旨在促进经济社会发展的行为总则的总称。

劳动政策主体包括中国共产党、立法机关、行政机关等。首先，中国共产党是劳动政策制定的提出者与参与者。中国共产党是中国特色社会主义事业的领导核心，党政军民学，东西南北中，党是领导一切的。中国共产党是劳动政策的提出者和推动者。劳动政策的建立与修订，是在党的领导下进行的。党基于人民群众对劳动政策的需要，与时俱进地推动劳动政策的立法工作，又基于人民群众对劳动政策的评价结果，推动劳动政策的修订与完善。其次，立法机关是劳动政策的核心主体。中国劳动政策的立法机关包括全国人民代表大会及其常务委员会以及各级人民代表大会及其常务委员会。省级人大、民族自治区人大的立法工作也是全国人大立法权的重要组成。再次，行政机关是劳动政策的重要主体。国务院是劳动法规的重要制定主体，部分劳动政策就是以国务院的行政决定出现的。人力资源和社会保障部在劳动政策制定中发挥了积极作用。根据《人力资源和社会保障部职能配置、内设机构和人员编制规定》(2018年12月31日起施行)，人力资源和社会保障部承担的劳动政策职责包括以下方面：一是拟订人力资源和社会保障事业发展政策、规划，起草相关法律法规草案，制定部门规章并组织实施。二是拟订人力资源市场发展规划和人力资源服务业发展、人力资源流动政策，促进人力资源合理流动、有效配置。三是负责促进就业工作，拟订统筹城乡的就业发展规划和政策，完善公共就业创业服务体系，统筹建立面向城乡劳动者的职业技能培训制度，拟订就业援助制度，牵头拟订高校毕业生就业政策。四是统筹拟订劳动人事争议调解仲裁制度和劳动关系政策，完善劳动关系协商协调机制，拟订职工工作时间、休息休假和假期制度，拟订消除非法使用童工政策和女工、未成年工特殊劳动保护政策。组织实施劳动保障监察，协调劳动者维权工作，依法查处重大案件。五是会同有关部门拟订农民工工作的综合性政策和规划，推动相关政策落实，协调解决重点难点问题，维护农民工合法权益。六是牵头推进深化职称制度改革，拟订专业技术人员管理、继续教育和博士后管理等政策，负责高层次专业技术人才选拔和培养工作，拟订吸引留学人员来华（回国）工作或定居政策。组织拟订技能人才培养、评价、使用和激励制度。完善职业资格制度，健全职业技能多元化评价政策。七是会同有关部门拟订事业单位人员工资收入分配政策，建立企事业单位人员工资决定、正常增长和支付保障机制。拟订企事业单位人员福利和离退休政策。此外，中华全国总工会也是劳动政策的重要参与主体。工会是中国共产党领导的职工自愿结合的工人阶级群众组织，中华全国总工会是各地方总工会和各产业工会全国组织的领导机关，在劳动政策的制定、改革中发挥了重要作用。根据《中华全国总工会主要职责》，中华全国总工会承担的劳动政策职责体现在：对有关职工合法权益的重大问题进行调查研究，向党中央和国务院反映职工群众的思想、愿望和要求，提出意见和建议；参与涉及职工切身利益的政策、措施、制度和法律、法规草案的拟定；参与职工重大伤亡事故的调查处理。

2. 劳动政策的客体

劳动政策客体是指劳动政策所发生作用的对象，主要包括劳动政策所要处理的劳动问题和所发生作用的劳动者两个方面。一方面，劳动问题的产生催生了劳动政策。劳动问题是在劳动过程中产生的影响劳动者实现合法权益的问题。如失业问题、未成年工问题、拖欠工资问题、低工资问题、工作环境恶劣问题、劳动过程中的不公平问题等。劳动政策的重要功能在于解决劳动问题。另一方面，劳动者是劳动政策发生作用的对象，是劳动政策的客体。劳动者是指达到法定劳动年龄，具有劳动能力，以从事某种劳动获得收入的自然人。劳动政策是针对劳动者实施的、旨在保护劳动者权益的政策。

劳动政策以满足劳动者的美好生活需要、保护劳动者的合法劳动权益为重点。第一，满足人民群众的美好生活需要是劳动政策的出发点和落脚点。政策的目的在于满足特定群体的需要。在社会主义国家，在"以人民为中心"发展理念指引下，劳动政策以保护劳动者的合法劳动权利，实现劳动者美好生活需要为出发点和落脚点。第二，保护劳动者的合法劳动权益是劳动政策的基本功能。根据《劳动法》，劳动者享有平等就业和选择职业的权利、取得劳动报酬的权利、休息休假的权利、获得劳动安全卫生保护的权利、接受职业技能培训的权利、享受社会保险和福利的权利、提请劳动争议处理的权利以及法律规定的其他劳动权利。在劳动者的劳动权利遭到侵犯时，需要通过劳动政策进行干预。

二、劳动政策的变迁

新中国成立以来，我国劳动政策的发展经历了三个阶段，包括1949—1978年计划经济体制下的劳动政策阶段、1979—2011年市场经济体制改革下的劳动政策阶段、2012年以来全面深化市场经济体制改革下的劳动政策阶段。

1. 1949—1978年计划经济体制下的劳动政策

1949—1978年，我国实行计划经济体制，这一时期我国劳动政策的发展主要体现在以下方面。

就业政策的探索。这一时期就业政策的发展又可以划分为两个阶段：1949—1956年的稳定就业政策阶段和1957—1978年的统包统配就业政策阶段。

新中国成立初期，失业问题较为突出。城市失业群体主要包括工人、商人、知识分子、国民党政权遗留下来的旧公职人员、流入城市的农村剩余劳动力、无业流民以及原来为官僚服务的雇工等。1949—1952年，城镇失业人数分别为474.2万、437.6万、400.6万和376.6万人，

1949年和1952年的失业率分别为23.6%和13.2%。① 1950年6月，毛泽东指出："帝国主义和国民党反动派的长期统治，造成了社会经济的不正常状态，造成了广大的失业群。革命胜利以后，整个旧的社会经济结构在各种不同的程度上正在重新改组，失业人员又有增多。"为了解决失业问题，政府出台了一系列促进就业的政策。一是国家采取"包下来"的就业政策。针对旧社会遗留下来的公职人员的就业问题，1949年，中共中央发出关于旧人员处理问题的指示，采取"包下来"的政策解决了600余万公职人员的就业问题。二是对失业人员进行失业登记、职业介绍及救济。1950年5月，劳动部颁布《市劳动介绍所组织通则》，提出各市劳动局设置劳动介绍所，办理失业工作登记及职业介绍。1950年6月，劳动部颁布《救济失业工人暂行办法》。关于救济办法，提出救济失业工人应以以工代赈为主，同时采取生产自救、转业训练、帮助回乡生产及发放救济金等办法；关于救济范围，原则上暂以原在各国营、私营的工商企业与码头运输事业中工作的工人和职员，以及从事文化、艺术、教育事业的工作人员为主；关于基金来源，企业按照实际工资总额的1%缴纳救济失业工人基金，在业工人和职员按实际工资的1%缴纳救济失业工人基金，同时，中央人民政府与地方人民政府拨给的救济基金和各界自愿捐助的救济金也是其来源。1950年7月，政务院颁布《关于救济失业教师和处理学生失学问题的指示》，提出对失业人员举办各种训练班，加强失业教师和学生的政治思想教育、业务教育，通过安置或介绍就业。1949—1956年，我国就业政策的目的在于支持、巩固新生政权和社会主义改造，采取的就业政策以稳定就业为主题。

1957—1978年，我国的就业政策进入了统包统配阶段。1956年三大改造完成后，我国确立了使全体劳动者实现"全面就业"的目标，制定了"统包统配"的就业政策。1961年，我国实施了"精简职工、鼓励返乡和'支农''支边'"的就业政策。1968年底，我国掀起了知识青年"上山下乡"高潮。1973年，中央下发《关于知识青年上山下乡若干问题的试行规定（草案）》，各省也制定"上山下乡"政策。这一时期，与经济体制相适应，我国的就业政策具有明显的计划性质，表现在两个方面。

---

① 国家统计局社会统计司：《中国劳动工资统计资料（1949—1985）》，中国统计出版社1987年版，第109页。

一是劳动用工关系以国家雇佣为主。1949—1978 年，在计划经济体制下，我国逐渐形成了统包统配的劳动用工制度。所谓的统包统配制度，是指对达到就业年龄的城镇社会劳动力由国家统一管理录用，再由国家行政部门根据计划和需要统一调整分配到各个企业。一旦劳动者分配到企业，原则上终生是所属单位的固定工，受国家保护，即常说的"铁饭碗"。① 因此，有学者认为，计划经济时代的劳动关系是自上而下的行政隶属关系而非雇佣关系，即劳动行政关系。②

二是最低工资制度的提出。1949 年 9 月，中国人民政治协商会议第一届全体会议通过了具有临时宪法性质的《中国人民政治协商会议共同纲领》，提出人民政府应按照各地各业情况规定最低工资。然而，受到意识形态的影响，理论界把最低工资归属于资本主义范畴，不承认社会主义国家存在最低工资。这一时期，最低工资制度处于缓慢发展阶段。

2. 1979—2011 年市场经济体制改革下的劳动政策

伴随着改革开放的推进，我国实施了"三结合""劳动合同制""再就业工程"等保障就业政策，就业政策由保障就业向积极就业转变。1980 年，中共中央通过《进一步做好城镇劳动就业工作》，提出在国家统筹规划和指导下，实行劳动部门介绍就业、自愿组织起来就业和自谋职业相结合的"三结合"就业政策。1983 年，劳动人事部发布了《关于积极试行劳动合同制的通知》《关于招工考核择优录用的暂行规定》，初步确立了劳动合同制的就业政策。1994 年，《劳动法》颁布，全员劳动合同制的就业政策得以确立。1995 年，劳动部发布了《关于全面实施〈再就业工程〉的通知》，提出实施再就业工程。这一时期，我国的就业政策具有市场化的典型特征。2002—2011 年，我国进入积极就业政策阶段。2002 年的《中共中央、国务院关于进一步做好下岗失业人员再就业工作的通知》，为下岗失业人员建立了以基本生活保障制度、失业保险制度和城市居民最低生活保障制度为主要内容的社会保障体系。2008 年，我国

---

① 史新田：《中国劳动关系系统论——从"单位型"向"市场型"》，中国民主法制出版社 2010 年版，第 50 页。

② 常凯：《劳动关系·劳动者·劳权——当代中国的劳动问题》，中国劳动出版社 1995 年版，第 42 页。

开始施行《就业促进法》，我国的就业工作进入法制化阶段。《促进就业规划（2011—2015年）》明确以产业带动就业、以就业带动创业的发展方向。这一时期，我国就业政策表现出典型的法制化、体系化特征。

劳动用工关系向国家雇佣与非公雇佣此消彼长的混合雇佣阶段转变。1986年，国有企业开始试行劳动合同制。1986年，国务院发布《国营企业实行劳动合同制暂行规定》《国营企业招用工人暂行规定》《国营企业辞退违纪职工暂行规定》《国营企业职工待业保险暂行规定》，将传统的就业制度逐渐推向市场化。同时，随着社会主义市场经济体制改革的推进，公有制为主体、多种所有制经济共同发展的格局逐渐形成，乡镇企业异军突起，劳动者就业渠道逐渐多样化，劳动力市场更为灵活，非公雇佣逐渐增多。总体而言，这一时期的劳动关系表现出典型的国家雇佣与非公雇佣此消彼长的混合雇佣特点。

最低工资制度的改革与发展。随着改革开放的推进，计划经济时期的最低工资制度已经难以适应时代发展要求，原有的最低工资制度主要覆盖公有制经济主体，对私营经济、个体经济主体覆盖面小。同时，最低工资标准调整过慢，滞后于人民生活水平的提升。因而，我国开始进行最低工资制度的改革。1985年的工资改革，国家为国有大中型企业工人规定的起点工资六类地区为35～38元，与1956年相比，货币工资水平仅仅提高了17%，大大低于同期城镇职工的生活费用上涨速度。[①] 1984年，我国宣布承认国际劳工组织第26号《制定最低工资确定办法公约》。其后，珠海、深圳、广州、江门等部分地区开展了最低工资制度的试点。1993年11月，劳动部发布《企业最低工资规定》，明确了最低工资的覆盖范围、最低工资率的确定、最低工资的给付、最低工资的保障和监督等。1994年7月，八届全国人大常委会第八次会议通过了《劳动法》，指出"国家实行最低工资保障制度，最低工资的具体标准由省、自治区、直辖市人民政府规定，报国务院备案"。1994年10月，劳动部印发《关于实施最低工资保障制度的通知》，我国最低工资制度基本确定。2004年，劳动和社会保障部颁布《最低工资规定》，提出最低工资覆盖范围包括中华人民共和国境内的企业、民办非企业单位、有雇工的个体工商户

---

① 林原：《经济转型期中国最低工资制度研究》，北京交通大学博士学位论文，2008年。

和与之形成劳动关系的劳动者,国家机关、事业单位、社会团体和与之建立劳动合同关系的劳动者,并指出了最低工资标准的确定和调整依据:"确定和调整月最低工资标准,应参考当地就业者及其赡养人口的最低生活费用、城镇居民消费价格指数、职工个人缴纳的社会保险费和住房公积金、职工平均工资、经济发展水平、就业状况等因素。确定和调整小时最低工资标准,应在颁布的月最低工资标准的基础上,考虑单位应缴纳的基本养老保险费和基本医疗保险费因素,同时还应适当考虑非全日制劳动者在工作稳定性、劳动条件和劳动强度、福利等方面与全日制就业人员之间的差异。"

3. 2012年以来全面深化市场经济体制改革下的劳动政策

实施就业优先政策。党的十八大以来,习近平总书记围绕如何推进就业工作提出了一系列新思想、新方略。在党的十九大上,习近平总书记提出,就业是最大的民生工程。在党中央的指导下,我国不断完善就业的法规建设。2017年,我国发布《关于做好当前和今后一段时期就业创业工作的意见》《关于强化实施创新驱动发展战略进一步推进大众创业万众创新深入发展的意见》。2018年,我国发布《人力资源市场暂行条例》《关于推行终身职业技能培训制度的意见》。这些法律法规的出台,使得我国就业政策朝着实现更高质量和更充分就业的目标迈进。

劳动关系以非公雇佣为主。进入新时代,民营经济在就业中发挥的作用越来越大。2018年11月,习近平总书记在民营企业座谈会上指出,改革开放40年来,民营经济贡献了80%以上的城镇劳动就业,90%以上的企业数量。民营经济的快速发展,使得非公雇佣成为新时代劳动关系的典型特征。

三、劳动政策的特征

1. 劳动政策的时代性

劳动政策是时代发展的产物。一定时期会产生这一时期独特的劳动问题,劳动政策就是为了解决特定时代的劳动问题而出现的,因而带有特定时期的时代特征。劳动政策的建立离不开特定时期经济社会文化发展的土壤，特定的时代背景孕育了与之相适应的劳动政策，特定时期的劳动政策带有特定时代发展的印记。

我国劳动政策的发展与其所处的时代背景密切相关。从经济体制转变及我国劳动政策的变迁来看，我国劳动政策大致可以分为计划经济时期的劳动政策和市场经济时期的劳动政策。在计划经济时期，为了配合经济计划的实施，我国采取统包统配的劳动用工制度。在市场经济时期，为了使得国有企业"轻装上阵"，推动国有经济的健康发展，我国开始实行劳动合同制。建国初期，面对旧社会遗留下来的公职人员的就业问题，国家采取"包下来"的就业政策。21世纪以来，随着"以创业带动就业"战略的提出，我国就业服务中更加重视创业培训。

2. 劳动政策的开放性

随着改革开放的不断推进，我国劳动政策的开放性特征愈加明显。主要表现在以下两个方面：一是经济的对外开放，促使中国劳动政策尤其是涉外经济领域中的劳动政策水准不断提升；二是国家批准和加入了越来越多的国际劳工公约，这对中国劳动政策的制定、实施和发展有着明显的推动作用。[1] 经济全球化、对外开放步伐加快会推动我国积极遵从劳动政策的国际惯例。同时，国际劳工标准对我国的影响也越来越大。国际劳工标准是国际劳工组织通过的国际劳动立法文件，对协调各国劳动关系具有指导作用。我国1994年通过的《劳动法》就是在借鉴和参照国际劳工公约的情形下制定完成的。

3. 劳动政策的层次性

从劳动政策的主体来看，有中共中央、国务院、各部委发布的劳动政策，有地方政府部门发布的劳动政策。如《最低工资规定》是由劳动和社会保障部颁布的政策，《陕西省最低工资规定》是陕西省人民政府结合陕西省实际情况，根据高一级的法律制定的。高层次的劳动政策对低层次的劳动政策起支配性作用，如《最低工资规定》对最低工资的制定要求进行原则性说明，是从整个国家的全局考虑制定的，地方政府在此

---

[1] 吴忠民：《中国现阶段劳动政策的主要特征》，《中国人民大学学报》2009年第4期。

基础上从地方实际情况出发建立适合地方实际的最低工资水平，颁发地方性最低工资规定。

第二节　就业服务政策

一、就业服务政策的原则与目标

1. 就业服务政策的原则

就业服务政策的原则包括兼顾公平与效率原则、坚持总量与结构并重原则、坚持普惠性与差别化相结合原则、坚持市场与政府相结合原则、坚持供给与需求并重原则、坚持权利与义务相统一原则。

（1）兼顾公平与效率原则。一方面，坚持公平原则。就业服务政策中的公平原则是指实现劳动者就业服务权利的平等，为劳动者创造平等的就业服务环境，保障劳动者享有平等的就业服务权利。2007年颁布的《就业促进法》指出，"劳动者依法享有平等就业和自主择业的权利。劳动者就业，不因民族、种族、性别、宗教信仰等不同而受到歧视"。就业服务中的公平原则具体体现在以下三个方面。一是保障劳动者就业服务的起点公平和过程公平。哈耶克认为，真正的平等是机会的平等。十八届四中全会指出，要"加快完善体现权利公平、机会公平、规则公平的法律制度"。就业服务的起点公平是指要平等地为所有劳动者提供必需的就业服务，防止出现因家庭、身份、性别、地域、户籍、年龄、容貌或者其他与就业服务无关的外在因素对劳动者接受就业服务机会的歧视。就业服务的过程公平是指劳动者享受政府提供的就业服务，便利地接受职业培训、就业指导等，不会在创业或就业过程中受到人为障碍，或者在接受就业服务过程中受到不平等的对待。就业服务的起点公平和过程公平密切联系：没有就业服务的起点公平，也难以实现就业服务的过程公平，只有就业服务的起点公平、缺少就业服务的过程公平，就业服务公平也难以实现。二是实现就业服务均等化。就业服务均等化包括城乡就业服务均等化、不同地区就业服务均等化以及不同群体就业服务均等化。从劳动者的角度来看，就业服务权利是劳动者应该享有的权利之一，不因身份、性别等外在条件存在差异，即劳动者的就业服务权利是平等的；从政府的角度来看，只有通过推进就业服务的均等化，促使所有劳动者实现就业、失业人员实现再就业，才能更好地促进社会就业的目标。三是完善面向所有困难群体的就业援助制度。为了实现社会成员就业服务的公平，应积极完善残疾人、农民工、大龄失业人员、长期失业人员等就业困难群体的就业扶持政策。

另一方面，坚持效率原则。就业服务的效率原则是对政府提供就业服务效果的衡量。就业服务的效率评价应通过主观评价与客观评价相结合的方式进行。在就业服务主观评价方面，劳动者作为直接就业服务对象，对就业服务的供给最有发言权，因而可将顾客满意度理论运用到就业服务的效率评价中。在客观评价方面，可综合运用宏观指标与微观调查指标进行评估。以失业状况、就业状况、劳动参与状况为代表的官方统计数据，以机构建设情况、再就业产业分布、培训成功率和网络平台建设等为代表的内部业务数据，以求职者满意度、用人单位满意度为代表的调研数据，共同构成了公共就业服务效率测量的指标体系。①

（2）坚持总量与结构并重原则。就业服务政策总量与结构并重原则是指既要着眼于我国劳动力众多的实际，高度重视就业服务政策总量问题，又要从地区、人群分化的角度出发，抓住主要矛盾，坚持精准发力，从具体地区的现实问题出发制定适合特定地区的就业服务政策。一方面，我国就业人口规模较大，失业问题较为突出。2020年末，我国就业人员75064万人，城镇登记失业人员1160万人，城镇登记失业率为4.24%，城镇调查失业率为5.2%。② 另一方面，不同地区、不同人群就业问题差异较大。东部、中部与西部地区就业状况存在差异，就业需求也存在不同。不同行业的劳动者就业服务需要也存在较大差异。因而，就业服务政策既要从劳动力众多的角度关注数量问题，又要从地区、人群差异的角度重视结构问题，实现数量与结构的统一。

（3）坚持普惠性与差别化相结合原则。就业服务政策普惠性与差别

---

① 封铁英：《新形势下公共就业服务体系创新：框架、要素与效率》，《人文杂志》2012年第6期。

② 数据来源于《2020年度人力资源和社会保障事业发展统计公报》。

化相结合原则是指既要加快建立公平普惠的就业服务政策，维护劳动者提升自身素质、参与就业服务的平等权利，又要坚持突出重点，扎实做好就业服务托底工作，帮助就业困难的劳动者提升就业技能。

（4）坚持市场与政府相结合原则。就业服务政策市场与政府相结合原则是指既要充分发挥市场在就业服务中的作用，又要提高公共就业服务能力，更好地发挥政府的作用。在社会转型时期，就业问题更加复杂，以政府与市场多元供给的就业服务格局逐渐形成，就业服务政策的供给，既要不断提升政府在就业服务政策供给中政策设计、财政支持、管理监督等方面的作用，又要通过优化政策环境，消除制度性、体制性障碍，积极引导市场在就业服务中的供给作用。

（5）坚持供给与需求并重原则。就业服务政策供给与需求并重原则是指既要提升就业服务政策供给的质量，又要瞄准劳动者日益增长的就业需要，坚持需要导向。一方面，就业服务政策的制定离不开经济社会政策的大环境，在一定时期经济社会政策顶层设计的框架得以确定的背景下，劳动政策的供给应以经济社会顶层设计框架为指导，提升政策供给的质量与水平。另一方面，随着经济社会的发展，劳动者的就业需要内容不断拓展，就业需求总量不断提高，就业需要层次不断提升。为了满足人民群众日益增长的就业需要，就业服务政策的供给必须树立满足劳动者就业需要的目标，瞄准社会成员不断变化的就业需要，完善就业服务政策。

（6）坚持权利与义务相统一原则。就业服务政策权利与义务相统一原则是指既要强调劳动者依法享有就业服务的权利，也要强调劳动者就业服务的义务。《就业服务与就业管理规定》第二章第4条规定"劳动者依法享有平等就业的权利"，第5条规定"农村劳动者进城就业享有与城镇劳动者平等的就业权利"，第6条规定"劳动者依法享有自主择业的权利"，这些是对劳动者就业服务权利的说明，同时，第7条对劳动者就业服务的义务进行说明，"劳动者求职时，应当如实向公共就业服务机构或职业中介机构、用人单位提供个人基本情况以及与应聘岗位直接相关的知识技能、工作经历、就业现状等情况，并出示相关证明"。

2. 就业服务政策的目标

提升劳动者就业能力。就业服务政策的实施，其基本目标是要满足劳动者就业需要，提升劳动者就业能力。1994 年《就业训练规定》第 1 条指出该规定颁布的目的为"规范和推动就业训练工作，提高劳动者的职业技能，促进就业"。1996 年《企业职工培训规定》第 1 条指出该规定颁布的目的为"规范企业职工培训工作，提高职工队伍素质，增强职工的工作能力"。

提高就业数量与质量。就业是指劳动者与生产资料相结合，从事社会劳动并获得报酬或经营收入的经济活动，包括就业数量与就业质量两个方面。有多少劳动者能够与生产资料结合并获得相应的收入，这反映的是就业的数量；劳动者与生产资料结合得好坏，如工作环境如何、工作的稳定性如何、取得报酬的高低等，这些体现的是就业质量。[①] 一方面，就业服务政策的目的在于通过政策实施促进失业问题的解决，使得富余劳动力能够找到工作，失业人员能够就业，提高就业数量。另一方面，就业服务政策的目的还在于通过政策实施提高劳动者就业能力，使得已就业劳动者的就业能力不断提升而不至于失业，未就业劳动者的就业能力不断提升而能获取就业机会。

培育和完善统一开放、竞争有序的人力资源市场。人才是组织发展的基础，人才的获取离不开人力资源市场。培育健康的人力资源市场是劳动领域面临的重要议题，就业服务政策的重要功能之一在于促进人才的有序竞争，促进劳动者队伍的健康发展。2018 年《就业服务与就业管理规定》第 1 条指出就业服务政策的实施目的之一是"培育和完善统一开放、竞争有序的人力资源市场"。

二、就业服务政策的体系

1. 职业指导

职业指导是指由职业介绍机构采取个人面谈、集体座谈、报告会、授课、通信联系等多种形式，向劳动者和用人单位提供职业咨询和服务。根据《就业服务与就业管理规定》，职业指导主要包括以下内容：① 向劳动者和用人单位提供国家有关劳动保障的法律法规和政策、人力资源市

[①] 刘素华：《就业质量：内涵及其与就业数量的关系》，《内蒙古社会科学（汉文版）》2005 年第 5 期。

场状况咨询；② 帮助劳动者了解职业状况，掌握求职方法，确定择业方向，增强择业能力；③ 向劳动者提出培训建议，为其提供职业培训相关信息；④ 开展对劳动者个人职业素质和特点的测试，并对其职业能力进行评价；⑤ 对妇女、残疾人、少数民族人员及退役军人等就业群体提供专门的职业指导服务；⑥ 对大中专学校、职业院校、技工学校学生提供职业咨询和服务；⑦ 对准备从事个体劳动或开办私营企业的劳动者提供创业咨询服务；⑧ 为用人单位提供选择招聘方法、确定用人条件和标准等招聘用人方面的指导；⑨ 为职业培训机构确立培训方向和专业设置等提供咨询参考。

2. 职业中介

职业中介服务是指由职业中介机构为劳动者和用人单位提供中介服务。根据2018年《就业服务与就业管理规定》，职业中介服务主要包括以下内容。① 职业介绍服务。主要由职业中介机构为劳动者介绍用人单位，为用人单位和居民家庭推荐劳动者。② 信息发布服务。主要由职业中介机构收集和发布职业供求信息，根据国家有关规定从事互联网职业信息服务。③ 组织职业招聘洽谈会。在职业中介服务提供中，职业中介机构禁止有下列行为：提供虚假就业信息；发布的就业信息中包含歧视性内容；伪造、涂改、转让职业中介许可证；为无合法证照的用人单位提供职业中介服务；介绍未满16周岁的未成年人就业；为无合法身份证件的劳动者提供职业中介服务；介绍劳动者从事法律、法规禁止从事的职业；扣押劳动者的居民身份证和其他证件，或者向劳动者收取押金；以暴力、胁迫、欺诈等方式进行职业中介活动；超出核准的业务范围经营；其他违反法律、法规规定的行为。

3. 职业培训

职业培训是指职业培训机构针对从业人员、有就业需求和意愿的待业人员，提供就业技能、岗位技能提升和创业能力提升的职业教育活动。按照培训对象和培训内容的差异，我国职业培训可以分为就业技能培训、岗位技能提升培训和创业培训。职业培训的开展由职业培训机构完成，我国职业培训机构主要包括职业院校、就业训练中心、民办职业培训机构、中外合作职业培训机构和企业培训机构。其中，职业院校以培养中高级技能人才为主，是集职业学校教育和职业培训为一体的综合性职业培训基地；就业训练中心是主要为新生劳动力和失业人员提供就业技能培训的职业培训基地；民办职业培训机构是社会组织或者个人，利用非财政性经费，面向社会举办的学校或其他培训机构；中外合作职业培训机构是外国教育培训机构同我国教育培训机构在我国境内合作举办，以中国公民为主要招生对象的职业培训机构；企业培训机构是由企业自主举办的职业学校和职业培训机构。①

4. 就业援助

就业援助是指公共就业服务机构针对就业困难人员和零就业家庭实施的优先帮扶和重点帮助。就业援助的对象包括就业困难人员和零就业家庭。其中，就业困难对象是指因身体状况、技能水平、家庭、失去土地等原因难以实现就业，以及连续失业一定时间仍未能实现就业的人员。零就业家庭是指法定劳动年龄内的家庭人员均处于失业状况的城市居民家庭。就业援助的手段主要包括税费减免、贷款贴息、社会保险补贴、岗位补贴、公益性岗位安置等。

三、就业服务政策的发展

1. 就业服务政策的建立

20世纪80年代，我国就业服务的发展主要表现为劳动服务公司的发展。1980年，全国劳动就业工作会议提出劳动部门介绍就业、自愿组织起来和自谋职业的"三结合"就业方针。1981年颁布的《关于广开门路，搞活经济，解决城镇就业问题的若干决定》，提出劳动服务公司是在劳动部门领导下，组织经济事业、统筹劳动就业、输送和管理企业临时用工、开展就业训练的一种较好的组织形式。1985年末，全国共建立各级各类劳动服务公司45659所，共安置待业人员614.57万人，组织培训177.16万人，管理临时工123.8万人。到1986年末，在劳动服务公司就业的还

---

① 李燕萍：《大陆地区公共就业服务与职业培训》，《中国就业》2019年第12期。

有700多万人，大约平均每年递增百万人。① 1989年《关于劳动服务公司发展和建设中若干问题的意见》对不同层级政府设立的劳动服务公司的职责进行确定。通过法律法规的不断完善，劳动服务公司服务范围不断扩大，行政管理制度逐渐规范，职责划分逐渐明确。

20世纪90年代，中国就业服务框架逐渐建立并不断发展，就业服务机构不断增加。1990年《职业介绍暂行规定》对职业介绍进行了规范。1993年《关于民办职业介绍机构管理问题的通知》规范了民办职业介绍机构的开办、审批和管理。1994年《职业指导办法》指出，职业指导的主要任务是向劳动者和用人单位提供咨询和服务，促其实现双向选择，职业指导服务包括培训、咨询等9项内容。其后，通过1995年《职业介绍规定》和1998年《职业介绍服务规程（试行）》，职业介绍制度不断完善。中国职业介绍所的数量从1992年的7500家增加到1994年的2.5万家。② 同时，中国人才服务机构数量也在快速增加。1994年《加快培育和发展我国人才市场的意见》，提出建立人才市场。1998年以来，政府人才服务机构数量基本稳定在3000家左右。③

2. 就业服务政策的不断发展

进入新世纪，中国就业服务不断完善。2000年《劳动力市场管理规定》，确定了职业介绍机构的类别和服务内容。2002年《关于进一步加强劳动力市场建设完善就业服务体系的意见》，提出加强公共就业服务与失业保险、职业培训工作的衔接。2004年《关于加强就业服务制度化、专业化和社会化工作的通知》，提出就业服务制度化的重点领域是失业人员登记和免费就业业务制度、就业困难群体再就业援助制度、政府出资购买服务和培训制度以及公共就业服务统筹管理制度，就业业务专业化要实现功能多元化、服务人性化、队伍专业化和手段信息化，就业业务社会化要实现面向社会服务、动员社会资源、接受社会监督。2005年《国

---

① 苏树厚：《新中国劳动制度发展与创新研究》，山东人民出版社2006年版，第196-197页。

② 王剑、陈蓝蓝：《不断发展与完善的我国劳动力市场中介组织——历史回顾与未来展望》，《兰州学刊》2009年第2期。

③ 数据来源于《2006年政府人事部门所属人才服务机构公共服务状况调研报告》。

务院关于进一步加强就业再就业工作的通知》提出，发展和规范各种专业性职业中介机构和劳务派遣、职业咨询指导、就业信息服务等社会化服务组织，鼓励社会各类职业中介机构为城乡劳动者提供诚信、有效的就业服务。2007年通过的《就业促进法》和《就业服务与就业管理规定》，确定了公共就业服务机构和职业中介机构的服务内容。2011年《中华人民共和国国民经济和社会发展第十二个五年规划纲要》将就业服务作为基本公共服务的重点之一，并提出从健全职业培训制度、加强创业培训、完善失业监测预警制度等方面促进城乡公共就业服务体系的发展。2009年全国各级人力资源和社会保障公共服务机构共有22.5万个，工作人员79.2万人。在县级以上，这些机构分为就业服务、社会保险经办管理服务、人事人才服务、人力资源市场服务、培训服务、劳动关系协调、劳动监察、劳动争议调解仲裁等类型，有机构2.7万个，占服务机构总数的12.2%；实有工作人员41.6万人，占52.5%。其中，社保经办机构数量最多，为7465个，占县以上服务机构的27.7%；其次是就业服务机构，为4486个，占16.6%。在县级以下，主要是街道（社区）、乡镇（村）就业和社会保障综合性服务机构，共有19.7万个，占机构总数的87.8%；实有工作人员37.6万人，占总人数的47.5%。①

3. 就业服务政策的进一步发展

2012年以来，我国就业服务取得长足发展。一是就业服务法律法规不断完善。这一时期，我国在现有就业服务法律法规的基础上不断修订、完善。如2014年和2018年，我国对《就业服务与就业管理规定》分别进行第二次和第三次修订。2015年，我国对《就业促进法》进行修正。经过修订与完善，我国逐渐形成了包括免费服务制度、信息服务制度、就业登记与失业登记制度、就业援助制度、专项服务制度、优质服务制度、购买服务制度、统筹管理制度等就业服务制度体系。二是全方位公共就业服务的提出。党的十九大报告提出"提供全方位公共就业服务"的要求。在此背景下，人力资源社会保障部、国家发展与改革委员会和财政部印发《关于推进全方位公共就业服务的指导意见》，提出提供覆盖全

---

① 王永奎：《政策制度均等化——劳动保障公共服务均等化的基础》，《中国劳动保障报》2010年8月20日，第5版。

民、贯穿全程、辐射全域、便捷高效的全方位公共就业服务。坚持统筹城乡、促进均等，加大公共资源向农村、贫困地区、重点群体倾斜力度，保障各类服务对象获得机会均等的基本公共就业服务。坚持政府主导、多元参与，健全政府和社会、管理和服务、统一和分级分类相结合的工作机制，形成推进全方位公共就业服务合力。坚持改革创新、提质增效，创新服务理念，优化服务流程，加强绩效评价，全面提升公共就业服务质量、效率和群众满意度。三是就业服务内容不断拓展。面对人民群众日益增长的就业需要，就业服务内容不断拓展。按照《关于推进全方位公共就业服务的指导意见》，我国公共就业服务机构免费提供 10 项基本服务：就业创业和劳动用工政策法规咨询、相关扶持政策受理；人力资源供求、市场工资指导价位、职业培训、见习岗位等信息发布；职业介绍、职业指导和创业开业指导；公共就业服务专项活动；对就业困难人员实施就业援助；办理就业登记（劳动用工备案）、失业登记等事务；办理高等学校、中等职业学校、技工学校毕业生接收手续；流动人员人事档案管理服务；劳动关系协调和劳动权益保护；县级以上人民政府确定的其他服务。截至 2020 年底，我国人力资源服务机构 4.58 万家，人力资源服务业从业人员 84.33 万人，全年共为 4983 万家次用人单位提供人力资源服务，帮助 2.90 亿人次劳动者实现就业、择业和流动。①

四、就业服务政策的完善

1. 就业服务政策存在的主要问题

改革开放以来，我国就业服务取得了较快的发展，但也面临着较多问题。

就业服务与失业保险发展不均衡。在就业保障制度发展中，我国存在"重保险、轻服务"的问题，主要表现为重视失业保险项目的发展，轻视就业服务项目的供给，这突出地表现在制度建设、覆盖人群、责任机制等方面。在制度建设上，中国已经建立起了完善的失业保险制度，而就业服务制度在制度建立、制度宣传、制度运行上还不完善。在覆盖

---

① 参见《2020 年度人力资源和社会保障事业发展统计公报》。

人群上，失业保险制度覆盖范围较广，就业服务制度覆盖范围较小。在责任机制上，失业保险制度形成了企业和个人合理分担的缴费机制，而在就业服务中个人、国家和市场的边界划分还未明确。就业服务不均衡表现为就业服务城乡发展不均衡、地区发展不均衡、群体发展不均衡。在就业服务的城乡差异上，城市劳动者拥有的就业服务机构数量、就业培训次数多于农村劳动者。在就业服务的地区差异上，东部地区劳动者拥有的就业服务机构数量、就业培训次数多于西部地区，经济发达地区的多于经济欠发达地区。在就业服务的群体差异上，体制内劳动者和下岗失业人员享受的公共就业服务较好，灵活就业人员和农民工享受的公共就业服务相对缺乏。

就业服务覆盖面较小。受劳动力市场发展体制、就业服务制度发展状况的影响，中国就业服务覆盖面较小。以就业训练中心分析为例，2020年，中国就业人数为75064万人，就业训练中心2622个，民办培训机构25851所，全年共组织补贴性职业技能培训2700.5万人次，其中，涉及培训农民工1046.6万人次，培训贫困劳动力270.4万人次，培训城镇登记失业人员80.5万人次，培训高校应届毕业生109.08万人次。[①] 中国职业技术培训数量相对于庞大的劳动力数量而言较小。

就业服务管理机制不完善。一是就业服务管理监督乏力，包括专业部门监督和社会监督乏力。就业服务监督主要由政府监督完成，容易形成就业服务机构兼顾"供给者"和"监督者"角色的问题。同时，由于就业服务绩效评估标准存在粗线条化、条款不明晰的问题，容易造成就业服务质量评估困难。二是就业服务准入机制不完善。我国就业服务主要由公共就业服务机构提供，社会机构提供就业服务比例较低。社会机构在提供就业服务上具有明显优势，如专业素质高、绩效评估标准高、管理水平高等，但中国就业服务法律法规在社会机构提供就业服务上的准入机制还不完善，如在供给范围、资质评定方面还存在较多的问题。三是就业服务网络化程度较低。同西方发达国家就业服务中网络使用水平相比，我国就业服务网络化水平较低。

就业服务和失业保险制度衔接性较差。在西方国家，就业服务与失业保险密切相关，领取失业保险金的失业者需要参加职业培训、就业指

---

① 参见《2020年度人力资源和社会保障事业发展统计公报》。

导等就业服务，如德国失业保险法规规定失业保险领取条件包括：① 收到雇主解雇通知后3个月到就业办公室登记；② 参加法定失业保险，并在申请的最近2年失业保险费累计缴纳12个月，季节性失业的雇员最近2年失业保险费累计缴纳6个月；③ 申请者处于失业状态；④ 有意愿、有能力，并积极配合寻找工作，接受职业介绍所的工作推荐和就业办公室安排的职业培训。在中国，按照《失业保险条例》，领取失业保险金的条件是：按照规定参加失业保险，所在单位和本人已按照规定履行缴费义务满1年；非因本人意愿中断就业；已办理失业登记，并有求职要求。中国失业保险制度并没有在领取条件中将失业保险和就业服务有效联系起来，从而导致失业保险制度预防失业和促进就业功能较差。另外，失业保险制度与就业服务割裂还表现在失业保险金的大量结余上。2000—2020年，中国失业保险基金累计结余由195.9亿元增加到3354亿元。失业保险基金的累计结余规模较大说明失业保险基金没有合理利用，失业保险基金没有合理支持就业服务的发展。

就业服务法制建设落后。一方面，就业服务法律法规数量较少。西方国家在应对就业问题上，颁布了大量的法律法规，不同政党在执政时多会颁布涉及就业的法律。如瑞典在1974—1999年间，颁布的与就业服务相关的法律法规就有20多部，包括1977年的《年度休假法》和《工作环境法》、1982年的《就业保障法》和《工作时间法》、1991年《平等机会法》、1992年的《工资担保法》、1994年的《公共部门就业法》、1999年的《禁止在职业生活中歧视残疾人员法》。[①] 相比之下，中国在就业服务领域颁布的法律法规较为有限。另一方面，中国就业服务法律法规层次较低。在就业服务制度运行中，除了《就业促进法》外，其余多以规定、通知等形式存在。相反，西方国家失业保险和就业服务制度多以"法"的形式而存在，如日本1947年的《职业安定法》、1949年的《紧急失业对策法》、1958年的《职业培训法》、1974年的《雇佣保险法》。

2. 就业服务政策的完善

树立就业服务和失业保险制度均衡发展的理念。为了改变中国失业

---

① 石国亮等：《国外公共服务理论与实践》，中国言实出版社2011年版，第183页。

保险制度和就业服务发展不协调问题，应树立就业服务和失业保险制度均衡发展的理念。从失业保险与就业服务发展状况出发，就业服务和失业保险制度均衡发展重点在于加快就业服务的发展，以改变就业服务发展落后于失业保险制度的发展现状。在就业服务发展上，可以从制度供给、财政支持、管理监督等方面进行完善。在制度供给上，应该建立包括就业指导、就业培训、就业资助和补贴等内容的就业服务制度。在财政支持上，政府需要增加就业服务财政投入，在城乡、地区、人群上确保财政支持的均等化。在管理监督上，应整合就业服务和失业保险的管理资源，建立一体化的管理平台，注重就业服务和失业保险业务的特殊性和共同性，加强相同业务的沟通和衔接。同时，应建立政府监管、专业人员监管和社会监督构成的多元主体参与的就业服务监督体系。此外，应完善中央对经济落后地区财政转移支付制度，缩小不同地区公共就业服务供给差距；转变政府职能，树立公共就业服务城乡一体化理念，实现城乡公共就业服务统筹发展；树立公平理念，平等对待所有劳动者，实现公共就业服务的人群均等。

扩大就业服务的覆盖面。2003年以来，失业群体规模扩大，高校毕业生群体、临时就业群体的失业问题极为严重。而且，随着我国城市化进程的加快以及二元经济社会结构的影响，大量的农民工从农村转移到城市寻找工作，许多农民工从事临时性的工作，这类群体面临的失业风险较大，但没有被失业保险制度和就业服务所覆盖。现行制度的运行应该与时俱进，就业服务制度的覆盖面有待于进一步扩大。针对我国就业服务制度运行的问题，就业服务扩面的目标群体应该瞄准农民工和其他灵活就业群体。

完善就业服务的监管机制。良好的监管体制可以确保就业服务的供给质量。针对现行监管体制的问题，应该构建政府监管、专业人员监管和社会监管的监管机制。政府监管可作为就业服务和失业保险制度监管的第一层次，应继续加强审计部门、财政部门和社会保障部门的监管力度，各个部门在保持独立性的基础上实现信息共享。专业人员监管可作为就业服务和失业保险制度监管的第二层次，专业人员监管主要由从事理论研究和业务运行的专家共同组成。社会监督是就业服务和失业保险制度监管的第三层次，主要由媒体、国民对就业服务和失业保险制度进行监管。社会监督可以利用网络、电话、信件等形式，对制度误差进行实时纠正。同时，应加强就业服务和失业保险信息平台建设工作，开发包括参保人基本信息、缴费信息、给付信息、财政补助等信息模块的信息系统，避免信息的重复化，实现信息的共享化。

完善就业服务制度的法律建设。国外就业保障制度的发展表明，完善的法律体系是就业服务和失业保险制度良好运行的关键。中国应该通过颁布就业保障方面的实体法和程序法来不断完善就业保障法律法规。应以《失业保险条例》和《就业促进法》为核心，积极颁布职业培训、就业指导、失业保险与就业服务衔接、失业保险与社会救助制度衔接的法律法规，并推动相关配套法律法规的建设工作，如推动教育立法、财政立法工作，为就业服务和失业保险法律建设提供良好的制度环境。可参考西方国家就业服务和失业保险法制建设，提高中国就业服务和失业保险的法律层次。例如将《失业保险条例》上升到《失业保险法》的层次，颁布《就业培训法》。同时，法律层次的上升也意味着相关法律法规条款要精细化、完整化。

此外，应加强失业保险与就业服务的衔接。将参加就业介绍、职业培训作为领取失业保险金的条件，并将失业保险基金用于劳动者就业服务项目，合理运用失业保险基金结余，推动就业服务。

第三节 劳动保护政策

一、劳动保护政策的功能

1. 劳动保护政策的内涵

劳动保护政策是以保护劳动者在劳动过程中的安全和健康为宗旨、以技术进步和科学管理为手段，由国家和单位实施的立法、组织和技术措施的总称。第一，劳动保护的权利人与义务人。在劳动保护政策中，劳动者是劳动保护中的权利人，用人单位是劳动保护中的义务人，用人单位依据劳动保护法律法规保护劳动者的安全和健康。第二，劳动保护的范围主要是劳动过程。劳动保护政策是基于劳动关系由用人单位为劳动者承担保护劳动者安全和健康责任的制度，用人单位主要在劳动者为本单位提供劳动过程中承担保护劳动者的义务，用人单位仅对劳动过程中的劳动安全与健康承担责任，对劳动关系以外的安全和健康没有相关义务。第三，劳动保护以保障劳动者安全和健康为宗旨。安全权和健康权是劳动者权利的基本内容，劳动安全和劳动健康是生产的基本保障，劳动保护是保障劳动者安全和健康的重要制度。第四，劳动保护形式具有强制性。劳动保护法规一般要求用人单位必须严格遵守。2021年9月1日起施行的2021年修订版《安全生产法》第10条第3款规定："生产经营单位必须执行依法制定的保障安全生产的国家标准或者行业标准。"

2. 劳动保护政策的功能

劳动保护政策的功能包括有利于防止和减少生产安全事故、有利于改善劳动条件、有利于促进经济社会发展等。

第一，劳动保护政策有利于防止和减少生产安全事故。生产安全事故是指在生产经营活动中发生的意外突发事件，通常会造成人员伤亡和（或）财产损失，使正常的生产生活活动中断。①《安全生产法》第1条明确了该法制定的目的，即"为了加强安全生产工作，防止和减少生产安全事故，保障人民群众生命和财产安全，促进经济社会持续健康发展"。

第二，劳动保护政策有利于改善劳动条件。改善劳动条件是提高劳动者安全保障能力的重要要求，是保障劳动者权利的重要内容。宪法第42条指出了劳动者的权利及义务，将"加强劳动保护，改善劳动条件"作为劳动者权利的重要内容。1956年发布的《工厂安全卫生规程》将"改善工厂的劳动条件"作为建立该规程的目的之一。修订后的《安全生产法》第4条规定生产经营单位在安全生产方面的职责，即"加强安全生产管理，建立健全全员安全生产责任制和安全生产规章制度，加大对安全生产资金、物资、人员的投入保障力度，改善安全生产条件，加强安全生产标准化建设，构建安全风险分级管控和隐患排查治理双重预防体系，健全风险防范化解机制，提高安全生产水平，确保安全生产"。

---

① 李生才、笑蕾：《2020年7—8月国内生产安全事故统计分析》，《安全与环境学报》2020年第5期。

第三，劳动保护政策有利于经济社会的发展。促进经济社会持续健康发展是劳动安全政策实施的重要目的，《安全生产法》《职业病防治法》等劳动安全法律法规将促进经济社会持续健康发展作为法律制定的原因。劳动保护政策的实施，改善了生产条件，保障了生产经营活动的有序进行，为企业生产提供了重要的安全保障，也有助于劳动者健康权与劳动安全权的实现，是经济社会发展的重要体现。

二、劳动保护政策的基本体系

1. 劳动安全制度

劳动安全制度是由政府为劳动者建立的、由用人单位实施的保障劳动者劳动安全权的法律法规。在劳动法学领域，劳动安全权又可称为劳动保护权、职业安全卫生权、劳动安全卫生权、工作环境权、劳动安全卫生保护权、职业安全权、职业安全与健康权。劳动安全权的权利主体是从事劳动的劳动者，义务主体包括国家、用人单位和个人。其中，国家负责劳动安全制度的建立、劳动安全的监督等；用人单位是劳动安全制度的实施主体；个人需要遵从劳动安全制度实施生产，对于危害劳动安全的情况要及时上报。劳动安全权的内容体现为劳动者的安全、健康和人格尊严。劳动安全权的保障需要相关法律法规的保护。从1992年的《矿山安全法》到2021年《安全生产法》的修订，中国颁布了一系列劳动安全法律法规。这些法律法规成为中国劳动安全制度的依据。劳动安全制度包括劳动安全基本制度、劳动安全管理制度、特殊群体劳动安全制度等。其中，劳动安全基本制度主要为《劳动法》《安全生产法》《职业病防治法》等保护劳动者劳动安全基本权益的制度；劳动安全管理制度由安全技术措施计划制度、安全生产责任制度、安全生产教育制度、安全生产检查制度、生产安全事故应急救援与调查处理制度等组成；特殊群体劳动安全制度主要包括女职工的特殊劳动保护、未成年工的特殊劳动保护。在劳动安全制度体系不断完善的背景下，劳动安全取得一定的成果。2020年，全年各类生产安全事故共死亡27412人，工矿商贸企业就业人员 10 万人生产安全事故死亡人数 1.301 人。①

2. 女职工劳动保护制度

在女职工劳动安全问题上，《劳动法》《矿山安全法》《妇女权益保障法》《女职工劳动保护特别规定》《女职工禁忌劳动范围的规定》等法律法规成为中国女职工劳动安全权保障的依据。潘锦棠就女工劳动保护制度的内容进行归纳，包括：① 普通女工保护，使她们避免在特定的劳动场所（如矿井）、劳动环境（如接触某些化学品）和劳动强度（如第四级劳动强度）中劳动；② 经期女工保护，使她们避免在特定的劳动环境（如高空、低温、冷水）和劳动强度中劳动；③ 孕期哺乳期女工保护，如孕期女工工作量减免或调换轻便工作、不上夜班等，以及产前产后工时优惠，如女工孕期检查时间、产后哺乳时间计作劳动时间等等；④ 女工卫生设施，如卫生室、冲洗器等；⑤ 母婴保护设施，如哺乳室、托儿所、幼儿园等。②

3. 未成年工劳动保护制度

未成年工是年龄介于 16—18 周岁的劳动者。我国对未成年工实施劳动保护制度，主要依据为《劳动法》《未成年人保护法》《禁止使用童工规定》《未成年工特殊保护规定》等法律法规。未成年工劳动保护的主要内容包括两个方面。一是确定未成年工不能从事有害健康的工作。未成年工不能从事的工作范围包括：《生产性粉尘作业危害程度分级》国家标准中第一级以上的接尘作业；《有毒作业分级》国家标准中第一级以上的有毒作业；《高处作业分级》国家标准中第二级以上的高处作业；《冷水作业分级》国家标准中第二级以上的冷水作业；《高温作业分级》国家标准中第三级以上的高温作业；《低温作业分级》国家标准中第三级以上的低温作业；《体力劳动强度分级》国家标准中第四级体力劳动强度的作业；矿山井下及矿山地面采石作业；森林业中的伐木、流放及守林作业；工作场所接触放射性物质的作业；有易燃易爆、化学性烧伤和热烧伤等危险性大的作业；地质勘探和资源勘探的野外作业；潜水、涵洞、涵道

---

① 数据来源于《中华人民共和国 2020 年国民经济和社会发展统计公报》。
② 潘锦棠：《中国女工劳动保护制度与现状》，《妇女研究论丛》2002 年第 4 期。

作业和海拔 3000 米以上的高原作业（不包括世居高原者）；连续负重每小时在 6 次以上并每次超过 20 公斤，间断负重每次超过 25 公斤的作业；使用凿岩机、捣固机、气镐、气铲、铆钉机、电锤的作业；工作中需要长时间保持低头、弯腰、上举、下蹲等强迫体位和动作频率每分钟大于 50 次的流水线作业；锅炉司炉。二是未成年工定期健康检查。未成年工定期健康检查的要求包括：安排工作岗位之前；工作满一年；年满 18 周岁，距前一次的体检时间已超过半年。

4. 最低工资制度

在劳动法领域，最低工资制度是收入保护制度的重要体现。依据《最低工资规定》，最低工资标准是指劳动者在法定工作时间或依法签订的劳动合同约定的工作时间内提供了正常劳动的前提下，用人单位依法应支付的最低劳动报酬。中国政府 1984 年签署了由国际劳工组织于 1928 年制定的《制订最低工资确定办法公约》。之后国家陆续制定相关政策法规，1993 年的《企业最低工资规定》，2004 年的《最低工资规定》（《企业最低工资规定》同时废止），2008 年的《劳动合同法》以及各省、市、自治区颁发的最低工资规定，成为中国最低工资制度实施的法律依据。最低工资制度实施以来，保障了劳动者的劳动权益。马双等以 1998—2007 年规模以上工业企业报表数据为依据，研究发现最低工资每增加 10%，企业平均工资将增加 0.3%~0.6%，劳动密集型行业将增加平均工资 0.61%。[①] 最低工资制度的实施有利于推动企业平均工资的增长。

三、劳动保护政策的完善

1. 劳动安全制度的完善

我国劳动安全制度还存在许多问题，过劳死、强迫劳动、操作不当、工作环境差等问题引发的劳动安全事件仍然较为严重，部分劳动安全事件推动了中国劳动安全制度建立和改革的进程，如山西"黑砖窑"事件催生《劳动合同法》，富士康"13 连跳"事件引发社会对职工心理压力的

---

① 马双等：《最低工资对中国就业和工资水平的影响》，《经济研究》2012 年第 5 期。

关注，张海超"开胸验肺"事件促进职业病认定程序的变化等。

对我国劳动安全制度存在的问题进行总结，可以为探寻完善劳动安全制度的路径提供依据。我国劳动安全制度主要存在以下问题。

第一，劳动安全法律法规分散。我国劳动安全制度从 20 世纪 80 年代才开始建立与发展，但制度建立过程中多是以条例、暂行条例、通知等较低层次的法规体现，缺少系统性的法律法规，且劳动安全制度多是分散于多个法律法规中。而与中国存在鲜明对比的美国，于 1970 年颁布《职业安全与健康法》，对劳动安全领域进行系统的规定。

第二，劳动安全法律理念存在经济目标导向。《安全生产法》是劳动安全领域的核心法律，主要适用于我国从事生产经营活动的单位的安全生产（消防安全和道路交通安全、铁路交通安全、水上交通安全、民用航空安全以及核与辐射安全、特种设备安全另有规定）。2002 年和 2009 年的《安全生产法》强化经济政策导向作用，以促进经济发展为方向，立法方针为"坚持安全第一、预防为主的方针"。经济目标导向使得劳动安全形势不容乐观，突出表现为"二大三多二薄弱"，"二大"为伤亡总量大、职业危害大，"三多"为事故总量多、重特大事故多、安全隐患多，"二薄弱"为安全意识、安全基础薄弱。这促使劳动安全法律目标导向的转变，催生了 2014 年《安全生产法》的修订以及 2021 年的再次修订，新修订的《安全生产法》强调促进经济社会持续健康发展的目标，明确安全生产工作应当以人为本，坚持安全第一、预防为主、综合治理的方针。

第三，部门分割降低了制度管理效率。我国劳动安全工作由不同的部门进行管理，国家安全生产综合监督管理责任、工矿商贸行业安全生产监督管理责任由应急管理部负责，职业卫生监督管理由国家卫生健康委员会负责，女工和未成年工的特殊劳动保护、劳动争议调解仲裁、工伤保险、职业病的管理由人力资源和社会保障部门管理，锅炉、压力容器、压力管道、电梯、起重机械、场（厂）内专用机动车辆等特种设备的安全监察监督工作由国家市场监督管理总局负责。多部门的管理容易产生"多龙不治水"的问题，易产生缺少沟通交流、信息共享机制不健全等问题。在监管方式上，我国主要是行政监管，设立的职业安全健康标准较为宽泛。

第四,劳动安全制度实施效果较差。由于雇主劳动安全意识不强、为提高收益而降低成本的需要、履行劳动安全制度不彻底、安全教育培训不足等原因,加上雇工劳动安全保护意识差、处于弱势地位等因素的影响,同时政府部门劳动安全监管乏力、劳动安全制度宣传不到位,工会劳动安全工作监督责任的缺位,劳动安全制度实施效果较差,导致出现各类问题。

党的十九大报告指出,树立安全发展理念,弘扬生命至上、安全第一的思想,健全公共安全体系,完善安全生产责任制,坚决遏制重特大安全事故。以十九大精神为指导,完善劳动安全制度要从以下方面出发。

第一,建立综合性的劳动安全法律法规体系。借鉴美国经验,将《安全生产法》和《职业病防治法》合并,颁布《职业(劳动)安全卫生法》,将其设定为劳动安全领域的综合大法,体现劳动安全法律的系统性、全面性,改变制度的碎片化带来的责权模糊和责权空白问题。职业安全和卫生一体化立法方向也符合劳动安全的现实状况。生产安全与劳工安全、财产安全与生命健康安全,统一于生产活动之中,相关权益共存于同一领域和过程。二者不仅具有统一性,而且具有相互支撑、融合、促进的属性。两者之间是正相关关系和不可分割的关系。①

第二,弘扬生命至上、安全第一的思想,促进劳动安全法律回归其社会性目标。目前在我国,《安全生产法》是劳动安全保护的立法,《职业病防治法》是劳动卫生的法律制度,二者衔接性较差,在立法理念上,二者都侧重经济目标,以促进经济发展为方向,而非以以人为本为方向的社会目标。保护劳动者的劳动安全权,目的在于保障劳动者有安全的生产环境,体现的是对劳动者生命的尊重。因而,应树立保障劳动者的劳动安全权理念。

第三,完善安全生产责任制,提升劳动安全制度管理效率。有两种方案,一是整合应急管理部、国家卫生健康委员会、人力资源和社会保障部、国家市场监督管理总局在劳动安全方面的职能,将其他相关部门的劳动安全的职能划归应急管理部,由其进行单独管理。二是完善联通机制,通过定期举办联席会议解决劳动安全问题,关键在于划清不同部门的权责,实现信息共享。

---

① 任国友:《中美职业安全健康法对比》,《中国安全科学学报》2009年第7期。

第四，改善劳动安全制度的实施效果。一要加大劳动安全法律法规的宣传教育。应借助"安全生产月"活动，大力宣传国家的各项劳动安全法律法规，普及劳动安全知识，提高雇主对安全生产重要性的认识，使雇员充分认识到个人安全保障权的意义，营造安全的生产环境。二是建立政府、媒体、社会的多元监管机制。关键在于强化政府监管机制，并大力发挥媒体和社会的力量，增强对劳动安全事件的督查。三是提升工会劳动安全工作参与效果。应完善法律法规，明确工会参与劳动安全的职责与范围，通过立法参与、执法参与、政策参与，完善工会与党政组织、企业方的联系机制，建立省总工会、市工会、县工会、企业工会劳动安全信息沟通机制，并提升工会劳动安全卫生工作领域维护劳动者权益的效果。

第五，建立劳动安全配套制度。一是建立职业卫生巡查制度。借鉴日本经验，在企业设立职业卫生医师岗位，职业卫生医师由掌握劳动安全知识且具有多年职业卫生经验的医生担任，由其定期（建议为一个月）对工作场所进行巡查，并根据巡查结果对雇主提出工作场所环境、设施的改善意见。二是制定工作环境测量分级制度。设计工作环境测量评估量表，以此对工作环境和设施、从业人员健康、安全卫生教育培训等状况进行测定，根据测定结果划分工作环境等级（达标与不达标），对不达标的企业工作环境提出整改建议。

2. 女职工劳动保护制度的完善

中国女职工保护安全制度还存在较多问题，主要表现为以下方面。

第一，女职工劳动保护与就业的矛盾。女职工劳动保护主要通过雇主责任制实现，即雇主承担对女职工的劳动保护成本。这引发的问题是，劳动保护制度越完善，雇主需要支付的劳动保护成本就越高；反之，劳动保护制度不完善，雇主承担的劳动保护成本就低。女职工劳动保护政策成为其就业的重要影响因素。如《女职工劳动保护特别规定》第10条规定，女职工比较多的用人单位应当根据女职工的需要，建立女职工卫生室、孕妇休息室、哺乳室等设施。就该条款而言，在计划经济时期，政府成为企业的后盾，企业盈亏均有政府的支持，为女职工建立相应设施不会成为企业负担，但在市场经济时期，企业自负盈亏，此项规定会增加企业在劳动保护方面的投入。基于"经济人"假设考虑，为了以最小的成本获得最大的产出，雇主在权衡男女职工成本与收益的基础上，通常会选择雇佣男职工，造成女职工劳动保护与就业的矛盾。

第二，女职工劳动保护制度不明晰。如《妇女权益保障法》第23条规定，各单位在录用职工时，除不适合妇女的工种或者岗位外，不得以性别为由拒绝录用妇女或者提高对妇女的录用标准。此处"不适合妇女"的工种或者岗位有哪些，并未指出。《女职工劳动保护特别规定》第10条规定，女职工比较多的用人单位应当根据女职工的需要，建立女职工卫生室、孕妇休息室、哺乳室等设施。此处"比较多"并未说明具体数量。条款的不明晰造成了女职工劳动安全事件的模糊空间，容易造成扯皮。

第三，女职工劳动保护的监管主体不明晰。《女职工劳动保护特别规定》第12条规定，县级以上人民政府人力资源和社会保障行政部门、安全生产监督管理部门按照各自职责负责对用人单位遵守本规定的情况进行监督检查。工会、妇女组织依法对用人单位遵守本规定的情况进行监督。这说明，人力资源和社会保障行政部门、安全生产监督管理部门、工会、妇女组织可对女职工劳动保护进行监管。《妇女权益保障法》第6条规定，县级以上人民政府是负责妇女儿童工作的机构，负责组织、协调、指导、督促有关部门做好妇女权益的保障工作；其第7条规定，中华全国妇女联合会和地方各级妇女联合会依照法律和中华全国妇女联合会章程，代表和维护各族各界妇女的利益，做好维护妇女权益的工作。工会、共产主义青年团，应当在各自的工作范围内，做好维护妇女权益的工作。这说明，县级以上人民政府、中华全国妇女联合会和地方各级妇女联合会、工会、共产主义青年团承担维护妇女权益的工作。可见在女职工劳动安全监管机制上，同样存在"多龙治水"问题，且女职工劳动保护政策的具体实施为用人单位，由于缺乏单独组织承担监管工作，此种规定会影响女职工劳动保护政策的落实。

党的十九大报告指出，坚持男女平等基本国策，保障妇女儿童合法权益。以此为指导，完善女职工劳动保护制度可从以下方面着手。

第一，完善促进女工就业的社会保护政策。在女职工劳动就业领域存在自然保护与社会保护的区分，自然保护是对其特殊的生理特点（经期、怀孕期、分娩期、哺乳期）的保护，社会保护是将女性看作是与男性相同的社会公民，对女性就业权利的保护。从概念界定出发，女职工劳动保护制度属于自然保护的范畴，女职工就业权、同工同酬权是社会保护的范畴。为了应对女职工劳动保护与就业的矛盾问题，需要加强对女职工的社会保护，保障女职工就业权利。一要贯彻落实促进女工就业的相关法律，严厉打击对就业市场中出现的性别歧视；二要建立促进女工就业的激励机制，如通过税收优惠、奖励补贴等手段，鼓励企业招聘女工；三是开展各种专项就业活动，如开展女工专场招聘会等方式，促进女工就业。

第二，完善女职工劳动安全法律法规。明确女职工劳动安全法律法规内容，颁布女职工劳动安全实施细则，对法律法规中出现的模糊规定进行详细界定，增强女职工安全法律法规的可操作性。

第三，完善女职工劳动安全监管机制。女职工劳动安全问题属于劳动安全的子问题，建议由安全生产监督管理部门负责女职工劳动安全管理工作，其他部门协办，但应明确各个部门的职责范围，将原则性规定进行详细界定。女职工劳动安全的监管工作可以由多部门联合完成，建议成立由人力资源和社会保障部门、安全生产监督部门、卫生部门、工会、妇联、劳动保护领域的专家组成女职工劳动保护监督管理委员会，委员会定期举行会议，对女职工劳动保护的监管制度、监管运行进行商讨和执行，定期对用人单位进行工作设施、工作环境、女职工健康情况检查，并畅通权益申诉渠道。

第四，推进孕期、哺乳期女职工保护费用的社会统筹。女职工孕期、哺乳期因减少工作量、调换工作、产前检查工时损失、产后休假带来的工时减少情况，主要由用人单位负责，这就加剧了女工就业问题，因而，可以参考社会保险社会统筹的经验，实行孕期、哺乳期女职工保护费用社会统筹。

3. 最低工资制度的完善

中国最低工资制度还存在较多问题，主要表现为以下方面。

第一，最低工资制度法律层级较低。从世界范围来看，最低工资制度立法有三种情况：一是在宪法中规定最低工资是劳动者的权利；二是在劳动法中写入最低工资制度；三是颁布专门的最低工资法，如日本颁布了《最低工资法》，美国制定了《公平劳动基准法》。这三种情况是较高层次的立法，具有法律层次高、制度权威性强的特点，从而可以促使雇主严格履行最低工资制度。中国最高层次的最低工资立法是《劳动法》，但该法只是强调用人单位支付劳动者的工资不得低于当地最低工资标准，并说明了最低工资标准的参考因素，并没有对最低工资的监管等问题进行说明。而《最低工资规定》属于社会保障部门发布的法规，约束力不强。法律层次低造成最低工资制度运行效果差，违反最低工资制度的行为仍然存在。

第二，最低工资标准较低。最低工资制度是由政府制定实施的，具有政府定价的性质，不同时期最低工资标准的确定要与该时期经济社会条件相适应，即最低工资标准的适度性。最低工资标准不能过高或过低，高水平的最低工资标准会增加政府或单位的负担，低水平的最低工资标准难以保障劳动者的基本生活。我国的最低工资标准较低，对保障劳动者基本生活的功能有待改善。

第三，不同地区最低工资标准调整频率缺乏制度性规范。2004 年的《最低工资规定》指出，最低工资标准每两年至少调整一次。然而，最低工资运行状况表明，不少地区并未严格执行该规定，最低工资标准调整具有非制度化的特点。如 2011—2015 年，全国分别有 25 个、25 个、27 个、19 个、27 个地区调整了最低工资标准。① 最低工资标准的调整周期应是固定的，如韩国、日本、澳大利亚规定最低工资标准调整是一年一调。不同地区最低工资标准调整频率缺乏制度性规范会带来一系列的问题，如调整依据不合理、雇主和雇员对调整缺少预期、调整地区和不调整地区的比较带来攀比或竞争。这些问题影响到最低工资制度的平稳与可持续运行。

第四，最低工资制度监管机制不完善。2004 年的《最低工资规定》提出，由县级以上地方人民政府劳动保障行政部门对本行政区域内用人单位执行情况进行监督检查，各级工会组织进行监督。然而，在最低工资制度运行中，由于监督机制不健全，仍然出现了大量的违规违法现象，如部分劳动密集型企业采取延长加班时间、降低计件工资单价、减少提

---

① 数据来源于人力资源和社会保障部劳动关系司。

成比例等手段，规避最低工资标准的提高。

完善最低工资制度可采取以下建议。

第一，提高最低工资立法层次。第一种办法是将现行的《最低工资规定》提高到法律层次，法律的权威远高于规章制度，有利于制度的运行实施。第二种办法是采用专门章节的形式增加《劳动法》中最低工资制度的说明，只需对现有的《劳动法》进行修订，也可以起到必要的约束作用。从当前情况来看，可采用第二种办法。《劳动法》中已经有最低工资制度的内容，只是缺少详细说明。

第二，合理确定最低工资标准。一是要明确最低工资标准的统计口径，使得最低工资标准在全国范围内具有可比性。二是明确最低工资标准调整的程序。现行最低工资标准是由地方政府提出、人力资源和社会保障部门同意后确定的。这种方式考虑了不同地区经济社会条件的差异，但地方政府可能在利益驱动、经济目标优先的策略下降低最低工资标准，因而，应由国家层面确定最低工资标准，然后与地方政府进行沟通协调，最后再进行合理修正予以确定。三是确定适度水平的最低工资标准。借鉴国外最低工资标准的调整机制，综合考虑社会经济运行状况，建立最低工资标准的调整公式。新常态下，最低工资标准的确定要考虑到劳动力市场的供求关系、企业效益、物价指数、经济增长与财政收支等因素，同时应建立最低工资标准的评估机制，定期对其进行评估，依据评估结果对下一次的最低工资标准进行调整。

第三，最低工资调整频率的制度化。各个地区应在《最低工资规定》每两年调整一次的调整频率指导下，在本地区最低工资规定中明确最低工资调整机制，固定最低工资调整周期。

第四，完善最低工资制度的监督管理机制。一要加强社会保障部门的监督管理。建立专项检查与经常性检查相结合的机制，对重点行业（如建筑业、批发零售业、餐饮业）和重点人群（如农民工、灵活就业人员）进行专项检查，并定时对全行业领域和所有人群进行排查。二要强化工会的监督。工会是最低工资制度制定的主要参与人，是最低工资制度运行的监督者，是保障工人享受最低工资权利的维护者，应充分发挥工会的作用，畅通信息沟通渠道，强化利益表达机制，督促企业最低工资制度有效实施。三要建立多元监督管理机制。构建由政府、社会、媒体等多元主体参与的监督管理机制，并加强不同主体间的信息沟通。

同时，还应通过加强最低工资制度的宣传教育、优化最低工资制度的运行环境、完善多元主体的沟通协商机制等手段，促进中国最低工资制度的完善。

4. 未成年工劳动保护制度的完善

尽管有相关法律法规的约束，但在现实生活中，依然出现未成年工劳动安全权侵犯问题。主要包括不依法定期检查未成年工情况、安排未成年工参加禁忌从事的劳动、未成年工工作环境较差等。出现这些问题，原因在于未成年工劳动安全权保护意识差、用人单位降低劳动成本、政府监管不到位等，与劳动安全制度的问题有相似的地方。对于未成年工的劳动保护，也需要通过完善未成年工劳动保护制度、大力宣传未成年工劳动保护法律法规、完善监管机制等手段进行改善。

思考题

1. 我国劳动政策发展经历的重要阶段。
2. 试述就业服务政策的原则与目标。
3. 我国的就业服务政策的完善。
4. 我国的劳动保护政策的完善。

第九章
中国的社会保障政策

社会保障政策是中国社会政策的重要组成部分。社会保障政策是为了满足人类社会发展的需要而形成的帮助人们应对由失业、年老、疾病、生育、工伤和死亡等所造成工资或收入损失，对社会成员的基本生活予以保护的社会性保障措施。在改革开放前，中国长期实行与计划经济体制相统一的社会保障政策，随着社会主义市场经济体制的建立和完善，中国逐步建立起与市场经济体制相适应的社会保障制度体系，其主要内容包括社会保险制度、社会救助制度、社会福利制度以及社会服务体系等。

第一节　社会保险政策

一、基本养老保险政策

1. 企业职工基本养老保险政策

企业职工养老保险制度建立于20世纪50年代初。1951年2月，政务院颁布《劳动保险条例》，明确规定职员人数在100人以上的国营、公私合营、私营以及合作社经营的规模企业实行职工退休养老制度，逐步建立起以城镇职工为主要保障对象的企业职工养老保险制度。1955年12月，国务院颁布《关于国家机关工作人员退休暂行办法》，逐步建立起机关工作人员的养老保险制度。1957年11月，国务院发布《关于工人、职员退职处理的暂行规定》，对国营企业、公私合营企业、事业单位和国家机关、人民团体工作人员的退休制度进行统一，建立起机关事业单位养老保险制度。直至此时，中国逐步建立起与计划经济体制相适应的城镇养老保障体系，其基本特征是个人不缴费、就业/工资相关联、实行现收现付制、企业与机关事业单位各成系统。

20世纪80年代初，随着经济体制改革由农村延伸至城市，国有企业改制成为市场经济体制改革的重中之重，原有的与计划经济体制相适应的企业职工养老保险制度的弊端日益凸显。80年代中期，国家开始进行以退休费用社会统筹为主要内容的企业职工养老保险制度改革。1984年，中国开始改革原有的退休金制度，在广东东莞和江苏泰州等地进行养老保险社会统筹试点，力图突破国家保险的框架。1985年1月，劳动人事部发布《关于做好统筹退休基金与退休职工服务管理工作的意见》，对企业职工养老保险社会统筹进行了明确规定。1986年7月，国务院颁布《国营企业实行劳动合同制的暂行规定》，决定对新的劳动合同制工人退休养老实行社会保险制度，退休养老基金由企业和合同制工人共同缴纳。1991年6月，国务院颁布《关于企业职工养老保险制度改革的决定》，明确要求"随着经济的发展，逐步建立起基本养老保险与企业补充养老保险和职工个人储蓄性养老保险相结合的制度。改变养老保险完全由国家、企业包下来的办法，实行国家、企业、个人三方共同负担，职工个人也要缴纳一定的费用"，首次提出三支柱或多层次的养老保险制度。1993年11月，中共十四届三中全会通过的《中共中央关于建立社会主义市场经济体制若干问题的决定》明确要求："城镇职工养老和医疗保险金由单位和个人共同负担，实行社会统筹和个人账户相结合。进一步健全失业保险制度，保险费由企业按职工工资总额一定比例统一筹交"，正式提出建立"统账结合"的养老保险模式。1995年3月，国务院发布《关于深化企业职工养老保险制度改革的通知》，要求在全国范围内进行"社会统筹与个人账户相结合"的企业职工养老保险制度改革试点。1997年7月，国务院在总结各地试点经验与教训的基础上颁布实施《关于建立统一的企业职工基本养老保险制度的决定》，明确要求在全国建立"社会统筹与个人账户相结合"的企业职工养老保险制度。至此，新型的中国企业职工基本养老保险制度基本定型。2010年10月，国家颁布《社会保险法》，在第二章"基本养老保险"部分，对企业职工基本养老保险制度的基本原则和主要内容进行了明确规定，为企业职工基本养老保险制度的发展与成熟提供了强有力的法律保障。

从覆盖范围来看，企业职工基本养老保险制度坚持"低水平、广覆盖、可持续"的原则，最初只覆盖国有企业和城镇集体企业及其职工，20世纪90年代逐步拓展至外商企业、合资企业、私营企业和其他城镇企业及其职工，21世纪以来逐步延伸至个体工商户和灵活就业人员。换言之，当前企业职工基本养老保险制度覆盖城镇各类企业及其职工、个体工商户和灵活就业人员。

从基金来源来看，企业职工基本养老保险制度坚持权利与义务相统一原则，由雇主和雇员共同缴费。简要说来，城镇各类企业及其职工的缴费办法为：企业按照职工工资总额的20%进行缴费，纳入"社会统筹账户"，职工根据本人缴费工资的8%进行缴费，记入"个人账户"，二者的缴费率合计为企业职工工资总额的28%。个体工商户和灵活就业人员的缴费办法为：参保人以上年度当地在岗职工月平均工资作为缴费基数，缴费率为20%，其中12%进入"社会统筹账户"，8%进入"个人账户"。

从待遇领取条件来看，参保人要获得基本养老金必须满足两大条件：一是个人缴费年限累计达到 15 年及以上；二是达到法定退休年龄，男性职工年满 60 岁，女性职工年满 50 周岁，女性干部年满 55 周岁。在同时满足这两个条件之后，参保者可以按月领取基本养老金。

从待遇支付来看，企业退休职工的基本养老金由基础养老金和个人账户养老金两部分组成。基础养老金是由社会统筹账户支付的养老金，基础养老金的月标准以当地上年度在岗职工月平均工资和本人指数化月平均缴费工资的平均值为基数，每缴费满 1 年就发给 1%。个人账户养老金的月标准为个人账户的累计总额除以计发月数（当前是 139 个月）。当退休人员死亡时，其个人账户中的个人缴费部分的余额可以依法继承。

2. 城乡居民基本养老保险政策

1）新型农村社会养老保险政策

中国政府对农村养老保险的探索始于 20 世纪 70 年代末。1978 年 12 月，中共十一届三中全会通过的《农村人民公社工作条例（试行草案）》提出，有条件的基本核算单位可以实行养老金制度。此后，部分经济发达省份开始在农村试行养老金制度。据不完全统计，1982 年全国已有 11 个省市的 3457 个生产大队试行了养老金制度[①]。1986 年，国家"七五"计划提出"有步骤地建立起具有中国特色的社会主义的社会保障制度雏形"的任务目标。1991 年，民政部发布了《县级农村社会养老保险基本方案（草案）》，决定在山东牟平等 5 个县市进行农村社会养老保险试点。在总结试点经验教训的基础上，民政部于 1992 年 1 月正式出台《县级农村社会养老保险基本方案（试行）》，明确提出"农村社会养老保险是国家保障全体农民老年基本生活的制度，是政府的一项重要社会政策"，要求从我国广大的农村实际出发，建立农民个人缴费为主、集体补助为辅和国家给予政策扶持的农村社会养老保险制度，以保障农村老年人的基本生活，这在学术界被称为"老农保"。由于统筹层次低、缺乏互助共济性、法律位阶偏低、缺少政府补助、农民的参保兴趣低等原因，"老农保"的发展并不顺利，并于 1999 年被国务院叫停。

---

① 张正军、苏永春：《中国农村社会养老保险制度变迁与政策评价》，《社会保障研究》2011 年第 6 期。

2002年，中共十六大报告明确提出："有条件的地方，探索建立农村养老、医疗保险和最低生活保障制度"，并明确指出"建立健全同经济发展水平相适应的社会保障体系，是社会稳定和国家长治久安的重要保证"。从此，农村社会保障事业进入了一个新的发展阶段。2009年9月，国务院发布《关于开展新型农村社会养老保险试点的指导意见》，明确要求："2009年试点覆盖面为全国10%的县（市、区、旗），以后逐步扩大试点，在全国普遍实施，2020年之前基本实现对农村适龄居民的全覆盖。"至此，新型农村社会养老保险制度正式建立，并于2012年底实现全覆盖。

从覆盖范围来看，新型农村社会养老保险制度坚持"保基本、广覆盖、有弹性、可持续"的基本原则，只要是年满16周岁（不含在校学生）且未参加城镇职工基本养老保险的农村居民，都可以在原籍地自愿参保。

从基金来源来看，新型农村社会养老保险制度坚持权利与义务相统一原则，其基金由个人缴费、集体补助和政府补贴共同构成，力求实现个人、集体和政府合理分担农村居民养老责任。具体说来：个人的缴费标准目前设置为每年100~500元5个档次，各地可以根据实际情况增设缴费档次，参保人自主选择档次缴费，多缴多得、长缴多得；有条件的村集体应对参保人缴费给予适当补助；政府对符合领取条件的参保人全额支付基础养老金，中央财政分别对东部和中西部省区按中央确定的基础养老金标准给予50%和100%的补助，地方政府应对参保人缴费给予适当补贴。

从待遇领取条件来看，农村居民要获得基本养老金必须满足两大条件：一是个人缴费年限累计达到15年及以上；二是年满60周岁。具体说来：年满60周岁、未享受城镇职工基本养老保险待遇的农村老年人，可以按月领取养老金；在新型农村社会养老保险制度实施时已年满60周岁且未享受企业职工养老金的农村老年人，不用缴费就可以按月领取基础养老金；对于距离养老金领取年龄不足15年或者超过15年的农村居民，都应当按年缴费，累计缴费年限不少于15年，同时允许前者补缴，累计补缴年限不超过15年。

从待遇支付来看，新型农村社会养老保险的基本养老金由基础养老金和个人账户养老金两部分组成,并支付终身。中央确定的基础养老金标准为每人每月55元,各地可以根据实际情况适度提高基础养老金标准。国家为每位新农保参保者建立终身有效的个人账户,个人缴费、集体补助和政府补贴全部记入个人账户,个人账户养老金的月计发标准为个人账户全部储存额除以计发月数(当前是139个月)。当参保人死亡时,个人账户中除政府补贴外的余额可依法继承。

2)城镇居民基本养老保险政策

在新型农村社会养老保险制度建立起来后,为了消除养老保险制度覆盖上的最后盲区,国务院于2011年6月印发《关于开展城镇居民社会养老保险试点的指导意见》,决定从2011年起开展城镇居民社会养老保险(以下简称城镇居民养老保险)试点,明确要求:"2011年7月1日启动试点工作,实施范围与新型农村社会养老保险(以下简称新农保)试点基本一致,2012年基本实现城镇居民养老保险制度全覆盖。"至此,城镇居民养老保险制度正式建立,并于2012年底实现全覆盖,这标志着中国养老保险在制度上实现了全民覆盖。

从覆盖范围来看,城镇居民养老保险制度坚持"保基本、广覆盖、有弹性、可持续"的基本原则,只要是年满16周岁(不含在校学生)且不符合职工基本养老保险参保条件的城镇非从业居民,都可以在户籍地自愿参保。

从基金来源来看,城镇居民养老保险制度坚持权利与义务相统一原则,其基金由个人缴费和政府补贴共同构成,力求在城镇居民的养老责任上实现个人和政府合理负担。具体说来:个人缴费标准目前设为每年100~1000元10个档次,各地可以根据实际情况适度增设缴费档次,个人可自主选择缴费档次,多缴多得、长缴多得;政府对符合待遇领取条件的参保人全额支付基础养老金,中央财政分别对东部和中西部省区按中央确定的基础养老金标准给予50%和100%的补助,地方政府应对参保人员缴费给予适当补贴。

从待遇领取条件来看,城镇居民要获得基本养老金必须满足两大条件:一是个人缴费年限累计达到15年及以上;二是年满60周岁。具体说来:已参加城镇居民养老保险且年满60周岁的城镇居民,可按月领取养老金;在城镇居民养老保险制度实施时,已年满60周岁且未享受职工基本养老保险待遇以及国家规定的其他养老待遇的城镇居民,不用缴费就可以按月领取基础养老金;对于距离养老金领取年龄不足15年或者超过15年的城镇居民,都应当按年缴费,累计缴费年限不少于15年,同时允许前者补缴,累计补缴年限不超过15年。

从待遇支付来看,城镇居民的基本养老金由基础养老金和个人账户养老金两部分组成,并支付终身。中央确定的基础养老金标准为每人每月55元,各地可以根据实际情况适度提高基础养老金标准。国家为每位城镇居民养老保险参保者建立终身有效的个人账户,个人缴费、政府补贴以及其他缴费资助皆记入个人账户,个人账户养老金的月计发标准为个人账户储存额除以计发月数(当前是139个月)。当参保人员死亡时,个人账户中除政府补贴外的余额可依法继承。

3)城乡居民基本养老保险政策

2011年6月,国务院在《关于开展城镇居民社会养老保险试点的指导意见》中就明确提出:"有条件的地方,城镇居民养老保险应与新农保合并实施,其他地方应积极创造条件将两项制度合并实施。"因此,北京、成都、合肥等城市在2011年建立城镇居民社会养老保险制度时,就直接将新型农村社会养老保险制度与城镇居民社会养老保险制度合并实施。①

在总结各地试点经验的基础上,国务院于2014年2月颁布《关于建立统一的城乡居民基本养老保险制度的意见》,决定将新型农村社会养老保险和城镇居民社会养老保险两项制度合并实施,在全国范围内建立统一的城乡居民基本养老保险制度。至此,城乡居民基本养老保险制度正式建立。

从覆盖范围来看,城乡居民基本养老保险制度根据"广覆盖、保基本、有弹性、可持续"的方针,只要是年满16周岁(不含在校学生)、非机关事业单位工作人员及不被企业职工养老保险覆盖的城乡居民,都可以在户籍地参保。

从基金来源来看,城乡居民基本养老保险基金由个人缴费、集体补助和政府补贴三部分构成。具体说来:个人缴费标准目前设为每年100元、200元、300元、400元、500元、600元、700元、800元、900元、

---

① 齐传钧:《城乡居民基本养老保险全覆盖的前景分析与改进建议》,《晋阳学刊》2019年第4期。

1000元、1500元、2000元12个档次,各地可适度增加缴费档次;有条件的村集体应对参保人缴费给予适当补助;政府对符合领取城乡居民养老金条件的参保人全额支付基础养老金,中央财政分别对东部和中西部地区按中央确定的基础养老金标准给予50%和100%的补助,地方政府应对参保人缴费给予适当补贴。

从待遇领取条件来看,城乡居民要获得基本养老金必须满足两大条件:一是个人缴费年限累计达到15年及以上;二是年满60周岁。具体说来:年满60周岁、累计缴费满15年且未领取国家规定的养老金待遇的城乡居民,可以按月领取基本养老金;在新型农村社会养老保险或城镇居民养老保险制度实施时已年满60周岁的城乡居民,不用缴费就可以按月领取基础养老金;对于距离养老金领取年龄不足15年或者超过15年的城乡居民,都需按年缴费,累计缴费年限不少于15年,同时允许前者补缴,累计补缴年限不超过15年。

从待遇支付来看,城乡居民的基本养老金由基础养老金和个人账户养老金共同构成,并支付终身。中央政府确定基础养老金最低标准及其正常调整机制,地方政府可以适当提高基础养老金标准。国家为每位参保者建立终身有效的个人账户,个人缴费、政府补贴、集体补助以及其他缴费资助皆记入个人账户,个人账户养老金的月计发标准为个人账户全部储存额除以计发月数(当前是139个月)。当参保人死亡时,个人账户中政府补贴外的余额可以依法继承。

二、基本医疗保险政策

1. 城镇职工基本医疗保险政策

城镇职工医疗保险制度肇始于20世纪50年代初。1951年2月,政务院颁布《劳动保险条例》,明确规定在职员人数100人以上的国营、公私合营、私营以及合作社经营的规模企业实行职工医疗保险制度,逐步建立起以城镇职工为主要保障对象的劳保医疗制度。1952年6月,政务院颁布《关于全国各级人民政府、党派、团体及所属单位的国家工作人员实行公费医疗预防的指示》,逐步建立起针对机关事业单位工作人员的公费医疗制度。换言之,中国传统的城镇职工医疗保障制度分为劳保医疗制度和公费医疗制度。劳保医疗制度主要覆盖城镇企业及其职工,基金主要来源于企业缴费,职工个人不缴费;而公费医疗制度主要覆盖机关事业单位及其工作人员,基金主要来源于财政拨款。

传统的劳保医疗制度与计划经济体制相适应,为中国的经济与社会发展做出了重要贡献。但是随着改革开放后社会主义市场经济体制改革的不断深入,传统的劳保医疗保险制度的弊端,如筹资机制不健全、缺乏有效的控费机制、保险与服务不配套以及社会化程度低等[①],严重阻碍了社会主义市场经济体制的建立,因此部分地区从20世纪80年代就开始了城镇职工医疗保险制度的改革探索。

1993年11月,中共十四届三中全会通过的《中共中央关于建立社会主义市场经济体制若干问题的决定》明确提出:"城镇职工养老和医疗保险金由单位和个人共同负担,实行社会统筹和个人账户相结合。"遵照中共中央的决定,在总结各地试点经验教训的基础上,1994年4月,国家体改委等4部委共同出台了《关于职工医疗制度改革的试点意见》,决定在江苏镇江市和江西九江市进行公费医疗和劳保医疗改革试点,即"两江试点"。1996年5月,国务院决定扩大试点范围,越来越多的城市加入改革试点行列。

在系统吸收和总结各地试点经验教训的基础上,国务院于1998年12月发布《关于建立城镇职工基本医疗保险制度的决定》,决定在全国范围内进行城镇职工医疗保险制度改革,明确要求:"适应社会主义市场经济体制,根据财政、企业和个人的承受能力,建立保障职工基本医疗需求的社会医疗保险制度。"至此,社会统筹与个人账户相结合的城镇职工基本医疗保险制度正式建立。这一文件的发布实施,标志着在计划经济时代发挥了巨大作用的劳保医疗制度和公费医疗制度被新的城镇职工基本医疗保险制度所替代。2010年10月,国家颁布《社会保险法》,在第三章"基本医疗保险"部分,对城镇职工基本医疗保险制度的基本原则和主要内容进行了明确规定,为城镇职工基本医疗保险制度的发展与成熟提供了强有力的法律保障。

从覆盖范围来看,城镇职工基本医疗保险制度坚持"低水平、广覆

---

① 仇雨临:《医疗保险》,中国劳动社会保障出版社2008年版,第386-392页。

盖、可持续"原则,最初要求覆盖企业、机关事业单位、社会团体和民办非企业等所有用人单位及其职工,21世纪以来逐步拓展至个体工商户和灵活就业人员群体。

从基金来源来看,城镇职工基本医疗保险制度奉行权利与义务相统一原则,基本医疗保险基金由用人单位和职工个人共同缴纳,其中用人单位按照本单位职工工资总额的6%缴费,职工个人按照本人工资的2%缴费,二者合计为职工工资总额的8%左右。同时,退休人员不需要缴费。

从基金构成来看,基本医疗保险基金由统筹基金和个人账户组成。其中,职工个人缴费全部划入个人账户,用人单位缴费的70%进入统筹基金,其余30%计入个人账户。换言之,在8%的缴费率中,有4.2%进入统筹基金,3.8%划入个人账户。

从医疗费用偿付来看,医疗费用由基本医疗保险基金和个人共同负担。统筹基金主要支付参保人合规的住院或者大病医疗费用,个人账户主要支付参保人合规的门诊或者小病医疗费用。统筹基金有明确的起付标准,原则上控制在当地职工年平均工资的10%左右,而且有具体的最高支付限额,最高支付限额原则上控制在当地职工年平均工资的400%左右。对于起付标准以上、最高支付限额以下的医疗费用,主要从统筹基金中支付,个人也要负担一定比例。超过最高支付限额的医疗费用,可以通过商业医疗保险等途径解决。对于起付标准以下的医疗费用,由个人账户支付或个人自行支付。

2. 城乡居民基本医疗保险政策

1) 新型农村合作医疗政策

中国的合作医疗发源于20世纪40年代陕甘宁边区的医药合作社制度。新中国成立以后,为缓解农村长期存在的缺医少药问题,一些地区的农村群众自发筹资创办了互助共济的保健站和医疗站等。1955年,山西省高平县米山乡、河南省正阳县王店乡和江苏省常熟县归市乡等地的部分农村采取农民交"保健费"、生产合作社公益金补助和医疗收入等方式筹集资金兴办了合作医疗。1958年,卫生部肯定并鼓励推广合作医疗制度。到 1962 年时，全国有 46％的生产大队举办了合作医疗。① 1965 年 6 月 26 日，毛泽东主席做出了"要把医疗卫生工作的重点放到农村去"的重要指示（"六二六指示"），全国各地开始掀起兴办合作医疗的高潮。1976 年，合作医疗制度覆盖了全国 93％的生产大队和 85％的农村人口，②有效缓解了农村居民缺医少药的问题，被世界卫生组织赞誉为"以最少投入获得了最大健康收益"的"中国医疗模式"。③ 然而，进入 20 世纪 80 年代之后，随着人民公社制度的废除和家庭联产承包责任制的实施，合作医疗制度由于失去了其赖以生存的集体经济而迅速解体，只在极少数农村地区保留了下来。虽然国家在 90 年代多次提出再次发展农村合作医疗，但是进展缓慢，只覆盖了 10％左右的农村人口。④

2002 年 10 月，中共中央、国务院联合发布《关于进一步加强农村卫生工作的决定》，明确要求："到 2010 年，在全国农村基本建立起适应社会主义市场经济体制要求和农村经济社会发展水平的农村卫生服务体系和农村合作医疗制度"和"建立以大病统筹为主的新型合作医疗制度和医疗救助制度"。2003 年 1 月，国务院办公厅转发卫生部等部门出台的《关于建立新型农村合作医疗制度意见的通知》，要求全国各省市区至少选择 2～3 个县市先行试点建立新型农村合作医疗制度，到 2010 年时基本覆盖全国农村居民。于是，新型农村合作医疗制度在全国范围内逐步建立，并于 2008 年全面覆盖农村居民，有效缓解了农村居民长期以来"看病难"和"看病贵"的严重困境。

新型农村合作医疗制度是指由政府主导，农民自愿参加，通过农民自愿缴费、集体扶持和政府资助等多渠道筹集资金，以保大病为主的农民医疗互助制度。其主要内容包括：一是建立原则。农民以家庭为单位自愿参加，农民个人、村集体和政府等多方筹资原则；坚持以收定支、

---

① 顾昕：《自愿性与强制性之间——中国农村合作医疗的制度嵌入性与可持续性发展分析》，《社会学研究》2004 年第 5 期。

② 王绍光：《学习机制与适应能力：中国农村合作医疗体制变迁的启示》，《中国社会科学》2008 年第 6 期。

③ 世界银行：《1993 年世界发展报告：投资于健康》，中国财政经济出版社 1993 年版。

④ 胡晓义：《走向和谐：中国社会保障发展 60 年》，中国劳动社会保障出版社 2009 年版，第 207 页。

收支平衡、适度保障原则；选择部分县市先行试点，然后逐步推广原则。二是统筹层次。新型农村合作医疗制度在原则上以县（市）作为统筹单位，条件尚不具备的地方可以在起步阶段以乡镇为统筹单位，然后逐步过渡到县（市）统筹。三是筹资机制。新型农村合作医疗基金来源于个人缴费、集体扶持以及政府资助三个渠道。农民个人以每年不低于10元的标准进行缴费，集体经济发展较好的乡村应对新型农村合作医疗予以资金扶持，地方财政以每年人均不低于10元的标准对参加合作医疗农民进行补助。四是基金管理。新型农村合作医疗基金由农村合作医疗管理委员会及其经办机构进行管理，以收定支、收支平衡、专款专用、专户存储、不得挤占挪用。五是费用偿付。新型农村合作医疗基金突出大病统筹，主要用于补助参加合作医疗农民生病治疗时产生的住院医疗费用或者大额医疗费用。

2）城镇居民基本医疗保险政策

随着城镇职工基本医疗保险制度的全面推进和新型农村合作医疗制度的顺利试点，职工家属、儿童和学生等数以亿计城镇非就业居民的医疗保险成为制度的重大盲点，社会各界反响强烈。为了解决城镇非就业居民的医疗保险问题，部分发达地区（如镇江和佛山等）自2004年就开始探索通过建立城镇居民医疗保险制度来缓解职工家属和儿童等城镇非就业居民的医疗问题，并取得了积极的效果。2006年，温家宝总理在国务院常务会议上要求劳动和社会保障部会同有关部委重点研究城镇居民医疗保障问题。① 2006年10月，中共十六届六中全会通过的《中共中央关于构建社会主义和谐社会若干重大问题的决定》将"建立以大病统筹为主的城镇居民医疗保险"作为完善社会保障制度、保障群众基本生活的重要内容。

为了尽快建立覆盖城乡全体居民的医疗保障体系，国务院于2007年7月出台《关于开展城镇居民基本医疗保险试点的指导意见》，决定自当年起开始城镇居民医疗保险试点工作，明确提出有条件的省份要在当年就选择2~3个城市开始试点，2008年扩大试点范围，争取到2009年在80%以上的城市开展试点，2010年在全国各地全面展开并逐步覆盖全体

---

① 胡晓义：《走向和谐：中国社会保障发展60年》，中国劳动社会保障出版社2009年版，第211页。

城镇非就业居民。至此，以大病统筹为主的城镇居民基本医疗保险制度逐步建立，并于2011年基本覆盖全体城镇非就业居民，有效缓解了城镇非就业居民长期存在的"看病难""看病贵"问题。

城镇居民基本医疗保险制度的主要内容包括：一是参保范围。凡是未被城镇职工基本医疗保险制度覆盖的中小学阶段的学生（包括职业高中、中专、技校学生）、少年儿童和其他非就业城镇居民都可自愿参保。二是筹资水平。各试点地区应当根据当地的经济社会发展水平、不同人群的基本医疗需求以及当地居民的经济负担能力来确定合理的筹资水平，并探索建立筹资水平、缴费年限和待遇水平相挂钩的机制。三是基金来源。城镇居民基本医疗保险基金以家庭缴费为主，政府给予适当补助。对于试点城市的参保居民，政府以每年不低于人均40元的标准进行补助，在此基础上，对属于低保对象或者重度残疾的学生和儿童参保所需的家庭缴费部分，政府原则上每年再按不低于人均10元给予补助，对其他低保对象、丧失劳动能力的重度残疾人、低收入家庭60周岁以上的老年人等困难居民参保所需家庭缴费部分，政府每年再按不低于人均60元给予补助。四是费用偿付。城镇居民基本医疗保险基金突出大病统筹，主要用于偿付参保居民生病治疗时产生的住院医疗费用和门诊大病医疗费用，有条件的地区可以逐步试行门诊医疗费用统筹。

3）城乡居民基本医疗保险政策

随着新型农村合作医疗制度和城镇居民基本医疗保险先后实现全覆盖，为了减少医疗保险制度的碎片化和增强城乡居民医疗保障权益的公平性，在系统总结两项医疗保险制度试点情况和各地探索整合两项医疗保险制度实践经验的基础上，国务院于2016年1月印发《关于整合城乡居民基本医疗保险制度的意见》，决定将新型农村合作医疗制度和城镇居民基本医疗保险制度进行整合，以期逐步建立统一的城乡居民基本医疗保险制度。

城乡居民基本医疗保险制度的主要内容包括：一是统一覆盖范围。城乡居民基本医疗保险制度的覆盖范围包括新型农村合作医疗和城镇居民基本医疗保险的所有参保人，即涵盖除城镇职工基本医疗保险制度应参保人员之外的所有城乡居民。农民工和灵活就业人员依法参加城镇职工基本医疗保险，有困难的可以按照当地相关规定参加城乡居民基本医疗保险。二是统一基金来源。城乡居民基本医疗保险基金主要来源于个人缴费和政府补助，鼓励单位、集体或者其他组织予以资助，以实现筹资渠道多元化。同时，完善筹资动态调整机制，逐步建立与经济社会发展水平和各方经济能力相适应的稳定筹资机制。三是统一保障待遇。根据以收定支、收支平衡、适度保障原则，逐步统一城乡居民基本医疗保险的保障待遇和支付标准，为全体参保人员提供公平的医疗保障待遇。城乡居民基本医疗保险基金重点用于支付参保人员发生的住院和门诊医药费用，政策范围内住院费用支付比例保持在75%左右，并逐步提高门诊保障水平。四是统一医保目录。统一城乡居民基本医疗保险的药品目录和医疗服务项目目录，明确药品和医疗服务支付范围。五是统一定点管理。统一城乡居民基本医疗保险定点机构管理办法，强化定点服务协议管理，建立健全考核评价机制和动态的准入退出机制。六是统一基金管理。城乡居民基本医疗保险基金纳入财政专户，实行"收支两条线"管理，基金独立核算、专户管理，任何单位和个人不得挤占、挪用。七是提高统筹层次。城乡居民基本医疗保险制度在原则上实行市（地）级统筹，各地要围绕统一基金管理、待遇政策和就医结算等重点推进市（地）级统筹，有条件的省区逐步实行省级统筹。

需要指出的是，为了进一步完善城乡居民医疗保障制度、建立健全多层次的医疗保障体系，国家还建立了城乡居民大病保险制度。2012年8月，国家发改委等6部委联合颁布《关于开展城乡居民大病保险工作的指导意见》，明确规定对于新型农村合作医疗制度和城镇居民基本医疗保险的参保人在罹患大病后出现灾难性医疗支出的情况，引入市场机制，从城镇居民医疗保险基金和新型农村合作医疗基金中划出一定比例的资金作为大病保险基金，采取向商业保险机构购买大病保险的方式建立大病保险制度，在基本医疗保障的基础上，对大病患者发生的高额医疗费用给予进一步保障，以有效缓解城乡居民由于罹患大病而出现的因病致贫、因病返贫问题。

三、失业保险政策

1950—1952年，中央政府出台了《政务院关于救济失业工人的指示》《救济失业工人暂行办法》《政务院关于救济失业教师与处理学生失学问题的指示》《关于失业人员统一登记办法》等一系列政策文件,对遭受失业的知识分子、工人、店员、城市贫民和国民党党政军遣散人员等人群进行失业救济,有效缓解了他们的生活困境,并帮助其逐步实现再就业或者转业。

然而,自新中国成立至20世纪80年代中期之前,我国一直宣称中国是完全就业,不存在失业问题和失业人群,失业是资本主义的流毒,导致中国长期没有建立失业保险制度。政务院于1951年2月颁布的《劳动保险条例》对养老保险、医疗保险、工伤保险和生育保险都有比较详细的规定,但是唯独缺失失业保险。直至80年代中期,为了建立符合市场规律的企业用工制度——劳动合同制度,促进国企改革的顺利进行,国务院于1986年7月出台《国营企业职工待业保险暂行规定》,开始建立待业保险制度,标志着我国失业保险制度的初步建立。经过几年的执行,1993年4月,国务院颁布《国营企业职工待业保险规定》,对已制定的"暂行规定"进行了调整和完善。1999年1月,国务院正式颁布《失业保险条例》,标志着我国失业保险制度的正式建立,是中国社会保障制度不断走向完善的一个重要里程碑。2010年10月,国家颁布《社会保险法》,在第五章"失业保险"部分,对失业保险制度的基本原则和主要内容进行了明确规定,为失业保险制度的发展与成熟提供了强有力的法律保障。

根据《失业保险条例》和《社会保险法》,中国现行失业保险制度的基本内容如下。

从覆盖范围来看,现行失业保险制度主要覆盖城镇各类企事业单位及其职工,即涵盖所有的国有企业、城镇集体企业、外商独资企业、合资企业、城镇私营企业、其他类型城镇企业及其职工。

从基金来源来看,现行失业保险基金主要来源于四个渠道:一是雇主和雇员缴费,用人单位按照本单位工资总额的2%、职工按照本人工资的1%缴纳失业保险费,这是失业保险基金最重要的来源;二是各级政府的财政补贴;三是失业保险基金的利息收入;四是依法纳入失业保险基金的其他资金。

从支付条件来看,失业人员领取失业保险待遇必须同时满足三大条件:一是所在单位和本人依法合规参加失业保险且缴费满1年;二是非因本人意愿中断就业；三是已办理失业登记并有求职要求和求职意愿。

从待遇项目来看，现行失业保险待遇主要包括以下几种：一是失业保险金；二是领取失业保险金期间的医疗补助金；三是丧葬补助金和抚恤金；四是职业培训和职业介绍补贴；五是政府规定的其他失业待遇。

从支付期限来看，现行失业保险待遇支付期限与缴费时间的长短紧密相关，最长的支付期限为24个月。具体说来，失业人员失业前所在单位和本人按照规定累计缴费时间满1年不足5年的，失业保险金的最长支付期限为12个月；累计缴费时间满5年不足10年的，失业保险金的最长支付期限为18个月；累计缴费时间10年以上的，失业保险金的最长支付期限为24个月。重新就业后再次失业的，缴费时间重新计算，失业保险金的支付期限可以与前次失业应支付而尚未支付的失业保险金的期限合并计算，但是最长不得超过24个月。

从待遇标准来看，现行失业保险金的标准，按照低于当地最低工资标准、高于城市居民最低生活保障标准的水平，由省、自治区、直辖市人民政府确定。在领取失业保险金期间患病就医的失业人员，可以按照规定向社会保险经办机构申请领取医疗补助金，具体标准由省、自治区、直辖市人民政府规定。在领取失业保险金期间死亡的失业人员，其家属可以按规定向社会保险经办机构申请领取一次性丧葬补助金和抚恤金。

四、工伤保险政策

中国的工伤保险制度起源于20世纪50年代。1950年12月，内务部出台了《革命工作人员伤亡褒恤暂行条例》，初步规定了机关事业单位工作人员的工伤保险待遇。1951年2月，政务院颁布《劳动保险条例》，第三章第12条对因工负伤、残废待遇做出了明确的规定，标注着中国工伤保险制度的初步建立。1953年1月，修订后的《劳动保险条例》和《劳动保险条例实施细则修正草案》颁布，进一步明确了工伤保险制度的基本原则和主要内容。1957—1966年，国务院及相关部委对工伤保险政策进行了一定的改革与调整，主要包括工伤保险的范围和待遇、职业病以及死亡抚恤等方面。"文革"期间，由于国营企业停止提取劳动保险金，工伤保险由国家保险退化为单位保险。

20世纪80年代中后期，国家开始对计划经济时代的工伤保险进行改革。然而，在很长的一段时间里，工伤保险改革没有得到应有的重视。1996年8月，劳动部出台《企业职工工伤保险试行办法》，虽然明确了工伤保险制度的基本内容，使工伤保险制度由单位保险模式发展到社会保险模式，但是覆盖面一直不大。2003年4月，国务院颁布《工伤保险条例》，这是中国工伤保险领域第一部专门的行政法规，标志着工伤保险制度全面建立。2010年10月，十一届全国人大常委会第十七次会议正式通过《社会保险法》，在第四章"工伤保险"部分，对工伤保险制度的基本原则和主要内容进行了明确规定，为工伤保险制度的发展与成熟提供了强有力的法律保障。2010年12月，国务院通过了《关于修改〈工伤保险条例〉的决定》，对工伤保险的覆盖范围和待遇支付等内容进行了修改和完善。

根据《工伤保险条例》《关于修改〈工伤保险条例〉的决定》《社会保险法》，现行工伤保险制度的基本内容如下。

从覆盖范围来看，现行工伤保险制度覆盖中国境内的企业、事业单位、社会团体、民办非企业单位、基金会、律师事务所、会计师事务所等组织和个体工商户及其职工或者雇工。具体说来，中国境内的各类企业、事业单位、社会团体、民办非企业单位、基金会、律师事务所、会计师事务所等组织和个体工商户都应当参加工伤保险，为本单位全部职工或者雇工缴纳工伤保险费，各类组织和个体工商户的职工或者雇工均有享受工伤保险待遇的权利。

从基金来源来看，现行工伤保险基金由三部分构成：一是用人单位缴纳的工伤保险费，这是工伤保险基金最重要且最根本的来源；二是工伤保险基金的利息收入；三是被依法纳入工伤保险基金的其他资金。

从支付条件来看，职工要获得工伤保险待遇，必须同时满足两个条件：一是所在单位依法合规缴纳工伤保险费；二是被认定为工伤。根据国务院《关于修改〈工伤保险条例〉的决定》，工伤认定主要分为三种情形：一是认定为工伤；二是视同工伤；三是不得认定为工伤或者视同工伤。职工在遭受伤残或者死亡事故后，只有被认定前两种情形，其本人或者遗属才能享受工伤保险待遇。

从待遇项目来看，现行工伤保险待遇主要包括工伤医疗待遇，因工致残者的一次性伤残补助金、按月支付的伤残津贴和伤残护理费等，因工死亡者直系亲属领取的丧葬补助金、一次性工亡补助金和供养亲属抚恤金等，停工留薪期内的工资福利待遇。

此外，劳动能力鉴定是实行工伤保险的基础。国家制定统一的职工工伤和职业病致残程度鉴定标准，对因工负伤或致残职工经康复治疗后存在残疾且影响劳动能力的职工进行劳动能力鉴定。劳动能力鉴定主要包括劳动功能障碍程度和生活自理障碍程度的等级鉴定。劳动能力鉴定由用人单位、工伤职工或者其直系亲属向劳动能力鉴定委员会提出申请。劳动能力鉴定委员会在收到劳动能力鉴定申请后，随机抽取专家进行鉴定，并在规定时间内得出鉴定结论。对于因工负伤或者致残职工来讲，劳动能力鉴定是其享有相应工伤保险待遇的重要依据。

五、生育保险政策

中国的生育保险制度起源于20世纪50年代。1951年2月，政务院第七十三次会议通过了《劳动保险条例》，第三章第16条明确规定了女工人和女职员的生育保险待遇，初步建立了以女工人和女职员为主要对象的生育保险制度。1955年4月，国务院发布了《关于女工作人员生产假期的通知》，使得国家机关女工作人员也有了生育保险待遇。"文革"期间，由于国营企业停止提取劳动保险金，生育保险由国家保险退化为单位保险，由各企业自行负责本企业女职工的生育保险。20世纪80年代，随着经济体制改革的逐步推进，国家开始对传统的生育保险制度进行改革。1988年7月，国务院发布《女职工劳动保护规定》，将女职工产假由56天延长至90天。1994年12月，劳动部颁布《企业职工生育保险试行办法》，对职工生育保险的基本原则和主要内容进行了具体规定，使生育保险由之前的单位保险走向社会保险。2009年7月，人力资源和社会保障部发布《关于妥善解决城镇居民生育医疗费用的通知》，开始启动城镇居民生育保险试点工作。2010年10月，十一届全国人大常委会第十七次会议正式通过《社会保险法》，在第六章"生育保险"部分，明确规定了生育保险制度的资金来源、保险待遇和支付条件等主要内容，为生育保险制度的发展与成熟提供了强有力的法律保障。2012年4月，国务院出台了《女职工劳动保护特别规定》，将女职工的产假期限由之前的90天延长至98天，实现了与国际接轨。

从覆盖范围来看，现行生育保险制度主要覆盖城镇各类企业及其职工、职工未就业配偶，部分地区覆盖了国家机关、事业单位和社会团体的职工。从资金来源来看，生育保险基金主要来源于企业缴费，职工个人不缴费，企业以不超过职工工资总额的1%缴纳生育保险费。从待遇项目来看，生育保险基金支付的待遇项目主要有生育津贴、与生育有关的医护费用（如接生费、检查费、手术费和住院费等）以及管理费。从待遇水平来看，女职工的产假是98天，其中产前可以休假15天，难产的增加15天，生育多胞胎的适当延长产假；生育津贴按照本企业职工上年度平均工资发放；对于生育医疗费用，对于已参加或者未参加生育保险的女职工，由生育保险基金或者用人单位支付。

2017年2月，国务院办公厅发布了《关于印发生育保险和职工基本医疗保险合并实施试点方案的通知》，决定选择河北邯郸、河南郑州和广东珠海等12个城市进行生育保险与城镇职工基本医疗保险合并试点，要求："2017年6月底前启动试点，试点期限为一年左右。通过先行试点探索适应我国经济发展水平、优化保险管理资源、促进两项保险合并实施的制度体系和运行机制"，试点的主要内容是统一参保登记、统一基金征缴和管理、统一医疗服务管理、统一经办和信息服务以及职工生育期间的生育保险待遇不变，以期在保留险种和保障待遇的基础上，降低管理运行成本、提高资金使用效率。

第二节　社会救助政策

一、最低生活保障政策

1. 城市居民最低生活保障政策

20世纪90年代初，我国开始探索城市居民最低生活保障制度。为了解决国企下岗失业人员的生计问题，各级政府在社会救助领域进行了积极的探索。1993年6月，上海市政府率先建立城市居民最低生活保障线制度，正式拉开了城市社会救济制度的改革序幕。1994年5月，民政部在全国第十次民政会议上高度肯定了上海的改革经验，并决定在东南沿海地区试点和推广。1997年9月，国务院颁发《关于在全国建立城市居民最低生活保障制度的通知》，不仅规定建立城市居民最低生活保障制度是完成"九五"计划的一项重要任务，而且明确提出在全国建立这一制度的时间要求，即："1997年底以前，已建立这项制度的城市要逐步完善，尚未建立这项制度的要抓紧做好准备工作；1998年底以前，地级以上城市要建立起这项制度；1999年底以前，县级市和县政府所在地的镇要建立起这项制度。"1999年9月，国务院正式通过《城市居民最低生活保障条例》，标志着我国城市居民最低生活保障制度的基本建立。2014年2月，国务院正式颁布《社会救助暂行办法》，在第二章"最低生活保障"部分，对最低生活保障制度的基本原则和主要内容进行了明确规定，为这一制度的发展与成熟提供了重要的法律保障。

根据《城市居民最低生活保障条例》和《社会救助暂行办法》，城市居民最低生活保障政策的主要内容如下。

从保障对象来看，持有非农业户口的城市居民，凡共同生活的家庭成员人均收入低于当地城市居民最低生活保障标准的，均有从当地政府获得基本生活物质帮助的权利。具体说来，主要包括以下人群：一是无生活来源，无劳动能力，无法定赡养人、扶养人或者抚养人，以及虽有法定赡养人、扶养人或者抚养人，但是没有赡养、扶养或者抚养能力的城市居民，即传统的"三无"人员；二是在领取失业津贴期满后未重新就业，且家庭人均收入低于当地最低生活保障线的城市居民；三是在领取工资（最低工资）或者离退休金后，家庭人均收入仍低于当地最低生活保障标准的城市居民；四是因突发的天灾人祸导致暂时生存艰难的城市居民；五是政府或者法律规定的其他人群。

从保障标准来看，城市居民最低生活保障标准主要依据城市居民的人均收入和人均消费水平、上一年度物价水平、生活消费价格指数、维持当地最低生活水平所必需的费用、需要衔接的其他社会保障标准，以及维持吃、穿、住等基本生存所需物品和未成年人义务教育费用等综合制定，同时还要考虑当地经济社会发展水平、本地符合最低生活保障条件的人数以及政府财政承受能力等情况。该标准是一个动态指标，它应当随着经济发展和物价波动等因素适时进行调整。故而，各地区的城市居民最低生活保障标准存在一定的甚至是较大的差异。

从资金来源来看，城市居民最低生活保障资金有两个来源渠道：一是财政拨款。所需资金由地方人民政府列入财政预算，纳入社会救济专项资金支出项目，专项管理，专款专用，这是最重要的资金来源渠道。二是社会捐赠。国家鼓励社会组织和个人为城市居民最低生活保障提供捐赠、资助，作为城市居民最低生活保障资金的重要补充。

从管理体制来看，城市居民最低生活保障制度实行地方各级政府负责制。首先，国务院民政部门负责全国城市居民最低生活保障的管理工作。其次，县级以上地方各级政府民政部门具体负责本行政区域内城市居民最低生活保障的管理工作；财政部门按照规定落实城市居民最低生活保障资金；统计、物价、审计、劳动保障和人事等部门分工负责，在各自的职责范围内负责城市居民最低生活保障的有关工作。再次，县级政府民政部门以及街道办事处和乡镇政府（统称管理审批机关）负责城市居民最低生活保障的具体管理审批工作。最后，居委会根据管理审批机关的委托，可以承担城市居民最低生活保障的日常管理、服务工作。

从工作程序来看，城市居民最低生活保障待遇的申请按照以下程序办理：一是提出申请。由共同生活的家庭成员向户籍所在地的乡镇政府、街道办事处提出书面申请；家庭成员申请有困难的，可以委托居委会代为提出申请。二是收入核查。乡镇政府、街道办事处应当通过入户调查、邻里访问、信函索证、群众评议、信息核查等方式，对申请人的家庭收入状况、财产状况进行调查核实。三是张榜公示。乡镇政府、街道办事处对申请人进行收入核查后，提出初审意见，然后在申请人所在社区进行公示，公示期满后报送县级政府民政部门审批。四是政府批准。县级政府民政部门经审查，对符合条件的申请予以批准，并在申请人所在社区公布；对不符合条件的申请不予批准，并书面向申请人说明理由。

2. 农村最低生活保障政策

与城市最低生活保障制度相比，农村最低生活保障制度的发展相对缓慢。虽然早在1996年12月，民政部的文件就详细规定了农村最低生活保障的主要对象和资金来源等重要问题，但是这并非强制性的政策，而是呼吁有条件的地方进行探索和尝试。2002年11月，十六大报告提出，有条件的地方要积极尝试建立最低生活保障制度。针对农村最低生活保障制度全面铺开存在的困难，2003年，民政部在《关于进一步做好农村特困户救济工作的通知》提出，对于农村困难群众的救助工作要继续坚持政府救济、社会互助、子女赡养、稳定土地政策的原则。2006年12月，中央农村工作会议明确提出将农村最低生活保障制度向全国推广。2007年7月，国务院发布《关于在全国建立农村最低生活保障制度的通知》，对农村最低生活保障制度的保障对象、保障标准和资金来源等重要问题做出了明确规定，并着重要求"2007年在全国建立农村最低生活保障制度"。2014年2月，国务院正式颁布《社会救助暂行办法》，在第二章"最低生活保障"部分，对最低生活保障制度的基本原则和主要内容进行了明确规定，为这一制度的发展与成熟提供了重要的法律保障。

根据《关于在全国建立农村最低生活保障制度的通知》和《社会救助暂行办法》，农村最低生活保障政策的主要内容如下。

从保障对象来看，农村最低生活保障对象是家庭年人均纯收入低于当地最低生活保障标准的农村居民，主要是因病残、年老体弱、丧失劳动能力以及生存条件恶劣等原因造成生活常年困难的农村居民。

从保障标准来看，农村最低生活保障标准由县级及以上地方政府按照维持当地农村居民全年基本生活所必需的吃饭、穿衣、用水、用电等费用确定，并报上一级地方政府备案后公布执行。同时，农村最低生活保障标准要随着当地生活必需品价格变化和人民生活水平的提高适时进行调整。

从资金来源来看，农村最低生活保障资金有两个来源渠道：一是财政拨款，这是最根本且最重要的资金来源。农村最低生活保障资金的筹集以地方为主，地方各级政府要将农村最低生活保障资金列入财政预算，省级政府要加大投入。地方各级政府民政部门要根据保障对象人数等提出资金需求，经同级财政部门审核后列入预算。中央财政对财政困难地区给予适当补助。二是社会捐赠。鼓励和引导社会力量为农村最低生活保障提供捐赠和资助，作为农村最低生活保障资金的补充。农村最低生活保障资金实行专项管理，专款专用，严禁挤占挪用。

从管理规范来看，农村最低生活保障的管理既要严格规范，又要从农村实际出发，采取简便易行的方法。一是申请、审核和审批。农村最低生活保障一般由户主向户籍所在地的乡（镇）政府提出申请，同时村委会受乡（镇）政府委托，也可受理申请；受乡（镇）政府委托，村委会可以在对申请人开展家庭经济状况调查、组织村民会议或村民代表会议民主评议后提出初步意见，报乡（镇）政府审核；乡（镇）政府审核后报请县级政府民政部门审批。乡（镇）政府和县级政府民政部门要通过入户调查、信函索证和信息核查等方式了解申请者的家庭财产、劳动力状况和实际生活水平，并结合村民民主评议，提出审核、审批意见。在核算申请人家庭收入时，申请人家庭按国家规定所获得的优待抚恤金、计生奖励与扶助金以及教育、见义勇为等方面的奖金，一般不计入家庭收入，具体核算办法由地方政府确定。二是民主公示。村委会、乡（镇）政府以及县级政府民政部门要及时向社会公布有关信息，接受群众监督。公示的内容重点为最低生活保障对象的申请情况，对最低生活保障对象的民主评议意见、审核和审批意见，以及实际补助水平等情况。对公示无异议的，要按程序及时落实申请人的最低生活保障待遇；对公示有异议的，要进行调查核实，认真处理。三是资金发放。最低生活保障金原则上按照申请人家庭年人均纯收入与保障标准的差额发放，也可以在核查申请人家庭收入的基础上，按照其家庭的困难程度和类别，分档发放。四是动态管理。乡（镇）政府和县级政府民政部门要采取多种形式，定期或不定期调查了解农村困难群众的生活状况，及时将符合条件的困难群众纳入保障范围，并根据其家庭经济状况的变化，及时按程序办理停发、减发或增发最低生活保障金的手续。保障对象和补助水平的变动情况要及时向社会公示。

二、特困人员供养政策

新中国成立以后，在党和政府的高度重视下，针对老弱病残和鳏寡孤独等特困群体，我国先后建立起农村五保供养制度、城市"三无"人员救济和福利院供养制度，有效地缓解了城乡特困人员的生存困境。为了减少制度的碎片化和提升制度的实施效果，国务院在2014年2月颁布的《社会救助暂行办法》中将城乡特困人员保障制度统一为特困人员供养制度，使得我国城乡特困人员保障制度进入了新的发展阶段。为有效解决城乡发展不平衡、资金使用效率不高和相关政策衔接不畅等问题，

2016年2月,国务院在《农村五保供养工作条例》和《社会救助暂行办法》的基础上出台《进一步健全特困人员救助供养制度的意见》,明确要求:"坚持政府主导,发挥社会力量作用,在全国建立起城乡统筹、政策衔接、运行规范、与经济社会发展水平相适应的特困人员救助供养制度"。将合规的特困人员全部纳入救助范围,切实维护其基本生活权益。

从供养对象来看,特困人员供养制度主要覆盖无劳动能力,无生活来源,无法定赡养、抚养、扶养义务人或者其法定义务人无履行义务能力的城乡老年人、残疾人以及未满16周岁的未成年人。

从供养内容来看,特困人员供养主要包括以下内容:一是提供基本生活条件,包括供给食品、食用油、燃料、被褥、服装等日常用品和零用钱,也可通过实物或现金的方式予以保障。二是对生活不能自理的给予照料,如日常生活、住院期间的必要照料等基本服务。三是提供疾病治疗。全额资助特困人员参加城乡居民基本医疗保险,倘若医疗费用经过基本医保、大病保险和医疗救助等制度报销后仍有不足,则由救助供养经费给予支持。四是办理丧葬事宜。对于特困人员死亡后的丧葬事宜,集中供养的由供养服务机构负责,分散供养的由街道办事处(乡镇政府)委托村(居)委会或者其亲属办理,丧葬费用从救助供养经费中列支。五是提供专项救助,对于合规的存在住房困难的分散供养特困人员和在义务教育、高中教育(含中等职业教育)、普通高等教育阶段就学的特困人员,应当根据实际情况,分别予以适当的住房救助和教育救助。

从供养标准来看,特困人员供养主要包括两种标准:一是基本生活标准,即应当满足特困人员的基本生活所需。二是照料护理标准,即应当根据特困人员服务需求和生活自理能力来分类制定,体现一定的差异性。特困人员供养标准由省、区、市或者设区的市级政府综合考虑财政状况和经济社会发展水平等因素制定与公布,并根据当地物价水平变化等因素实时调整。

从供养形式来看,特困人员供养主要包括两种供养形式:一是分散供养,对于具有或者基本具备生活自理能力的特困人员,倡导和鼓励其在家分散供养;二是集中供养,对于部分或者完全丧失生活自理能力的特困人员,优先考虑对其进行集中供养。

从资金来源来看,特困人员供养制度的资金主要来源于政府财政。具而言之：县级及以上地方政府要将供养服务机构运转费用、特困人员供养费用列入年度财政预算；省级政府要在优化财政支出结构的基础上，统筹安排特困人员供养资金；中央财政重点向特困人员供养任务重、财政困难、工作成效突出的地区倾斜。此外，有集体经济收入的地方，可从中提取适量资金作为特困人员供养资金。

从办理程序来看，申请特困人员供养主要分为三步：第一步是提出申请，由特困人员本人向街道办事处（乡镇政府）提出书面申请，并按规定提交相关材料。倘若本人无法完成申请，可委托居（村）委会或者其他人员代为申请。第二步是审查核实。街道办事处（乡镇政府）通过信函索证、邻里访问和入户调查等方式，对申请人的经济状况和相关材料进行核实，在一个月内提出明确的初审意见并在申请人所居住的社区（村）公示期满后提交县级民政部门审批。第三步是正式审批。县级民政部门应当全面核实街道办事处（乡镇政府）提交的调查材料和审核意见，并随机抽检，在一个月内完成审批。批准的符合条件的申请者，及时在其所在社区（村）公布；对于不符合条件的申请者不予批准，并书面向其说明理由。

三、专项救助政策

1. 医疗救助政策

1）农村医疗救助政策

与居民养老保险和医疗保险制度一样，医疗救助制度首先在农村建立。2002年10月，中共中央、国务院发布的《关于进一步加强农村卫生工作的决定》首次提出要在农村建立医疗救助制度。为有效落实这一文件精神，2003年11月，民政部、卫生部和财政部联合发布《关于实施农村医疗救助的意见》，要求各省区市全面推行农村医疗救助制度，并对这一制度的基本原则和主要内容进行了明确规定。

从救助对象来看，农村医疗救助制度主要面向两类人群：一是农村五保户、农村贫困户家庭成员；二是地方政府规定的其他符合条件的农村贫困农民。救助对象的具体条件由地方民政部门会同财政、卫生部门制定，报同级政府批准。

从救助方式来看，农村医疗救助制度主要有三种救助方式：一是已开展新型农村合作医疗的地区的救助对象，资助其缴纳个人费用参加当地合作医疗，享受合作医疗待遇。对于因患大病在经医疗补助后个人医疗费用仍然过高，影响其家庭基本生活的，再进行适当的医疗救助；二是尚未开展新型合作医疗的地区的救助对象，对因患大病导致个人医疗负担过重而影响家庭基本生活的，予以适当医疗救助；三是国家规定的特种传染病救治费用，按有关规定给予补助。从原则上来讲，救助对象全年个人累计享受医疗救助金额不得超过当地规定的医疗救助标准。对于确有特殊困难的人员，可适当提高医疗救助标准。

从资金来源来看，农村医疗救助资金应当通过财政拨款和社会捐赠等多渠道筹集。具体说来：一是每年年初地方各级财政根据财力情况和实际需要确定医疗救助资金，并纳入当年预算；二是中央财政通过转移支付方式对中西部贫困地区予以适当支持；三是社会捐赠及其他资金。医疗救助资金纳入社会保障基金财政专户，专款专用，任何个人和单位不得挤占、挪用。

从申请、审批程序来看，农村医疗救助实行属地化管理原则，其申请和审批程序主要分为四步：第一步是提出申请，由户主向村委会提出申请，填写申请表，如实提供医疗费用收据（发票）和贫困证明等相关材料，通过村民代表会议评议后上报乡（镇）政府审核。第二步是材料核实，乡（镇）政府可以通过信函索证和入户调查等方式，对申请表和相关材料进行核实，对符合条件的申请者上报县（区、市）民政局审批。第三步是复核审批，县级民政部门对乡（镇）政府上报的相关材料进行复核，并及时签署审批意见。对于符合条件的家庭核准其享受的救助金额，对于不符合条件的申请人，应当书面通知并说明理由。第四步是救助金发放，医疗救助金既可以由乡（镇）政府负责发放，也可以社会化发放。

2）城市医疗救助政策

在农村医疗救助制度建立以后，城市居民的医疗救助成为制度的盲区。2005年3月，国务院办公厅转发了民政部等4部门制定的《关于建立城市医疗救助制度试点工作的意见》，明确提出："从2005年开始，用2年时间在各省、自治区、直辖市部分县（市、区）进行试点，之后再用2~3年时间在全国建立起管理制度化、操作规范化的城市医疗救助制度",以有效解决城市贫困人口的就医困境。

从救助对象来看,城市医疗救助制度主要面向三类人群:一是城市低保对象中未参加城市职工基本医疗保险的人员;二是已经参加城市职工基本医疗保险,但是个人医疗负担仍然较重的人员;三是其他特殊困难群众。确定救助对象的具体条件由地方政府民政部门会同卫生和财政等部门共同制定,并报请同级政府批准。

从救助标准来看,城市医疗救助制度针对救助对象在扣除医疗保险可支付部分、单位报销部分和社会互助等后,个人负担仍然超过一定金额的医疗费用或者特殊病种医疗费用,予以一定数量或者一定比例的补助。具体的补助标准由地方政府民政部门会同卫生和财政等部门共同制定,并报请同级政府批准。

从资金来源来看,城市医疗救助资金应当通过财政拨款、专项彩票公益金和社会捐赠等多渠道筹资,建立城市医疗救助基金。地方财政每年度要安排城市医疗救助资金并列入同级财政预算,中央和省级财政对困难地区予以适当补助。城市医疗救助资金必须纳入社会保障基金财政专户,专款专用、专项管理,任何个人和单位都不得挤占、挪用。

从申请、审批程序来看,城市医疗救助的申请和审批程序主要分为三步:第一步是提出申请,由救助对象本人向社区居委会提出申请,如实填写申请表和提供相关证明材料;第二步材料核实,街道办事处或者乡(镇)政府对上报的申请表和证明材料进行严格审核;第三步,复核审批,县级政府民政部门对街道办事处或者乡(镇)政府上报的相关材料进行复核和审批。城市医疗救助金既可以由街道办事处或者乡(镇)政府负责发放,也可以由县级民政部门直接发放。

3)城乡医疗救助政策

为了减少制度的碎片化,提升制度的实施效率和质量,2009年6月15日,民政部会同财政部、卫生部以及人力资源和社会保障部联合发布《关于进一步完善城乡医疗救助制度的意见》,明确提出要从我国基本国情出发,逐步建立城乡一体化的医疗救助制度,"着力解决城乡困难群众最关心、最现实、最迫切的基本医疗保障问题,努力实现困难群众'病有所医'的目标"。

从救助对象来看，城乡医疗救助制度除将城乡低保家庭成员和五保户纳入救助范围外，应当逐步将低收入家庭重病患者和当地政府规定的其他特殊困难人员纳入救助范围。救助对象的具体界定标准，由地方民政部门会同卫生、财政等部门共同制定，并报请同级政府批准。

从救助方式来看，城乡医疗救助制度应当采取多元化的救助方式。具体说来，对于城乡低保家庭成员、五保户和其他经济困难人员，应当根据相关规定资助其参加新型农村合作医疗或者城镇居民基本医疗保险，并对其难以负担的基本医疗自付费用予以一定的补助。

从资金来源来看，城乡医疗救助资金应当通过财政拨款和社会捐赠等多渠道筹资。其中，政府财政要承担主导责任，地方财政尤其是省级财政要有效调整财政支出结构，增加财政投入，进一步扩大城乡医疗救助基金的规模。中央财政以转移支付的方式对困难地区予以适当补助。同时，各地要充分发动社会力量踊跃捐赠，实现多渠道筹资。

2. 教育救助政策

20世纪90年代以来，我国政府开始重视教育救助问题，国务院和教育部等相关部委先后发布《关于国家助学贷款的管理规定（试行）》《关于建立健全普通本科高校高等职业学校和中等职业学校家庭经济困难学生资助政策体系的意见》《关于建立普通高中家庭经济困难学生国家资助制度的意见》《关于建立学前教育资助制度的意见》等多份政策文件，逐步在学前教育、义务教育、高中教育和高等教育阶段建立起较为完善的教育救助制度，有效地保障了诸多贫困学生的受教育权。

从救助对象来看，教育救助的对象比较明确，主要是由于家庭贫困而无法入学的适龄受教育人口。具体说来，主要包括两类人群：一是在高中教育（含中等职业教育）、普通高等教育阶段就学的最低生活保障家庭成员、特困供养人员；二是不能入学接受义务教育的残疾儿童。

从救助方式来看，教育救助的方式主要包括：一是对于学前教育阶段的家庭困难学生，主要采取减免收费、提供特殊困难补助等方式予以资助；二是对于义务教育阶段的家庭困难学生，主要采取"两免一补"的政策，或者通过设立助学金、建立助学基金等形式予以资助；三是对于高中教育阶段的家庭困难学生，主要采取"免、减、缓"交学费的方式予以帮扶，各地政府财政还划拨专款设立助学金资助困难家庭学生；四是对于高等教育阶段的家庭困难学生，主要是以奖学金、助学金、学生贷款、勤工俭学、特困补助和学费减免等为形式予以帮扶。

从资金来源来看，教育救助应当建立多元化的筹资渠道。具体说来，主要包括：一是财政拨款。义务教育和高中教育已由地方负责、分级管理，但中央和省级财政根据各地教育实际和财力水平，在财政预算中拨出贫困地区教育专项拨款，用于贫困、边远、少数民族地区的义务教育补助费用、高等教育的部分奖学金、国家助学贷款筹资和部分利息的偿还等。二是教育自救。教育自救是指鼓励学校积极创办校办企业，并给予各种财税优惠政策，使学校在一定程度上实现自我救助。三是社会捐赠。社会捐助包括社会团体和单位集体集资、个人捐赠、侨胞和港澳台胞捐资、国际组织捐赠以及教育基金等。

3. 就业救助政策

2014年2月，国务院颁布《社会救助暂行办法》，其第八章"就业救助"，对就业救助的基本原则和主要内容做出了明确规定。从救助对象来看，就业救助制度的主要对象是最低生活保障家庭中有劳动能力但处于失业状态的成员。对于家庭成员有劳动能力但均处于失业状态的最低生活保障家庭，县级及以上政府应当采取有效措施，确保该家庭至少有一人就业。从救助方式来看，国家对最低生活保障家庭中有劳动能力并处于失业状态的成员，通过贷款贴息、社会保险补贴、岗位补贴、培训补贴、费用减免、公益性岗位安置等办法，给予就业救助。从救助程序来看，申请就业救助的人员，应当向住宅所在地街道、社区公共就业服务机构提出，公共就业服务机构核实后予以登记，并免费提供就业岗位信息、职业介绍、职业指导等就业服务。从基本义务来看，最低生活保障家庭中有劳动能力但未就业的成员，应当接受人力资源和社会保障等有关部门介绍的工作；无正当理由连续3次拒绝接受与其劳动能力、就业经历和健康状况等相符的工作，县级民政部门应当决定减发或停发其本人的最低生活保障金。

四、临时救助政策

2014年2月，国务院颁布《社会救助暂行办法》，其第九章"临时救助",对临时救助的基本原则和主要内容做出了明确规定。2014年10月,国务院印发《关于全面建立临时救助制度的通知》,着重提出临时救助是社会救助体系的"短板"和空白,明确要求"要以解决城乡群众突发性、紧迫性、临时性基本生活困难问题为目标,通过完善政策措施,健全工作机制,强化责任落实,鼓励社会参与,增强救助时效,补'短板'、扫'盲区',编实织密困难群众基本生活安全网,切实保障困难群众基本生活权益",逐步建立起临时救助制度,以有效解决城乡困难群众遭遇的突发性、紧迫性和临时性困难。

从救助对象来看,临时救助制度的对象主要包括两类:一是家庭对象。因火灾、车祸等意外事件以及家庭成员突发重病等原因,导致基本生活暂时陷入严重困难的家庭;因生活必需支出陡然攀升超出家庭承受能力,造成基本生活暂时陷入严重困难的最低生活保障家庭;遭遇其他特殊困难的家庭。二是个人对象。主要是指因遭遇火灾、车祸、突发重病或其他特殊困难,暂时无法得到家庭支持,导致基本生活陷入严重困境的个人。

从救助方式来看,临时救助制度针对不同的救助对象,主要采取三种方式:一是发放临时救助金。各地应全面推行临时救助金社会化发放,按照财政国库管理制度将临时救助金直接支付到救助对象个人账户,确保救助金按时、足额发放。二是发放实物。根据救助对象的需要和临时救助标准,可采取发放食品、衣物、饮用水以及提供临时住所等方式予以救助。三是提供转介服务。对给予临时救助金和实物救助后,依然无法解决困难的临时救助对象,可分情况提供转介服务。对符合最低生活保障或教育、医疗、就业、住房等专项救助条件的,协助其申请;对需要公益慈善组织、社工服务机构等通过慈善捐赠和提供专业服务等形式给予帮扶的,要及时转介。

从救助标准来看,临时救助标准与当地政府的财政实力和经济社会发展水平相适应。县级及以上政府要根据救助对象的困难类型与程度,统筹考虑其他救助制度的保障水平,合理确定临时救助标准,并适时进行调整。同时,临时救助标准应当通过合适的渠道及时向社会公布。省级政府应当统筹制定本行政区域内临时救助的标准,逐步形成相对统一的区域临时救助标准。

从资金来源来看，临时救助制度的资金主要来源于各级财政。具体说来，地方各级政府要将临时救助资金列入年度财政预算；省级政府财政要切实加大对临时救助的投入；城乡居民最低生活保障资金有结余的地方，可安排部分资金用于最低生活保障对象的临时救助支出。此外，中央财政重点向救助任务重、财政困难、工作成效突出的地区实施临时救助制度予以适当补助。

从救助程序来看，临时救助的程序主要分为三步：第一步是提出申请。凡认为符合救助条件的城乡居民家庭或个人皆可向所在地街道办事处或乡（镇）政府提出临时救助申请；受申请人委托，村（居）委会或其他单位、个人可代为提出申请。第二步是调查审核。街道办事处或乡（镇）政府应在村（居）委会的协助下，对申请人的家庭经济状况和遭遇困难类型等逐一调查，根据实际情况进行民主评议，提出具体的审核意见，并在申请人所居住的村（居）委会张榜公示后，报请县级民政部门审批。第三步是正式批准。县级民政部门根据街道办事处或乡（镇）政府提交的审核意见做出审批决定。对于救助金额较小的，县级民政部门可委托街道办事处或乡（镇）政府审批，但应报县级民政部门备案。对于符合条件的申请者，应及时批准；对于不符合条件的申请者不予批准，并书面说明理由。

第三节 社会福利与服务政策

一、老年福利与服务政策

新中国成立以后，尤其是改革开放以来，随着人口老龄化进程的不断加快，中国政府对老年福利与服务的重视程度不断提高。1996年8月，八届全国人大常委会第二十一次会议通过了《老年人权益保障法》，从家庭赡养与扶养、社会保障、社会优待、社会服务、宜居环境、参与社会发展等方面对老年人的权益做出了明确规定，这是中国第一部专门的保护老年人权益的法律，标志着中国老龄事业开始走上规范化、制度化和法制化的发展轨道。近年来，各级政府通过大力推进社会福利社会化等措施，逐步建立起以政府主导的老年社会福利机构为骨干，以社会力量举办的老年社会福利机构为新的增长点，以社区老年人福利服务为依托，以居家养老为基础的老年人福利服务体系。2013年9月，国务院发布《关于加快发展养老服务业的若干意见》，明确提出："到2020年，全面建成以居家为基础、社区为依托、机构为支撑的，功能完善、规模适度、覆盖城乡的养老服务体系"，以有效满足老年人日益增长的养老服务需求。

从福利需求来看，老年人的福利与服务需求主要包括以下几个方面：一是经济福利与服务需求。老年人在退出劳动力市场后，必然会出现收入锐减乃至中断，此时必须要有退休金或者社会救济金等经济福利与服务来满足其基本生活需要。二是健康福利与服务需求。随着年龄的增长，尤其是步入老年之后，人的身体机能和生理功能逐步退化，各种抵抗能力显著下降，患病概率大幅提升，此时迫切需要医疗保险、医疗救助等健康福利与服务。三是情感福利与服务需求。老年人在退出劳动力市场后，空闲时间大幅度增加，迫切需要子女和亲友的陪伴，但是随着人口流动的加剧和家庭结构小型化与核心化的逐步流行，老年人往往缺少子女和亲友的陪伴，对情感福利与服务有着迫切需求。四是照料福利与服务需求。人到老年，各项身体机能和生理功能都在衰退，老年人的生活自理能力逐年下降，此时就需要配偶、子女或者其他人员的生活照料服务。

从福利内容来看，老年人的福利与服务内容主要包括以下几个方面：一是经济保障。经济保障是指对退出劳动力市场的老年人或者"三无"老人实行的社会救助和社会保险等福利措施，主要包括最低生活保障金、医疗救助、医疗保险、养老保险、高龄津贴等。二是老年照顾。老年照顾是指对由于身体机能和生理功能退化导致生活自理能力下降，基本生活自理存在困难的老年人提供的日常生活照料，主要包括吃饭、穿衣、住宿、出行以及医疗卫生方面的照料与服务。从供给主体来看，老年人照顾可以分为家庭照护、社区照顾和机构照顾三种。三是老年服务。老年服务是指为了提升老年人的生活质量和幸福指数，由政府、社会和家庭所提供的一系列服务。简而言之，主要包括情感慰藉服务、再就业服务和文化教育服务等。

当前，无经济来源、无依无靠的孤寡老人仍然是老年福利事业的主要对象。这部分老年人不仅需要政府和社会解决其基本生活来源问题，而且还要解决其日常生活照料问题。对于这部分老年人，现行老年福利和服务主要有集中供养和分散供养两种形式，集中供养是指由城乡敬老院或者福利院集中供养孤寡老人，分散供养是指分散在农村并接受集体救助的五保户。

二、残疾人福利与服务政策

新中国成立以后，尤其是20世纪80年代以来，中国政府愈来愈重视残疾人问题。1984年3月，国务院批准成立中国残疾人福利基金会，随后成为国际康复会的正式成员。1984年10月，财政部发布的《关于对民政部门举办的社会福利生产单位征免税问题的通知》明确规定：在民政部门举办的福利企业中，残疾就业人员占企业生产人员总数的35%以上，企业从事劳务、修理、服务性业务所取得的收入，免征营业税；残疾就业人员占企业生产人员总数的50%以上，企业生产销售产品所取得的收入，免征产品税或者增值税；对于生产残疾人用品的民政部门所属工厂，免收产品税。这些规定有效地促进了残疾人就业。1988年3月，国家在中国盲人聋人协会和中国残疾人福利基金会的基础上建立了中国残疾人联合会，作为全国性的残疾人事业团体，自此全国残疾人群体有了自己的组织。1990年12月，七届全国人大常委会第十七次会议通过《残疾人保障法》，明确规定了残疾人群在教育培训、劳动就业、文化娱乐和社会福利等方面的合法权益，并提出了全面的保障措施。1994年8月23日国务院颁布的《残疾人教育条例》和1995年3月八届全国人大第三次会议通过的《教育法》，都明确规定残疾人与其他普通民众一样享有受教育权利，并提出了具有针对性的保障措施。在此前后，各地陆续出台残疾人权益保护方面的地方性法规，如《上海市按比例安排残疾人分散就业的办法》等，这些法律法规和政策文件在有效解决残疾人面临的诸多困境的同时，为发展残疾人福利与服务提供了重要的法律依据和制度保障。简要说来，中国残疾人福利与服务主要包括以下内容。

一是残疾人预防事业。残疾人预防事业是指在知晓残疾致因的基础上，利用现代先进的医疗卫生和康复治疗技术，积极采取有效措施来避免某部分人群在智力、生理或者肌体上产生缺陷或者避免在缺陷产生后导致永久性残疾。预防性措施或者行动多种多样，既可以是政府出台安全生产方面的法律法规，也可以是制定全面的事故预防预案，还可以是一些具体的行动，如产前产后的幼儿保健和传染病防治等。事实上，残疾人预防事业就是要转变传统的亡羊补牢式的事后救治思路，从下游干预走向上游干预，有效减少甚至是防止残疾事故的发生。

二是残疾人康复事业。对于残疾人群而言，最重要且最迫切的莫过于通过外在干预和自身努力使缺损的身体机能和生理功能早日恢复或康复，增强其社会参与能力。换言之，残疾人康复事业是残疾人福利与服务最重要的子项目之一。当前，中国政府对残疾人康复事业的方针是将现代医学康复技术与传统医学康复技术有机结合，以各地的康复治疗机构为骨干、社区康复为基础和残疾人家庭为依托，以便捷、实用、受益面广的医学康复内容为重点，向残疾人群提供健康有效的康复服务。同时，民政部门还应积极组织和扶持残疾人康复器械和用品的研发、生产、供应与维修服务。

三是残疾人特殊教育。作为社会的特殊成员，残疾人也享有平等的受教育权利。残疾人教育既是中国教育事业的一个重要且特殊的组成部分，也是面向残疾人群的一项福利服务。《残疾人保障法》第21条明确规定："国家保障残疾人享有平等接受教育的权利，各级人民政府应当将残疾人教育作为国家教育事业的组成部分，统一规划，加强领导，为残疾人接受教育创造条件。"为此，国家和社会设立了专门的教育机构，对残疾人群实行特殊教育。譬如，对于残疾幼儿，通过残疾幼儿教育机构、普通幼儿教育机构附设的残疾儿童班、特殊教育机构的学前班、残疾儿童福利机构、残疾儿童家庭等实施学前教育。

四是残疾人就业福利。残疾人就业福利就是政府通过各种财税减免或优惠政策，鼓励各类企业吸纳具有劳动能力的残疾人就业，使残疾人在工作中获得收入和自信，并在自食其力中实现精神生活的平等参与。事实上，现代残疾人福利事业非常重视残疾人的自身发展，积极倡导其自立自强。改革开放以前，我国的残疾人就业福利主要由政府包办，实施范围有限。20世纪90年代以后，政府在"社会福利社会办"的理念下开始充分发动社会力量，兴办各类福利企业，并放宽财税优惠政策的享受条件,帮助越来越多的残疾人实现了就业和自立。

五是无障碍环境建设。作为在机体或者生理上存在缺陷的特殊人群,残疾人在交流和出行等方面存在一定的甚至是较大的障碍。因此,应当为残疾人群建设合理便捷的无障碍环境。一般说来,无障碍环境主要包括无障碍的物质环境以及无障碍的交流与信息环境。无障碍的物质环境,主要是指在城市的规划与建设之中,应充分考虑残疾人群的出行需求,建立便捷的通行设施。无障碍的交流与信息环境,是指各类新闻传播媒体应当采取有效措施,使具有视力或听力抑或是言语障碍的残疾人员能够无障碍地获得各种信息,并进行有效交流与沟通。随着交通工具的不断革新和信息技术的飞速发展,无障碍环境建设对于残疾人群的重要性日益凸显。

三、妇女福利与服务政策

1951年2月,政务院发布修订后的《劳动保险条例》,规定女职工的生育假期为56天,产假期间工资照发,与生育有关的医疗费用由企业负担。1955年4月,国务院发布《关于女工作人员生产假期的通知》,明确规定了国家机关事业单位女性工作人员的生育休假和产假津贴。1980年9月,五届全国人大第三次会议通过了修改后的《婚姻法》,从结婚、夫妻财产、家庭暴力、重婚和离婚等问题上保护妇女的合法权益。1986年5月,卫生部、劳动人事部、全国总工会、全国妇联联合发布《女职工保健工作暂行规定(试行草案)》,以保护女职工的身心健康。1988年9月,国务院发布实施《女职工劳动保护规定》,以缓解女职工由于生理因素在劳动中遭遇的特殊困难,保护女职工的身心健康。1992年4月,七届全国人大第五次会议通过《妇女权益保障法》,从政治权利、文化教育权益、劳动和社会保障权益、财产权益、人身权利以及婚姻家庭权益等方面对妇女权益保障做出了全面规定,这是中国历史上第一部妇女法。1994年12月,劳动部发布《企业职工生育保险试行办法》,规定城镇企业应当逐步建立生育保险制度,以有效保障女职工在生育期间享有的经济福利和医疗保健服务等合法权益。我国妇女福利政策法律法规已形成以宪法为基础,以《妇女权益保障法》为主体,以各部委的规章制度和各种地方性法规为补充的法律法规体系。简要说来,根据这些法律法规,我国的妇女福利与服务主要包括以下内容。

一是妇女生育福利与服务。妇女生育关乎民族的存续与国家的兴衰，它不应该是一件"私事"，而应该是一项"公事"，因此建立生育保险制度，给生育妇女发放生育津贴是国际通行做法。当前，我国只建立了针对城镇女职工的生育保险制度，对于符合国家计划生育规定的女职工，其怀孕和分娩期间的合规检查费、接生费、手术费、住院费和医疗费等由生育保险基金支出，享有98天产假，产假津贴按照本企业职工上年度平均工资发放。随着经济社会的发展，我国生育保险制度的覆盖范围应当适当扩大，逐步将城镇居民和农村居民纳入其中，使其享有相对平等的生育权益。

二是妇女劳动保护福利与服务。妇女劳动保护福利与服务是指国家为了保障女职工的正当权益，缓解或者解决女职工由于生理因素在工作中遭遇的特殊困难而采取的一系列保护措施，以促进妇女的身心健康。例如，对于怀孕期、生产期和哺乳期的女职工，雇主不得无故降低其薪资待遇，更不能随意解除劳动合同；不得安排女职工从事井下作业、矿上作业等达到四级体力劳动的重体力工作；对于怀孕7个月及以上的女职工，一般不得安排其加班或者从事夜班工作；对于女职工占比较高的企业，应该采取企业出资或者多方出资的方式建立母婴休息室、哺乳室和托儿所等母婴服务设施。

三是妇女保健福利与服务。根据《母婴保健法》和《女职工保健工作规定》等法律法规，县级及以上的各级妇幼保健机构，负责对管辖范围内各单位的妇女保健工作进行指导和监督。由各单位的医疗卫生部门负责本单位女职工的保健工作与服务。简要说来，女职工的保健主要包括婚前保健、孕前保健、孕期保健、产前保健、产后保健、哺乳期保健以及更年期保健等，定期对女职工进行妇科疾病以及乳腺疾病的筛查与医治。

四、儿童福利与服务政策

新中国成立伊始，中国政府就开始关注和重视儿童福利事业，制定并颁布了一些法律法规来维护儿童的生活、受教育和抚养等合法权益。尤其是改革开放以来，我国的儿童福利政策和法律法规日益丰富。1991

年9月,七届全国人大常委会第二十一次会议通过《未成年人保护法》,从家庭保护、学校保护、社会保护和政府保护等方面全面保护未成年人的合法权益。1992年3月,教育部发布实施《义务教育法实施细则》;1994年10月,八届全国人大常委会第十次会议通过了《母婴保健法》;1995年3月,八届全国人大第三次会议通过《教育法》;1999年6月,九届全国人大常委会第十次会议通过《预防未成年人犯罪法》。同时,其他一些法律法规,如《婚姻法》《禁止使用童工规定》《继承法》《收养法》等,都涉及了未成年人保护内容。简要说来,中国的儿童福利与服务主要包括以下内容。

一是医疗保健福利与服务。这是政府和社会为保障儿童的身心健康,促进儿童茁壮成长而提供的各种医疗卫生福利和保健服务。譬如,免费为儿童接种各类疫苗,提升儿童的免疫力和抵抗力,积极防治儿童可能遭遇的多发病和突发病;大力创办专门为儿童提供医疗服务的妇幼保健院,或者在大型医院中合理设置儿科门诊;定期为各类儿童进行健康检查,加强儿童保健工作等。

二是义务教育福利与服务。教育是立国之本,关乎民族和国家的百年大计。普及九年义务教育,保证每一位适龄儿童接受正规教育,是中国政府的重要职责和庄严承诺。从儿童福利的角度来看,义务教育福利与服务主要有"两免一补",即对接受义务教育的儿童减免学费,对来自经济困难家庭的学生减免杂费,对来自最低生活保障家庭或者贫困家庭的儿童予以教育补贴,实施"希望工程"、开展"春蕾计划"以及提供免费营养早、午餐等。

三是孤残儿童福利与服务。在数以亿计的儿童中,孤残儿童是最弱势的人群,因为他们要么失去了父母,要么有肢体或者智力残疾,面临异常严峻的生存困境。从我国的情况来看,政府主要通过建立福利院来集中收养,或者通过财政补贴来鼓励家庭领养、家庭寄养,以有效保证孤残儿童的生存与发展。例如,每个地级市至少设立一所儿童福利院,主要用于收养家庭无力照顾或者遗弃的残障儿童,收养无家可归、无法定抚养人、无生活来源的孤儿。

四是文化娱乐福利与服务。文化娱乐福利与服务主要是指由国家和社会出资举办,为方便儿童开展文化娱乐活动而提供的必要设施和场所。

作为未成年人，享有一定的文化娱乐不仅是儿童快乐的重要源泉，而且是促进其智力发育和身心健康的重要事项。因此，世界各国都非常重视儿童文化娱乐设施和场所建设。从我国的情况来看，目前主要建立了幼儿园、少年之家、少年宫、儿童活动中心以及儿童公园等设施，为儿童提供学习与娱乐场所。此外，部分地区还在建立和普及托儿所、托育所等，在对儿童进行托管的同时，也可以降低父母的育儿压力。

思考题

1. 我国社会救助制度的主要项目及其功能。
2. 我国社会保险制度的主要项目及其功能。
3. 我国社会福利制度的主要项目及其功能。
4. 目前我国社会保障制度存在的主要问题。

第十章
中国的城镇住房保障政策

城镇住房保障政策是中国社会政策的重要内容。中国从20世纪50年代起就开始在城镇中实施公共住房保障政策,并逐步形成了适应计划经济体制的城镇公共住房保障政策模式。20世纪70年代以来,随着经济体制改革的不断发展,原来计划经济体制下的城镇住房保障政策逐渐显露出严重的弊端,城镇住房保障政策开始进行重大改革,以住房公积金、经济适用房和廉租房为主要内容的中国城镇住房保障政策逐渐建立起来。

第一节　　城镇住房保障政策的实施

一、城镇住房保障政策的建立

1. 城镇住房建设政策

新中国成立后，我国实行高度集中的计划经济体制，在这种体制下，城镇住房政策也深深打上了计划经济体制的烙印。在相当长的一段时期里，我国一直实行由国家拨款统一建设，根据规定的条件和住房标准统一分配，低房租居住的城镇住房制度。这种制度是在新中国初期由战时供给制演变而来的。在革命战争时期和新中国成立初期，我国对革命干部和革命军人等实行供给制，根据可能条件直接供应生活必需品。1952年，政务院规定，将供给制改为包干制，逐步缩小了革命工作人员待遇中的供给成分。1956年，统一实行货币工资制，但是，住房供给制的做法却一直沿袭下来，只是在工资中计入少量的住房消费要素，并规定住公房必须缴纳一定的房租。具体地说，我国传统城镇住房政策包括住房投资政策、住房分配政策和住房租金政策。

计划经济体制下，政府一直集中控制城镇住房投资，并纳入统一的国民经济计划和基本建设投资规模计划之中。城镇住房的投资资金基本上来自财政拨款。政府在安排基本建设项目时，在建设总规模中划出一定比例用于住房投资。政府长期奉行"先生产，后生活"、优先发展重工业的战略指导思想，将住房投资视为一种纯粹耗费资源的"非生产性"支出，不仅每年计划安排的住房投资规模很小，而且一旦要压缩投资规模，住房投资总是首当其冲。统计资料显示，1952—1978年，主要由政府安排的城镇住房投资仅占同期国内生产总值的0.78%，加上农村居民的住房投资，全社会用于住房的投资总量也只占同期国内生产总值的1.5%。这种投资规模相对于不断增长的总人口尤其是城镇人口来说显然非常不足。中国城镇居民人均居住面积从新中国成立初期的4.5平方米逐渐下降至 1977 年的不足 4 平方米。

由国家财政拨付的住房投资跟随基本建设项目下达到具体的机关、国有企业和事业单位。获得住房投资项目和资金的单位便要为此成立专门的机构，负责从征地到施工的全面工作。由于是各个单位各自建设，住房建设工程与市政基础设施不配套情况便经常发生。为了解决这一问题，从 20 世纪 60 年代中期开始，政府便倡导在城镇范围内实行统一规划和统一建造。这种模式发展到 70 年代初期，进一步演化成为统一征地、统一设计、统一规划、统一施工、统一管理的所谓"五统一"模式。

以各种方式建造起来的住房，在概念上都属于公有住房，但因建造方式的不同，公有住房又被分为两大类：一类是由政府的专业管理部门即房产管理局管理的公有住房，习称为"直管公房"；另一类是由各类机关、国有企业和事业单位使用并管理的公有住房，习称为"自管公房"。即使在经济体制改革之前，这两类公有住房的产权在事实上也是存在差异的，自管公房属公有，但各单位对它们实际上拥有类似于所有者的权利。

2. 城镇住房分配政策

计划经济条件下中国实行的是高度行政化的住房分配政策。事业单位和国有企业的职工，甚至非国有企业的人员均被赋予一个与国家机关工作人员相同或相似的"级别"，"级别"越高，越可能被分配到质量高和面积大的住房。例如，1981 年，政府将城镇住房分为四类，分别对应于不同的居民：一类住房适用于国有企业一般职工的最低等级，每套 42～45 平方米；二类住房适用于国家机关和企事业单位一般干部，每套 45～50 平方米；三类住房适用于县团级干部及相当于这一级的干部，每套 60～70 平方米；四类住房适用于厅局级干部及相当于这一级的高级知识分子。事实上，在这四类以外，还有适应更高级别干部的住房标准。

虽然政府部门规定了详细的公共住房标准，并不意味着所有符合标准的居民都能够得到与其等级相符的住房。因为无论是直管公房还是自管公房都极为短缺，并没有足够的房源来满足上述规定的要求。由于政府住房投资资金并不是平均分配的，有些单位可以得到，有些单位却得不到或得到很少，这就使得公有住房在单位之间的分配极不平衡。居民究竟能否得到住房或究竟能得到何种质量和面积的住房,几乎完全依赖于他们在何种单位就业。1983年,国务院又发布了《关于严格控制城镇住房标准的规定》,指出应以建一、二类住房为主,在住房紧张的城市和单位,应暂缓建三、四类住房。上述标准可暂作为分配住房的控制标准,各地区、各部门、各单位要严格执行统一标准。衡量住房建设量既要以建筑面积为计量单位,又要以住房套数为计量单位,各单位需建造三、四类住房的须报当地计委(建委)和城建部门批准。

关于住房分配条件,国家也曾做出原则规定。1980年,国家城市建设总局发布了《关于认真做好住房分配工作的通知》,对住房分配原则、分配对象、分配范围、分配标准、分配办法和分配纪律做出了原则规定。通知指出,凡能自筹资金建房的企业和单位,其职工住房问题自行解决,其分配办法由单位自行制定。国家补助和地方投资建设的住房,应主要分配给无力建房的中小学教职员工、街道居委会和基层行政机关、群众团体等单位职工。住房分配对象主要是无房户、危房户、低于当地平均居住水平的拥挤户、三代同室的不方便户、落实政策需要住房的职工。在此范围内,不论干部、工人和居民都应按需房缓急统一排队,按顺序分房。

3. 城镇住房房租政策

20世纪50年代初,我国公房(砖瓦房)的房租一般为每平方米0.2~0.3元,占职工家庭收入的6%~10%。50年代中期,国务院发布了《中央国家机关工作人员住用公家宿舍收租暂行办法》,规定每平方米住房的月租平均为0.12元,这一本来是针对机关工作人员的住房租金规定实际被扩大到各类住房的房租。到60年代中期,各地纷纷降低房租标准。为此,1965年,国务院批转了国家房产管理局《关于制止降低公有住房租金标准问题的报告》,针对当时各地方和各单位租金标准不一致且标准很低的情况,提出租金低是房屋失修的一个重要原因,国家财产也受到很大损失。因此,公有住房租金标准应当贯彻执行"以租养房"的原则,现行的公有住房租金标准符合"以租养房"原则者不能降低,不能做到"以租养房"者更不能降低。

1979年,国家城市建设总局针对各地公有住房租金混乱的状况,发布了《关于重申制止降低公有住房租金标准的通知》。通知重申了1965年的规定，强调要贯彻"以租养房"的原则。各城市要制定统一的住房租金标准。租金标准原则上要包括折旧费、修缮费、管理费、房地税和一定的利息，同时也要照顾住户的负担能力。各单位要实行统一的租金标准，不得随意降低和提高。确实需要调整统一租金标准的，要以不减少租金总收入为原则，也不能用提高非住房租金标准、降低住房租金标准的办法保持租金的总收入。

二、城镇住房保障政策的缺陷

1. 居民住房利益格局不公平

由于我国传统城镇住房制度的特征是在国民收入分配过程中，国家先把本应纳入职工工资的那部分住房消费资金扣除并集中起来，然后通过不同的形式和渠道返还给各个单位用以建房，最后由各个单位按照某个标准分配给各个职工"无偿"使用，就形成了一种事实上的建房资金及住房分配的不公平。其具体表现是：由国家集中的建房资金不能公平地分配到各个单位，致使某些单位得到的建房资金多，住房盖得多、质量好，职工享有较多的住房利益，而有些单位得到的建房资金少，住房盖得少、质量差，职工享有较少的住房利益。由单位建设的住房也不能公平地分配给每一位职工，致使某些人早分房、多分房、分好房，享有较多的住房利益，而有些人迟分房、少分房、分次房，甚至分不到房。这样，城镇居民在住房利益方面就形成了事实上的三个层次：多住房、住好房、享有较多住房利益者；有住房、住房数量较少、标准较低、享有较少住房利益者；住房少、条件差，甚至长期分不到房、享受不到或享受很少住房利益者。其中，第一层次是福利住房制度既得利益者，第三层次是利益受损者，第二层次介于两者之间，由此构成了福利住房制度下的不公平。

不公平的住房利益格局一方面导致城镇居民对住房消费的过度需求，另一方面也助长了分房方面的不正之风。首先，福利性分房制度的直接后果极大地刺激了人们的消费欲望，造成住房消费的结构性膨胀，没有房子的想要房子，有了房子的想多要房子、要好房子，在住房建设标准方面千方百计地超标准建房现象屡见不鲜。其次，不合理的住房分配制度助长了分房过程中的不良现象。手中有权或是有关系者，在强大的利益诱惑下谋取私利，多占住房，不仅加剧了住房短缺的矛盾，也对党和政府的威信造成极大的损害，在住房分配方面的利益受损者及利益居中者往往牢骚满腹或怨声载道。

2. 住房保障政策的责任不均衡

国家一直承担着我国城镇居民住房的投资，这种住房投资属于国家基本建设资金中非生产性投资的一个部分，其资金流动是单向的、非循环性的，因此，国家对城镇居民住房建设的投资得不到直接补偿，需要不断重新拨款或投资建设，不能形成投入产出的良性循环。这样，随着我国城镇人口增长，居民对住房的需求也会"水涨船高"，国家对城镇居民住房建设的投资就像一个永远填不满的"黑洞"，包袱只会越背越重。

兴建完毕并分配使用的住房后续的修缮费和管理费仍然是由国家来补贴的。按照一般规则，这笔费用应该从居住者交纳的房租中支付，而且应该收大于支，通过折旧收回投资成本，甚至收回投资利息。房租也因此可以分为福利房租、成本房租和商品房租三种。我国长期以来一直实行福利性低房租政策，房租过低不仅导致国家住房建设投资回报无望，而且连正常的房屋维修费用也不能自理，以致国家每年都要花费大量的补贴。据测算，20世纪50年代每平方米0.12元的房租仅相当于成本租金的1/3，到80年代，以北京为例，每平方米平均月租为0.11元，而每平方米的维修管理费为0.55元，房租仅占维修管理费的1/5，加上高层的电梯费和高层水泵费支出，房租收支相差悬殊。实际房租与成本租金相比，则差距更大。如果按平均造价每平方米建筑面积200元计算，每平方米使用面积的成本租金应为1.56元，相当于我国福利房租的10倍多；如果按每平方米1000元的商品房价格计算，则成本租金应为每平方米11.83元，相当于我国福利房租的90多倍。50年代，国家要补贴2/3的住房管理维修费，到80年代要补贴4/5。[①]

---

① 朱勇、潘屹：《社会福利的变奏——中国社会保障问题》，中共中央党校出版社1995年版，第158-159页。

3. 住房保障政策制约社会发展

首先，传统福利性住房政策影响价格体系改革。长期以来，我国住房价格是严重扭曲的，以前面所计算的福利房租与成本房租的差价为例，如果按照住房改革的理想目标，实现住房商品化，把国家的补贴由暗补改为明补进入工资，则要为户主增加好几百元甚至近千元的工资。众所周知，工资增长意味着劳动成本提高，而劳动成本提高又会导致产品价格上涨。如果是初级产品则会引起其他产品乃至劳务价格的连锁反应。这种连锁反应回过头来又会对工资产生影响，最终导致产品、劳务、金融三大市场均衡点发生变化。住房改革造成的对社会、对老百姓承受能力的冲击远比所有产品价格改革加在一起还要大，我国住房改革速度缓慢的原因也在于此。

其次，传统福利性住房政策制约收入分配体制改革。收入分配制度改革的主要目标是要彻底破除平均主义"大锅饭"，真正体现社会主义按劳分配原则，理顺国家、集体、个人三者之间的关系。我国城镇居民住房福利性分配原则是十分典型的平均主义分配，由于房源的短缺，必然造成分配的极大不公。这种分配不公不仅表现在个人之间，而且也表现在单位、地区之间，同时也体现在国家和个人之间，国家投入了巨额资金得不到投资效益，个人获得了住房使用权却不仅没有付出代价，反而获得了大量补贴。住房分配的不公是我国收入分配领域中的重要问题。我国收入分配体制改革的成功在相当大的程度上取决于住房分配制度的改革。没有住房制度配套改革，我国收入分配的关系就不可能理顺，按劳分配的原则就不可能得到真正贯彻执行。

此外，传统福利性住房政策制约了劳动力市场的发育。在福利性住房分配制度下，我国城镇公有住房的权属关系是很不明确的，从投资主体看，住房是国家财政拨付建造的，其所有权应该属于国家。但由于住房建设资金是由国家无偿拨付给各部门、各单位并由其建造的，实际上房屋产权属部门和单位所有，加上各部门、各单位住房短缺，部门和单位对住房控制十分严格，以防止流失。一个在单位分上住房的人若要流动或辞职首先必须交回房子。在整个社会住房都十分紧张的背景下，人们为不失去栖身的场所，只得选择在一个单位长期工作，既影响了劳动力的流动，也制约了劳动力市场的发育。

　　社会主义市场经济体系是一个完整、统一、开放的大系统，由众多的各类市场有机组合而成，而劳动力市场就是重要组成部分，是企业真正成为独立商品生产者和经营者的重要条件。劳动力市场的培育首先要求打破劳动力的部门和单位所有制的界限，允许劳动力自由流动，但住房的部门和单位所有制是劳动力自由流动的障碍之一，因此，住房制度的改革将有利于劳动力的流动和劳动力市场的发育。我国福利性分房制度对经济体制改革的制约还表现在其他方面，如对市场公平竞争机制的形成、税收制度改革、国有资产管理体制改革等方面的影响及制约，这既体现了住房制度改革的重要意义，也反映了住房制度改革的艰难。

第二节　　城镇住房保障政策的改革

一、城镇住房政策改革进程

1. 住房保障政策改革开始试点

　　1980—1985年为国家、企业、个人三者共同负担购买住房的试点时期。为解决城镇住房投资来源问题，住房制度改革首先从国家包干的住房投资体制开展。1982年，国家正式批准常州、郑州、沙市、四平四市进行住房补贴出售试点，具体做法是国家、单位和个人各出资1/3购买住房。试点的四个城市共补贴出售住房1797套，国家投入的1400万元仅收回了270万元。1984年10月，国务院决定在全国扩大城市公有住房补贴出售试点，希望通过这种三三制的做法，收回一部分资金以解决住房投资的不足。但由于当时职工的收入过低，又无其他金融借贷等配套措施支持，国家和单位的补贴量大，资金不能实现自我循环，这一做法未能达到预期的效果。

　　1986—1990年是以提高住房租金为突破口进行住房体制改革的时期。随着改革的深入，提高房租在整个房改中的关键性地位已逐渐地显现出来。1986年，国务院成立了住房制度改革领导小组。1987年8月，国务院正式批准试行提高房租的改革措施。同年，唐山、蚌埠等城市也加入了房改试点的行列。1988年第一次全国住房制度改革会议提出了在全国城镇分期分批推行住房制度改革。此后，各地根据自身的条件，因地制宜地采取了多种提租形式推进房改，如：小步提租与只提不补，即放慢提租的步伐，但不给予补贴；提租补贴与超标加租，即提高租金的同时给予一定补贴，变暗贴为明贴，同时对超标准住房部分不给予补贴；收取租赁保证金，以息补租。

2. 住房保障政策改革全面实施

1991—1993年是以公房出售为重点、住房制度改革全面铺开的时期。1991年，国务院发布《关于继续积极稳妥地进行城镇住房制度改革的通知》，国务院办公厅转发了国务院住房制度改革领导小组《关于全面推进城镇住房制度改革的意见》。两份文件对住房制度改革的目标、原则、有关政策、总体部署等问题做了具体规定，提出城镇住房制度改革是经济体制改革的重要组成部分，要逐步实现住房商品化，发展房地产业，从改革公房低租金制度着手，将现行公房的实物福利分配制度逐步转变为货币工资分配制度，使住房进入消费品市场，实现住房资金投入产出的良性循环。国务院文件正式提出了住房商品化、分配货币化、租金市场化的改革方向。此后，各地响应中央号召，先后出台了城镇住房制度改革实施方案，住房制度改革由少数试点城市扩展到全国，各地在继续实施提租改革的同时，出售公房成为这一阶段的重点。

1994—1998年是住房制度改革全面推进的时期。1994年7月，国务院发布《关于深化城镇住房制度改革的决定》，提出房改的根本目的是建立与社会主义市场经济体制相适应的新的城镇住房制度，并明确提出城镇住房制度改革的基本内容是：把住房建设投资由国家、单位统包的体制改变为国家、单位、个人三者合理负担的体制；把各单位建设、分配、维修、管理住房的体制改变为社会化、专业化运行的体制；把住房实物福利分配的方式改变为以按劳分配为主的货币工资分配方式；建立以中低收入家庭为对象、具有社会保障性质的经济适用住房供应体系和以高收入家庭为对象的商品房供应体系；建立住房公积金制度；发展住房金融和住房保险；建立政策性和商业性并存的住房信贷体系；建立规范化的房地产交易市场和发展社会化的房屋维修、管理市场，逐步实现住房资金投入产出的良性循环；促进房地产业和相关产业的发展。

1998年《国务院关于进一步深化城镇住房制度改革加快住房建设的通知》明确指出，深化城镇住房制度改革的目标是：停止住房实物分配，逐步实行住房分配货币化；建立和完善以经济适用住房为主的多层次城镇住房供应体系；发展住房金融，培育和规范住房交易市场。并明确提出，1998年下半年开始停止住房实物分配。通知要求继续推进现有公有住房改革，按照《国务院关于深化城镇住房制度改革的决定》的规定，继续推进租金改革，进一步搞好现有公有住房出售工作，规范出售价格。从1998年下半年起，出售现有公有住房原则上实行成本价，并与经济适用房价相衔接。对已购公有住房和经济适用房的上市交易实行准入制度。通过提租、出售等方式，把现有公有住房纳入新的住房制度之中。①

3. 住房保障政策改革明确定位

2007年以来是中国住房保障政策的进一步完善时期。2007年《国务院关于解决城市低收入家庭住房困难的若干意见》指出，以城市低收入家庭为对象，进一步建立健全城市廉租住房制度，改进和规范经济适用住房制度，加大棚户区、旧住宅区改造力度，力争到"十一五"末，使低收入家庭住房条件得到明显改善，农民工等其他城市住房困难群体的居住条件得到逐步改善。进一步建立健全城市廉租住房制度，逐步扩大廉租住房制度的保障范围，合理确定廉租住房保障对象和保障标准，健全廉租住房保障方式，多渠道增加廉租住房房源，确保廉租住房保障资金来源。改进和规范经济适用住房制度，规范经济适用住房供应对象，合理确定经济适用住房标准，严格经济适用住房上市交易管理，加强单位集资合作建房管理。逐步改善其他住房困难群体的居住条件。加快集中成片棚户区的改造，积极推进旧住宅区综合整治，多渠道改善农民工居住条件。

2007年《廉租住房保障办法》指出，城市低收入住房困难家庭是指城市和县人民政府所在地的镇范围内，家庭收入、住房状况等符合市、

---

① 吴亚非、郭庆汉：《住房制度改革的回顾与反思》，《社会科学动态》1999年第11期。

县人民政府规定条件的家庭。廉租住房保障方式实行货币补贴和实物配租等相结合。货币补贴是指县级以上地方人民政府向申请廉租住房保障的城市低收入住房困难家庭发放租赁住房补贴，由其自行承租住房。实物配租是指县级以上地方人民政府向申请廉租住房保障的城市低收入住房困难家庭提供住房，并按照规定标准收取租金。实施廉租住房保障，主要通过发放租赁补贴，增强城市低收入住房困难家庭承租住房的能力。廉租住房紧缺的城市，应当通过新建和收购等方式，增加廉租住房实物配租的房源。

2009年，住房和城乡建设部、国家发改委与财政部联合发布《2009—2011年廉租住房保障规划》，指出通过新建、购置和改造等方式筹集房源，同时继续实施租赁补贴制度，多渠道、多方式解决城市低收入住房困难家庭的住房问题。新建廉租住房采用统一集中建设和在经济适用住房、普通商品住房、棚户区改造项目中配建两种方式，以配建方式为主。廉租住房保障对象是城市低收入住房困难家庭，具体条件由市、县人民政府确定。廉租住房保障标准控制在人均住房建筑面积13平方米左右，套型建筑面积50平方米以内，保证基本的居住功能。租赁补贴额根据当地平均市场租金、家庭住房支付能力合理确定。

2013年，住房和城乡建设部、财政部、国家发改委发布《关于公共租赁住房和廉租住房并轨运行的通知》，从2014年起，各地廉租住房建设计划调整并入公共租赁住房年度建设计划。2014年以前已列入廉租住房年度建设计划的在建项目可继续建设，建成后统一纳入公共租赁住房管理。2017年，习近平总书记在中国共产党第十九次全国代表大会上所做的报告明确指出，"坚持房子是用来住的、不是用来炒的定位，加快建立多主体供给、多渠道保障、租购并举的住房制度，让全体人民住有所居"。

二、城镇住房保障政策改革特点

1. 独立性与一体化改革相结合

城镇住房政策改革从属于经济体制改革，又具有相对的独立性。开始于20世纪70年代末80年代初的我国城镇住房制度改革，同我国经济体制改革是同步进行的,是我国整个经济体制改革的重要组成部分。市场体系是发展商品经济的必然要求,积极培育和规范金融市场和房地产、劳动力、技术、信息等要素市场从而完善市场体系,是建立社会主义市场经济体制的重要环节。房地产市场的建立既是经济体制改革的要求,又是城镇住房制度改革的结果。因为住房改革的目标是建立与社会主义市场经济体制相适应的新型城镇住房制度,即实现住房的商品化、社会化。但在社会主义市场经济体制理论指导下的城镇住房制度改革又具有相对的独立性,其改革的具体方案和实施步骤自成体系。

2. 自上而下与渐进式改革

我国城镇住房制度改革自始至终都是按照中央制定的房改方案和政策进行的。国家成立了专门的房改领导机构,从国务院到省、市、县政府均设立房改办公室,分别负责全国和地方的房改工作。由于城镇住房制度改革涉及每个人的切身利益,在改革的每一阶段、每一环节、每一具体步骤,中央政府都从政策上进行了严格的规定,并在改革的具体过程中出台了一系列相应的法规进行规范。自上而下改革的最大优点在于能很好地控制全局。

住房改革的步骤有序而行,从城镇住房改革的探索和试点到扩大试点,再从城镇住房改革的实施到城镇住房改革的深入以及全面推进和配套改革,再到取消实物福利分房和住房分配货币化。在国家关于城镇住房改革的政策的出台方面,1991年,国务院颁发《关于继续积极稳妥地进行城镇住房制度改革的通知》;1994年,国务院印发《关于深化城镇住房制度改革的决定》;1998年,国务院下发《关于进一步深化城镇住房制度改革加快住房建设的通知》。可见,国务院出台关于城镇住房改革的政策是逐渐深入的,从分期分批、积极稳妥到深化和进一步深化,不断向城镇住房改革的最终目标接近,直至制定取消住房实物分配、实现住房的商品化和社会化的政策。在住房改革的具体内容上,比如购买住房者获得产权证问题,在四城市试点时,住户只需缴纳售价的1/3,也就是只能获得1/3产权,建设单位仍是房子的所有者。1991年全面实施城镇住房制度改革时规定,职工购买公有住房在国家规定标准面积以内的实行标准价,购房后拥有部分产权,即占有权和使用权、有限处分权和收益权，可以继承，可以在购房5年后进入市场出售或出租，售房收入按比例分配。1994年深化城镇住房制度改革时又规定：职工以成本价购买的住房产权归个人所有；以标准价购买的住房拥有部分产权。这样，房改的产权问题通过渐进方式逐步得到了解决。

3. 原则性与灵活性相统一

虽然城镇住房制度改革采取自上而下的政策，但在改革的具体过程中，又采取原则性与灵活性相统一的措施。关于住房分配货币化的住房补贴问题，在国务院《关于进一步深化城镇住房制度改革加快住房建设的通知》中要求：停止住房实物分配后，房价收入比在4倍以上，且财政、单位原有住房建设资金可转化为住房补贴的地区，可以对无房和住房面积未达到规定标准的职工实行住房补贴。这体现了住房政策改革的原则性。但通知又指出：住房补贴的具体办法，由市（县）人民政府根据本地实际情况制定，报省、自治区、直辖市人民政府批准后执行。这又体现了住房政策改革的灵活性。

总的说来，我国城镇住房制度是以市场化方式为主，但兼有一定福利性的制度。基本的住房建设和分配过程已经通过房地产市场、货币分房以及住房金融等制度进入了市场化运行，但政府在住房建设方面通过"安居工程""危房改造工程"等行动积极推动城镇住房建设，以解决城镇居民的住房困难问题；在住房分配方面通过经济适用房和廉租房制度解决中低收入家庭的住房困难问题，同时通过加快对职工的住房补贴和采用住房公积金等方式帮助普通职工购买商品房。

第三节　城镇住房保障政策的基本内容

一、住房公积金政策

1. 住房公积金政策的内涵

1991年，上海率先在全国推出了以公积金制度为核心内容的城镇住房改革方案,并随之进入实际操作阶段。此后国务院颁布了《住房公积金管理条例》《关于进一步加强住房公积金管理的通知》等一系列文件,成为我国公积金制度建立和发展的指导性文件。

住房公积金是一种长期性的义务储金,由个人按其收入一定比例支付的资金和职工所在单位按其收入一定比例提供的资金组成,两者均归个人所有,专项用于住房支出或退休养老保障。它具有义务性、政策性、保障性和长期性等特征。住房公积金是结合我国城镇住房制度改革的实际情况而实行的一种房改政策,其实质是一种住房保障制度,其根本目的是使职工依靠自己的力量,加上单位的资助,通过长期的储蓄和积累,逐步提高职工家庭解决住房的能力。推行公积金制度,可以逐步形成国家、集体、个人三结合的筹资购建住房机制,加快住房建设速度,解决住房问题。具体地说,住房公积金制度具有如下作用。

有利于转变住房分配体制。职工缴纳的公积金是个人长期储蓄的住房基金,单位缴纳的公积金是单位对职工由住房实物分配向货币分配的一种转化。通过住房实物分配货币化形式,转换住房分配机制,为新的住房制度改革奠定了基础。

有利于住房资金的积累。通过公积金的缴纳,国家可以筹集到一笔稳定的住房融通资金;通过向单位贷款和购建房投资,有利于住房资金的短期周转;通过向个人提供长期抵押贷款,进行个人购建房融资,有利于住房资金的长期周转。

有利于政策性抵押贷款制度的建立。通过住房公积金积累为政策性抵押贷款提供了较低成本的、长期稳定的贷款资金来源;由于住房公积金实行"低进低出"即低成本筹资、低成本放贷,因此职工有较强的贷款承受能力,可以鼓励职工利用贷款购房建房;住房公积金按月交纳,为借款人提供了长期稳定的还款保证。

有利于促进住房建设。从需求拉动方面,通过资金积累使个人和单位具备购房能力,增强了有支付能力的住房需求。从供给推动方面,通过公积金资金融通,为住房建设提供资金。实行住房公积金制度后,职工可通过两条渠道来提高支付能力解决住房问题:一是利用自己的公积金,二是获取政策性抵押贷款。公积金制度实施后,职工购房可按较低的政策性利率向经办政策性住房金融业务的银行申请抵押贷款。

2. 住房公积金政策的完善

目前，受社会经济发展等多方面因素的影响，我国住房公积金制度的内在体系和外在环境方面均存在一些问题。

一是地区发展的不均衡与属地化管理之间的矛盾。受房地产经济发展水平、群众住房消费取向等因素的影响，住房公积金制度的建立与发展状况在不同地区之间尚存在较大差异。以住房公积金贷款业务为例，经济发达地区房地产市场较为繁荣，贷款购房较为普遍，贷款规模持续扩大，甚至出现了资金不足的现象，而有的地区恰恰相反，贷款规模较小，归集上来的资金大量沉淀。住房公积金实行属地化封闭管理，地区间资金不能相互调用，这就导致有的地区有钱贷不出去，而有的地区贷得出去却没钱的局面。在这种矛盾的制约下，政策的优越性和互助性特点未得到充分体现。

二是住房公积金实施的根本目的与政策实际覆盖面之间的矛盾。建立住房公积金制度的初衷是通过长期、稳定住房储金的建立与积累，发挥资金互助性功能，解决广大中低收入职工的住房问题。同时，住房公积金贷款作为政策性贷款，通过低息和免税等优惠政策减轻职工贷款购房的经济负担，从而有效提高广大中低收入职工改善住房的能力。然而，大量企业职工未享受住房公积金。这部分职工工资构成中缺少了应有的住房消费资金部分，同时也失去了申请住房公积金贷款的基本条件，这就使得最需要政策支持的人群反而处于政策覆盖面之外。

三是资金来源单一与资金广泛使用之间的矛盾。资金来源分散且单笔数额较小与贷款发放使用资金的集中形成的矛盾较为突出，并直接影响了住房公积金制度的发展。住房公积金贷款的资金来源仅限于住房公积金的归集，而归集的资金在发放贷款的同时还必须满足职工住房公积金提取的需要。住房公积金归集依靠缴存人按月缴存而实现，属于分散性的小额资金流入。而无论是住房公积金提取或是住房贷款均属于集中性大额的资金流出。近年来，住房公积金贷款的发展速度较为迅猛，住房公积金归集已进入一个较为平稳的发展阶段，其增长基本上是随职工收入水平的提高而自然增长，幅度远远小于贷款业务的发展。这种资金的不平衡发展直接限制了住房贷款额度的提高。有的地区由于受到资金来源的限制，其所能提供的贷款额度与当地住房消费的平均水平已出现了较大的差距，显然不能充分发挥政策性贷款支持广大职工住房消费的作用。

四是资金使用效率与资金安全之间的矛盾。只有扩大住房公积金贷款规模，不断提高资金使用效率才能充分发挥住房公积金制度的优越性，加快房地产市场的繁荣发展和人民居住条件的提高。但是，逾期贷款的数量往往随着贷款规模的扩大而增大。近年来，在贷款力度不断加大的同时，提高资金使用效率与确保资金安全之间的矛盾日益明显。因此，在向更多职工发放更高额度贷款的同时，如何防范和控制贷款风险，确保资金安全已经成为困扰住房公积金管理者的难点问题。

住房公积金制度的完善应该重视以下几个方面。

首先，打破资金的封闭运营。目前，住房公积金贷款业务由商业银行承办，可借鉴银行同业拆借、异地存取等银行业务的运作方法，实现住房公积金在不同省份之间的调用或拆借，从而全面提高资金使用效率。同时，地区之间资金的适当补充，有利于各地制定更加灵活和宽松的住房公积金贷款政策，满足广大住房公积金缴存人的住房需求，调动住房公积金制度参与者的积极性。

其次，加强住房公积金制度在中低收入职工中的全面推行。通过立法等手段，进一步完善住房公积金政策法规体系，重点针对下岗职工等广大中低收入职工的实际就业状况和基本工资构成，在制度的建立和缴存的连续性保障等方面制定相关措施。另外，探索研究建立住房公积金与住房储蓄制度相结合的制度，针对特殊群体，允许其以个人名义连续缴存住房公积金并对其制定特殊的贷款政策，以扩大政策受益面。

再次，由住房公积金管理机构组织或参与个人信用体系的建立。住房公积金管理机构在对资金归集、贷款的管理和核算过程中，掌握了大量的职工个人信息，其中包括基本身份状况、就业状况、收入状况等，这些都是建立个人信用体系，进行个人征信和信用等级评定的重要信息来源。同时，住房公积金贷款采取委托银行发放的管理方式，并通过组合贷款业务的开办与商业银行建立了长期联系。因此，住房公积金管理机构应尽快组织或参与建立个人信用体系，从而加强贷款风险控制，确保住房公积金贷款的资金安全性。①

二、经济适用房政策

1. 经济适用房政策的内涵

1998年，国务院决定建立以经济适用房为主体的多层次住房供应体系，最低收入家庭租赁由政府或单位提供的廉租住房，中低收入家庭购买经济适用住房，其他收入高的家庭购买、租赁市场价商品住房。建设部、国家计委、国土资源部、中国人民银行等相关部门于当年相继下发了《关于大力发展经济适用住房的若干意见》《关于进一步加快经济适用住房（安居工程）建设有关问题的通知》《经济适用住房开发贷款管理暂行规定》等规范性文件，明确了支持经济适用房建设的土地政策、货币信贷政策、税收政策、价格政策。此后，各地陆续出台了关于经济适用住房的建设和销售管理办法，经济适用房正式成为我国住房保障体系中的一个重要组成部分。

经济适用房的来源主要有以下三个方面：① 政府提供专项用地，统一开发、集中组织建设的经济适用房；② 房地产开发企业拟作为商品房开发的部分普通住房调整为经济适用房；③ 以自建和联建方式建设，面向本单位职工的经济适用房。经济适用房的基本运行模式是：① 在开发建设阶段由政府根据市场需求情况确定开发建设规模，以行政划拨方式提供土地，通过减免税费、适当控制建设标准，严格开发、设计、施工等阶段的招标管理等手段控制建设成本；② 在销售阶段严格界定销售对象即具有当地常住户口的中低收入家庭的居民，实行购买过程中的申请、审批和登记备案制度，以政府审定的微利价格限价销售；③ 在使用阶段全面推行社会化物业管理，保持经济适用房的良好运行状态和居住环境。

可见，经济适用房是由政府统一组织建设的、面向中低收入家庭的微利普通商品住房。经济适用房具有如下特点：经济适用房的建造标准既要满足"适用"的要求，又要满足政府或社会资源公平、合理利用的原则；建造数量的确定既要考虑需要解决住房问题的中低收入家庭的数

---

① 王芳：《当前住房公积金制度存在的问题与发展思路》，《中国房地产》2004年第4期。

量,还要考虑政府在土地供给、资源投入方面的能力,基本保持供求平衡;其价格水平与中低收入家庭的支付能力或"经济"状况相适应;其销售对象严格限定,以防止社会资源的滥用;其在住房二级市场上的交易是有条件的,受政府政策的限制。

2. 经济适用房政策的完善

经济适用房的大量入市在一定程度上平抑了住房的价格,使众多中低收入者拥有了自己的住房,有力地推动了我国住房体制的改革和转轨。然而,我国经济适用房政策还存在一些问题。

一是经济适用房财政补贴存在问题。开发商事实上存在着把销售目标定位在中等收入家庭中收入偏高的那一部分人上,这必然导致两方面后果:一方面,财政补贴部分地落到了收入较高者身上,降低了稀缺的补贴资源的使用效率,不符合建设经济适用房的目的和财政补贴的支付原则;另一方面,对于真正的商品房市场而言,财政补贴的不当接受者的存在导致"挤出效应",不利于商品房市场的健康发展。

二是政策的调控成本高,政府调节市场的效率低。为了使政策优惠能切实落实到中低收入阶层身上,就需要开发商和消费者两方面建立起严格的进入控制机制,控制经济适用房的受益面,避免不该享受财政补贴的阶层从中不当得益。这要求政府将政策调控的范围扩大到审查承建商资信、鉴别居民家庭收入层次、监督经济适用房流通和分配等,这将导致较高的政策调控成本,否则将造成调节效率的低下。

三是经济适用房政策与住房改革的长远目标不一致。在推出这项政策时,相对于原来的住房实物性分配而言,经济适用房尽管带有行政色彩,但本质上可以算作是一种商品房。而相对于商品化、社会化的改革目标而言,经济适用房却只能算是一种过渡措施,因为如果将大部分中低收入者和最低收入者都纳入住房保障的范围,无疑是与商品化、社会化的改革目标存在矛盾的。

从经济和社会发展的角度来看,经济适用房发展到一定程度后会向市场价商品住房方向转化。经济适用房也要划分层次,完成非市场的廉租房到市场价商品住房的逐级过渡与衔接,特别要逐步推动接近市场价商品住房的经济适用房向市场价的转化。政府要适时引导这种变化发展的趋势，确立有利于这种转变的长远政策和策略。

首先，经济适用房政策的调整应当坚持地方自主决策的原则。中央有关部委可以对落后地区进行财力支持，但不再下达具体的经济适用房投资建设计划，各个地方则按照本地实际需要自主决定是否安排及安排多少经济适用房建设。住房保障是政府的职责，如果地方决定不再安排经济适用房建设，也应当采取其他的措施达到住房保障的目的，中央政府虽然不再干预各地住房保障的具体事务，但要把地方住房保障的落实情况作为考察地方工作成绩的依据。

其次，应改变经济适用房建设方式。经济适用房建设应普遍采取招标方式，选择有效率的企业承建，使中低收入者真正享受到成本降低的利益。应改变补贴方式，即改变目前经济适用房土地无偿划拨的做法，将土地出让金按使用年限计算收取年租。住房销售可以完全放开，不再控制购房资格。同时，从商品房开发中收取的土地出让金、年租和税费收入里提取一定的比例作为专项基金，用于中低收入者的住房补贴。这种补贴方式的好处是它可以直接转化为消费者的福利。如果受益者的收入提高到一定的水平，政府也可以适时停发这样的补贴，从而避免了补贴受益的固定化和永久化。这既有利于提高政府的调控效率，也有利于提高市场配置资源的效率。

三、廉租房政策

1. 廉租房政策的内涵

廉租房是指政府和单位在住房领域实施社会保障职能，向具有城镇常住居民户口的最低收入家庭提供的租金相对低廉的普通住房。其政策内容具有以下特点：城镇最低收入家庭廉租房保障水平以满足基本住房需要为原则；城镇最低收入家庭廉租房保障方式应当以发放租赁住房补贴为主，原先的实物配租和租金核减方式作为辅助手段；享受廉租房待遇的最低收入家庭需要每年向房地产行政主管部门或者其委托的机构如实申报家庭收入、家庭人口及住房变动情况；城镇最低收入家庭廉租房资金来源实行财政预算安排为主、多种渠道筹措的原则。①

目前，我国廉租房政策还存在一些明显的问题。一是廉租房制度建设滞后。廉租房等保障性住房建设滞后于其他社会保障制度建设。我国目前的社会保障体系主要着眼于医疗、养老、就业保险制度的建设，而对住房保障制度关注不够。住房保障是社会保障的重要组成部分，将住房问题排斥在社会保障问题之外，仅靠住房体制改革来解决住房保障问题是很难达到最终目标的。廉租房政策制度滞后于弱势群体实际需求。已有的公积金、住房按揭、经济适用房保障制度推动了住房商品化、市场化，但对低收入者尤其是住房弱势家庭的救助却滞后于其实际需要。只有将廉租房政策归入政府职责，融入社会福利，才能从制度建设上保障每个公民在住宅市场化的进程中都有良好的居所。

二是廉租房保障对象狭窄。廉租房保障体系的对象从狭义上讲是最低生活保障制度保障的对象即低保户、低收入人口，从广义上讲应包括所有无法从市场获得住宅的中低收入居民家庭，既包括具有城镇户口的城镇居民，也包括城市中大量所谓"流动"人口。但目前各地出台的廉租房政策保障的对象多限定在低保户与优抚家庭中的住房困难户，城市中既买不起房、又非低保对象的流动人口不在廉租房保障的范围之内。

三是廉租房建设资金来源不稳定。廉租房是政府解决贫困人口住房问题的重要举措，但资金来源不稳定却是制约其发展的一大障碍。政府虽然提出了财政拨款、住房公积金增值资金、社会捐赠等多渠道、多形式的资金筹措机制，但在廉租房实践中，大部分资金仍主要来源于住房公积金增值收益，政府财政资金未能得以有效落实。针对最低收入家庭的廉租房工程是一项社会公益性事业，也是政府的一项保障工程，财政资助应是廉租房工程资金的基本来源。在住宅商品化的进程中，如何调整政府的支出结构，将低收入群体的住房问题真正列入政府的支出预算安排，以保障稳定的资金来源已成为廉租房制度建设的重要任务。

四是廉租房数量难以满足人们的需求。原有福利住房分配体制下，住房需求一直处于压抑状态，依靠政府投资建设的住房数量有限，住房

---

① 陈晶晶：《廉租房政策出台》，《社区》2004年第3期。

资源始终处于供不应求状态。住房分配货币化改革以来,新建商品房价格畸高,存量公房提租步伐缓慢,加之公房按成本价、标准价出售的举措,除已被出售或继续为原使用者占有的公房之外,政府可以用作廉租房的公房数量极少。在廉租房的新建和征购上,受资金、市场、体制等因素的限制,政府供给的廉租房增加有限。

五是缺乏有效的房源信息交流机制。受政府廉租房数量有限的限制,大部分廉租住户需通过市场选择符合自身条件以及廉租房标准的房源。在中介组织不规范、租赁市场不发达、房源信息交流机制缺乏的情况下,廉租住户的市场交易成本较高,这一成本包括寻找出租房源、进行交易谈判、实现交割等各个环节的成本耗费。

六是享受对象收入统计与监管机制有待完善。缺乏有效的居民收入统计与监管机制是我国目前住房分类供应体系建设中存在的一大障碍。廉租房与传统的低房租、高补贴的福利住房不同,它是一项社会保障,只有确实存在住房困难的低收入家庭才能享受廉租房政策的资助。现阶段廉租房申请对象为符合低收入标准和住房困难标准的城镇居民,但由于缺乏健全的收入统计与监管机制,目前居民的收入审核存在相当难度。没有完善的收入统计与监管机制,就很难切实发挥廉租房制度的社会保障作用。①

2. 廉租房政策的完善

我国廉租房政策应贯穿借助社会、政府等外力的支持,同时与弱势群体成员自身的力量相结合,提升住房困难者的能力,从而达到标本兼治的效果。在原则上既要考虑城市政府财政支付能力,又要注意充分发挥市场机制的作用;既要坚持广泛覆盖、基本保障的原则,又要坚持分层次、多样化。在不同的经济阶段,国家应该在住房金融、物业管理、土地开发、工程建设、税费减免等方面做出相应的安排。在廉租房政策实施的早期,实施政府为主向广大低收入者提供廉租住宅;随着社会经济的逐步发展,采取鼓励居民自置居所与租赁廉租房屋相结合的措施;在社会经济发展到一定水平后,主要采取购买国家提供的公

---

① 邱冬阳、王牧:《廉租房——城镇住房弱势群体救助的现实选择》,《重庆建筑大学学报》2003年第6期。

共住房方式。

资金筹措是推动廉租房制度建设、解决低收入家庭住房困难的根本措施。住房保障和其他社会救助资金应列入我国中央和地方经常性财政支出预算，确保其在国民收入中占有一定比例，从而使经费能稳步增加，并逐步扩大非财政资金的筹资渠道，建立稳定、规范的资金来源，以保证其支出的需要。廉租房保障资金应从以下来源中形成：财政性住房资金，即通过财政拨款获得的廉租房建设发展资金；住房公积金增值收益；出售公房收入；发行债券；接受社会捐赠。

应充分利用现有房地产市场上的存量房源，包括腾退的并符合当地人民政府规定的廉租房标准的原公有住房、低收入家庭承租的符合当地人民政府规定的建筑和装修标准的现租赁公有住房。要千方百计保证廉租房的增量房源逐步扩大，政府部门应出资兴建或购买用于廉租的住房以及其他渠道形成的符合廉租房标准的住房。对职工住房困难且生活用地富余的工业企业，经有关部门批准允许其职工采取集资合作的方式建设住房，国家减免建设过程中的有关费税，建成的住房只能由住房困难且参与集资的职工享用，而不能在市场上销售。

住房弱势群体的廉租房保障系统涉及政府的各类、各层管理体制，各相关职能部门应明确分工，各司其职。只有健全廉租房分配和管理制度，才能使廉租房的分配和管理纳入规范化、法制化轨道，保证廉租房按"公平、公正、公开"原则合理分配和使用。廉租房的管理部门管理主体要与财政、建设、劳动与社会保障部门加强合作，财政、审计部门负责对住房补贴、公积金、社会救助资金筹集、使用方面的管理、监督和审计，保证该基金及时足额拨付和有效使用。劳动和社会保障部门对住房弱势群体的管理主要表现为建立弱势对象的基本资料，建立准入准出机制，并做好与其他社会保障相关的衔接。建设部门是住房救助服务的提供者和实施者。要进一步规范廉租房的有关制度。主要包括：廉租房申请和审批制度；廉租房分配办法；廉租房的租赁和物业管理制度；廉租房的流动制度；廉租房监控制度；住房保障与其他社会保障的协调；完善住房弱势家庭的收入统计与监管机制，建立公开公平的准入、轮侯和退出机制。

思考题

1. 我国城镇住房政策改革的阶段性特点。
2. 如何理解我国住房保障政策的基本定位。
3. 进一步完善我国住房公积金政策的措施。
4. 我国经济适用房政策的特点。
5. 进一步完善我国廉租房政策的措施。

第十一章
中国的教育政策

　　教育政策是中国社会政策的重要组成部分之一。中国教育政策总体上可以划分为初等教育政策、高等教育政策与民办教育政策，每一种教育政策都经历了一个比较曲折的发展变化过程。初等教育政策是中国教育政策的基础，高等教育政策在中国教育政策中具有重要地位，教育扶贫与民办教育政策是中国教育政策的重要组成部分。

第一节　教育政策的功能及其法制化

一、教育政策的内涵与功能

1. 教育政策的内涵

目前我国对于教育政策概念的解释主要有四类观点。第一类观点是把教育政策同一般性社会政策联系起来，从政策的基本概念中演绎或直接转化过来。如"党和政府在一定历史时期为教育工作制定的基本要求和行为准则"；"政府和政党规定的有关教育的方针、政策，主要是某一历史时期国家或政党的总任务、总方针、总政策在教育领域内的具体表现"；"政府在一定时期为实现一定教育目的而制定的关于教育事务的行为准则"。第二类观点是把教育政策视为公共政策中的一项专门政策。如"教育政策是针对教育工作的目标、途径和方法的总体规定，是国家或政党为实现教育目标而制定的行政准则"；"任何一项教育政策都是关于教育领域的政治措施，政治措施本身则代表或蕴涵着政府对于教育及有关问题的一种价值选择"。第三类观点是把教育政策视为一个动态的发展过程。如"教育政策是一种有目的、有组织的动态发展过程，是政党、政府等政治实体在一定历史时期，为实现一定教育目标和任务而协调教育内外关系所制定的行动依据和准则"。第四类观点以刘复兴为代表，他认为理解教育政策的内涵有四个维度："教育政策的现象形态：教育领域政治措施组成的政策文本及其总和"；"教育政策的本体形态：教育利益分配"；"教育政策过程：动态连续的主动选择的过程"；"教育政策的特殊性：教育活动的特殊性和利益分配的特殊性"。[①] 刘复兴认为，国内学者对教育政策的定义，大多从静态的角度理解教育政策，把教育政策理解为某种"文本"或各种文件的总称，即一种或多种行动依据、准则或措

---

① 杨瑾瑜：《政策、公共政策、教育政策的内涵及其逻辑关系分析》，《湖南师范大学教育科学学报》2012 年第 3 期。

施。他认为这些概念表述只是教育政策"现象形态",不能准确地表述本质,而从"文本"角度的表述只重视政策制定者的利益,忽视制定对象的利益;"静态"的"点"表述无法反映政策过程中多个实践主体的要素之间的关系;把教育政策等同于或套用于公共政策,则无法清楚地表示教育政策的特殊性;诸多定义对教育政策利益主体如家庭、受教育者个人乃至作为最基本教育组织的学校在教育政策中的地位和作用缺乏明确的说明。①

2. 教育政策的功能

教育政策的功能,就是通常所说的教育政策的作用,是指教育政策在运动过程中为实现一定的教育目的所发挥的效力或所起的作用。各个时期都有相关的政策法规出台,这些政策法规虽各有不同,但综合分析可以看出,基本的教育政策功能是一致的。

(1) 教育政策的导向功能。所谓导向功能,是指教育政策对教育教学活动和人们的行为具有引导作用。教育政策的导向功能通常从两个方面表现出来。一是为教育事业的发展提出明确的目标。《国家教育事业发展"十三五"规划》提出,"十三五"时期教育改革发展的总目标是:教育现代化取得重要进展,教育总体实力和国际影响力显著增强,推动我国迈入人力资源强国和人才强国行列,为实现中国教育现代化2030远景目标奠定坚实基础。二是推出一整套旨在促进教育事业发展的重大措施。为实现上述教育改革发展的目标,规划提出以下九点措施:全面落实立德树人根本任务,改革创新驱动教育发展,协调推进教育结构调整,协同营造良好育人生态,统筹推动教育开放,全面提升教育发展共享水平,着力加强教师队伍建设,加快推进教育治理现代化,加强和改进教育系统党的建设。在制定和实施教育政策时,既要看到教育政策的直接导向功能的重要性,也不可轻视教育政策的间接导向功能。因为,间接导向功能有时产生的效果也是非常大的。

(2) 教育政策的协调功能。教育政策的协调功能,是指教育政策在社会发展过程中能起到协调和平衡各种教育关系的作用。教育事业是一个庞大的系统工程,组成这个系统的各个要素之间,如初等教育与中等

---

① 刘复兴:《教育政策的价值分析》,教育科学出版社2003年版。

教育之间、中等教育与高等教育之间存在着各种各样的关系和结构。除此之外，教育系统还与社会母系统之间也无时不在发生着复杂的物质、信息、能量的交换关系，它们之间有时是"相安无事"的，有时却矛盾重重，表现出异常激烈的冲突。教育政策之所以具有协调功能，主要是由教育政策的本质属性决定的。教育政策是有关教育的权利和利益的具体体现，作为利益的"显示器"和"调节器"，所有教育政策都具有协调功能。

(3) 教育政策的控制功能。任何教育政策都是为了解决一定的教育问题或者预防某一教育问题而制定的，具有约束和规范人们行为的作用。教育政策的这种特性就是我们所说的教育政策的控制功能。在实施教育活动中，教育政策的控制功能是非常重要的，一方面，教育政策的贯彻执行离不开及时有效的控制。理论和实践都表明，教育政策的贯彻执行往往不是一帆风顺的。教育政策制定者及政策对象的错误思想和行为，会在相当大的程度上影响和妨碍政策的贯彻落实。譬如，因认识不足导致对教育政策采取消极态度，因理解不当导致对教育政策的错误执行，因利害冲突导致对教育政策的抵制等。为了防范和纠正这些不良现象和越轨行为，保障教育政策得到正确贯彻执行，必须强化教育政策控制功能。另一方面，教育政策的适时调整更新也离不开控制。在实施过程中，外界情况的变化，所要解决的问题的性质的变化，以及新情况、新问题的不断涌现，都要求教育政策不失时机地做出调整和更新，加强教育政策的控制功能。教育政策的控制功能实际上是由教育政策本身的规范性决定的。[1]

二、教育政策的确立

1. 新学制的确立

1949 年，随着新中国的诞生，新中国的教育制度开始确立。《中国人民政治协商会议共同纲领》明确提出，"人民政府应有计划有步骤地改造旧的教育制度"。1949 年 12 月，教育部召开了第一次全国教育工作会议，

---

[1] 张新平：《简论教育政策的本质、特点及功能》，《江西教育科研》1999 年第 1 期。

决定对旧教育采取改造的方针。教育部根据《中国人民政治协商会议共同纲领》所规定的文化教育政策,在全国范围内有计划、有步骤地改革旧的教育制度、教学内容和教学方法,并积极地兴办符合国家建设需要和广大劳动人民要求的新教育事业。

1951年10月,政务院颁布了《关于学制改革的决定》。这一决定根据《中国人民政治协商会议共同纲领》所规定的新民主主义的教育政策,适应了当时的情况和需要,吸取了革命根据地教育的经验,改革了旧中国所遗留下来的旧学制,制定了适应新中国建设事业的新学制。新学制的重点是加强对工人、农民和干部的教育,强化技术教育和小学教育。向工农敞开校门是新中国教育政策中最重要的内容,以保证城乡劳动者子女得到受教育的机会。当时采取的措施主要有开展扫盲和工农识字教育,开办工农业余学校,开设干部文化补习学校、工农速成中学及相匹配的大学预科。新学制规定工农速成教育和各级各类业余教育与其他各种教育占有同样重要的地位。

新学制还对普通学校的学制做了一些改革。幼儿教育招收3至7周岁的幼儿,使他们的身心在入小学前获得健全的发育;小学实行五年一贯制,取消了初小和高小的两级6年分段制,有利于广大劳动人民尤其是农民的子女受到完全的初等教育;中学分初、高两级,修业年限各为3年;工农速成中学修业年限为3~4年。大学和专门学院修业年限以3~5年为原则;此外,还规定设立各级各类补习学校和函授学校,设立聋、哑、盲等特种学校;各种为培养国家建设人才所必需的技术学校被列入了正规教育系统,并建立了必要的制度;各种学校教育在整个教育系统中都能够互相衔接,这就保证了成千上万的工人农民能够从小学、业余补习学校走进初级技术学校,也保证了他们能够从初级中学走进中等技术学校,并同各种专科学校衔接起来。这不但可以使技术教育更好地结合实际,而且可以使技术教育在整个学校教育系统中保持连续性。

1951年的学制改革,结束了旧的教育体制,建立了新中国的新民主主义的教育制度,健全了教育体系。新学制对推进我国的人民教育事业、提高人民的文化科学水平、培养各项建设事业所需的人才起了重要作用。1954年宪法正式以法律形式将新中国教育为人民大众服务的性质确定下来。到1965年,各级各类教育得到了迅速发展,建立了从幼儿园到大学的学制体系，为广大人民群众创造了各种受教育的机会。

2. 教育方针的确立

教育方针是指一个国家在一定历史时期提出的教育工作发展的总方向，它规定着办教育的目的和内容，是教育基本政策的总概括。教育方针的制定是以基本国情和教育工作自身的规律为依据的。

根据《中国人民政治协商会议共同纲领》的规定，中华人民共和国的文化教育为新民主主义的，即民族的、科学的、大众的文化教育。1949年12月第一次全国教育工作会议强调，新中国教育以老解放区的新教育经验为基础，吸收旧教育的有用经验，借鉴苏联经验，即在普及的基础上提高，在提高的指导下普及。这个方针符合新中国教育变革的历史要求，推动了旧教育的改造和新教育的建设与发展。

1956年，我国社会主义改造基本完成，进入社会主义建设时期。这一历史性的深刻变化，要求党的教育方针也必然要适应社会主义建设的需要。1957年，毛泽东在《关于正确处理人民内部矛盾的问题》中指出："我们的教育方针，应该使受教育者在德育、智育、体育几方面都得到发展，成为有社会主义觉悟的有文化的劳动者。"这是建国以来第一次正式阐述的社会主义教育方针，标志着我党教育方针的初步确定。1958年，毛泽东又提出"两个必须"的思想，即教育为无产阶级政治服务，教育与生产劳动相结合。同年9月，《中共中央国务院关于教育工作的指示》再次强调："党的教育工作方针，是教育为无产阶级的政治服务，教育与生产劳动相结合；为了实现这个方针，教育工作必须由党来领导。"这是中共中央以文件名义明确规定了我国的教育方针。至此，我党教育方针正式形成了，并成为我国社会主义教育的一个长期指针，也为此后教育方针的演进奠定了基础。[①]

为推动教育方针的实施，刘少奇从我国的实际出发，倡导全日制的学校、半工半读的学校"两种教育制度"与工厂机关八小时工作、半工半读"两种劳动制度"，为我国普及教育、改变教育脱离生产实际和发展职业教育提供了经验。

[①] 刘海南：《论新中国教育方针的演进与启示》，《西南师范大学学报（哲学社会科学版）》1999年第5期。

我国还建立起了适应计划经济体制的高等教育体制。1950年第一次全国高等教育会议上，中央政府提出了改革高等教育的基本方向："我们的高等教育，必须密切地配合国民经济、政治、文化、国防建设的需要，而首先要为经济建设服务，因为经济建设乃是整个国家建设之本。"同时，建国初期，工业化是经济建设的主要目标，为了实现为国家工业化培养大批专门人才的目的，大学体制改革着重改造旧的学校类型，建立起大量的直接为国民经济特别是工业建设服务的单科型工科院校。

1952年，教育部系统地提出了高等教育体制改革的原则：以培养工业建设人才和师资为重点，发展专门学院，整顿和加强综合大学。在这一思想指导下，首先将所有私立大学改为公办；其次明确了综合大学和专门学院的性质和任务，尤其是加强了工科院校；再次是初步形成了中央直属高校、行业部委所属高校和地方（大行政区）高校三大条块的格局，从而使高等教育成为国民经济计划的有机组成部分，各类高等院校分工明确，培养了大批各行各业所急需的专业人才。

这场高等教育体制改革将各综合大学中的工、农、医、师、财、法等系科分离出来，建立起独立的工科、农林、医药、师范、财经、政法等专门学院，综合性大学实际上只剩下文、理两科。1953年，全国高校已基本完成了院系调整任务，经过调整，我国的高等学校从1949年的205所缩减到1953年的181所。许多在中国近代高等教育发展史上颇负盛名的私立大学如燕京大学、辅仁大学、齐鲁大学、金陵大学、东吴大学、震旦大学等从此退出了历史舞台。[①]

三、教育政策的法制化

1. 教育政策立法的发展

改革开放以来，我国教育立法快速发展，初步形成中国特色社会主义教育法律体系，经历了起步、发展和体系完善三个重要的发展阶段。

第一阶段，教育立法实践的起步。教育立法的数量在一定程度上反映了我国教育法治的发展状况。1980年的《学位条例》、1986年的《义

---

① 芦丽君、文世平：《新中国成立后两次高校合并的比较研究》，《湖南教育学院学报》2001年第1期。

务教育法》和1993年的《教师法》从法律层面初步建立我国的学位制度、义务教育制度和教师制度。这一时期我国的教育立法实践开始起步，教育立法数量不断增加，立法内容开始区分不同教育阶段、教育领域和教育主体，有了良好的立法开端。

第二阶段，教育立法蓬勃发展。这一时期，我国教育立法领域进一步拓展，《教育法》《职业教育法》《高等教育法》《国家通用语言文字法》《民办教育促进法》相继颁布。至此，现行的教育八法全部制定完毕。其中，《教育法》作为基本法的出台为我国教育立法确立了基本依据，具有里程碑意义。同时，教育立法的速度加快，《教育法》的母法地位凸显，开始对权利和程序予以重视。2006年，我国修订《义务教育法》，在立法目的中增加"保障适龄儿童、少年接受义务教育的权利"，并将其置于整个立法目的的第一顺序。2005年《普通高等学校学生管理规定》第一次明确提出程序正当的法律原则，体现了教育立法理念向尊重权利、保护权利的转向。

第三阶段，教育法律体系初步形成并不断完善，各项事业发展步入法制化轨道。我国教育领域以《教育法》为统领的教育法律体系也初步形成。自2011年以来，我国教育立法的重心开始从快速立法向完善法律体系转变，修法成为重要工作内容。这一时期，教育立法开始呈现规划性、体系化的特点。教育部出台了《高等学校章程制定暂行办法》《学校教职工代表大会规定》《高等学校学术委员会规程》《普通高等学校理事会规程（试行）》等多个部门规章，针对高等学校内部治理结构问题系统立法，突破了以往立法单打独斗或是头痛医头、脚痛医脚的弊端。同时，这一时期的教育立法也更加重视公民权利以及弱势群体权利的保护，加强程序性规定。

2. 教育政策法制化的成就

一是教育法律体系基本形成，教育基本制度的法律基础结构初步搭建。通过教育立法实践，一个以宪法教育条款为核心，《教育法》为母法，涵括教育法律、教育法规、教育规章，以及教育规范性文件的教育法制体系基本形成。"教育法律的出现和发展是一个巨大的历史进步。它意味着我们的领导者和教育工作者终于有了用法律来调整社会教育关系，用法律来规范教育活动的意识和行动。无论推动教育法律产生的直接动力是教育权的需求,还是基于受教育权的需要,教育法律的制定和实施,可以说翻开了中国教育发展的新篇章。"伴随教育法律体系的形成和不断发展,我国各项教育基本制度基本确立,学位制度、义务教育制度、职业教育制度、高等教育制度、学校制度、教师制度、教育考试制度和教育督导评估制度等的法律基础结构初步搭建,内涵不断丰富。各个层级和领域的专门立法为建立教育基本制度的基础性制度体系和框架奠定了必要而坚实的法治基础。

二是教育法律立、改、废、释活动有序开展。改革开放初期,我国的法制建设是以一系列的制定新法活动为标志的。随着立法数量的增加,各项事业存在的法律空白逐渐得到弥补,法律在运行过程中如何及时回应新问题和新挑战成为关注重点,教育立法活动逐渐向立、改、废、释并举转变。其中,制定新法仍然是我国教育立法的重要需求,特别在学前教育、终身教育、家庭教育等空白领域,立法仍是重要议题。但随着教育法治的推进,法律适用的问题更为突出,法律的修改、废止和解释是法律适用过程中必然出现的结果。对法律适时进行清理、修改、调整,或是通过法律解释解决法律适用过程中面临的新问题和新挑战十分必要。教育法律立、改、废、释活动的常规进行,可以及时清理我国存在的一些长期"暂行"或是名存实亡的法律文件,使各项教育法律制度更为严谨完善,同时提高法律适用的灵活性,保证法律体系的协调统一。

三是教育实体法逐渐完善,程序性规定不断增加,依法治教进程逐步推进。在教育立法初期,由于我国各教育领域还没有相应的法律进行规范,因此立法注重对实体内容的规定。随着依法治教逐步推进,程序公正开始受到重视,法治建设不再单纯强调法律的实体规范的完备性,开始将程序纳入法律重点规范的范畴。2005年我国修订《普通高等学校学生管理规定》时,首次提出"程序正当"的原则。2017年再次修订《普通高等学校学生管理规定》时,更进一步对学生纪律处分和权利救济增加程序规范。教育立法对程序规范的重视不仅体现在学生事务上,在其他领域也有大量体现。如《高等学校学术委员会规程》专门用一章规定学术委员会的运行规则,通过程序公正保障学术事务的实体公正,更为全面地实现了形式法治和实质法治的统一。

四是教育政策和教育法律形成良性互动。一方面,政策对法律的影响不可忽视,尤其是中央颁布的政策对我国各项事业,包括教育立法都起到了重要的指引作用。另一方面,随着教育法治的不断推进,我国各项政策和制度的推行也开始受到法治原则的影响,规范性文件和校规校纪等不在传统法律范畴的规则正在被纳入法治的规范,成为扩大了的"教育软法"。2016年,教育部发布《依法治教实施纲要(2016—2020年)》,明确要求:"规范性文件出台前须由法治工作机构进行合法性审查,并不得设定或变相设定行政许可、行政处罚、行政强制等规定。凡规范、限制管理相对人行为、增加其义务或者涉及相关方权益的规章和规范性文件,一般应由法治工作机构组织起草或者独立审核,并按照法定要求和程序予以公布。"对政策文件的合法性提出明确要求,是教育法治进步的重要表现。依法治国理念的提出和深入推进,正在不断将教育管理和学校管理的方方面面都纳入法治原则的制约,法律对于政策的影响作用得到加强。①

第二节 初等教育政策

一、初等教育政策的发展

1. 新中国初期的初等教育政策

1949年新中国成立以后,中央人民政府开始接管并逐步改造了旧中国留下的学校。在改造旧教育、建立新学制的基础上,逐渐形成了适应我国计划经济体制的教育体制。1952年,教育部颁布《中学暂行规程(草案)》,规定中学由省、市文教厅、局遵照中央和大行政区的规定实行统一领导,其设立、变更、停办要报大行政区政府文教部备案,并转报中央教育部备查;市级以上政府业务部门所办中学的设立、变更、停办,要分别报中央教育部备案,或由同级文教行政部门转报中央教育部备案,其日常行政由各主管业务部门领导,有关方针、政策、学制、教

---

① 申素平:《改革开放40年我国教育法治建设的回顾与展望》,《高等教育研究》2018年第8期。

育计划、教导工作等事项受所在省、市文教厅、局领导。1954年，政务院在《关于改进和发展中学教育的指示》中规定，中学实行统一领导、分级管理的原则，即省辖市内的中学由省辖市管理，县（市）内的中学逐步做到由县（市）管理。

1963年，中共中央转发《全日制中学暂行工作条例（草案）》（即"中学五十条"），对中学的领导和管理体制做出了规定，全日制初级中学一般由县、市教育厅、局管理。全日制高级中学和完全中学一般由省、市、自治区教育厅、局管理，也可以委托所在专区（市）或县（市）教育行政部门管理。全日制中学的设置、停办或者迁移，由省、市、自治区人民委员会批准。由此可以看到，这一阶段的初等教育政策主要是加强了领导，逐步形成了普通中学的单一的办学体制。

新中国成立初期，我国之所以建立了单一的普通中学办学体制，有其现实的和历史的原因。首先是受我国计划经济体制变革的影响，因为高度集中统一的计划经济体制必然要求有与之相适应的学校教育体制，进而决定了教育必然要实行由国家大包大揽、统一办学的单一的办学体制。其次，新中国刚刚从旧中国脱胎而出，党和政府必须加强对旧教育的彻底改造，贯彻新民主主义的教育方针、政策，积极采取学校与教会分离的政策，并对政治上反动的私立学校进行接管、代管乃至整顿。这在当时的历史条件下具有重大意义和积极作用。再次，解放后在教育上片面强调向苏联学习，照抄照搬苏联的办学模式，也是导致我国普通中学办学体制单一化的重要因素。

"中学五十条"总结了解放以来的经验教训，对办好中学、提高教育教学质量做了全面具体的规定。其中规定中学教育的任务是为社会主义建设事业培养劳动后备力量和为高一级学校培养合格的新生；强调中学要贯彻执行教育与生产劳动相结合的方针，克服轻视体力劳动和体力劳动者的观点，同时在劳动过程中学习一定的生产知识和技能，扩大知识领域；要求教师必须不断地提高自己的政治、文化、业务水平，向又红又专的方向努力；各级党委要加强对中学教育的领导。"中学五十条"的试行，使中学教育工作有了指导性的文件，促进了中学教育工作的发展。

1963年，《全日制小学暂行工作条例（草案）》（即"小学四十条"）也同时颁发。"小学四十条"提出了小学教育的任务和实现培养目标的基本途径，规定了以教学为主的原则和对学生进行思想品德教育的重要内容与方法，规定了小学生参加生产劳动的时间和具体途径。此外，还对教师的培养、奖惩、劳逸以及学校行政工作与党的工作的关系及各自职责都做了规定。"小学四十条"对小学教育工作起到了积极的促进和规范作用。

1966年开始的"文化大革命"对我国整个教育政策产生了极大影响，党和国家正确的教育政策被严重扭曲，执行过程中出现了极大偏差，一些极左的教育政策相继出台。1966年5月7日，毛泽东提出："学生也是这样，以学为主，兼学别样，即不但学文，也要学工、学农、学军，也要批判资产阶级。学制要缩短，教育要革命，资产阶级知识分子统治我们学校的现象，再也不能继续下去了。"这就是《五七指示》。此后，各地大、中、小学全面展开军训工作。军训团进驻学校，进而开展革命大批判，成立革命委员会，将学校教导、总务等机构改为政工、教育革命、后勤等组，撤销教研室（组），取消班级建制和班主任制度，将师生统一按班、排、连、营建制编队，设立连队委员会、政治指导员，兴起"早请示、晚汇报""天天读""讲用会""活学活用毛主席著作""突出政治"等做法。1971年4月，全国教育工作会议发布的《全国教育工作纪要》对"文化大革命"前17年的教育做出了"两个基本估计"，即教育路线基本上是资产阶级专了无产阶级的政，知识分子大多数的世界观是资产阶级的，是资产阶级知识分子，从而全盘否定了建国以来的教育工作。

"文化大革命"完全歪曲了"两个必须"的方针，学校教育成了阶级斗争的工具。十年动乱给教育工作留下了沉痛的教训。第一，由于极左路线的误导，歪曲了教育方针，扭曲了教育政策，致使"文化大革命"走上了取消知识、否定教育的极端，使社会普遍产生了轻视、鄙视教师之风；第二，由于批判了刘少奇的"两种教育制度"和"两种劳动制度"的思想，中等教育结构遭到破坏，"文化大革命"前普通中学与各种职业技术学校和农业中学并举格局变成单一的普通中学格局。

2. 拨乱反正时期的初等教育政策

1977年开始，党中央狠抓教育战线的拨乱反正工作，重新确立了教育的战略地位，推翻了"两个基本估计"，肯定了"文化大革命"以前教育工作的主要成就，开始整顿教育事业，大力进行教育改革。1978年，教育部重新修订并颁布了《全日制中学暂行工作条例（试行草案）》，规定全日制中学原则上由县以上教育行政部门领导和管理，而社队办的中学，可以在县的统一领导下，由社队管理。并确立了以重点中学建设为突破口的普通中学改革与发展战略。1980年10月，教育部颁发《关于分批分期办好重点中学的决定》，提出要把约700所首批重点中学办成全国、全省、全地区第一流的、高质量的、有特色的、有良好学风的学校。1981年5月，教育部召开普通教育调整座谈会，就全国普通教育在第六个五年计划和十年设想中需要研究解决的问题，特别是如何搞好调整工作交换意见。会议确定了教育事业调整整顿的方针是充实加强小学，整顿提高初中，压缩普通高中，发展职业技术教育，集中力量办好重点学校。

1981年4月，教育部发出通知，决定逐步改变中学的学制，要求多数地区在1985年以前完成由五年制向六年制的过渡。为适应改制的需要，教育部同时颁发《全日制六年制重点中学教学计划（试行草案）》和《全日制五年制中学教学计划（试行草案）的修订意见》，要求各地研究执行。教育部强调指出：中学教育既要重视抓智育，又要注意学生思想品德教育、体育和卫生保健工作；既要提高教学质量，又要防止和克服负担过重现象；并决定在中学开设劳动技术课，在高中二、三年级设选修课。

1983年5月，中共中央、国务院发布了《关于加强和改革农村学校教育若干问题的通知》，提出农村学校教育改革必须坚定而有秩序地进行，要从实际出发，办学应坚持多层次、多种规格和多种形式。8月，教育部发出《关于进一步提高普通中学教育质量的几点意见》，意见指出要加强和改革普通中学教育，把占绝大多数的一般中学分期分批办好，大面积提高教育质量。12月，教育部公布了《关于全日制普通中学全面贯彻党的教育方针，纠正片面追求升学率倾向的十项规定（试行）》，要求各地端正办学思想，贯彻全面发展的教育方针。这一时期，重新确立了教育的战略地位，推翻了"两个基本估计"，肯定了"文化大革命"前17年教育工作主要成就，廓清了教育界的迷雾。同时整顿教育事业，大力进行教育改革。

3. 深化改革时期的初等教育政策

1985年5月，党中央和国务院颁布了《关于教育体制改革的决定》。针对中等教育结构单一的现状，提出要改革初等教育结构，大力加强和发展职业和技术教育。要在全国实行九年制义务教育，按三类地区推行九年制义务教育，其中城市及沿海各省中的经济发达地区及内地少数发达地区，应力争在1990年左右按质按量普及初级中学教育；实行基础教育由地方负责、分级管理的原则，基础教育的管理权属于地方，除大政方针和宏观规划由中央决定外，具体政策、制度、计划的制定和实施，以及对学校的领导、管理和检查、责任和权力都交给地方。

1991年7月，国家教委发布了《关于实施〈现行普通高中教学计划的调整意见〉和普通高中毕业会考制度的意见》，强调"要重视引导干部和教师不断地转变教育观念和办学指导思想，把高中教育从应试教育转变为全面提高学生素质的教育，从只面向重点学校和升学有望的学生转变为面向全体学生。要切实改变以高考升学率作为评估学校教育质量唯一标准的观念，坚决抵制和纠正各种违背教育规律的错误做法"。

1993年2月，在中共中央、国务院发布的《中国教育改革和发展纲要》中提出，要"改革办学体制。改变政府包揽办学的格局，逐步建立以政府办学为主体，社会各界共同办学的体制"，还提出了"普通高中的办学体制和办学模式要多样化"的要求。1994年，国务院制定的《关于中国教育改革和发展纲要的实施意见》中进一步提出，要形成"公立学校和民办学校共同发展的格局"。

以《关于教育体制改革的决定》的颁布为起点，我国普通中学的办学模式进入了实质性的探索与改革阶段，《中国教育改革和发展纲要》的颁布推动普通中学的办学体制向多元化方向发展，《教育法》的颁布，将普通中学的办学体制改革纳入规范化、法制化的轨道。[①]

4. 21世纪以来的初等教育政策

进入21世纪以后，教育公平问题成为整个教育领域最为关注的命题，追求高质量的公平、重构教育生态成为此阶段的核心价值。促进教

---

① 王世忠：《我国中学教育政策百年历程》，《教学与管理》2001年第7期。

育公平，保障公民受教育权利，实现基本公共教育服务均等化，缩小城乡、区域和校际教育差距等成为主流话语体系。从"有学上"到"上好学"的诉求转换，驱动决策层全方位推动系统改革，尊重教育规律，实现教育系统的高质量、可持续发展。21世纪以来，国家及地方层面相继颁布了系列政策，直指教育公平及均衡发展。

2001年，国务院印发《关于基础教育改革与发展的决定》。2002年，教育部发布《关于加强基础教育办学管理若干问题的通知》。2005年，教育部印发《关于进一步推进义务教育均衡发展的若干意见》。2006年，新修订的《义务教育法》开始施行。2010年，"中小学教师国家级培训计划"全面实施。2010年，教育部发布《关于贯彻落实科学发展观进一步推进义务教育均衡发展的意见》。2010年，中共中央、国务院印发《国家中长期教育改革和发展规划纲要（2010—2020年）》。2012年，国务院印发《关于深入推进义务教育均衡发展的意见》，强调"着力提升农村学校和薄弱学校办学水平，全面提高义务教育质量，努力实现所有适龄儿童少年'上好学'"，基本实现"每一所学校符合国家办学标准，办学经费得到保障。教育资源满足学校教育教学需要，开齐国家规定课程。教师配置更加合理，提高教师整体素质"。2015年，中共中央印发《关于制定国民经济和社会发展第十三个五年规划的建议》。2016年，国务院发布《关于统筹推进县域内城乡义务教育一体化改革发展的若干意见》。2016年，教育部印发《县域义务教育优质均衡发展督导评估办法》。2017年，中共中央办公厅、国务院办公厅印发《关于深化教育体制机制改革的意见》。种种政策性文件和法律都聚焦基础教育质量、各级人才培养、社会主义现代化建设等方面。

2019年，中共中央、国务院发布《关于深化教育教学改革全面提高义务教育质量的意见》中，要求"坚持德育为先，教育引导学生爱党爱国爱人民爱社会主义；坚持全面发展，为学生终身发展奠基；坚持面向全体，办好每所学校、教好每名学生；坚持知行合一，让学生成为生活和学习的主人"。具体包括突出德育实效、提升智育水平、强化体育锻炼、增强美育熏陶、加强劳动教育、优化教学方式、加强教学管理、完善作业考试辅导、促进信息技术与教育教学融合应用、大力提高教育教学能力等二十四个方面的措施。

这些政策和措施都明确释放了重视公平和质量的导向。在这样的政策语境里，教育公平、城乡学校一体化、教育优质均衡发展、考试招生制度改革、流动人口子女教育、教育体制机制改革等问题成为焦点。

二、初等教育政策的基本内容

1. 全面普及各个阶段的基础教育

改革开放以来，基础教育基本政策首先是全面普及各个阶段的基础教育。义务教育、高中教育、学前教育分别分阶段提出了普及目标及政策要求，并得以逐步实现。1980年，中共中央、国务院下发了《关于普及小学教育若干问题的决定》。1993年，《中国教育改革和发展纲要》提出了在全国实现"两基"目标：基本普及九年义务教育，基本扫除青壮年文盲。经过长期的努力，"两基"目标在2000年得以全面实现。2010年，《国家中长期教育改革与发展规划纲要（2010—2020年）》进一步提出了加快普及高中阶段教育和基本普及学前教育的要求。基础教育的全面普及使人民群众基本的受教育权得以最大实现，极大提高了中华民族的思想道德和科学文化素质。

改革开放40年来，各类基础教育最为重要、最为优先的政策导向是公平和均衡发展。国务院、教育部会同有关部门连续下发了关于进一步推进农村教育、西部地区教育发展、基础教育经费拨付使用、布局调整、学校发展改造、义务教育"两免一补"、教师培训、连片贫困地区学生营养餐补助、留守儿童帮扶、家庭经济困难学生资助、扶贫开发、高中阶段教育普及攻坚计划等多个全国性项目文件，着力解决基础教育的城乡、东中西部、校际差距和老少边穷地区的均衡发展问题，亿万孩子受益。同时采取"两为主"（以流入地政府为主、以公办学校为主）的政策，解决进城务工人员子女入学问题。除个别特大城市以外，这一政策在全国都得到了较好的落实。到2020年，全国义务教育实现基本均衡的县（市、区）超过95%。基础教育的公平均衡政策具有强烈的政治性、社会性、全局性特点，体现了中国共产党和人民政府以人民为中心、为人民服务的鲜明立场，为我国公民平等和社会公平奠定了基础，提供了机制。

2. 全面推进素质教育

1999年，中共中央、国务院发布的《关于深化教育改革，全面推进素质教育的决定》指出，实施素质教育就是全面贯彻党的教育方针，以提高国民素质为根本宗旨，以培养学生的创新精神和实践能力为重点，造就有理想、有道德、有文化、有纪律、德智体美等全面发展的社会主义事业建设者和接班人。坚持面向全体学生，为学生的全面发展创造条件，尊重学生身心发展特点和教育规律，使学生生动活泼、积极主动地发展。素质教育实施20多年来，党和国家、政府和社会重视德育、智育、体育、美育、劳动教育全面发展。2007年，中共中央、国务院发布《关于加强青少年体育增强青少年体质的意见》。2015年，国务院办公厅发布《关于全面加强和改进学校美育工作的意见》。2020年，中共中央办公厅、国务院办公厅印发《关于全面加强和改进新时代学校体育工作的意见》和《关于全面加强和改进新时代学校美育工作的意见》。

为了推进素质教育，促进学生全面成长，教育部单独或会同有关部门先后出台了一系列重要文件，涵盖整体规划大中小学德育体系、加强中小学校园文化建设、以传统节日为主题开展经典诵读和诗词歌赋创作活动、利用社会资源开展中小学社会实践、加强中小学时事教育、民族团结教育、中小学心理健康教育指导纲要、卫生保健工作、落实保证中小学生每天体育活动时间、进一步加强学校体育工作切实提高学生健康素质、全国亿万学生阳光体育运动、全国学校艺术教育发展规划、加强和改进艺术教育活动、中小学劳动教育、推进中小学生研学旅行等，并召开了多个全国性会议推进落实。按照素质教育的要求，基础教育管理体制改革、教学与课程改革、教材改革、招生考试改革持续推进，各种校内外学习实践活动和体育艺术活动广泛开展，有效促进了受教育者德智体美劳的全面发展，长期存在的基础教育学生负担压力过大、应试教育愈演愈烈的倾向得到缓解。素质教育的理念和实践成果丰硕，深入人心，写入法律。

3. 基础教育体制制度不断完善

改革开放40年来，基础教育立法、执法、普法力度不断增大，基础教育体制与制度不断完善。《义务教育法》的制定修改和成功实施得到了全社会的公认,一代代青少年儿童受益终身。《民办教育促进法》顺利修订,基础教育公办学校和民办学校、幼儿园依法分类发展,势头良好,前景广阔。近年来,国务院《教育督导条例》(2012)、《校车安全管理条例》(2012)、《关于加强中小学幼儿园安全风险防控体系建设的意见》(2017)密集出台,社会联动体系机制、中小学制度规范不断完善,学校、学生、教师的维权力度不断加大。教育部提出了依法治校、依法治教的要求,连续发布了《关于当前加强中小学管理规范办学行为的指导意见》(2009)、《全面推进依法治校实施纲要》(2012)、《关于进一步加强青少年学生法制教育的若干意见》(2013)、《依法治教实施纲要(2016—2020年)》(2016)、《青少年法治教育大纲》(2016),全国大中小学和幼儿园依法治校成绩显著,青少年学生和未成年人公民意识不断增强,违法犯罪现象大幅度降低,涌现出一批依法治校示范校。教育部门先后出台了《学生伤害事故处理办法》(2002)、《中小学幼儿园安全管理规定》(2006)、《关于开展校园欺凌专项治理的通知》(2016)、《义务教育学校管理标准》(2017),推进法治教育,严肃校规校纪,规范学生行为,学生安全保护、防止欺凌力度日益增强,平安校园、和谐校园推广普及。《学校安全条例》立法已经提上日程。

4. 改革创新教学理论和实践

改革开放40年间,国家重视教育教学理论和实践改革创新,并将之提炼升华。广大中小学教师和教育工作者积极探索改革基础教育教学内容、形式和方法,提出了许多新的教育教学理论和方法,涌现出一大批优秀中小学教育成果,成为基础教育改革的核心内容。教育教学目标从强调凯洛夫的"基本知识、基本技能"的"两基本"向强调"知识与技能""过程与方法""情感、态度、价值观"的"三维目标"转变,再到提倡发展核心素养。课程结构日趋合理,选修课程、活动课程和综合课程逐步发展。对课程实施的关注逐步增强,关注的层面不断深入。教育评价由侧重甄别和选拔转向强调其发展功能,并走向评价内容的综合化、评价方式的多样化和评价主体的多元化。课程管理从国家统一管理转向中央、地方、学校三级管理。面对新的时代,要深化课程整合,突出跨学科融合；深化探究式学习和体验式学习，突出项目式学习；深化过程性评价，突出表现性评价。这些教育教学创新发展的经验成果，标志着我国基础教育教学理论和实践整体已经具有时代先进水平，形成了中国特色的基础教育现代理论和范式方法。①

第三节 高等教育政策

一、高等教育政策的发展

1. 改革开放以前的高等教育政策

新中国成立之初，我国高等教育的基础非常薄弱。新民主主义社会向社会主义社会过渡完成以后，要求教育政策做出相应改革，以适应我国社会经济与政治的需要。1956年，三大改造基本完成，社会主义制度在我国已经基本建立起来，国内阶级关系发生了变化，主要矛盾已经不再是工人阶级和资产阶级的矛盾，而是人民对于经济文化迅速发展的需要同当前经济文化不能满足人民需要的状况之间的矛盾。全国各族人民的主要任务是集中发展生产力，《关于发展国民经济的第二个五年计划的建议的报告》明确提出，教育的数量、质量不能满足需要，并确定了教育发展的重点与目标，教育改革拉开了序幕。

1958年，中共中央、国务院发出《关于教育工作的指示》，这个指示是这一时期教育改革的纲领性文件。它总结了建国以来教育工作的经验，指出了发展中存在的问题，特别是教育脱离生产劳动，脱离实际，并且在一定程度上忽视政治、忽视党的领导的问题。提出教育必须采取两条腿走路的方针，即采取统一性与多样性相结合、普及与提高相结合、全面规划与地方分权相结合的原则；教育为无产阶级的政治服务，教育与生产劳动相结合的方针，培养又红又专的人才；在一切学校中必须进行马克思列宁主义的政治教育和思想教育，并改变教育中的教条主义教学

---

① 孙霄兵：《改革开放以来我国基础教育改革主要政策走向及启示》，《人民教育》2018年第21期。

方法；一切学校应在党的领导下。

同年，由于"大跃进"等"左"的思潮的影响，全国掀起了各省、市、自治区、厂矿、企业乃至人民公社大办高等学校的热潮。全国高等学校由1957年的229所猛增到1289所，超过了国家经济和办学条件的负担能力，造成了学校工作的极大困难。1961年，随着国民经济进入调整时期，根据中央"调整、巩固、充实、提高"的方针，国家对高等教育事业进行了全面调整和必要的压缩，并在总结建国以来高等教育发展经验和教训的基础上，制定了《教育部直属高等学校暂行工作条例（草案）》（"高教六十条"）。

"高教六十条"对高等学校的教学工作、生产劳动、研究生培养工作、科学研究、教师和学生工作、物质设备和生活管理、思想政治工作、党的组织和党的工作都做出了明确规定，以保证党的教育方针的真正落实。当时高等学校工作中应该着重解决的几个主要问题是：① 高等学校必须以教学为主，努力提高教学质量，生产劳动、科学研究、社会活动的时间应该安排得当，以利于教学。② 正确执行党的知识分子政策，团结一切可以团结的知识分子，为社会主义高等教育服务。正确执行百花齐放、百家争鸣的方针，提高学术水平。③ 实行党委领导下的以校长为首的校务委员会负责制，充分发挥校长、校务委员会和各级行政组织的作用。④ 做好总务工作，保证教学和生活的物质条件。⑤ 改进党的领导方法和领导作风，加强思想政治工作。学校中党的领导权力集中在学校党委一级，系的总支委员会对行政工作起保证和监督工作。"高教六十条"的贯彻实施使高等教育迅速摆脱了混乱局面，重新走上了健康发展的道路，高校的教学质量和学术水平得到明显提高。①

2. 改革开放后的高等教育政策

1978年以后，我国高等教育政策的发展大致可以分为两个阶段，前期阶段以拨乱反正为主，后期阶段以探索试验为主。1978年，教育部颁发《全国重点高等学校暂行工作条例（试行草案）》（"新高校六十条"），"新高校六十条"充分肯定"高校六十条"中的"高等学校必

---

① 《百年大计于斯为盛——新中国教育体制的50年发展历程》，《中国人力资源开发》1999年第10期。

须以教学为主,努力提高教学质量"等一系列正确提法。1979 年,中共中央批转教育部党组的报告,决定撤销 1971 年《全国教育工作会议纪要》。

经过十一届三中全会的拨乱反正,我国高等教育改革与发展进入一个全新的时期。这一时期的改革主要有招生考试制度改革、职称制度改革、学位制度改革以及专业调整等。1978 年,开始恢复全国普通高等学校统一招生考试制度和高等学校教师职称制度;1979 年,开始实行高等学校实验技术人员、图书情报人员职称制度等;1980 年,公布《学位条例》,并自 1981 年开始实行学士、硕士、博士学位制度;1978—1984 年,进行了专业的科类结构、布局和专业内容改革。

1985 年,《中共中央关于教育体制改革的决定》成为这一时期我国高等教育改革的出发点,提出我国新时期的教育方针是"教育必须为社会主义建设服务,社会主义建设必须依靠教育",并提出了我国新时期的教育改革"必须从教育体制入手,有系统地进行改革",其中包括"学校逐步实行校长负责制""扩大学校的办学自主权"等措施。

这一时期的高等教育改革是从各单项改革(如招生制度、毕业生就业制度、劳动人事制度、后勤管理制度改革)开始,直至 1989 年在全国高等学校推行综合改革。一系列改革都是对高等教育体制改革的探索,改革的内容是局部的,参与改革的高等学校是部分的。为了适应商品经济的发展,适应经济体制改革的需要,这一时期的高等教育体制改革引进了经济体制改革的某些模式与机制,比如:有的引进企业的领导体制,进行校长负责制的试点(但只经过 5 年的试点,1989 年宣布停止试行校长负责制);引进商品经济的竞争机制,引进商品经济的市场调节机制。将经济体制改革的模式与机制引进高等教育,一方面确实促进了高等教育的改革与发展,另一方面由于改革中片面强调高等教育体制改革必须适应经济体制改革,忽视高等教育自身的发展规律,也曾一度使高等教育改革出现一些问题。

1992 年,国家教委召开第四次全国高等普通教育工作会议,会议提出了《关于加快改革和积极发展普通高等教育的意见》的主文件,并提出关于高等学校的领导管理体制改革、管理体制改革、招生和毕业生就业制度改革、教学改革、学位与研究生教育改革、科技工作改革等 6 个子文件。1993年,中共中央、国务院颁布《中国教育改革和发展纲要》。这些重要文件总结了改革开放以来我国高等教育改革的经验,规划了20世纪90年代我国高等教育改革的总体构想,全面推进了我国高等教育改革,我国高等教育取得了全面发展。我国的高等教育基本形成了一个文、理、工、农、医、财经、政法和外语等门类齐全、形式多样、多种层次、相当规模的完整的高等教育体系,教学质量逐步提高。

3. 21世纪的高等教育政策

进入21世纪以来,中国高等教育政策的改进主要来自如下六个方面的巨大需求:追求世界地位、系统性市场化、革命性大众化、结构性优化、组织性数字化以及全面国际化。这一发展与改进的模式,已被概称为中国大学3.0模式。事实上,它与早期的中国大学模式有着根本不同。当前,中国高等教育政策的目标是从质量、公平、效率、服务四个方面系统地改进高等院校,以服务于国家建设。[①]

"十一五"以来,我国社会发展经历了从全面建设小康社会到全面建成小康社会,全社会对高等教育数量和质量的要求不断提高。提高教育质量一直是高等教育改革发展的主线。"十一五"和"十二五"期间,我国出台了多项高等教育领域相关政策。2010年,中共中央、国务院印发《国家中长期教育改革和发展规划纲要(2010—2020年)》,提出要全面提高高等教育质量,指出提高质量是高等教育发展的核心任务,是建设高等教育强国的基本要求。2012年,教育部、财政部正式启动实施"高等学校创新能力提升计划",旨在积极推动协同创新,促进高等教育与科技、经济、文化的有机结合,大力提升高等学校的创新能力,支撑创新型国家和人力资源强国建设。2013年,教育部、国家发改委、财政部联合发布《中西部地区高等教育振兴计划(2012—2020年)》,旨在解决东部发达地区与西部相对贫困地区的高校发展不均衡问题。该计划的重点是促进中西部地区高等学校的优先发展以缩小其与东部发达地区高校的差距。政策的目标领域包括院校和学科建设、人才培养、科研能力、服务和网络、基础设施、技术革新等。

---

① 李军、徐群:《中国教育政策改进七十年之若干反思——多维视角下的经验与启示》,《复旦教育论坛》2019年第5期。

2015年至今,党和国家围绕"双一流"建设出台了一系列政策,旨在提高全国高校和学科的质量,为全球高等教育树立发展与改进的标杆。2015年8月,中共中央全面深化改革领导小组第十五次会议审议通过《统筹推进世界一流大学和一流学科建设总体方案》,指出要顶层设计推动一批高水平大学和学科进入世界一流行列或前列。2016年,教育部直属高校"十三五"规划编制和中央部门所属高校教育教学改革专项工作视频会议强调,将建设一流本科教育纳入"双一流"建设方案。2017年,教育部、财政部、国家发改委共同颁布《统筹推进世界一流大学和一流学科建设实施办法(暂行)》,明确一流大学和一流学科的遴选条件,强调公平公正、开放竞争、分级支持、绩效考核、动态管理。2018年,教育部发布了《普通高等学校本科专业类教学质量国家标准》,我国有了首个高等教育质量"国家标准",涵盖所有专业;同年,教育部、财政部、国家发改委印发《关于高等学校加快"双一流"建设的指导意见》,提出了高校"双一流"建设的行动指南、总体方案、实施办法等。2019年,教育部发布《关于实施一流本科专业建设"双万计划"的通知》《关于一流本科课程建设的实施意见》等相关政策,旨在推进一流本科教育建设,实现"双一流"建设目标。

"双一流"建设政策的本质是院校重点建设政策,继承和发展新中国成立以来高校重点建设政策的传统,推进重点大学建设、重点学科建设,秉持整体建设、自主发展、绩效评价、动态调整的原则,正是这样的政策指向形成中国重点建设高校的内在发展驱动力和外部激励约束力。[①] "双一流"建设力图打破身份固化,建立动态机制,强化绩效激励,鼓励和支持不同类型的高水平大学和学科差别化发展,加快进入世界一流行列或前列。这表明我们的高等教育建设与发展正在突破以往分层的思路,建立新的分类体系,形成良好的教育生态。[②]

---

① 周湘林、朱江煜:《"双一流"建设:政策功能逻辑及其发挥》,《北京教育·高教版》2020年第6期。

② 孟繁华、张爽、王天晓:《我国教育政策的范式转换》,《教育研究》2019年第3期。

二、高等教育政策的基本内容

1. 高等教育多元发展

为了满足社会需求，国家采取了两大措施：一是发展高等职业教育。伴随着改革开放的步伐，为适应地方经济建设和社会发展需要，20世纪80年代，我国第一所职业大学——金陵职业大学创立。1982年，第五届全国人大第五次会议提出试办一批专科大学和短期职业大学，这是首次以国家政策的形式提出大力发展高职教育。1985年，《中共中央关于教育体制改革的决定》明确提出"积极发展高等职业技术院校"。此后，国家发布了一系列文件，规范高职教育发展，如1991年国务院发布《关于大力发展职业技术教育的决定》，1996年颁布《职业技术教育法》等。这些政策和法律有力地推进了高等职业教育的发展。至2019年，我国共有高职（专科）院校1423所，在校学生1280.71万人，占高校在校学生总数的42.2%。

二是部分本科高校向应用型转型，成为应用型大学。2014年5月，国务院做出"引导一批普通本科高等学校向应用技术类型高等学校转型"的战略部署，政府对本科高校转型发展提出了明确的要求。2015年10月，教育部、国家发改委、财政部三部委联合颁发了《关于引导部分地方普通本科高校向应用型转变的指导意见》。该意见对部分本科高校先行有益的探索进行了充分肯定，对普通本科高校特别是地方高校的转型发展提出了具体要求。本科高校向应用型转型既是地方经济社会发展的要求，也是学校自身发展的需求，因此势在必行。与高职院校的发展不同，应用型大学是在原有本科高校的基础上转型发展。在转型的过程中，要重新确立教育观念，探索应用型人才培养方案及相应制度，培养"双师型"教师，与社会建立密切的联系，在这一过程中，要克服路径依赖，难度比较大。但在国家政府的引导下，部分本科高校向应用型转型正在有序进行。

另外，发展和改进研究生教育，是多元发展的重要内容。1978年，我国恢复研究生招生。1980年2月，第五届全国人大常务委员会第十三次会议审议通过了《学位条例》。此后，研究生教育迅速而规范地发展起来。一方面扩大规模，以满足社会发展对高层次人才的需要。研究生在校人数由1978年的1.09万人增加到2019年的286.37万人。另一方面发展专业型学位，以满足不同类型的社会需求。过去，研究生教育主要培养学术型人才（科学学位），侧重培养从事基础性理论研究的研究者。而为满足国家经济社会发展对应用实践性和专业技能型的高层次人才的多元化需求，必须设置专业型学位。为此于20世纪90年代，开始设立工商管理硕士（MBA）、教育硕士（MEA）、工程硕士等专业学位，至今已有40种专业型硕士学位。近几年，又设立了教育专业博士学位等6种专业型博士学位。根据国家有关规划设定的目标，到2020年，我国在学研究生总规模达到300万人，其中专业硕士招生占比超过60%。

2. 高等教育开放发展

改革开放以后，党和政府进一步认识到了对外开放与国际交流的重要性、紧迫性和艰难性，国家和有关部门制定并发布了《中外合作办学暂行规定》《关于做好新时期教育对外开放工作的若干意见》等近60个文件。高等教育开放发展主要体现在以下几个方面：

第一，派遣留学生出国学习。1978年6月23日，邓小平在听取清华大学工作汇报时，赞成留学生数量增大。邓小平的重要指示，开启了新中国大规模派遣留学生的序幕。经过多年发展，出国留学人数不断增加，2019年，我国出国留学人员总数达70.35万人。派出去的目的是为了留学人员学成归国，为国效力。国家通过"春晖计划""国家杰出青年科学基金"等项目吸引留学人员回国，引进海外高层次人才。从1978年到2019年，各类出国留学人员累计达656.06万人，其中165.62万人正在国外进行相关阶段的学习或研究；490.44万人已完成学业，423.17万人在完成学业后选择回国发展，占已完成学业群体的86.28%。

第二，扩大来华留学生规模。这既是开放题中应有之义，也是对我国高等教育水平的一种检验。我国采取了一系列措施，吸引国际学生来华留学，来华留学生规模不断扩大，国别不断增多，特别是吸引了大量发达国家的留学生。1950年，新中国开始招收留学生，当年招收了33人。2018年招收留学生492185人，来自196个国家和地区，其中亚洲学生有295043人，占总数的59.95%，还有来自美国（20996人）、法国

（10695人）等发达国家的留学生。

第三，开展境外办学。境外办学主要采取建立分校（如厦门大学马来西亚分校）、创办孔子学院等方式开展。至2019年9月，我国高校已经举办了128个境外办学机构或项目（含25个取消审批后高校自主举办的），这些机构和项目由分布在内地21个省、直辖市的84所高校在亚、欧、美以及大洋洲的48个国家和地区举办；至2018年，在全球154个国家和地区建立了584所孔子学院和1193个中小学孔子课堂，学员总数达187万人。

第四，中外合作办学。国家通过出台《中外合作办学条例》等政策法规，鼓励、支持、规范中外合作办学。截至2020年底，全国中外合作办学机构和项目已达2332个，其中本科以上1230个。目前，国内本科以上中外合作办学在读学生已超过30万人，我国成为世界一流大学的重要合作方。中外合作办学丰富了我国高等教育资源，使一批学子不出国便能接受国外优质高等教育。

第五，参与构建世界高等教育共同体。通过对外开放，发展高等教育，我国高等教育在世界取得了话语权，发出了中国声音，并为世界接受与认可。例如，截至2020年，已有54个国家与我国签订了学历学位互认协议；中国工程教育专业认证协会（CEEAA）于2016年正式加入国际工程联盟《华盛顿协议》，由其组织开展的我国工程专业教育认证将得到美、英、澳等所有该协议正式成员的认可。同时我国积极参与联合国教科文组织的活动，在世界高等教育舞台上发挥积极作用。

3. 高等教育体制改革

第一，办学体制改革。办学体制改革的目标是：坚持教育公益性原则，健全政府主导、社会参与、办学主体多元、办学形式多样、充满生机活力的办学体制，形成以政府办学为主体、全社会积极参与、公办教育和民办教育共同发展的格局。办学体制改革突出表现在民办教育的兴起上。政府通过《民办教育促进法》及其他政策法规，鼓励社会力量出资、捐资办学，实行营利和非营利办学分类管理，规范运行制度，民办高校得到了良好的发展。

第二，管理体制改革。新中国成立以来，我国高等教育管理体制改革大体经历了三个阶段。一是 20 世纪 50 年代，从"集中统一"领导体制转变为"统一领导、分级管理"体制。1950 年 6 月上旬召开的第一次全国高等教育会议明确指出："中央人民政府教育部对全国公立的高等学校，在方针、制度、设置计划、负责人任免、课程教材及教学方法等方面，都应该负有领导的责任。"此后，高等教育实行"集中统一"领导体制。这在当时有其必要性，也发挥了一定的积极作用，但存在内在的局限性，弊端明显。1958 年，中央对高等教育领导体制进行了调整，调整的主题是"放权"，将部分高校下放到省市，归地方领导，并规定了各自的权限，逐步形成了"统一领导、分级管理"的模式。二是从 20 世纪 80 年代中期开始，我国持续推进以转变政府职能、扩大高校办学自主权为目标的高校管理体制改革。1993 年 2 月，中共中央、国务院发布《中国教育改革和发展纲要》，进一步明确指出体制的主要问题是"包得过多、统得过死"，改革的首要目标是解决政府与高校的关系，具体来说就是以政事分开为原则，政府宏观管理，高校作为"法人实体"面向社会自主办学。此后，政府推出了一系列改革措施，推进现代大学制度建设，并初见成效。三是推进高等教育治理体系和治理能力现代化。2010 年颁布的《国家中长期教育改革和发展规划纲要（2010—2020 年）》提出了"完善治理结构"的问题。2019 年 2 月，中共中央、国务院印发了《中国教育现代化 2035》，将"推进教育治理体系和治理能力现代化"作为十大"战略任务"之一。这是我国正在推进的管理改革的重要任务和内容。

第三，经费筹措体制改革。在过去高等教育完全由中央政府出资，因此改革的主要目的是建立以政府投入为主的多元投资体制。主要改革措施有三项，一是地方政府逐渐成为高等教育的主要投资者，主要办法是改变高等教育拨款方法和形成以地方政府管理为主的高等教育管理体制。2019 年，在我国 2688 所公办普通高校中，地方所属普通高校 2570 所，占高校总数的 95.6%。二是建立高等教育成本分担和补偿制度，拓展多元化的投资渠道。为此，我国建立了招生收费制度，以及相应的奖学金、助学贷款、贫困生补助及学杂费减免制度。与此同时，将税费征收、学杂费收取、校办产业收入、社会捐资等作为高等教育筹资的重要手段，形成了"一主多元"的高等教育经费来源渠道。三是通过社会力量办学，发展民办教育，广泛吸取社会资金。

第四，招生就业体制改革。这方面的改革着眼于深化考试内容和形式改革，着重考察综合素质和能力；实施分类入学考试；建立健全有利于促进入学机会公平、有利于优秀人才选拔的多元录取机制。就业体制改革着眼于改变过去统一分配的体制，实行学生和用人单位"双向选择"的机制。

第五，学校内部管理体制改革。这方面的改革主要体现在如下方面：完善党委领导下的校长负责制，发挥学术委员会在学科建设、学术评价、学术发展中的重要作用，加强教职工代表大会、学生代表大会建设，实行校院两级管理，全面实行聘任制度和岗位管理制度，实行后勤社会化等。①

第四节　教育扶贫与民办教育政策

一、教育扶贫政策

1. 教育扶贫的内涵

精准脱贫是"三大攻坚战"（防范化解重大风险、精准脱贫、污染防治）之一，教育扶贫是扶贫工作"五个一批"（发展生产脱贫一批、易地搬迁脱贫一批、生态补偿脱贫一批、发展教育脱贫一批、社会保障兜底一批）之一。2019年，教育系统把脱贫攻坚作为首要的政治任务和头等大事。教育在扶贫中的作用之所以能够彰显，一方面教育是"三保障"（义务教育、基本医疗、住房安全）的内容，另一方面教育具有阻断贫困代际传递的作用。

教育扶贫包含两个层面的意涵：扶教育之贫和通过教育扶贫。教育水平和贫困发生率之间呈负相关，教育水平提高能够直接降低居民贫困发生率，并且对农村居民和中西部地区居民贫困发生率的降低作用更为显著；教育不仅直接降低了居民贫困发生率，还通过收入机制和健康机

---

① 刘献君：《新中国高等教育70年的回顾与展望》，《高等教育研究》2019年第11期。

制间接降低了居民贫困发生率,且收入机制的贡献度要高于健康机制。尤其是,义务教育作为人力资本形成与积累的关键时期,在消除贫困和阻断贫困代际传递中占据重要地位。相较其他扶贫方式,教育扶贫最大的特征在于,所带来的收益远比其他扶贫方式的影响更加深远,而且在经济层面带来改变的同时有利于贫困个体实现向上的社会流动。从实践效果看,20世纪90年代实施的二片地区国家贫困地区义务教育工程,以改善项目县小学、初中办学硬件为主要内容,是一项典型的"扶教育之贫"政策。计量分析结果表明,该工程的增智效应显著,受益儿童的受教育年限增加约0.7年。[1]

2. 教育扶贫政策的内容

十八大以来,教育部加大推进落实政策举措,精准聚焦贫困地区的每一所学校、每一名教师、每一个孩子,启动实施教育扶贫全覆盖行动,先后组织实施了多项教育惠民政策措施,实现了贫困地区义务教育普及、学校基础设施建设、学生资助体系、教师队伍建设、民族教育发展、职业教育提升等领域的教育扶贫全方位覆盖,为2020年现行标准下的农村贫困人口全部脱贫、贫困地区同步建成小康社会奠定了坚实基础。

学前教育扶贫政策。一是学前教育三年行动计划。2011年以来中央财政投入700多亿元,支持贫困地区学前教育发展。截至2019年底,全国公办园10.8万所,比2015年增加了3.1万所,普惠性民办园9.5万所,比2016年增加了3.7万所(2016年开始统计普惠性民办园相关数据)。同时,全国学前三年毛入园率83.4%,比2015年提高了8.4个百分点;普惠园覆盖率76.01%,比2016年提高了8.7个百分点,有效缓解了"入园难、入园贵"问题。二是学前教育幼儿资助政策,地方政府对普惠性幼儿园在园家庭经济困难儿童予以奖补。

义务教育扶贫政策。一是义务教育"两免一补"(免学杂费、免教科书费、寄宿生生活补助),城乡义务教育阶段所有学生已免除学杂费。对义务教育阶段所有农村学生和城市低保家庭学生免费提供教科书,对农村学生免费配发汉语字典。对义务教育阶段农村和城市家庭经济困难寄宿生发放生活补助,中西部地区补助标准为小学生每生每天4元、初中

---

[1] 《2019中国教育研究前沿与热点问题年度报告》,《教育研究》2020年第2期。

生5元。二是农村义务教育阶段学生营养改善计划。2019年，为落实《教育领域中央与地方财政事权和支出责任划分改革方案》，中央财政对贫困地区学生营养膳食补助政策进行了调整完善，将补助标准由中央与地方分别制定，调整为统一制定国家基础标准（目前为每生每天4元）。其中，对地方试点补助标准已达到4元的省份，按照每生每天3元给予定额奖补。

普通高中教育扶贫政策。资助普通高中家庭经济困难学生，国家助学金平均资助标准为每生每年1500元，具体标准由各地结合实际在1000~3000元范围内确定。

职业教育扶贫政策。中等职业教育免学费、补助生活费政策，按照每生每年2000元标准对中等职业学校全日制正式学籍在校生中所有农村（含县镇）学生、城市涉农专业学生和家庭经济困难学生免除学费，并给予全日制正式学籍一、二年级在校涉农专业学生和非涉农专业家庭经济困难学生每生每年2000元的国家助学金资助。

高等教育扶贫政策。建立国家奖学金、国家励志奖学金、国家助学金、国家助学贷款、师范生免费教育、勤工助学、学费减免、"绿色通道"等多种方式并举的资助体系。

民族教育扶贫政策。一是西藏15年免费教育，"三包"政策（包吃、包住、包学习费用）覆盖了从学前至高中阶段所有农牧民子女和城镇困难家庭子女；二是新疆南疆四地州14年免费教育，覆盖了学前两年教育、义务教育和高中阶段教育；三是教育援藏、援疆政策，教育援藏项目主要用于学校基础设施建设、教师交流培训、贫困生资助等，教育援疆工作以双语教育和中等职业教育为重点；四是内地民族班，利用内地的优秀教育资源将西藏和新疆的学生送往内地进行中学阶段的学习。

其他教育扶贫政策。一是国家贫困地区儿童发展规划（2014—2020年），以集中连片特殊困难地区680个县从出生到义务教育阶段结束的农村儿童为实施对象，重点围绕健康、教育两个核心领域，加快实现从家庭到学校、从政府到社会对儿童关爱的全覆盖。到2020年，集中连片特殊困难地区儿童发展整体水平基本达到或接近全国平均水平。二是乡村教师支持计划（2015—2020年），通过拓展乡村教师补充渠道、提高农村教师生活待遇等关键举措，造就一支素质优良、甘于奉献、扎根乡村的教师队伍,让每个乡村孩子都能接受公平、有质量的教育,帮助乡村孩子学习成才,阻止贫困现象代际传递。①

二、民办教育政策

1. 民办教育政策的发展

我国改革开放之初,教育事业也得到了快速发展,但由于国家财政对教育的拨款有限,很难满足教育发展的需要,在这种情况下,呼吁社会力量"捐资办学""集资办学"成为当时发展教育的一项措施。但当初筹集社会资金主要是为了解决公立学校教育经费不足的问题。后来,政府才逐步放开民办教育的空间,民办教育才得以发展。

2002年,九届全国人大常委会第三十一次会议通过了《民办教育促进法》,这是我国历史上第一个专门针对非政府出资办教育的法律,该法于2003年9月1日起正式施行。《民办教育促进法》确立了民办教育的法律地位:民办教育事业属于公益性事业,是我国社会主义教育的组成部分,民办学校与公办学校具有同等的法律地位;规范了民办教育的办学活动范围:民办教育的办学是国家机构以外的社会组织或者个人,利用非国家财政性经费,面向社会举办学校及其他教育机构的一种活动;规定了民办学校的教师、受教育者与公办学校的教师、受教育者享有同等的法律地位,规范了举办者的准入条件、退出制度以及法律责任。

2016年11月,第十二届全国人大常委会第二十四次会议审议通过了《关于修改〈中华人民共和国民办教育促进法〉的决定》,我国民办教育正式进入分类管理的新时代。2016年12月29日,中共中央办公厅印发《关于加强民办学校党的建设工作的意见(试行)》,国务院印发《关于鼓励社会力量兴办教育促进民办教育健康发展的若干意见》。12月30日,教育部等五部委联合印发《民办学校分类登记实施细则》,教育部等三部委联合印发《营利性民办学校监督管理实施细则》。"1+4"(1部新法和4个文件)文件构成了新时期我国民办教育的基本政策体系,为我国民办

---

① 吴霓:《教育扶贫政策体系的政策研究》,《清华大学教育研究》2017年第3期。

高等教育的新发展提供了法律保障。①

2. 民办教育规范化发展

2016年修订的《民办教育促进法》规定：县级以上各级人民政府可以设立专项资金，用于资助民办学校的发展，奖励和表彰有突出贡献的集体和个人；县级以上各级人民政府可以购买服务、助学贷款、奖助学金和出租、转让闲置的国有资产等措施对民办学校予以扶持；对非营利性民办学校还可以采取政府补贴、基金奖励、捐资激励等扶持措施；民办学校享受国家规定的税收优惠政策，其中，非营利性民办学校享受与公办学校同等的税收优惠政策；民办学校依照国家有关法律、法规，可以接受公民、法人或者其他组织的捐赠；国家鼓励金融机构运用信贷手段支持民办教育事业的发展；人民政府委托民办学校承担义务教育任务，应当按照委托协议拨付相应的教育经费；新建、扩建民办学校，人民政府应当按照与公办学校同等原则，以划拨等方式给予用地优惠；新建、扩建营利性民办学校，人民政府应当按照国家规定供给土地。该法还对民办学校的设立、内部管理、教师聘任与培训、资产与财务管理、管理与监督、变更与终止、法律责任等做出了具体规定。

为了促进《民办教育促进法》的实施，2004年，国务院颁布《民办教育促进法实施条例》。条例规定：实施义务教育的公办学校不得转为民办学校；向学生、学生家长筹集资金兴办民办学校或者向社会公开募集资金举办民办学校的不予批准；公办学校参与举办民办学校，不得利用国家财政性经费，不得影响公办学校正常的教育教学活动，并应经主管的教育部门或者劳动和社会保障部门按照国家规定的条件批准；公办学校参与举办的民办学校应当具有独立法人资格，具有与公办学校相分离的校园和基本教育教学设施，实行独立的财务会计制度，独立招生，独立颁发学业证书。2021年，《民办教育促进法实施条例》做了修订。

《民办教育促进法》和《民办教育促进法实施条例》的颁布和实施，充分体现了吸引、利用民间资本发展教育事业的总方针和发展、规范民办教育的新思路，将对民办教育的发展起到极好的促进和规范作用。

---

① 王真、王华：《改革开放40年我国民办高等教育发展回顾与展望》，《高教探索》2019年第3期。

► 思考题

1. 教育政策的功能。
2. 新中国教育政策的确立。
3. 中国初等教育政策的主要内容。
4. 中国高等教育政策的主要内容。
5. 中国民办教育政策的主要内容。

第十二章
中国的公共卫生政策

>
公共卫生政策作为公共卫生事业的一部分,在我国已经实行了较长时间。在计划经济时代,我国依托各级组织建立了公共卫生服务机构网络,并通过群众性爱国卫生运动推动了公共卫生事业的发展。改革开放40多年来,我国城乡公共卫生服务机构都有较大的改革和变化,在取得巨大成就的同时,也面临着诸多新的挑战。在国家实施"健康中国"战略这一新形势下,如何进一步改革和发展我国的公共卫生事业,仍是社会政策发展中的一项重要议题。

第一节　公共卫生政策的发展

一、城市公共卫生政策的发展

改革开放前，中国公共卫生政策的一个重要特征是政府积极推行预防为主的方针。1952年，中国政府正式确立了卫生工作的四大原则：面向工农兵、预防为主、团结中西医、卫生工作与群众运动相结合。在全国广泛开展爱国卫生运动，形成了覆盖城乡的公共卫生体系。该体系包括以下几种：① 以三级卫生防疫网为主的卫生防疫体系。为贯彻预防为主的方针，1953年，全国各地开始建立卫生防疫站，负责疾病检测与控制、卫生监督、卫生宣传。省、地、县三级都建立了卫生防疫站，形成了三级卫生防疫网。铁路、交通、大型厂矿企业等分别建立了本系统的卫生防疫站，负责本部门的各项卫生防疫工作。另外，为加强对传染病、地方病和职业病等的防治工作，还建立了一些专科的防治所。② 为预防疾病传播，在国境口岸建立了国境卫生检疫所，分为海港、航空和陆地边境检疫三种类型。③ 在基层、工矿、机关、学校普遍建立医院或医务室，居民委员会也建立了群防所、红十字卫生站等。在这一阶段，中国城市公共卫生政策的雏形得以基本形成。无论是地方各个层级，还是各个行业，均建立了以预防为主的公共卫生防疫体系。

改革开放后至20世纪90年代末，公共卫生事业的改革是在整个公共服务事业改革的大环境中进行的。由于过去由政府全包的公共服务事业存在效率低下的问题，政府希望通过改革来提高效率，并降低公共服务事业对政府财政的依赖。在逐渐向市场经济体制转轨的过程中，政府对包括公共卫生在内的公营事业采取了与对国有企业放权让利类似的政策，要求各种公营事业机构以单位为基地自行创收。社会公益事业不同程度地走向了市场化，中央财政减少了投入，而地方各级财政及民众的负担则随之增加。

由于政府投入严重不足，原来享受全额补贴的城市卫生机构面临财政短缺的困境。在财政拨款不多、国家投入不足的情况下，为缓解卫生机构的经济困难，国家确定了医疗卫生机构可以开办其他产业的政策。同时，允许卫生防疫等非营利性机构开展有偿服务。由于国家对预防保健机构的补贴水平过低，许多预防保健机构为了维持生存，出现了重有偿服务、轻无偿服务的不良倾向，将大部分人力用于搞创收上，不再从事疾病预防和公共卫生工作，失去了面向社会服务的功能。一些经济不发达地区的卫生防疫机构更是面临生存危机，许多卫生监督监测和公共卫生工作难以开展，对保健、防疫人员的专业培训停止，流行病的预防、监测和报告等机制完全缺失，一些传染病得不到有效的控制。[①]

鉴于前一阶段城市公共卫生体系改革中出现的问题，近年来，政府逐渐重视和加强公共卫生服务体系建设。首先，在机构设置方面，由于原有卫生防疫站集疾病预防与卫生监督于一体的体制暴露出越来越多的问题，为合理划分卫生监督与疾病控制的职责，城市公共卫生体系进行了一些结构上的调整，逐渐形成了中央、省、（市）地、县四级卫生监督和疾病预防控制体系。2002年1月，为加强卫生监督和疾病预防控制工作，成立了以中国预防医学科学院为主体而组建的中国疾病预防控制中心。截至2020年末，我国共建有疾病预防控制中心3384个。[②]

其次，为了解决当前人民群众"看病难""看病贵"的问题，国家对社区卫生服务一直比较重视。1997年，中共中央、国务院发布《关于卫生改革与发展的决定》明确提出了"改革城市卫生服务体系，积极发展社区卫生服务"的决策。1999年7月，卫生部等十个部门联合下发了《关于发展城市社区卫生服务的若干意见》，对社区卫生服务的基本概念、总体目标、基本原则、服务体系等内容进行了明确规定。2006年2月，国务院《关于发展城市社区卫生服务的指导意见》发布，提出"社区卫生服务是城市卫生工作的重要组成部分，是实现人人享有初级卫生保健目标的基础环节"，主张"构建以社区卫生服务为基础、社区卫生服务机构与医院和预防保健机构分工合理、协作密切的新型城市卫生服务体系"，并"坚持预防为主、防治结合的方针"，从而为城市社区卫生服务

---

① 国务院研究室课题组：《完善卫生经济政策》，中国经济出版社1996年版，第2-3页。
② 参见《2020年国民经济和社会发展统计公报》。

的发展提供了基本指南。随后,《关于在城市社区卫生服务中充分发挥中医药作用的意见》《关于城市社区卫生服务补助政策的意见》《关于加强城市社区卫生人才队伍建设的指导意见》《城市社区卫生服务机构管理办法(试行)》《关于加强城市社区卫生服务机构医疗服务和药品价格管理意见的通知》等配套措施相继出台,社区卫生服务的政策体系基本形成。

根据 2006 年指导意见的要求,大中型城市的政府原则上应该按照 3 万~10 万居民或根据街道办事处所辖范围来规划设置 1 所社区卫生服务中心,并可根据需要建立若干社区卫生服务站,服务对象是社区、家庭和居民,并以妇女、儿童、老年人、慢性病人、残疾人、贫困居民等为服务重点,主要开展健康教育、预防、保健、康复、计划生育技术服务和一般常见病、多发病为内容的诊疗服务。截至 2020 年底,全国已设立社区卫生服务中心(站)3.5 万个,社区服务中心 2.9 万个,社区服务站 39.3 万个。[①]

社区卫生服务是构建城市公共卫生体系"网底"的战略举措,它有利于深化城市医疗卫生体系改革,优化城市卫生资源结构,满足群众的基本卫生服务需求,进而缓解城市居民看病难、看病贵问题。

二、农村公共卫生政策的发展

我国是世界范围内较早实行农村合作医疗政策的国家,它正式诞生于 20 世纪 50 年代农业合作化高潮时期,并在"文革"期间得到广泛推广和普及。1978 年 3 月 5 日,全国人大五届一次会议通过的宪法将"合作医疗"纳入其中,从而使其进入法律范畴;1979 年 12 月,卫生部、农业部、财政部、国家医药管理总局、全国供销合作总社联合发布《农村合作医疗章程(试行草案)》,旨在促进农村合作医疗制度走向规范化、制度化发展的轨道。到 1980 年,全国农村约有 90%的行政村(生产大队)实行合作医疗,85%的农村人口被这一制度所覆盖。[②] 在当时的环境下,农村合作医疗制度在较大程度上解决了农民的基本医疗卫生问题,同农村三级医疗预防保健网、"赤脚医生"队伍一起被称为农村卫生的

---

① 参见《2020 年国民经济和社会发展统计公报》。
② 卫生部基层卫生与妇幼保健司:《农村卫生文件汇编(1951—2000)》,2001 年 12 月编印,第 533-534 页。

"三大支柱",受到世界卫生组织和很多发展中国家的推崇。

改革开放以来,政府通过实施农村初级卫生保健,加强县防疫站、县妇幼保健院、乡(镇)卫生院"三项建设",改善农村医疗卫生条件,推进"九亿农民健康教育行动",使农村缺医少药的状况得到较大改善,农民健康水平有了很大提高。我国农村传统合作医疗政策的成就主要表现在以下方面:① 抑制了传染病、寄生虫病和地方病的流行;② 死亡率尤其是婴儿死亡率大幅度下降;③ 平均预期寿命迅速提高,在同类别国家和地区中位居前列;④ 医疗费用比较低;⑤ 农村合作医疗覆盖大部分农村人口。

进入20世纪80年代,随着家庭联产承包责任制的实施与人民公社制度的解体,原有计划经济体制下农村合作医疗制度赖以存在的经济基础和组织基础随之瓦解,这一制度开始出现大面积滑坡。到1986年,全国仅有5.5%的村仍有合作医疗。① 尽管90年代国家再次提出要发展和完善农村合作医疗,但这项工作在大部分地区进展缓慢,农村人口覆盖率在10%左右徘徊。农村合作医疗政策处于困境的原因主要表现在以下几个方面:① 筹资机制不适应农村新的经济体制变革。农村实行家庭联产承包责任制后,作为合作医疗主要筹资来源的集体经济失去了继续支持的能力,只靠农民个人出资,对农民显然没有吸引力。② 农村合作医疗制度自身存在缺陷:一方面,统筹规模小,筹资水平低,保障程度不高,无法帮助农民抵御大病风险;另一方面,管理层次低,基本上是村办村管或乡办乡管,管理不规范、不透明,农民不信任。③ 农村医务人员的减少与流失也直接影响了农村合作医疗事业的发展。一部分医务人员因改革开放后农村政策放宽,增加了许多经营门路与生财之道而放弃了医疗卫生工作;1981年国务院批转卫生部《关于合理解决赤脚医生补助问题的报告》后,原有的125万名赤脚医生中只有64万名被授予"乡村医生"证书,这也导致农村医务人员减少了一半。④ 在农村新形势下,对要不要办合作医疗、怎么办合作医疗的问题,相关部门认识不一致,政策不协调,制约了农村合作医疗制度的恢复和重建。

农村传统合作医疗制度的衰落带来了诸多不利影响。首先,传统合作医疗制度衰落后,取而代之的是市场导向的医疗体系兴起,这种状况

---

① 卫兴华:《中国社会保障制度研究》,中国人民大学出版社1994年版,第140页。

导致农村医疗体系的质量及效率大大下降。其次，传统合作医疗制度的衰落导致农村地区卫生工作轻预防、轻健康教育的不良倾向。一些地区特别是中西部地区农村卫生机构基础设施简陋，缺乏必要的检测和医疗设备，缺少具备较高水平的医护人员。广大农村居民缺乏基本的医疗保障，难以承担日益增长的医疗费用，因病致贫、因病返贫问题突出。

加强和完善农村公共卫生服务体系建设，提升农村公共卫生服务能力，既是建设社会主义新农村的重要内容，也是全面实现小康社会目标、维护社会和谐稳定的内在要求。因此，政府在建立健全新型农村合作医疗制度的同时，也在推动和完善农村公共卫生服务体系。

第一，明确了农村公共卫生服务发展的基本方向。2002年10月，中共中央、国务院发布《关于进一步加强农村卫生工作的决定》，明确了坚持以农村为重点的卫生工作方针，加大农村卫生投入，逐步缩小城乡卫生差距。决定指出了农村公共卫生工作的基本任务：明确农村公共卫生责任，加强农村疾病预防控制，做好农村妇幼保健工作，大力开展爱国卫生运动。

第二，注重农村三级医疗卫生服务体系建设。根据2002年决定和中共中央、国务院《关于推进社会主义新农村建设的若干建议》精神，2006年8月，卫生部、国家中医药管理局、国家发改委、财政部等联合出台了《农村卫生服务体系建设与发展规划》，明确提出以完善农村卫生机构功能和提高服务能力为核心，以乡（镇）卫生院建设为重点，健全县、乡、村三级卫生服务网络，以此改善农村卫生机构的基础设施条件。2008年10月，中共第十七届三中全会审议通过的《中共中央关于推进农村改革发展若干重大问题的决定》亦提出要整合城乡卫生资源，建立健全农村三级医疗卫生服务网络，并具体指出要重点办好县级医院并在每个乡镇办好一所卫生院，同时要支持村卫生室建设，以此来为农村居民提供安全价廉的基本医疗服务。

第三，重视农村卫生人才的培养。由于医护人员的数量及素质直接决定农村公共卫生服务体系的建设，近年来，国家高度重视农村医护人员的培养工作。2002年中共中央、国务院出台的《关于进一步加强农村卫生工作的决定》明确提出，高等医学院要针对我国农村卫生实际需要来培养面向农村需要的全科医学教育，从而为农村培养适用的卫生人才。

2008年发布的《中共中央关于推进农村改革发展若干重大问题的决定》亦强调要加强农村卫生人才队伍建设,并具体提出通过定向免费培训农村卫生人才的方式来缓解农村卫生人才不足的现实。在通过高等教育培养农村卫生人才的同时,政府也高度重视乡村医生在农村卫生服务中的积极作用。2011年7月,国务院办公厅发布《关于进一步加强乡村医生队伍建设的指导意见》,肯定了乡村医生在维护广大农村居民健康方面的重要作用,提出要明确乡村医生职责,完善乡村医生补偿、养老政策,健全培养培训制度,规范执业行为,强化管理指导,以此提高乡村医生服务水平。

第二节 公共卫生政策的主要内容

从广义来讲,公共卫生政策不仅包括职业病、传染病等疾病防治,还包括鼓励健康行为,改善饮食习惯,保证食物在不同人群中的均衡分配,提供健康生活环境,制定合理的生育政策等;狭义上的公共卫生政策只涉及职业病、传染病的防治以及食品安全与动植物检疫等内容。本节将对狭义的中国公共卫生政策的主要内容进行简要阐述。

一、职业病防治政策

1. 职业病的特点

根据《职业病防治法》第2条第2款的规定,职业病是指企业、事业单位和个体经济组织等用人单位的劳动者在职业活动中,因接触粉尘、放射性物质和其他有毒、有害因素而引起的疾病。这里包括四层意思:一是职业病的患病主体是用人单位的劳动者,即存在劳动关系;二是职业病的患病时间是出现在劳动者从事职业活动的过程中;三是导致职业病出现的原因是接触了粉尘、放射性物质和其他有毒、有害因素,这些危害因素是引发职业病的直接诱因;四是职业病的种类由法律明确规定,存在于国家公布的职业病分类和目录中。同时符合以上条件即构成职业病。

职业活动中存在的各种有害化学、物理、生物因素以及在作业过程中产生的其他有害因素称之为职业病危害因素，它们是职业病的主要诱因。随着经济转型、产业结构的调整以及各种新技术、新工艺、新设备和新材料的推广应用，劳动者在职业活动中接触的职业病危害因素也更为多样而复杂。为切实保障劳动者的健康权益，2015 年 11 月，国家卫生和计划生育委员会、国家安全监管总局、人力资源和社会保障部与中华全国总工会联合组织对 2002 年发布的《职业病危害因素分类目录》进行了修订。新版的《职业病危害因素分类目录》将职业病危害因素分为 6 类，包含了 52 项粉尘因素、375 项化学因素、15 项物理因素、8 项放射性因素、6 项生物因素以及 3 项其他因素。按照职业病危害因素的来源，大致可以将其分为以下三类。第一类是生产工艺过程中的有害因素，主要包括以下几种：① 化学因素，主要是指生产过程中的许多化学毒物，如铅、氯、汞等；② 物理因素，主要是指异常气象条件、异常气压、噪声、振动、非电离辐射、电离辐射等；③ 生物因素，主要是指动物皮毛上的炭疽杆菌、布氏杆菌以及其他如森林脑炎病毒、炭疽芽孢杆菌等传染性病原体；④ 粉尘，如矽尘、煤尘、石棉粉尘等。第二类是劳动过程中的有害因素，主要包括：① 劳动组织和制度不合理、劳动作息制度不合理等；② 精神或心理高度紧张；③ 劳动强度过大或安排的工作类型与劳动者自身身体状况不相适应；④ 身体器官或系统长时间处于过度紧张状态，如视力紧张等；⑤ 长时间处于不良体位或姿势，或劳动工具不合理等。第三类是生产环境中的有害因素，主要包括自然环境因素、厂房建筑或布局不合理，来自其他生产过程散发的有害因素造成的生产环境污染。在实际工作场所，往往同时存在多种有害因素，对劳动者的健康产生联合作用。

尽管广义上凡是由职业危害因素引起的疾病均称为职业病，但从立法意义上则要根据疾病的危害性，国家的经济、生产和技术条件，由国家对职业病范围加以控制，提出法定职业病名单。凡属法定职业病的患者，在治疗和休养期间及在确定为伤残或治疗无效而死亡时，均应按工伤保险的有关规定给予工伤保险待遇，并有权向用人单位提出赔偿要求。关于职业病的分类和目录，是根据经济社会的发展、科学技术的进步以及保障劳动者健康权益的需要等多个方面而不断调整。1957 年，卫生部发布了《职业病范围和职业病患者处理办法的规定》,将职业中毒、尘肺病、热射病等 14 种疾病列为法定职业病。1987 年,卫生部、劳动人事部、财政部、中华全国总工会联合发布修订版的《职业病范围和职业病患者处理办法的规定》,将法定的职业病范围扩大到 9 大类 102 种。2002 年 4 月,卫生部发布了《职业病目录》,进一步将职业病名单增加至 10 大类 115 种。2013 年 12 月,国家卫生和计划生育委员会、国家安监总局、人力资源和社会保障部与中华全国总工会公布了新的《职业病分类和目录》,将职业病名单增加到 10 大类 132 种,其中:职业性尘肺病及其他呼吸系统疾病 19 种、职业性皮肤病 9 种、职业性眼病 3 种、职业性耳鼻喉口腔疾病 4 种、职业性化学中毒 60 种、物理性因素所致职业病 7 种、职业性放射性疾病 11 种、职业性传染病 5 种、职业性肿瘤 11 种及其他职业病 3 种。

职业病的突出特点是不可逆性和可预防性,这两个特性决定了职业病防治工作必须坚持以预防为主的方针。据调查分析,由职业病造成的经济损失与预防职业病的资金投入之间的比例可为 7:4 或 7:1,即如果企业发生职业病和职业性损害所造成的经济损失是 7,那么在发生这些损害之前就对生产中的职业性危害进行治理,所需投资只有 4,如果企业在新建时就将预防职业危害的措施与主体工程同时考虑,其投资仅为 1。因此,加强建设项目的预防性卫生审核管理是消除和控制职业危害的根本措施。[①]

2. 职业病的防治

职业病不仅造成劳动者创造力、劳动能力的丧失与下降,导致劳动生产率降低,而且造成患者身心痛苦并影响家庭生活,为此,我国政府高度重视职业病防治工作。

新中国成立之初,宪法已规定了劳动者的健康权、休息权、劳动条件保障权等权益;随后颁布的《民法通则》《工会法》等法律也对防止职业病危害、保护劳动者健康起到了重要作用。

改革开放后,国家进一步加快了法制化进程,相继出台了一系列与防治职业病相关的法律法规。1987 年,卫生部、劳动人事部、财政部、

---

① 陈永青:《建设项目的职业病危害评价》,《劳动保护》2003 年第 7 期。

中华全国总工会联合发布了修订的《职业病范围和职业病患者处理办法的规定》，将职业病的种类扩大到9大类102种。随后，《尘肺病防治条例》《矿山安全法》《劳动法》《矿山安全法实施条例》等法律法规相继出台。

2001年10月，《职业病防治法》经九届全国人大常委会第二十四次会议审议通过，并于2002年5月1日正式实施，标志着我国职业病防治工作步入法制化管理轨道。与此同时，为配合《职业病防治法》的实施，一系列配套法律规章相继颁布，如《使用有毒物品作业场所劳动保护条例》《职业病目录》《职业病危害因素分类目录》《职业健康监护管理办法》《建设项目职业病危害分类管理办法》《化学品毒性鉴定管理规范》等。

2011年以来，尤其是党的十八大以来，中国特色的职业病防治法律体系建设进一步快速推进。2011年12月，《职业病防治法》进行了第一次修订，修订的主要内容包括明确职业卫生监督管理职责，修改了职业病诊断制度，取消了职业病诊断申请的门槛等。随后，《职业病防治法》于2016年、2017年和2018年不断修订完善。2012年至今，国家相关部委颁布了《职业病分类和目录》《职业病诊断与鉴定管理办法》《工作场所职业卫生监督管理规定》《职业病危害项目申报办法》《用人单位职业健康监护监督管理办法》《职业卫生技术服务机构监督管理暂行办法》《建设项目职业病防护设施"三同时"监督管理办法》等部门规章。2009年5月和2016年12月，国务院办公厅先后印发了《国家职业病防治规划（2009—2015年）》《国家职业病防治规划（2016—2020年）》，从国家政策层面明确了职业病防治工作的基本目标、主要任务和实施措施等。2018年3月，随着国家卫生健康委员会组建，原国家安全生产监督管理总局的职业安全健康监督管理职能整合到国家卫健委，由新组建的国家卫健委职业健康司承担。2019年2月，国家卫健委修订发布了《职业健康检查管理办法》；2019年8月，发布了《国家卫生健康标准委员会章程》；2020年12月，修订发布了《职业卫生技术服务机构监督管理办法》；2021年1月，修订发布了《职业病诊断与鉴定管理办法》修订计划。

《职业病防治法》作为职业病防治领域的基础性法律，其从职业病的前期预防、劳动过程中的防护与管理、职业病诊断与职业病患者保障、监督检查、法律责任等方面，对职业病防治工作进行了全面规定。该法规范了用人单位、劳动者、职业卫生技术服务机构以及监督管理部门的责任和义务，明确了用人单位承担本单位职业病防治主体责任，规定了用人单位工作场所的职业卫生要求，建立了用人单位职业病危害因素申报制度、建设项目职业病危害评价制度、作业场所职业病危害监测评价制度、职业健康监护制度、职业病报告制度、作业场所职业病危害管理及危害告知制度、职业卫生培训制度，使职业卫生监督管理的实施有了可靠的法律依据。

根据《职业病防治法》的规定，从源头上控制职业病危害的措施主要包括以下四项：① 明确职业卫生要求，即从危害因素的强度或浓度、防护措施、生产布局、卫生设施等多方面，对用人单位有职业病危害的工作场所提出除法律法规规定条件之外的职业卫生要求；② 建立职业病危害项目申报制度，即用人单位应及时、如实向所在地卫生行政部门申报其存在职业病危害因素的工作场所，并接受监督；③ 实施职业病危害预评价制度，即建设单位应在可行性论证阶段，评价建设项目可能产生的职业病危害因素，以此确定危害类别和相应的防护措施；④ 落实建设项目中职业病防护的"三同时"制度，即建设项目的职业病防护设施与主体工程同时设计、同时施工、同时投入生产和使用。

3. 职业病防治政策面临的困难

长期以来，国家高度重视职业病防治工作，我国职业病防治工作也取得了重要进展。职业病防治法律法规政策体系日益完善，防治体系逐步健全，源头治理和专项整治力度不断加大，职业病检测、诊断和救治水平不断提升，涉及与重大急性职业病危害相关的事故明显减少。然而，由于我国正处于工业化、城镇化的快速发展阶段，改革开放几十年来粗放型发展模式所导致的职业病问题开始集中显现，与此同时，伴随着人口老龄化、职业性疾病谱以及生态环境与生活方式的不断变化等因素的影响，我国职业病防治工作面临着新老问题并存的挑战。这些问题主要体现在以下几个方面。①

（1）传统职业病危害依然严重，职业病报告病例数长期居高不下。从 2010 年以来，我国每年报告新增职业病人数达 2.8 万，分布在煤炭、化工、有色金属、轻工等不同行业，涉及企业数量众多。截至 2018 年底，累计报告职业病 97.5 万例，其中，尘肺病病例数约占总病例数的 90%。② 然而，由于我国职业健康监护覆盖率仅为 10% 左右，且大量劳动者由于职业接触史不明确而无法被诊断为职业病，因此我国职业病实际发病情况可能远高于目前报告的数据。

（2）新的职业健康危害问题不断显现。随着各种新技术、新工艺、新设备和新材料的广泛应用，产业结构的逐步转型以及用工模式多样化、作业形式复杂化等，产生了诸多新的职业健康问题。比如，新型燃料、纳米技术、石墨烯技术等新型化学物质的推广应用以及采用各种新技术、新工艺所引起的职业健康问题；产业结构转型升级，如互联网经济、数字经济、零工经济等经济模式衍生的新就业形态，超时工作、疲劳工作、职业紧张等缺乏相应监管和约束措施；等等。此外，随着退休年龄的延长，由此产生的高龄劳动者职业健康问题，也是未来职业健康领域需要面对的问题。

（3）用人单位主体责任落实不到位。部分用人单位（企业）主要负责人法治意识不强，尚未建立有效预防和控制职业病危害的机制。一些从事有毒有害作业的用人单位既不对职业病危害进行申报，也不进行职业病危害评价和职业卫生审查。无论是在改善工作环境、提供防护用品方面，还是组织职业健康检查领域，部分用人单位投入均不足；与此同时，对于农民工、劳务派遣人员等群体的职业病防护尚未做到有效保障。

（4）职业病防治服务能力发展不平衡。尽管我国职业健康服务能力建设已经取得了明显成效，形成了以疾病预防控制中心和职业病防治院为核心、中介社会机构为补充的国家、省、市、县四级职业病防治技术

---

① 李涛：《新时期职业病防治形势分析及对策建议》，《中国职业医学》2018 年第 5 期。

② 《健康中国行动推进委员会办公室 2019 年 7 月 30 日新闻发布会文字实录》，http://www.nhc.gov.cn/xcs/s7847/201907/4b98d637039548889c3ebaab40878f3f.shtml。

体系，然而，我国职业病防治服务能力发展依然不平衡、不充分，这主要体现在两个层面：一是部分地区基层职业病监管力量和防治工作基础薄弱，对职业病相关危害因素监测和防治能力不足；二是中小型企业、非正规就业部门的劳动者或流动工人以及中西部欠发达地区的劳动者所享有的职业健康服务水平明显低于大型企业、正规就业部门以及东部经济发达地区的劳动者。

职业病防治是中国公共卫生政策的主要内容之一，《"健康中国2030"规划纲要》明确提出，要强化行业自律和监督管理职责，推动企业落实主体责任，推进职业病危害源头治理，预防和控制职业病发生。为更好实施这项政策，首先，应当完善职业病防治法律法规，健全高危粉尘、高毒等特殊工作以及职业病危害评价、职业健康检查、职业病鉴定与诊断等法律制度；其次，强化源头治理，在坚持预防为主、防治结合基本方针的基础之上，创新职业卫生监管模式，引导用人单位技术升级改造、落实建设项目职业病防护设施"三同时"，加强职业病危害的源头控制；再次，提升基层职业卫生监管水平，重点加强县、乡职业卫生执法监管部门基础设施建设与人才培养，推动职业卫生工作重心下沉，逐步提升其监管执法能力与防治服务水平；最后，实施职业病防治全流程管理，明确职业病防治各相关部门的职责分工，加强部门之间在职业病防、治、保等关键环节的协调配合。

二、传染病防治政策

传染病是由各种病原体引起的能够在人与人、人与动物或动物与动物之间相互传播的一类疾病，它是一类严重威胁人民群众生命安全的疾病，能够在一定时期和一定地区集中爆发。传染病具有传染性、流行性、地方性、季节性等特点，在临床中可分为潜伏期、前驱期、发病期、恢复期四个阶段，具有传染源、传播途径、易感人群等三个流行环节。目前中国法定传染病有甲、乙、丙三类，截至2020年，甲类传染病2种，乙类传染病27种，丙类传染病11种。传染病防治关系到广大人民群众的切身利益。由于传染病蔓延速度快、影响范围广，若社会政策的制定者没有给予足够重视，任其发展，势必危及正常的生活秩序，造成社会动荡、经济停滞的恶性后果。

按流行环节，传染病防治措施可分为三种：① 消除、控制传染源，这是防止传染病发生的根本环节。② 切断传播途径，这是防止传染病流行的重要环节。③ 保护易感人群，有计划地推行人工自动免疫，把易感者被感染水平降至最低，使传染病的流行不再发生。按发生阶段，预防措施又可分为以下三种：① 疫情未出现时的预防措施，即面向对外环境中可能存在的病原体的实体实行的措施，如预防接种等。② 疫情出现后的防疫措施，指疫情出现后采取的防止扩散、尽快平息的措施。它不仅包括对病人早发现、早诊断、早报告、早隔离的措施，还包括对接触者、动物传染源及疫源地污染环境采取的措施。③ 治疗性预防措施，即对已经感染的人群进行隔离治疗，尽可能降低疫情传播的速度。

传染病防治是中国公共卫生政策的一项重要内容。1989年正式实行的《传染病防治法》是新中国成立以来，经国家最高权力机关批准颁布的第一部针对传染病防治管理工作的法律，本法已先后经过2004年和2013年两次修订。《传染病防治法》从法律上对各种传染病的分类和防治做了明确规定，确立了国家对传染病实行预防为主的方针，并坚持防治结合、分类管理、依靠科学、依靠群众的基本原则。2020年10月公布的《传染病防治法》（修订草案征求意见稿）进一步明确，传染病防控工作要坚持预防为主、防治结合的方针，坚持政府主导、依法防控、科学防控、联防联控、群防群控的原则。各级政府应当组织开展群众性卫生活动，开展预防传染病的健康教育，倡导文明健康的生活方式，提高公众对传染病的防治意识和应对能力。同时，地方各级人民政府应当有计划地建设和改造公共卫生设施，对污水、污物、粪便进行无害化处理，改善饮用水卫生条件。

《传染病防治法》规定，负有传染病报告职责的各级人民政府有关部门、疾病预防控制机构、医疗机构、采供血机构及其工作人员，不得隐瞒、谎报、缓报传染病疫情。在传染病暴发、流行之时，国务院卫生行政部门应当及时且准确地向社会公布疫情，并可以授权省、自治区、直辖市政府卫生行政部门向社会公布本行政区域的传染病疫情信息；与此同时，当地政府应当立即组织力量进行防治，切断传染病的传播途径，必要时可报经上一级政府决定，可以采取下列紧急措施：① 限制或者停止集市、影剧院演出或者其他人群聚集的活动；② 停工、停业、停课；

③ 封闭或者封存被传染病原体污染的公共饮用水源、食品以及相关物品；④ 控制或者扑杀染疫野生动物、家畜家禽；⑤ 封闭可能造成传染病扩散的场所。在此基础上，2020年10月公布的《传染病防治法》（修订草案征求意见稿）增加了三种：在一定范围内实施交通管制；在一定范围内实施人员排查、疫情监测等社区防控措施；运用大数据、云计算等数字技术，按照必要且最小化原则开展信息采集、病例识别、传染源追踪等工作。

新冠肺炎疫情的暴发，暴露了我国传染病防治领域的弊端与不足，为提升应对突发重大传染病的防控能力，适应国家健全公共卫生领域相关法律法规的需要，国家卫生健康委员会于2020年10月发布了《传染病防治法》（修订草案征求意见稿），旨在增强本法的有效性、可操作性。《传染病防治法》修订的主要内容包括：① 构建和完善传染病防控的领导体制机制，建立联防联控机制；② 完善传染病分类制度，明确了甲、乙、丙三类传染病的特征，增加了乙类和丙类传染病种类；③ 重点突出不明原因聚集性疾病防控，并进一步完善报告、管控方面的针对性措施；④ 完善传染病疫情监测、预警、报告、信息公布等制度；⑤ 健全传染病救治网络建设，构建平战结合的综合救治体系。

尽管我国传染病防治工作取得了重要进展，但传染病防治形势依然十分严峻，2020年新冠肺炎疫情防控中所暴露出的短板和不足即是印证。一方面，传染病防治面临严峻挑战，具体表现为：传统传染病与新发传染病所带来的双重压力；人口大规模流动导致防治工作难度加大；环境与生产生活方式的改变致使传染病防治工作的复杂性进一步增加。另一方面，传染病防治的长效工作机制仍需进一步完善，一些地区依然存在重应急、轻预防的情形。再者，疾病预防控制机构尤其是基层机构的人员业务能力、基础设施条件与日渐繁重的防治任务不相协调。

针对上述问题，首先，应进一步构建系统完备、科学规范、运行有效的传染病防治法律体系，从法律上完善重大新发突发传染病防控措施，加大执法监督，并强化不同层次政府与相关部门的主体责任，同时健全部门之间的联防联控机制。其次，健全突发公共卫生事件与传染病疫情的监测预警机制，提高传染病尤其是新发传染病的识别与诊治能力。再次，促进传染病防治体系建设，重点加强基层传染病防控机构基础设施建设与专业能力培训，提升基层传染病防控机构疫情监测预警与防治能力。最后，加强传染病防治法律法规和相关知识的宣传普及，倡导健康生活方式，提升群众的公共卫生意识和自我防护能力。①

三、食品卫生与动植物检疫政策

1. 食品卫生政策

食品卫生是指控制食品生产和经营过程中可能存在的，包括物理、化学、微生物等方面的有害因素，采取对食用者安全无害的标准和措施，使食品有益于人体健康。食品卫生包括一切食品、食品添加剂、食品容器、包装材料和食品用工具、设备、洗涤剂、消毒剂，以及食品的生产经营场所、设施和有关环境的卫生。食品不安全的因素非常广泛，例如农药化肥超标准残留，激素、抗生素等有害物质残留，重金属污染，超量使用食品添加剂，滥用非食品加工用的化学添加物，病原微生物控制不当，毒素污染等，还包括劣质原料、假冒伪劣食品、腐败变质食品上市流通等。

1995年10月，八届全国人大常委会第十六次会议审议通过了《食品卫生法》，该法明确了原卫生部在食品监管中的主导地位，也标志着我国食品卫生管理工作正式进入法制化轨道。然而，在进入21世纪之后，中国工业化、现代化进程不断加速，社会经济发展日新月异，与之相关的食品市场环境亦变得更为复杂，《食品卫生法》因调整的范围过窄（侧重对食品加工、流通过程等环境的监管，种植养殖环节被排除在外）、内容宽泛、规定过于原则性、配套规定不全等问题而难以适应现实需要。2009年2月，《食品安全法》在十一届全国人大常委会第七次会议上获得通过，进一步明确了"分工负责、统一协调"的分阶段监管体制，原《食品卫生法》同时废止。相较于《食品卫生法》而言，《食品安全法》在以下六个方面具有重要突破：一是扩大了调整的范围，增加了食品源头的农产品种植养殖等环节，涵盖了"从农田到餐桌"的全过程；二是采用了分段监管的模式，明确了各部门的职责；三是新增了食品安全风

---

① 参见《国务院关于传染病防治工作和传染病防治法实施情况的报告》，2013年；《〈中华人民共和国传染病防治法〉（修订草案征求意见稿）修订说明》，2020年。

险监测与评估,确立了预防为主的新思路;四是采取了开放式的标准制定方法,统一了食品安全的国家标准;五是首次明确规定了国家对食品生产经营实行许可制度,确立了食品生产许可和食品召回制度;六是取消食品免检的规定,法律明确规定食品安全监督管理部门对食品不得实施免检。2015年4月,《食品安全法》在十二届全国人大常委会第十四次会议修订通过,新修订的《食品安全法》重新定位了当前的食品安全监管领域,拓展了监管范围,加大了行政处罚与问责力度,新法条文从原有的104条增加到了154条。为适应国务院机构改革的需要,2018年12月,《食品安全法》又进行了一次修订。

尽管我国食品卫生领域的法律法规政策体系日益完善,但食品安全面临的形式仍然十分严峻。一方面,经济全球化深刻改变了食品产业结构,也促使食品流通供应链环节延长,食品安全风险隐患从供应链源头延伸至流通与消费等环节,风险管控的关键控制点增加;另一方面,随着互联网经济的迅速发展,食品安全风险开始从实体场景扩展至虚拟平台,风险的隐匿性更强;再者,新型食品技术的使用在推动食品产业发展的同时,也在一定程度上提升了食品风险爆发的频率,增加了事前预防和事后处理的难度。此外,我国食品产业区域发展不均衡,食品生产经营企业规模化、集约化程度整体不高,全方位监管与治理的难度大。

为此,应进一步完善我国食品安全监管体系,具体包括以下几个方面:① 建立权责明确的食品安全监管体系,构建食品安全监管部门联动机制,整合部门资源、加强监管部门之间的信息交流,完善食品安全信息披露机制,实现从被动监管向主动预防与干预转变;② 发挥互联网的积极功能,构建"互联网+食品"的监管模式,如构建食品安全网络追溯体系、建立食品安全网络谣言治理机制、健全食品安全消费者维权网络渠道等;③ 构建健康中国战略下的食品安全新理念,注重食品营养安全,建立健全的营养标准和相应的营养体系;④ 构建多元化的食品安全监管体系,发挥企业、媒体、第三方机构和公众参与的食品安全监管共治体系。[1]

---

[1] 张蓓等:《新中国成立70周年食品安全演进、特征与愿景》,《华南农业大学学报》2020年第1期。

2. 动植物检疫政策

动植物检疫工作也是公共卫生的一个重要环节。为防止动物传染病、寄生虫病和植物危险性病、虫、杂草，以及其他有害生物传入、传出国境，保护农、林、牧、渔业生产和人体健康，促进对外经济贸易的发展，我国早在1949年就建立了归中央贸易部领导的商品检验机构。1954年，政务院出台了《输出输入植物检疫暂行办法》，并发布了《输出输入植物应施检疫种类与检疫对象名单》。1964年2月，国务院决定将动植物检疫工作从外贸部划归农业部领导，但动物产品检疫仍由商检局办理。1965年在全国27个口岸设立了中华人民共和国动植物检疫所。随着形势的发展，在开放的口岸又设立了进出境动植物检疫机构。

党的十一届三中全会以来，中国出入境检验检疫实现了较快发展，进出口商品检验和动植物检疫及卫生检疫在机构建设、队伍建设、法制建设等方面取得重要进展。1982年，国务院颁布了《进出口动植物检疫条例》；随着改革开放的深入和国际交往日益增多，进出境动植物及其数量、种类也大幅增加，随之疫情也变得日趋复杂。为此，1991年10月，七届全国人大常委会第二十次会议审议通过了《进出境动植物检疫法》，这是我国第一部进出境动植物检疫方面的基本法。该法确立了我国动植物检疫工作体系的基本框架，涉及检疫范围、检疫对象、管理体制、检疫措施、检疫制度、法律责任以及处罚措施等。其中检疫范围包括进出境的动植物、动植物产品和其他检疫物，装载动植物、动植物产品和其他检疫物的装载容器、包装物以及来自动植物疫区的运输工具。检疫方式主要有产地检疫、现场检疫、实验室检疫和隔离检疫四种。国务院设立动植物检疫机构统一管理全国进出境动植物检疫工作。1997年1月1日，《进出境动植物检疫法实施条例》正式施行，其详细界定了检疫的范围，同时对相应的惩罚措施进行了规定。除了上述法律法规之外，国家进出境动植物检疫的负责部门根据上述法律和条例的规定颁布了一系列部门规章，如《进境动植物检疫审批管理办法》《出入境人员携带物检疫管理办法》《进出境植物检疫手册》等动植物检疫技术规范和操作规程，从而进一步完善了动植物检疫法律法规政策体系。

1998年3月，国家出入境检验检疫局正式成立，主管全国出入境卫生检疫、动植物检疫和商品检疫，其在各地设立的直属局于1999年8月同时挂牌成立，标志着中国的出入境检验检疫事业已全面进入新的发展阶段。2001年4月，国家出入境检验检疫局与国家质量技术监督局合并组建国家质量监督检验检疫总局；2018年3月，国务院机构改革方案公布，根据方案要求，国家质量监督检验检疫总局的出入境检验检疫管理职责和队伍划入海关总署。

然而，随着经济全球化的不断推进，我国进出境动植物检疫又面临着前所未有的挑战。一方面，随着国际交流日益频繁、跨境电子商务快速发展、交通运输方式日趋多样且便捷化，动植物疫情传入传出风险亦随之增大，如近年来国外暴发的疯牛病、口蹄疫、禽流感等重大疫情给我国进出境动植物检疫工作带来了一系列新的问题；另一方面，现行进出境动植物检疫法律法规缺乏时效性与实用性，亟待完善，如1992年实施的《进出境动植物检疫法》虽在2009年进行了修订，但仅在个别条文上稍有改动，其余条文并无变动，这些法律法规的部分内容因过于陈旧而无法满足现实需要；再如，法律中设置的行政处罚措施相对单一且处罚力度较弱，对违法行为不能起到真正的震慑作用等。

面对前述情况，应该进一步加强和改进动植物检疫工作：① 加大有关法律的宣传力度，提高全社会的动植物检疫意识，强化动植物检疫法制建设，完善配套法规，进一步清理动植物检疫法的配套规章，加快修订我国相应的动植物检疫规章和标准，健全法律法规体系。② 及时修订《进出境动植物检疫法》，加大行政处罚力度，适当提高行政处罚定额罚款上限，并加大对违法经营者的限制力度；增加刑事处罚条款，对性质恶劣、可能造成严重后果的违法行为，均应使用刑事处罚；同时，对法律中的原则性规定设置责任条款，增强法律的适用性与强制性。③ 主管部门要重视对境外有害生物发生、流行情况的跟踪、收集、分析、预测和对国内有害生物的监测、调查工作，建立国内外有害生物发生、流行信息数据库，实现资源共享。④ 进一步完善进出境动植物检疫风险分析机制，建立健全风险预警和快速反应机制，建立健全国家重大外来有害生物疫情的应急预案。

第三节 公共卫生政策的发展趋势

一、公共卫生领域的发展成就

公共卫生政策作为公共卫生事业的一部分，直接关系到人民群众的身体健康和生命安全，也影响着经济社会发展和国家安全稳定。进入 21 世纪以来，尤其是 2003 年"非典"疫情暴发和"看病难、看病贵"问题日益凸显之后，国家高度重视公共卫生服务事业发展，将其纳入国民经济和社会发展规划，加大对公共卫生服务领域的财政投入，并不断完善公共卫生领域相关法律法规，我国公共卫生事业在短期内实现了较快发展。

1. 法律法规体系不断完善

一是颁布和修订了多部公共卫生相关领域的法律，比如：在突发事件领域，《突发事件应对法》于 2007 年颁布实施，明确了公共卫生事件属于突发事件的范畴，并对突发事件的预防与应急管理、监测与预警、应急处置与救援等方面进行了相应规定；在食品卫生方面，全国人大常委会在 2009 年审议通过了《食品安全法》，取代了 1995 年颁布的《食品卫生法》；2019 年 12 月，十三届全国人大常委会第十五次会议表决通过了《基本医疗卫生与健康促进法》，这是中国卫生与健康领域的第一部基础性、综合性法律；《传染病防治法》自 1989 年实施以来已进行了两轮修订，2020 年，国家卫健委发布了《传染病防治法》修订征求意见稿；《职业病防治法》自 2001 年颁布以来已先后经历了四次修订等。二是出台了一系列配套行政法规，比如，在 2003 年"非典"疫情暴发后，国务院出台了《突发公共卫生事件应急条例》，对突发公共卫生事件的预防与应急准备、报告与信息发布、应急处理方式等进行了相应规定；2004 年《传染病防治法》第一次修订之后，国务院相继发布了《病原微生物实验室生物安全管理条例》《疫苗流通和预防接种管理条例》《重大动物疫情应急条例》《艾滋病防治条例》等各项配套行政法规，为《传染病防治法》的顺利实施提供了重要保障。三是相关政府部门出台了诸多部门规章，比如，在职业病防治领域，出台了《职业病分类和目录》《职业病诊断与鉴定管理办法》《工作场所职业卫生监督管理规定》《职业病危害项目申报办法》《用人单位职业健康监护监督管理办法》《职业卫生技术服务机构监督管理暂行办法》《建设项目职业病防护设施"三同时"监督管理暂行办法》等部门规章；在传染病防治方面，出台了《结核病防治管理办法》《性病防治管理办法》等部门规章；此外，各省（区、市）亦颁布了众多公共卫生治理方面的地方性法规和政府规章，为公共卫生政策的有效落实提供了制度保证。

2. 公共卫生服务体系稳步发展

一是疾病预防控制体系不断健全。2003年"非典"疫情之后，政府高度重视疾病预防控制的基础设施建设，建立健全了中央、省、市（地）、县四级疾病预防控制体系，截至2020年末，全国各级共有疾病预防控制中心3384个，卫生人员18.8万人，大大提升了疾病预防控制的水平和服务能力。二是医疗救治体系显著加强。比如，在传染病救治领域，政府高度重视传染病院、紧急救援中心以及各层级医疗机构救治能力的建设力度，无论是传染病院的病床数还是注册医师的数量，均实现了较快增长，2000余家综合医院设有感染性疾病科或传染病科，二级以上综合医院基本设有发热门诊、肠道门诊，并建立了传染病预检分诊制度。三是公共卫生监督体系基本成型。截至2019年末，我国共建有省、市（地）、县三级卫生监督机构2835个，卫生监督员7.9万人，加大了对公共场所、医疗卫生、食品安全、生活饮用水等领域的有效监督。比如，截至2019年底，全国设置食品安全风险监测点2837个，开展食源性疾病监测工作，2019年对25大类11.1万份样品污染物及有害因素进行监测。四是公共卫生应急体系基本建成。2003年"非典"之后，国家高度重视突发公共卫生事件应急管理与预案体制机制建设，先后颁布了《突发公共卫生事件应急条例》《国家突发公共卫生事件总体应急预案》《突发事件应对法》，从而为应对突发公共卫生事件和构建应急处理系统提供了制度保障；在此基础之上，建立了国家、省、市（地）、县四级应急管理体制和国家、省、市三级突发公共卫生事件信息应急指挥与决策系统，组建了突发事件卫生应急专家咨询委员会,并在全国分区域建立了传染病控制、医疗救援、中毒处置、核和放射处置等国家级卫生应急队伍,地方也组建了各级突发公共卫生事件卫生应急专业队伍;与此同时,我国也建立了全球规模最大的法定传染病疫情和突发公共卫生事件网络直报系统,面对公共卫生事件的应急能力显著提高。

3. 基本公共卫生服务项目有序实施

2009年7月,卫生部、财政部、人口计划和生育委员会联合发布了《关于促进基本公共卫生服务均等化的意见》,明确提出实施国家基本公共卫生服务项目和重大公共卫生服务项目,促使城乡居民逐步享有均等化的基本公共卫生服务。随后,《国家基本公共卫生服务项目》发布,明确了基本公共卫生服务项目的具体内容。目前,全国各地基层医疗卫生机构为城乡居民免费提供居民健康档案管理、健康教育、预防接种、0—6岁儿童健康管理、孕产妇健康管理、老年人健康管理、高血压与糖尿病等慢性病患者健康管理、严重精神障碍患者管理、结核病患者健康管理、中医药健康管理、传染病及突发公共卫生事件报告和处理服务、卫生计生监督协管服务、免费提供避孕药具、健康素养促进行动等14项国家基本公共卫生服务。根据国家卫健委、财政部与国家中医药局联合发布的《关于做好2020年基本公共卫生服务项目工作的通知》要求,2020年,人均基本公共卫生服务经费补助标准提高至74元。在重大公共卫生服务项目方面,推动了结核病、艾滋病等重大传染病防治,农村孕产妇住院分娩,贫困白内障患者复明等重大公共卫生服务项目。这些项目实施以来,为广大居民提供了安全而便捷的基本卫生服务,切实保障了人民群众的身体健康,同时也促进了基本公共卫生服务逐步往均等化的方向发展。

4. 爱国卫生运动成效显著

爱国卫生运动是依托广大人民群众开展的具有中国特色的群众性卫生运动,其通过政府领导、群众参与的方式,旨在提升广大群众自我保健意识、培养良好卫生习惯和公共卫生品德,以此实现预防、减少疾病的发生并提高人们的健康水平。爱国卫生运动已在我国开展60余年,并取得了显著成效。2015年1月，国务院印发了《关于进一步加强新时期爱国卫生工作的意见》，指出要通过开展爱国卫生运动，促使城乡环境卫生条件得到明显改善、人民群众文明卫生素质得到显著提升，进而实现城乡居民健康水平明显提高。与此同时，该意见还提出了四个重点实施领域，分别是努力创造促进健康的良好环境、全面提高群众文明卫生素质、积极推进社会卫生综合治理、提高爱国卫生工作水平。爱国卫生运动坚持预防为主的方针，具体通过开展除害灭病、健康教育、农村改水改厕、国家卫生城镇建设、城乡环境卫生整治等方式，降低了传染病的传播，提升了广大群众的健康水平，同时也促进了人们卫生意识的提升。目前，我国已累计命名近千个国家卫生城市、国家卫生区和国家卫生镇（县城），形成了广大人民群众积极参与爱国卫生运动的良好局面。

经过70余年的发展，中国公共卫生政策日益完善，公共卫生服务的整体实力也在不断提升，传染病、慢性病、地方病、职业病和出生缺陷等疾病的监测、预防和控制体系不断健全，有效应对了禽流感、手足口病、甲型H1N1、H7N9等流感疫情以及新型冠状病毒肺炎疫情，经受了汶川地震、玉树地震、雅安地震等重大自然灾害之后无大疫的考验，最大限度地减轻了疫情、灾情对民众健康的危害和对经济社会发展的不利影响。与此同时，国民身体素质、健康水平亦在持续提高。2019年，我国新生儿死亡率降至3.5‰，婴儿死亡率下降到5.6‰，5岁以下儿童死亡率下降到6.6‰，孕产妇死亡率已降到17.8/10万。2019年，居民平均预期寿命已经提高到77.3岁，是新中国成立之初的两倍多。①

二、公共卫生政策面临的挑战

尽管我国公共卫生领域取得了举世瞩目的成就，但还面临着诸多挑战。习近平总书记在2016年全国卫生与健康大会上指出："由于工业化、城镇化、人口老龄化，由于疾病谱、生态环境、生活方式不断变化，我国仍然面临多重疾病威胁并存、多种健康影响因素交织的复杂局面。我们既面对着发达国家面临的卫生与健康问题，也面对着发展中国家面临的卫生与健康问题。"

---

① 国家卫生健康委员会：《2019年我国卫生健康事业发展统计公报》，http：//www.nhc.gov.cn/guihuaxxs/s10748/202006/ebfe31f24cc145b198dd730603ec4442.shtml.

1. 人口老龄化的挑战

人均预期寿命的延长，是经济社会发展的重要成果，与此同时，人口老龄化程度不断加速，也会导致老年人群体对医疗卫生、社会服务等方面的需求持续增加，进而给公共卫生带来诸多挑战。

根据联合国的统计标准，一个地区60岁以上老年人占总人口的比重超过10%或65岁老年人口占总人口的7%，则该地区进入了老龄化社会。根据2000年开展的第五次人口普查显示，当时我国60岁及以上人口规模达到了1.3亿人，占总人口的10.2%。按此标准，我国实际上在2000年就已经进入了老龄化社会。根据第七次全国人口普查的数据显示，截至2019年底，我国60岁及以上老年人口已经超过2.64亿人，占总人口的18.7%，其中65岁及以上老年人口也已超过1.9亿人，占总人口的13.5%。相较于其他国家而言，我国人口老龄化呈现出以下特征：① 老年人口规模大。根据联合国的预测，在21世纪上半叶，中国一直是世界上老年人口规模最大的国家，占世界老年人口的比重高达1/5。② 老龄化速度快。65岁以上老年人口占总人口的比重从7%上升至14%，大多数发达国家用了45年以上的时间，如法国是130年，瑞典用了85年，美国则用了79年。然而，我国完成这一历程只需27年，属于老龄化最快的国家之列。③ 地区发展不平衡。中国人口老龄化呈现出从东到西梯度变化的趋势，东部地区的老龄化速度明显快于中西部地区。④ 城乡发展不平衡。与发达国家城市老龄化程度一般高于农村的情况不同，我国农村地区的人口老龄化水平高于城镇地区，并且这种情况将一直持续到2040年。⑤ 未富先老。发达国家基本是在实现了现代化之后进入老龄社会的，而中国的情况则不同，是在尚未实现现代化且经济尚不发达的情况下进入了老龄社会，属于未富先老。[①]

随着人口老龄化程度不断加深，老年人患病率尤其是慢性病的患病率会逐步上升，相应的医疗与健康需要亦随之增加。根据《中国居民营养与慢性病状况报告（2020年）》的数据显示，2019年，我国居民因心脑血管疾病、癌症、慢性呼吸系统疾病和糖尿病等四类重大慢性病导致

[①] 于勇等：《中国人口老龄化与公共卫生服务的需要》，《中国老年学杂志》2013年第1期。

的过早死亡率为16.5%;与此同时,2019年我国因慢性病导致的死亡人数占总死亡人数的88.5%,其中心脑血管疾病、癌症、慢性呼吸系统疾病死亡人数占全部慢性病死亡人数的80.7%。由于慢性病发病率的不断上升,其所带来的人、财、物的消耗,已经成为我国医疗费用增长的主要原因和公共卫生领域的重要挑战。

2. 传染病防治形势依然严峻

改革开放以来,尽管常见多发传染病得到有效控制,发病率大幅下降,但部分重大传染性疾病呈复发趋势,危害十分严重,人民群众身体健康和生命安全受到威胁,经济发展和社会稳定受到影响,防治形势依然严峻。

一方面,病毒性肝炎、肺结核、梅毒等部分乙类传染病防治形势严峻。2019年,全国甲、乙传染病报告发病307.2万例,报告死亡24981人。其中,病毒性肝炎、肺结核、梅毒、淋病和猩红热等五种乙类传染病报告发病数排名前五位,占甲乙类传染病报告发病总数的91.1%。病毒性肝炎分为甲、乙、丙、丁、戊、庚6种类型。除丁、庚型肝炎在我国少有发生之外,其他类型肝炎均已流行。2019年,我国病毒性肝炎报告发病为128万多例,患者数在法定传染病中居第一位。病毒性肝炎的广泛传播和流行,对广大人民群众身体健康构成了严重威胁,给许多家庭带来了沉重经济负担。2019年,全国报告新发肺结核患者77万多例。由于经济和管理等方面的原因,导致治疗不彻底或服药不规律,耐药结核病患者增多。另外,梅毒等性病报告人数也呈日益增多趋势,我国传染病防治形势依然相当严峻。

另一方面,艾滋病等传染病的威胁日益增加。艾滋病是由造成人类免疫缺陷的病毒引起的传染性疾病。《中国艾滋病防治联合评估报告》指出,从1985年报告首例艾滋病病例到目前,中国艾滋病流行现状呈现以下特点:① 流行呈现明显的地区性和人群聚集性;② 三种传播途径并存,经吸毒传播和性传播是中国艾滋病传播的主要途径;③ 艾滋病发病和死亡人数持续增加;④ 艾滋病由高危人群向一般人群扩散的态势仍在继续;⑤ 艾滋病疫情继续呈上升趋势。

再者,新发传染病防控难度大。近30年来,全国出现新发传染病40

多种，并以每年新发1种的态势在不断发展，这些病种传播范围广、传播速度快、社会危害性大，一旦蔓延开来，将严重影响社会稳定、经济发展、国家安全和民众健康。比如，"非典"疫情、新型冠状病毒肺炎疫情，这些重大突发公共卫生事件极大地挑战了现有的疾病预防控制体系，并影响着经济社会的发展。

3. 突发公共卫生事件应急能力不足

突发公共卫生事件是指不可预料的、造成和可能造成社会公众健康严重受损的重大传染病疫情、群体性不明原因疾病、重大食物和职业中毒，以及其他严重影响公众健康的事件。突发公共卫生事件具有突发性、群体性、严重性、不确定性、综合性等特点。它通常在政府和群众尚未察觉的状态下迅速发生，即将或已经对社会公众的健康和生命安全造成严重的损害。在事件发生时，由于认识不清，极易在群众中产生恐慌情绪。及时采取有效的应对措施，预防事件的发生或最大限度地阻止和降低可能造成的损害，是各级政府的责任。

新中国成立以来，我国在突发公共卫生事件中取得了丰富的经验，有力地保护了人民的健康，保障了社会稳定，促进了社会经济的发展。然而，由于我国是发展中国家，国土面积辽阔、人口众多、自然生态复杂，经常发生各种自然灾害，特别是随着经济的发展，城乡人口大量流动，物资大流通，时有新发传染病暴发和已被控制的疾病重新肆虐，还有其他突发公共卫生事件的发生。目前我国疾病监测系统由于多种原因，尚不能及时、准确反映突发公共卫生的全部信息，在一定程度上影响了重大疫情和其他突发卫生事件的处理。

我国突发公共卫生事件应急处理能力不足，主要表现在以下几个方面：① 突发公共卫生事件应急监测与响应机制有待完善；② 相关应急预案的操作性和针对性有待增强；③ 应急协作机制尚不健全；④ 各级传染病医疗机构投入相对不足，医疗物资等战略储备不足；⑤ 各级疾控机构普遍存在能力不强、机制不活、动力不足等问题。

4. 公共卫生资源配置不合理

我国人口众多，地域辽阔，各地区之间经济社会发展不平衡，公共卫生资源配置亦存在较大差距，这种差距具体表现在以下几个方面：

一是地区之间公共卫生资源配置不均等。卫生费用分配是卫生资源配置是否合理的一大指标。在我国，卫生费用由两部分组成：政府预算对卫生事业的拨款和居民个人在医疗保健上的支出。中国的卫生事业费用主要来自地方财政而非中央政府，这种格局就决定了各省人均公共卫生事业费用的高低取决于各省不同的经济发展水平。目前在全国范围内，仍缺乏一套有效的财政转移性支付体制来平衡各地的公共服务水平。另外，各省居民的医疗保健支出也取决于当地人均收入的高低。因此，无论是政府预算对公共卫生事业的拨款，还是居民个人在医疗保健上的支出都存在着巨大的地区差距。

二是城乡之间公共卫生资源仍存在较大差距。尽管政府加大了对农村卫生方面的投入，农村卫生资源的状况得到了改善，然而，城乡之间公共卫生资源的差距并没有明显缩小。根据《中国统计年鉴2020年》公布的数据显示，从2010年至2019年，农村每千人口享有的医疗卫生床位数从2.6张增加到了4.81张，每千人口拥有的卫生技术人员数从3.04人上升到4.96人，均有明显提高。但是，在同一时期，城市人口所拥有的病床数和卫生技术人员也在不断增加，由此，城乡之间公共卫生服务资源的绝对差距并未真正缩小。2010年至2019年，城乡之间每千人口拥有的病床数差距从3.34张上升至3.97张，而每千人口拥有的卫生技术人员的差距则从4.58人提升到了6.14人。因此，要真正实现基本公共卫生服务均等化，仍需要政府继续加大对农村地区的投入。

三是卫生投入领域不均衡，重医疗、轻预防的局面尚未真正转变。近年来，尽管政府加大了对卫生领域的投入，但公共卫生方面的投入仍然偏低。根据《中国卫生健康统计年鉴（2020）》的数据显示，2019年，政府用于卫生领域的支出达到了18016.95亿元，然而，用于专业公共卫生机构的投入仅为1353.09亿元，仅占7.51%；与此同时，尽管这些专业公共卫生机构享受政府财政支持，然而其收入构成中，55.2%的收入来自业务收入，政府财政补助只占44.8%。从各类公共卫生机构的情况来看，疾病预防控制中心的财政补助收入占总收入的比重最高，达到73.6%，包括传染病、结核病、职业病防治等在内的专科疾病防治院（所、站）的财政补助收入占总收入的比重仅为36.5%，妇幼保健领域的投入则更低，政府财政补助仅占 24.9%。由于政府投入主要倾向于综合性的诊疗医院，对于专业公共卫生机构的投入持续偏低，我国长期以来重医疗、轻预防的问题迟迟未能解决，公共卫生机构基础设施不足、专业人员流失率高等问题依然严峻。

三、公共卫生政策的未来发展

尽管我国公共卫生领域取得了诸多成就，但也必须清醒地认识到其中面临着诸多挑战：人口老龄化加速推进过程中对公共卫生的需求日益增加；传统传染病与新发传染病相互交织的局面给疾病预防控制体系带来了极大挑战；重大突发公共卫生事件的发生与应急能力不足的矛盾依然存在；公共卫生资源配置不均的问题尚未得到解决；除此之外，工业化、城市化发展中出现的生态环境、饮用水安全、空气污染（如雾霾）等问题对公众健康的影响更为突出；互联网时代，公众对涉及自身健康的公共卫生问题也更为敏感等。为此，政府应不断完善公共卫生政策、健全公共卫生体系、提升公共卫生服务水平，以满足社会公众的健康需求。

1. 优化公共卫生政策制定方式

"共建共享、全民健康"是建设"健康中国"的战略主题，同时也是当前制定与完善公共卫生政策的基本理念。

在这一宏观背景之下，一方面，优化公共卫生政策的制定方式，贯彻公众共建共享的卫生与健康工作方针，倡导公众承担个体健康责任、培育个体卫生与健康意识。《"健康中国2030"规划纲要》明确提出："要强化个人健康责任，提高全民健康素养，引导形成自主自律、符合自身特点的健康生活方式，有效控制影响健康的生活行为因素，形成热爱健康、追求健康、促进健康的社会氛围。"对于公众的健康管理不仅限于政府部门，社会公众也是自身健康管理的主体。为此，在人口老龄化不断加剧的背景之下，倡导积极老龄化、健康老龄化，提升老年人的健康意识和健康素养；在公共卫生政策制定中，重视卫生理念与健康意识的传播，促使社会成员主动承担个体的健康责任、实现健康的生活方式。另一方面，完善公共卫生政策的制定与实施路径，满足个体健康生活的基本需求，维护社会公众参与公共卫生政策制定的权利。随着经济的转型，我国的社会结构也随之发生变化，开始从两极并立的"工"字形结构向以中产者为中间层的橄榄型结构转型。中国社会的主要矛盾也从"人民日益增长的物质文化需要同落后的社会生产之间的矛盾"转变为"人民日益增长的美好生活需要和不平衡不充分的发展之间的矛盾。"在此背景之下，人们对公共服务的要求日渐提高并呈现出多样化特征，传统的"一刀切"式公共服务供给方式已难以满足社会公众个性化的需求。因此，在共建、共治、共享的社会治理格局成为时代主题的背景之下，引导公众参与公共卫生政策的设计与实践，发挥个体的能动性，有利于在满足个体公共卫生需求的同时，实现个体卫生生活方式的健康转变。①

2. 完善疾病预防控制体系

疾病预防控制体系是保护人民健康、保障公共卫生安全、维护经济社会稳定的重要保障，应该在理顺体制机制、明确功能定位、提升专业能力等方面加大改革力度。一方面，增强早期监测预警能力，完善传染病疫情和突发公共卫生事件监测系统。强化各层级疾控机构在信息收集、分析、利用等方面的能力，健全网络直报、舆情监测、医疗卫生人员报告、科研发现报告等多种渠道疫情监测和及时反应体系，建立公共卫生机构与医疗机构协同监测机制，实现重大疫情风险监测预警信息数据共享，提升重大公共卫生风险早发现、早报告、早处置的能力。另一方面，完善功能定位，加强国家疾病预防控制机构能力建设。强化国家疾病预防控制机构实验室能力建设，真正发挥国家和省级实验室的权威作用；增强市县级疾控机构相关工作的技术指导、人员培训、质量控制、督导评价、绩效考核等职能；健全疾控机构与城乡社区联动工作机制，加强乡镇卫生院和社区卫生服务中心疾病预防职责，夯实联防联控的基层基础。再者，加强疾控人才队伍建设，建立适应现代化疾控体系的人才培养使用机制。着力培养能解决病原学鉴定、疫情形势研判和传播规律研究、现场流行病调查、实验室检测等实用型人才，完

---

① 李洁：《从"制度"到"生活"：新中国70年来公共卫生政策演变》，《中国公共卫生》2019年第10期。

善公共卫生人才准入、培养、使用、待遇保障、考评与激励等方面的相关政策。①②

3. 健全公共卫生应急管理体系

公共卫生应急管理体系是国家应急管理体系的重要组成部分，完善公共卫生应急管理体系是提升应对突发公共卫生事件能力水平的基本要求，具体包括以下几个方面。一是完善公共卫生法律法规和应急预案。我国卫生健康领域首部基础性法律——《基本医疗卫生与健康促进法》已于2020年6月正式实施，在此基础之上，推动《传染病防治法》《突发公共卫生事件应急条例》的法律法规修订，并强化公共卫生领域相关部门规章制定和修订，从而构建体系完备、相互衔接、运行高效的公共卫生法律法规政策体系。二是健全公共卫生应急预案体系，包括应急救援、综合协调、应急物资储备与保障等专项预案，提高应急预案的针对性、可操作性。三是加强应急指挥机制建设。建立集中、统一、高效的领导指挥体系，健全平战结合的联防联控机制，强化部门之间和区域之间的协作机制，同时加强对社会公众应对重大疫情的培训和演练，提升应对重大公共卫生事件的应急能力。

4. 合理配置公共卫生资源

公共卫生资源的合理配置是实现公共卫生服务均等化的基本保证。政府应坚持预防为主的基本方针，加大对公共卫生领域的投入，重视公共卫生机构的能力建设。一方面，加大对中西部贫困地区的公共卫生投入，尤其增加对基层公共卫生服务机构的财政补助力度，完善基层公共卫生基础设施，从而提升基层应对公共卫生事件的能力。另一方面，基于城乡之间公共卫生的基础设施存在巨大差距，政府应加大对农村地区公共卫生的财政投入力度，提升农村居民享有基本公共卫生服务的可及性。此外，针对我国轻预防、重医疗的格局尚未真正改变的现实，有必

---

① 习近平：《构建起强大的公共卫生体系 为维护人民健康提供有力保障》，《求是》2020年第18期。

② 中共国家卫生健康委员会党组：《完善重大疫情防控体制机制 健全国家公共卫生应急管理体系》，《求是》2020年第5期。

要调整当前的财政支出方式，重点投向基本公共卫生服务领域，以满足大多数社会成员的基本卫生服务需求。

总之，在推进"健康中国"建设的战略背景之下，政府应不断优化公共卫生政策制定方式，贯彻公众共建共享的卫生与健康工作方针，引导社会公众参与公共卫生政策的设计与实践，培育个体的卫生与健康意识；完善疾病预防控制体系，做好重大传染病等疫情的监测、预警；健全公共卫生应急管理体系，提升应对突发公共卫生事件的应急能力；合理配置公共卫生资源，逐步实现基本公共卫生服务均等化。

思考题

1. 中国公共卫生政策的主要内容。
2. 中国公共卫生领域的发展成就。
3. 中国公共卫生政策面临的主要挑战。

第十三章
中国的社区政策

  社区政策是公共政策的子集,是国家机关、政党、团体、行业在一定时期内为实现政治、经济、文化、社会和生态目标,针对城乡社区所采取的一系列法律、措施、办法、决定、条例、制度等的总和。随着社区理论的进步和我国国情的发展,政府出台的社区政策不断进行优化和完善。改革开放以来,中国社区政策经历了以社区服务为重点、社区管理体制变革和提升社区治理能力现代化的发展阶段,提出城乡协商治理并最终补齐农村社区发展短板,实现城乡社区一体化发展。

第一节　社区社会政策的发展

社区是社会的基本单元，是社会工作的重要实践领域。民政部《关于在全国推进城市社区建设的意见》中指出："社区是指聚居在一定地域范围内的人们所组成的社会生活共同体。"我国目前社区的范围一般是指居民委员会（简称居委会）或村民委员会（简称村委会）辖区。正确理解这一界定需要认识到以下两点：首先，居委会或村委会辖区是一种法定社区，强调地域性，仅仅属于社区的一种表现形式，而不是社区的唯一表现形式，事实上社区的表现形式多种多样，比如一个村庄、一个集镇乃至一个街道办事处辖区都可以看作是现实生活中的社区；其次，当我们把居委会或村委会辖区看作一个现实社区时，不要把它等同于居民或村民委员会，居委会或村委会是居民或村民委员会辖区这一地域范围内的一种社区组织，而社区的内涵既包括社区的各种组织，也包括社区内的人口、企事业单位、地域空间、生产生活设施等，是一定地域内的各种社会要素所构成的社会生活共同体。

一、城市社区政策的发展

新中国成立以来，基层群众自治制度与中国共产党领导的多党合作和政治协商制度以及民族区域自治制度成为我国的基本政治制度。基层群众自治制度走过了从街居制到社区制的演变过程。1954年《城市居民委员会组织条例》和《城市街道办事处组织条例》的出台标志着我国在城市基层社会逐步建立了以单位制为主、街居制为辅的管理体制。国家通过单位管理职工，通过街居体系管理社会闲散人员、民政救济和社会优抚对象等，从而实现了对城市全体社会成员的控制和整合，达到了社会稳定和巩固政权的目的。改革开放以后，大量"单位人"转为"社会人"，同时大量农村人口涌入城市，社会流动人口增加，加上教育、管理工作存在一些薄弱环节，迫切需要建立一种新的社区式管理模式。自20世纪80年代中期开始的社区服务，到现在全国各地正在进行的社区治理，中国城市社区的发展已经走过了 30 多年的历程。

1. 社区建设的开始

随着经济改革工作的重点由农村向城市转移，民政部提出开展以社区各类弱势群体和优抚对象以及普通居民为服务对象的城市社区服务的工作要求。1986 年，民政部部长崔乃夫首次提出在城市开展社区服务工作的构想。1987 年，在大连市召开的全国社区服务工作座谈会上，崔乃夫将社区服务定义为："在政府的倡导下，发动社区成员开展互助性的社会服务活动，就地解决本社区的社会问题，这就是社区服务。"同年 9 月，在武汉召开了全国社区服务工作座谈会，成为社区服务正式启动的标志。会上指出："社区服务是指在社区内为人们的物质生活和精神生活所提供的各种社会福利与社会服务。"1989 年，民政部在杭州召开了全国城市社区服务工作经验交流会，推广交流试点经验，进一步有力地推动了社区服务在全国更大范围的开展。1989 年，全国人大通过了《城市居民委员会组织法》，第一次将"社区服务"列入了法律条文。

根据 1992 年中共中央、国务院《关于加快发展第三产业的决定》和 1993 年《国务院转批国家计委关于全国第三产业发展规划基本思路的通知》精神，要求社区服务向产业化和行业化方向发展。1993 年，民政部等 14 个部委联合颁布了《关于加快发展社区服务业的意见》，这是社区服务发展中的第一个政策性文件。它要求将社区服务业纳入第三产业的发展规划，指出社区服务业是"以街道、镇、居委会的社区组织为依托，具有社会福利性的居民服务业"，"具有福利性、群众性、服务性、区域性四大特点"。这个文件的本意是促进社区服务的繁荣发展，但是，也确实有将社区服务引向市场化和产业化发展的倾向，会引发一些潜在的问题。

在后来进行的社区建设中，开始逐步扭转社区服务市场化的倾向，但是直到 2006 年才彻底解决。2006 年，国务院发布了《关于加强和改进社区服务工作的意见》，文件对社区服务提出了新的要求，反映了在社会建设、和谐社区建设新形势下社区服务新特点：

第一，明确提出了加强和改进社区公共服务体系建设问题。社区公共服务体系建设是政府公共服务职能在社区的具体化，也是社区服务的重点发展领域。意见坚持以人为本、服务居民的宗旨，对与群众利益紧密相关的社区就业、社区救助、社区卫生、社区文体、社区教育、社区体育、社区安全等各项公共服务做出了明确规定，对政府及相关部门开展社区公共服务的方式方法也提出了改进的具体要求。这有利于社区公共服务社会化，也为社区服务业和非营利组织活动提供了发展空间。

第二，进一步明确了社区居委会、民间组织、驻社区单位、企业和个人在社区服务中的职责。意见明确了社区居委会在社区服务中的角色，将社区居委会在社区服务中的角色定位在三个方面：协助城市基层政府提供社区公共服务；组织社区成员开展自助和互助服务；为发展社区服务提供便利条件。意见明确了民间组织在社区服务中的地位，将民间组织纳入社区服务兴办主体之一，支持社区成立形式多样的生活服务类民间组织，积极开展活动，并进行必要的指导和监督。意见倡导和鼓励驻社区单位、企业及居民个人参与社区服务，这对于社区服务资源的合理利用、发展第三产业、扩大社区就业，将产生积极影响。

第三，明确提出分类管理和分类指导的要求。意见将社区服务分为公共服务、互助性服务或者志愿性服务和微利性服务，并要求，对社区公共服务要在资金、场所和人员上给予保证；对社区组织开展的互助性服务、志愿服务和社会力量兴办的微利性社区商业服务，要给予政策和资金上的扶持；对营利性社区商业服务要强化自身发展能力，积极引导向产业化、市场化发展。

第四，明确了社区服务的领导体制和工作机制。意见要求建立和健全政府统一领导、民政部门牵头、有关部门配合、社会广泛参与的社区服务管理和运行机制，各有关部门要按照各自职能，按照社区服务的总体要求，加强业务指导和政策支持。切实解决社区服务统筹协调力度不够、政策不完善、规划不及时、资源经费短缺等问题，综合运用行政、法律手段监督好、管理好社区服务。

意见最重要的突破在于，明确了社区服务最主要的就是社区公共服务，而社区公共服务理所当然地是政府职能在社区的体现，因此，各级政府以及社区居委会有责无旁贷的义务。其次才是互助或者志愿性服务以及市场性服务。这一突破基本上扭转了以往社区服务市场化的偏向。

这一时期社区发展的主要成绩和意义有以下三点：一是"社区"这

一社会学概念第一次进入中国政府的管理视野中，也逐渐成为亿万民众耳熟能详的日常话语；二是形成了一支专业化程度不断提高的，由专职、兼职和广大志愿者组成的社区服务大军；三是兴建了一大批社区服务网点和社区服务设施。

2. 社区管理体制的现代化

早在社区服务进行的20世纪90年代初，民政部就提出了社区建设的概念。1991年5月，崔乃夫明确指出城市基层组织建设应该着重抓好社区建设。社区服务已经不能容纳社区出现的新情况、新问题，需要在此基础上提升出一个包容量更大、更全面的概念来促进社区服务和整个社区全方位的发展；社区的事情不能光靠政府，还要充分发挥社区居民的力量，两条腿走路；社区建设是健全、完善和发挥城市基层政权组织职能的具体举措；在企业转换经营机制和政府转变职能的前提下建立"小政府、大社会"的国家模式是我国政治体制改革的方向，社区建设就是建立这一模式的基础工程。

1996年3月，江泽民在参加八届人大四次会议上海团的讨论时指出：要大力加强城市社区建设，充分发挥街道办事处和居委会的作用。根据这一讲话的精神，上海市委、市政府积极探索新形势下的城市管理体制，摸索出一条"两级政府、三级管理"的新体制。

1999年，民政部启动了"全国社区建设试验区"工作，并制定了《全国社区建设试验区工作实施方案》，提出要改革城市基层管理体制，培育和建立与社会主义市场经济体制相适应的社区建设管理体制和运行机制。

2000年11月，中共中央办公厅、国务院办公厅联合下发了《关于转发〈民政部关于在全国推进城市社区建设的意见〉的通知》。通知指出："大力推进社区建设，是新形势下坚持党的群众路线、做好群众工作和加强基层政权建设的重要内容，是面向新世纪我国城市现代化建设的重要途径。"这一文件具有划时代的重大意义，标志着此前多年的试验探索阶段宣告结束，即将在全国进行正式和全面地推广。应当讲，社区建设是被作为加强基层政权建设、改革城市基层管理体制的重要思路和重大举措提出来的。社区建设的核心已经不是社区服务，而是管理体制的创新。在中央的指示下,各地迅速掀起了社区建设的热潮,社区建设在全国蓬勃开展,步入了整体推进、全面拓展的新的发展阶段。

2001年3月,九届人大四次会议通过的《国民经济和社会发展第十个五年计划纲要》指出:"推进社区建设是新时期我国经济和社会发展的重要内容。""努力建设管理有序、服务完善、环境优美、治安良好、生活便利、人际关系和谐的新型现代化社区。"这为社区建设的快速发展提供了有力保证,把社区建设推向了一个新的高潮。

2002年,江泽民在十六大报告中明确提出:"健全基层自治组织和民主管理制度,完善公开办事制度,保证人民群众依法直接行使民主权利,管理基层公共事务和公益事业,对干部实行民主监督。……完善城市居民自治,建设管理有序、文明祥和的新型社区。"根据民政部《关于在全国推进城市社区建设的意见》文件精神,社区建设从我国基本国情出发,改革城市基层管理体制,强化社区功能,巩固党在城市工作的组织基础和群众基础,加强城市基层政权建设和群众性自治组织建设,提高人民群众的生活质量和文明程度,扩大基层民主,密切党群关系,维护社会政治稳定,促进城市经济和社会的协调发展。

第一,社区建设的基本原则和目标。社区建设的基本原则是:以人为本、服务居民;资源共享、共驻共建;责权统一、管理有序;扩大民主、居民自治;因地制宜、循序渐进。

民政部《关于在全国推进城市社区建设的意见》确立的社区建设的主要目标是:适应城市现代化的要求,加强社区党的组织和社区居民自治组织建设,建立起以地域性为特征、以认同感为纽带的新型社区,构建新的社区组织体系;以拓展社区服务为龙头,不断丰富社区建设的内容;加强社区管理,理顺社区关系,完善社区功能,改革城市基层管理体制,建立与社会主义市场经济体制相适应的社区管理体制和运行机制;坚持政府指导和社会共同参与相结合,充分发挥社区力量,合理配置社区资源,大力发展社区事业,不断提高居民的素质和整个社区的文明程度。

第二,社区建设的基本内容。① 社区组织建设。包括党组织建设、街居管理体制改革、居民自治组织、中介组织。② 社区服务。包括面向社区残疾人、老年人、优抚对象和社会困难群体的福利性服务，面向全体社区成员的便民利民服务和面向社区单位的社会化服务，面向下岗职工的再就业服务和社会保障社会化服务。③ 社区卫生。包括社区的公共卫生、疾病预防、保健、康复、医疗和计划生育等。④ 社区治安。包括社区的治安保卫、民事调解、帮教失足青年、防火防盗和其他社会治安综合治理工作。⑤ 社区文化。包括各种群众性的文化、教育、科普活动，以及其他形式的社会主义精神文明建设活动等。

相对于 20 世纪 80 年代开展的社区服务，社区建设对于我国基层社会的管理体制改革来讲，其历史意义是前所未有的。因为社区服务业是在政府倡导下，主要由社区福利服务业、便民利民服务业组成，从 1987 年至 1999 年，城市基础社会管理体制的主要改革是建立和发展社区服务的机构与相应的制度。而自 2000 年开始的社区建设，无论是从深度还是广度都远远超过单一的社区服务。社会建设的推行开始了由街居制向社区制的转型。

3. 社区治理体制和能力现代化

2012 年 11 月，党的十八大报告指出："在城乡社区治理、基层公共事务和公益事业中实行群众自我管理、自我服务、自我教育、自我监督，是人民依法直接行使民主权利的重要方式。"这是我党第一次将城乡社区治理的基本思想和理念写入重要文献中。

2013 年 11 月，十八届三中全会召开，会议通过了《中共中央关于全面深化改革若干重大问题的决定》，指出："全面深化改革的总目标是完善和发展中国特色社会主义制度，推进国家治理体系和治理能力现代化。"要"加强党委领导，发挥政府主导作用，鼓励和支持社会各方面参与，实现政府治理和社会自我调节、居民自治良性互动"。

决定针对基层社会指出，要"发展基层民主。畅通民主渠道，健全基层选举、议事、公开、述职、问责等机制。开展形式多样的基层民主协商，推进基层协商制度化，建立健全居民、村民监督机制，促进群众在城乡社区治理、基层公共事务和公益事业中依法自我管理、自我服务、自我教育、自我监督"。同时强调建设法治中国，必须坚持依法治国、依法执政、依法行政共同推进，坚持法治国家、法治政府、法治社会一体建设。

社区治理和社会治理概念的提出，是党的社会建设理论与实践的重大创新。较之社会管理，社会治理更具现代化的特征。虽然只有一字之差，两者区别的含义相当大，可以讲，是执政理念的变化。以往讲社会管理体制有五句话，"党委领导、政府负责、社会协同、公众参与、法治保障"；而创新后的社会治理将法治放到了更为重要的位置上。在社会治理中，法治是前提、基础和保障。

2015年10月，党的十八届五中全会提出了共享发展新理念，并强调要"推进社会治理精细化，构建全民共建共享的社会治理格局"。"全民共建共享的社会治理格局"的新理念，不仅明确了全体民众都是社会治理的主体，同时还强调社会治理的成果也应让全体民众共享。

为全面提升城乡社区治理法治化、科学化、精细化水平和组织化程度，促进城乡社区治理体系和治理能力现代化，2017年6月，中共中央、国务院印发并实施《关于加强和完善城乡社区治理的意见》。这是我国有关城乡社区的工作领域中第一个由党中央和国务院联合发布的纲领性文件。文件明确指出，"城乡社区是社会治理的基本单元"，并提出了我国城乡社区治理的总体要求，规定了健全完善城乡社区治理体系、提升城乡社区治理能力、补齐城乡社区治理短板等方面的内容。这一文件是社区建设新治理观的深入阐释，开创了我国社区治理实践的新纪元。

2017年10月，党的十九大召开，报告指出："加强社区治理体系建设，推动社会治理重心向基层下移，发挥社会组织作用，实现政府治理和社会调节、居民自治良性互动。"报告还进一步提出，要"打造共建共治共享的社会治理格局"。"共治"的提出，不仅丰富和发展了社会治理的内涵，而且也为新时代所要构建的社会治理格局指明了方向。全民共建共治是社会治理的必然选择。

党的十九大报告还在十八大和十八届三中全会的基础上，进一步强调了"党委领导、政府负责、社会协同、公众参与、法治保障"的"五位一体"思路。这一思路最早见于十八大报告，当时强调的是社会管理体制，"管控"依然是重点。十八届四中全会一度将"五位一体"的要求改为"党委领导、政府主导、社会协同、公众参与、法治保障"。党的十九大报告重新回到十八大报告提出的"五位一体"要求，但明确定位为

"社会治理体制",与十八大报告相比尽管只有一字之差,但重心显然从党政承担的公共"管"理转向了共建共治共享的协商共"治"。

党的十九大报告明确要求,要提高社会治理的社会化、法治化、智能化和专业化的水平,社会化与前述"共建共治共享"的治理格局相呼应,强调依靠社会力量实现社会治理;法治化则强调避免社会治理的人治而必须坚持法治;智能化突出强调社会治理要充分运用现代科技进步特别是大数据、移动互联和人工智能等科技成果,依靠科技实现社会治理;专业化则强调培养专业人才,打造专业队伍,运用专业知识、技能和艺术实现社会治理。

在中央一系列重要文件的引领下,民政部开始进行贯彻、执行和落实城乡社区治理方面的各项任务。2017年6月,民政部举行专题新闻发布会,解读《中共中央国务院关于加强和完善城乡社区治理的意见》。2018年4月,民政部主持召开了全国基层政权建设和社区治理工作会议,民政部副部长顾朝曦指出,面对城乡社区治理的新形势、新任务,迫切需要提升各级民政部门指导推动基层政权建设和社区治理的工作本领,迫切需要培养造就一支讲政治、懂基层、善作为的基层政权建设和社区治理工作队伍。

2018年8月,民政部部长黄树贤在《求是》上发表文章《奋力开创新时代城乡社区治理新局——学习贯彻习近平总书记关于城乡社区治理的重要论述》,指出要把贯彻落实《中共中央国务院关于加强和完善城乡社区治理的意见》作为当前和今后一个时期城乡社区治理工作的中心任务,推动所有省份出台加强和完善城乡社区治理的具体实施意见。加强城乡社区治理领域相关法律法规立、改、废和相关政策制度制定完善工作。推动建立以社区居民满意度为主要衡量标准的社区治理评价体系和评价结果公开机制。建立基层社会治理统计制度,规范城乡社区治理统计口径,科学研判城乡社区治理形势任务。

2018年10月,民政部举办"全国社区治理和服务能力建设示范培训班",进一步深入学习贯彻习近平新时代中国特色社会主义思想和党的十九大精神,贯彻落实《中共中央国务院关于加强和完善城乡社区治理的意见》要求,提高各级民政干部社区治理改革创新能力,推动各地区城市社区治理工作再上新台阶。

2019年，民政部"基层政权和社区建设司"改为"基层政权建设和社区治理司"。

回顾和总结我国自城市社区服务到社区建设再到社区治理这30余年的发展历程，可以看出，社区方面的工作可分为三个主要阶段，每个阶段的工作任务和主要特点不尽相同，但确实是越来越向纵深发展，越来越丰富，也越来越制度化、现代化，越来越精准全面。①

二、农村社区政策的发展

农村社区是农村社会服务管理的基本单元。多年来，中国开展的社区服务和社区建设工作，主要集中在城市，所以我国社区基本政策中，部分全面适用城乡社区，但有的限于城市社区，有的限于农村社区，其中适用于城市社区建设的文献相对于适用于农村社区建设的文献更多、更完备。

1. 农村社区发展的指导思想

2006年，十六届六中全会通过《关于构建社会主义和谐社会若干重大问题的决定》，明确提出：要完善社会管理，保持社会安定有序，就必须推进社区建设，完善基层服务和管理网络。具体要"全面开展城市社区建设，积极推进农村社区建设，健全新型社区管理和服务体制，把社区建设成为管理有序、服务完善、文明祥和的社会生活共同体"，这是中央历年发布政策文件中首次使用"农村社区"一词。

2007年10月，中共十七大报告进一步提出：要健全基层党组织领导的充满活力的基层群众自治组织，扩大基层群众自治范围，完善民主管理制度，把城乡社区建设成为管理有序、服务完善、文明祥和的社会生活共同体。

2008年10月，中共十七届三中全会做出了《关于推进农村改革发展若干重大问题的决定》，强调要坚持服务农民、依靠农民，完善农村社会管理体制机制，加强农村社区建设，保持农村社会和谐稳定。

2012年11月，党的十八大从城乡发展、工农互惠方面进一步强调建

---

① 夏建中：《从社区服务到社区建设、再到社区治理——我国社区发展的三个阶段》，《甘肃社会科学》2019年第6期。

立健全农村社区管理体制、发展和完善农村社区服务体系的重要性,会议指出只有实现城乡社区共同发展,才能为农村基本公共服务均等化、城乡发展一体化提供途径,这是统筹城乡发展、促进农村经济社会迅速发展的必然选择,是实现基层民主和公民参与的前进方向。①

2017年12月,党的十九大要求推动社会治理重心向基层下移,把人力、财力、物力更多投到基层,以网格化管理、社会化服务为方向,健全基层综合服务管理平台,强化城乡社区自治和服务功能,健全新型社区管理和服务体制。特别是发挥城乡社区社会组织作用,实现政府治理和社会调节、居民自治良性互动。②

2. 农村社区发展的基本思路

2006年2月,中共中央、国务院发布《关于推进社会主义新农村建设的若干意见》,显示出中共十六届五中全会提出的社会主义新农村建设的重大历史任务迈出了有力的一步。

2006年12月,《中共中央国务院关于积极发展现代农业扎实推进社会主义新农村建设的若干意见》出台,强调坚持把解决好"三农"问题作为全党工作的重中之重,强化农村公共服务,深化农村综合改革,促进粮食稳定发展、农民持续增收、农村更加和谐,确保新农村建设取得新的进展,巩固和发展农业农村的好形势。

2007年12月,《中共中央国务院关于切实加强农业基础建设进一步促进农业发展农民增收的若干意见》提出,要扎实推进农村基层组织建设,探索乡村有效治理机制,不断增强社会自治功能,创新农村社区管理和服务模式,优先在城市郊区开展农村社区建设实验工作,加强农村警务和消防工作,搞好农村社会治安综合治理,努力把农村社区建设成管理有序、服务完善、文明祥和的社会生活共同体。

《中共中央国务院关于2009年促进农业稳定发展农民持续增收的若干意见》要求,坚定不移推进社会主义新农村建设,力争在稳定农业发

---

① 刘云宝、陈德仙、崔国虎:《我国农村社区建设的起源与政策导向》,《农村经济与科技》2018年第7期。

② 向春玲:《十九大关于加强和创新社会治理的新理念和新举措》,http://www.cntheory.com/zydx/2017-12/ccps171128GPO6_1_1.html,2017年12月4日。

展农民不断增收的基础上，加快形成城乡经济社会发展一体化新格局，加快农村社会事业发展和基础设施建设。

2009年《中共中央国务院关于加大统筹城乡发展力度进一步夯实农业农村发展基础的若干意见》中提出，进一步完善符合国情的农村基层治理机制。强调开展农村社区建设创建活动，加强服务设施建设，培育发展社区服务性、公益性、互助性社会组织。强化乡镇政府社会管理和公共服务职能，建立综合服务平台，有条件的乡镇要设立便民服务中心、村设立代办点，为农民提供一站式服务。

2015年5月，中共中央办公厅、国务院办公厅联合印发了《关于深入推进农村社区建设试点工作的指导意见》，针对我国农村社区建设面临的复杂环境和各种新的问题，提出了五项工作任务：完善在村党组织领导下、以村民自治为基础的农村社区治理机制；促进流动人口有效参与农村社区服务管理；畅通多元主体参与农村社区建设渠道；推进农村社区法治建设；提升农村社区公共服务供给水平；推动农村社区公益性服务、市场化服务创新发展；强化农村社区文化认同；改善农村社区人居环境。

2019年6月，中共中央办公厅、国务院办公厅印发《关于加强和改进乡村治理的指导意见》，要求以习近平新时代中国特色社会主义思想为指导，全面贯彻党的十九大和十九届二中、三中全会精神，紧紧围绕统筹推进"五位一体"总体布局和协调推进"四个全面"战略布局，按照实施乡村振兴战略的总体要求，坚持和加强党对乡村治理的集中统一领导，坚持把夯实基层基础作为固本之策，坚持把治理体系和治理能力建设作为主攻方向，坚持把保障和改善农村民生、促进农村和谐稳定作为根本目的，建立健全党委领导、政府负责、社会协同、公众参与、法治保障、科技支撑的现代乡村社会治理体制，以自治增活力、以法治强保障、以德治扬正气，健全党组织领导的自治、法治、德治相结合的乡村治理体系，构建共建共治共享的社会治理格局，走中国特色社会主义乡村善治之路，建设充满活力、和谐有序的乡村社会，不断增强广大农民的获得感、幸福感、安全感。

3. 农村社区工作的相关政策

为了探索并逐步完善农村社区建设思路，形成适合我国国情的农村社区建设管理体制和运行机制，2006年9月，民政部发布《关于做好农村社区建设试点工作推进社会主义新农村建设的通知》，决定在全国有条件的地区开展农村社区建设的研究探索和试点工作，提出要在充分认识开展农村社区建设的重要意义基础上，认真总结农村社区建设的工作经验，因地制宜地抓好农村社区建设试点，深入开展对农村社区建设工作的调研论证。

2007年3月，民政部印发《全国农村社区建设实验县（市、区）工作实施方案》，决定从全国有条件的县（市、区）中确定一批"全国农村社区建设实验县（市、区）"，用1~2年时间开展农村社区建设实验活动，为开展"全国和谐社区建设示范县（市、区）"创建活动提供样板。实施方案明确了"全国农村社区建设实验县（市、区）"承担的主要任务、申报条件及组织领导，这标志着农村社区建设被提上国家重要日程。

2009年3月，民政部发布《关于开展"农村社区建设实验全覆盖"创建活动的通知》，提出领导协调机制的全覆盖、社区建设规划的全覆盖、社区综合服务设施的全覆盖、社区各项服务的全覆盖、社区各项管理的全覆盖等五项创建标准。推动各个层面确定的农村社区建设实验单位在较短的时期内尽快实现实验工作全覆盖，让更多的农村居民从中受益。

2009年10月19日，民政部在全国和谐社区建设工作会议上要求积极推进农村社区建设，在统筹城乡社区建设上取得新进展。一是要在思想认识上实现统筹，要适应我国总体上已进入以工促农、以城带乡发展阶段，进入着力破除城乡二元结构、形成城乡经济社会发展一体化新格局重要时期的需要，进一步树立城乡统筹的理念，实现从紧紧抓住城市社区建设向城乡社区建设并重的转变。二是要在资源资金上实现统筹。统筹土地利用和城乡规划，合理安排空间布局。统筹城乡社区干部培训，并引导城市人才向农村流动。统筹城乡基础设施建设和公共服务。统筹城乡社会管理，推动流动人口服务和管理体制创新。三是要在机制方法上实现统筹。要在社区建设领域，认真落实中央关于工业反哺农业、城市支持农村的基本方针，加大以城带乡、城乡共建的力度，通过组织城乡社区相互开展社区管理、社区服务、社区文化、社区救助等一系列交流和合作，形成以城带乡、以乡促城、优势互补、共同提高的新局面。

2010年10月15日,民政部在银川召开全国农村社区建设实验工作推进会,提出重点做好以下几项工作:一要在扩大农村社区建设实验覆盖面和受益面上取得新进展;二要在强化农村社区建设政策指导和制度保障上取得新突破;三要在建立健全新型农村社区管理和服务体制上取得新成效;四要在加强农村社区工作者队伍建设和能力建设上取得新成果;五要在健全领导协调机制和工作推进机制上形成新局面。

2015年6月,为贯彻落实《关于深入推进农村社区建设试点工作的指导意见》文件精神,确保农村社区建设试点工作有序推进,民政部牵头起草了《贯彻落实〈关于深入推进农村社区建设试点工作的指导意见〉部门分工方案》,并经全国社区建设部际联席会议第一次全体会议审议通过。部门间密切协作、互相配合、形成合力,共同抓好贯彻落实工作。

三、社区政策发展的趋势

1. 政府与社区良性互动关系

社区发展是动态的,社区政策也随着社区治理环境的变化而不断调整。我们以社区管理模式为例。在计划经济体制下,社区管理的行政化色彩较为浓厚,社区成为政府的延伸,居委会、村委会仅仅是名义上的自治组织,实际上是作为政府的办事机构在发挥作用。社会主义市场经济体制确立后,社区管理环境发生了根本性的变化,一种政府行政行为和社区自治行为相结合的混合管理模式应运而生。社区开始负责政府管不过来、需要社区协助管理的行政事务,包括对树木、绿地、道路实行养护管理,参与住宅小区竣工验收,同时协助城管环卫部门对社区内的环境、卫生进行监督管理等。社区协助管理,赋予社区组织更多的权力与影响力,使行政力量与社会力量得到互动和平衡发展。因此要加快社区公共服务体系建设,培育社区服务组织,充分调动社会力量兴办社区服务组织的积极性。随着我国小政府大社会的行政体制的确立,以及政府将自身角色定位为指导与协作、服务与监督,社区居民的自我管理系统,必将逐步完善起来。未来社区发展的政策指导要侧重社区自治作用的发挥,并且更加具体化。

2. 加强社区组织与管理体制建设

社区受政府指导，拥有在国家法律、法规和政策范围内自主决定社区内部各项事务的职责。社区自治职责主要包括民主选举、社区决策、日常管理、财务自主、拒绝摊派、内部监督等。社区服务职责主要包括：组织开展面向社区居民的各种社区服务和文化娱乐体育活动，发展便民利民的社区服务业，发展志愿者队伍，开展群众性的互助互济活动，组织多种形式的精神文明创建活动。要使社区工作从政府管理转变为广大居民的自我参与和管理，并最终形成社区自治的管理模式，必须切实提高社区居民的民主参与意识和自治意识。赋予社区各类执行机构一定的权力。如在社区的治安、卫生、公共设施保护等方面建立法制，使相应的职能机构能行使管理、检查、监督、处罚等权力。明晰各组织相互之间的职权范围，特别是要建立对各组织机构工作的内外监督制度，使社区组织开展工作时有制度保障，同时也受到合理的限制与约束。

3. 强化社区发展的机制保障

推进社区政策城乡一体化进程。政府对农村建设相关政策越发重视。中央一号文件，原指中共中央每年发的第一份文件，而现在中央一号文件，几乎已经成为中共中央发布的有关农村问题的文件的专有名词。适用农村社区的政策、意见逐渐增加，从逐步重视到城乡协商，推进城乡一体化建设。

建立社区工作人才队伍的专业化保障机制。在新型社区治理结构下，社区居民大会或社区居民代表会议反映社区居民意志，是社区的决策组织，而社区居（村）民委员会是社区的执行组织，负责执行社区决策组织的决定和决议。为更好地承担起社区管理和服务的职责，需要建立一支职业化、专业化的居（村）民委员会工作队伍。

建立社区建设的财政保障机制。政府可以专项经费方式投入社区办公条件和社区服务设施的建设，为社区自治奠定一定的物质基础。区街政府部门需要社区居委会协助处理与居民利益有关的工作时，必须同时为社区组织提供协助所需的权利和必要的经费。区街政府部门将社会服务性职能向社区转移时，必须同时转移工作经费。

第二节　社区管理政策

伴随着世界各国的社区发展和我国社区建设的兴起，尤其是改革开放以来，在经济市场化、社会转型和可持续发展过程中，我国城乡基层社区都不同程度地发挥着重要作用，对社会经济运行产生了显著影响，推动了中国各项事业的综合进步。社区管理逐渐成为我国社区发展理论与实践关注的热点问题。社区管理是指在政府的指导下，社区职能部门、社区单位、社区居民对社区的各项公共事务和公益事业进行的自我管理。

一、社区管理组织

从20世纪80年代开始，福利多元主义的思潮开始兴起。90年代，许多福利国家做了进一步调适，提出许多新的策略与方案：政府不应该是福利的唯一提供者，福利的责任应该由公共部门、营利部门、非营利部门和家庭、社区等共同负担，主张政府与民间合作，共同提供社会福利的各项服务。社区管理的主体也不该是政府一方面，应该包括社区自治组织、物业组织、家庭等，各主体呈多元化趋势发展。

党的十九大报告指出，加强社会治理制度建设，完善党委领导、政府负责、社会协同、公众参与、法治保障的社会治理体制。

1. 社区党组织

社区党建是社区建设的重要内容。2019年，中共中央办公厅印发了《关于加强和改进城市基层党的建设工作的意见》，对进一步开展城市社区党建工作提出了一系列要求：确保社区党组织有资源有能力为群众服务；增强街道社区党组织政治功能和战斗力；推进街道社区党建、单位党建、行业党建互联互动；扩大新兴领域党建有效覆盖；健全党组织领导下的社区居民自治机制；领导群团组织和社会组织参与基层治理；做实网格党建，促进精细化治理。

2. 社区居（村）民自治组织

当前我国社区居（村）民委员会本质上是半行政半自治：一方面，

事实上承接部分街道（乡镇）下达的行政任务；另一方面，开展群众自治活动。实现自治是社区管理的目标，但"行政"化特征在短期内难以消除。以城市为例，多数地区的街道是市或市辖区的派出机构，依然是我国城市最基层的行政组织。因此，政府组织在社区管理中的职责和作用，特指街道及街道以上的政府机构在社区管理过程中的职能和角色。它是政府对社区管理实施指导、调控与监督的各种具体的行为和过程，与政府在社区管理中的整体职能有密不可分的联系。

居民或村民委员会管理政策与法规的依据是来自我国宪法。宪法第111条规定："城市和农村按居民居住地区设立的居民委员会或者村民委员会是基层群众性自治组织。居民委员会、村民委员会的主任、副主任和委员由居民选举。居民委员会、村民委员会同基层政权的相互关系由法律规定。居民委员会、村民委员会设人民调解、治安保卫、公共卫生等委员会，办理本居住地区的公共事务和公益事业，调解民间纠纷，协助维护社会治安，并且向人民政府反映群众的意见、要求和提出建议。"

1）城市社区居民委员会

1954年《城市居民委员会组织条例》对我国城市基层群众性自治组织的建设和发展发挥了极其重要的作用。同时为了适应社会发展变化，民政部1979年开始着手修订《城市居民委员会条例》。经过反复征求意见和修订，1989年12月26日，《城市居民委员会组织法》由第四届全国人大常委会第十一次会议通过，于1990年1月1日起施行。2018年12月29日第十三届全国人大常委会第七次会议修正。

《城市居民委员会组织法》规定，居民委员会是居民自我管理、自我教育、自我服务的基层群众性自治组织。居民委员会不是政府机构，但在与城市基层政权及其派出机构的关系上，不设区的市、市辖区的人民政府或者它的派出机关对居民委员会的工作给予支持、指导和帮助，居民委员会协助不设区的市、市辖区的人民政府或者它的派出机关开展工作。居民委员会的设立、撤销、规模调整，由不设区的市、市辖区的人民政府决定。市、市辖区的人民政府有关部门，可以对居民委员会有关的下属委员会进行业务指导。

居民委员会的主要职责包括：第一，依法组织居民开展自治活动。社区居民委员会是社区居民自治的组织者、推动者和实践者，要宣传宪法、法律、法规和国家的政策，教育居民遵守社会公德和居民公约、依法履行应尽义务，开展多种形式的社会主义精神文明建设活动；召集社区居民会议，办理本社区居民的公共事务和公益事业；开展便民利民的社区服务活动，兴办有关服务事业，推动社区互助服务和志愿服务活动；组织居民积极参与社会治安综合治理、开展群防群治，调解民间纠纷，及时化解社区居民群众间的矛盾，促进家庭和睦、邻里和谐；管理本社区居民委员会的财产，推行居务公开；及时向人民政府或者它的派出机关反映社区居民群众的意见、要求和提出建议。第二，依法协助城市基层人民政府或者它的派出机关开展工作。社区居民委员会是党和政府联系社区居民群众的桥梁和纽带，要协助城市基层人民政府或者它的派出机关做好与居民利益有关的社会治安、社区矫正、公共卫生、计划生育、优抚救济、社区教育、劳动就业、社会保障、社会救助、住房保障、文化体育、消费维权以及老年人、残疾人、未成年人、流动人口权益保障等工作，推动政府社会管理和公共服务覆盖到全社区。第三，依法依规组织开展有关监督活动。社区居民委员会是社区居民利益的重要维护者，要组织居民有序参与涉及切身利益的公共政策听证活动，组织居民群众参与对城市基层人民政府或者它的派出机关及其工作人员的工作、驻社区单位参与社区建设的情况进行民主评议，对供水、供电、供气、环境卫生、园林绿化等市政服务单位在社区的服务情况进行监督。指导和监督社区内社会组织、业主委员会、业主大会、物业服务企业开展工作，维护社区居民的合法权益。

2）农村社区村民委员会

村民委员会是我国农村的基层社会组织，也是我国农村的社区组织。《村民委员会组织法》规定，村民委员会是村民自我管理、自我教育、自我服务的基层群众性组织。

乡、民族乡、镇的人民政府对村民委员会的工作给予指导、支持和帮助，但不得干预依法属于村民自治范围内的事项。村民委员会协助乡、民族乡、镇的人民政府开展工作。

村民委员会经济发展方面的职责：村民委员会应当支持和组织村民依法发展各种形式的合作经济和其他经济，承担本村生产的服务和协调工作，促进农村生产建设和经济发展。村民委员会依照法律规定，管理本村属于村农民集体所有的土地和其他财产，引导村民合理利用自然资源，保护和改善生态环境。村民委员会应当尊重并支持集体经济组织依法独立进行经济活动的自主权，维护以家庭承包经营为基础、统分结合的双层经营体制，保障集体经济组织和村民、承包经营户、联户或者合伙的合法财产权和其他合法权益。

村民委员会社会管理方面的职责：村民委员会应当宣传宪法、法律、法规和国家的政策，教育和推动村民履行法律规定的义务、爱护公共财产，维护村民的合法权益，发展文化教育，普及科技知识，促进男女平等，做好计划生育工作，促进村与村之间的团结、互助，开展多种形式的社会主义精神文明建设活动。村民委员会应当支持服务性、公益性、互助性社会组织依法开展活动，推动农村社区建设。多民族村民居住的村，村民委员会应当教育和引导各民族村民增进团结、互相尊重、互相帮助。

3. 业主委员会

业主委员会是经业主大会或业主代表选举产生，经政府房管部门核准登记成立，其合法性受到国家法律的保护。业主委员会是业主大会或业主代表大会的常设机构，是业主行使自治管理权利的机构，业主委员会代表该物业的全体业主，其权力基础是其对物业的所有权，根据业主公约和业主委员会章程的有关条例，业主委员会最基本的权利是对该物业有关的一切重大事务拥有决定权。

业主委员会负责召集和主持业主大会修订业主公约、业主委员会章程；决定聘请物业管理企业；审议物业管理服务费收取标准及使用办法、年度工作计划、年度费用概预算；检查、监督物业管理企业的物业管理工作；监督公共建筑公共设施的合理使用，负责物业维修基金的筹集、使用和管理；履行业主大会或业主代表大会赋予的其他职责。

4. 居民自治性组织

社区自治是基层群众的自治性组织形式，在我国体现为居委会和村委会等组织形式，宪法和《城市居民委员会组织法》《农村村民委员会组织法》是其活动的法律依据。居民自治组织所赖以建立的基础，既不限于直接的政治权利,也不限于直接的经济利益,而是居民的共同意向和生活习惯。居民自治性组织从本质上包含村民委员会和居民委员会,但在当前这部分主要指的是社区社会组织,包括休闲类组织、休闲技艺类组织、教育类组织、自助类组织、社会化团体组织、治疗团体组织、病人自治团体组织、行动团体组织等多种形式。

居民自治性组织开展的活动涉及经济、科技、文化、教育、法律、体育等多个领域,在社会治安、社区服务、社区文化、技术协作、信息传递、人才培训、咨询服务、行业协调、对外交往等方面做出了巨大的贡献。社区管理应充分发挥居民自治组织的作用。政府要有意识地把一些操作性、群众性的事务委托给一些工作基础好、群众威信高的居民自治性组织去做,能够产生更好的效果。目前我国的居民自治性组织或社区社会组织,更多体现为对基层政府的"代理人"——社区居委会的依附和依赖,未来发展趋势是包括社区居委会在内的社区社会组织要回归自治性。

5. 物业管理公司

物业管理是指由专门的机构和人员,根据合同和契约,对已投入使用的各类房屋及与之相配套的设备设施和场地,以经营的方式进行管理,同时对房屋周围区域的环境、清洁卫生、安全保卫、公共绿地、道路养护实施专业化管理,并向业主提供多方面的综合性服务的过程。物业管理企业有责任从建设和谐社区做起,肩负构建和谐社会的一份历史使命。

根据服务性质和提供方式,可将物业管理内容分为常规性的公共服务、针对性的专项服务和委托性的特约服务三大类。常规性的公共服务是最基本的,目的是确保物业的完好与正常使用,保证正常工作生活秩序和环境的美化;针对性的专项服务是为改善和提高住户的工作生活条件设立的服务项目,包括家政服务等日常生活类、商业服务类、文体教卫类、金融服务类、经济代理中介服务及社会福利类等;委托性的特约服务是为满足物业产权人、使用人的个别需要受其委托而提供的服务,是专项服务的补充和完善。

二、社区资源配置

社区资源配置主要是人、财、物统筹。其中,"人"主要指社区工作者队伍建设,"财"是指加大资金投入,"物"主要体现在社区服务设施、信息化建设等硬件发展。

1. 加强社区工作者队伍建设

2017年,《中共中央国务院关于加强和完善城乡社区治理的意见》提出,将社区工作者队伍建设纳入国家和地方人才发展规划,地方要结合实际制定社区工作者队伍发展专项规划和社区工作者管理办法,把城乡社区党组织、基层群众性自治组织成员以及其他社区专职工作人员纳入社区工作者队伍统筹管理,建设一支素质优良的专业化社区工作者队伍。加强城乡社区党组织带头人队伍建设,选优配强社区党组织书记,加大从社区党组织书记中招录公务员和事业编制人员力度,注重把优秀社区党组织书记选拔到街道(乡镇)领导岗位,推动符合条件的社区党组织书记或班子成员通过依法选举担任基层群众性自治组织负责人或成员。社区专职工作人员由基层政府职能部门根据工作需要设岗招聘,街道办事处(乡镇政府)统一管理,社区组织统筹使用。加强对社区工作者的教育培训,提高其依法办事、执行政策和服务居民能力,支持其参加社会工作职业资格评价和学历教育等,对获得社会工作职业资格的给予职业津贴。加强社区工作者作风建设,建立群众满意度占主要权重的社区工作者评价机制,探索建立容错纠错机制和奖惩机制,调动社区工作者实干创业、改革创新热情。

2017年民政部《关于在全国推进城市社区建设的意见》指出,社区建设需要大批专业的社区工作者。要采取向社会公开招聘、民主选举、竞争上岗等办法,选聘社区居委会干部,努力建设一支专业化、高素质的社区工作者队伍,尤其要从下岗职工和大中专毕业生中选聘政治素质好、文化程度高、工作能力强、热爱社区工作的优秀人才,经过法定程序,充实到社区工作者队伍中去。要切实改善社区党的组织和居民自治组织的工作条件和社区工作人员的生活条件;积极发展志愿者队伍,广泛动员社会力量参与社区建设。

2. 加大资金投入力度

加大财政保障力度,统筹使用各级各部门投入城乡社区的符合条件的相关资金，提高资金使用效率，重点支持做好城乡社区治理各项工作。老少边穷地区应根据当地发展水平，统筹中央财政一般性转移支付等现有资金渠道，支持做好城乡社区建设工作。不断拓宽城乡社区治理资金筹集渠道，鼓励通过慈善捐赠、设立社区基金会等方式，引导社会资金投向城乡社区治理领域。创新城乡社区治理资金使用机制，有序引导居民群众参与确定资金使用方向和服务项目，全过程监督服务项目实施和资金使用。

3. 完善城乡社区基础设施

建立健全农村社区基础设施和公用设施的投资、建设、运行、管护和综合利用机制。探索建立社区公共空间综合利用机制，合理规划建设文化、体育、商业、物流等自助服务设施。加强城乡社区公共文化服务体系建设，提升公共文化服务水平，因地制宜设置村史陈列、非物质文化遗产等特色文化展示设施，突出乡土特色、民族特色。

增强社区信息化应用能力。提高城乡社区信息基础设施和技术装备水平，加强一体化社区信息服务站、社区信息亭、社区信息服务自助终端等公益性信息服务设施建设，依托"互联网＋政务服务"相关重点工程，加快城乡社区公共服务综合信息平台建设，实现一号申请、一窗受理、一网通办，强化"一门式"服务模式的社区应用。实施"互联网＋社区"行动计划，加快互联网与社区治理和服务体系的深度融合，运用社区论坛、微博、微信、移动客户端等新媒体，引导社区居民密切日常交往、参与公共事务、开展协商活动、组织邻里互助，探索网络化社区治理和服务新模式。

发展社区电子商务。按照分级分类推进新型智慧城市建设要求，务实推进智慧社区信息系统建设，积极开发智慧社区移动客户端，实现服务项目、资源和信息的多平台交互和多终端同步。

加强农村社区信息化建设，结合信息进村入户工程和电子商务进农村综合示范工作，积极发展农产品销售等农民致富服务项目，积极实施网络扶贫行动计划，推动扶贫开发兜底政策落地。

三、社区治理机制

社区治理在基层社会治理中极为重要。社区治理机制是指社区治理的组织体系和运转模式，是由社区发展动力、利益主体、权力结构、运行机制和监督机制等多方面内容构成的综合性、系统性的管理制度。它以社区治理的基本内容为基础，与社会外在环境和社区发展的方向相适应，是实施社区治理的组织结构、职能权限划分和管理方式、工作方法的总和。多元化治理是现代社区治理中达成的共识，但是多元化治理的制度设计还需进一步完善。

1. 以党建引领为核心的城市社区治理体系建设

社区党组织作为党的路线方针政策的执行者、社区政治生活和社会生活的组织者和直接参与者、居民群众根本利益的代表者，能够有效领导社区治理模式创新，扮演好利益协调者、资源整合者的角色，必须进一步强化党组织领导基层治理的职责，发挥其在基层社区治理中的引领作用。社区治理要充分发挥基层党组织的作用。一方面，要通过区域化党建、网格化党建、枢纽化党建制度创新，建立基层党组织全面覆盖社区的网络体系。另一方面，建设社区服务型党组织，鼓励社区党员志愿者积极参与社区治理，鼓励党员和入党积极分子担任业委会成员、楼组长等社区角色。

2. 居委会、业委会工作人员交叉任职

居委会和业委会都是居民（含业主）的自治组织，目的都是维护居民和业主的合法权益，是一种平等的关系，两者在社区领域应该广泛地展开合作。两会工作人员交叉任职，有助于建立两者之间良好的互动关系，也有利于业委会工作的稳定开展。两会工作人员交叉任职，能够使业委会"强身健体"，社区自治组织与上级部门和其他单位沟通能力都有所加强，同时能够更好地引导居民积极参与社区治理，唤醒社区自治活力。

3. 社区自治组织发挥协同治理功能

社区自治需要依靠各方力量，需要整合各种社会资源，为社区提供公共事务管理服务。因此要充分发动社区居民，积极引导、培育发展不同功能的自治管理组织，发挥它们在社区自治中的协同作用，并且整合

社区内有效资源,合作互补,推动自治组织的制度化和常态化建设。通过社区公约、社区议事会、社区客厅等自治载体和公共空间,构建社区基金会、社区志愿者协会、社区时间银行等公益服务机制。政府通过购买服务向社区自治组织赋予服务管理的资源,并鼓励其他社会组织和社会工作专业人才进社区开展服务管理工作。

4. 居民参与意识和社区意识

缺乏社区居民参与是我国当前社区管理尤其是城市社区管理面临的主要问题之一。要引导社区居民自我管理、自我服务、自我教育、自我监督,形成共建共治共享的社区治理格局。要建立居民多层面参与社区各类公共事务管理与建设的制度化机制,为社区居民提供平等的参与机会,培育人人公益的志愿服务精神,让他们在参与中增强自主性。要授权让参与者分担社区工作的责任,增强居民的社会责任意识,社区才能有活力。

第三节 社区服务政策

一、社区服务体系

"社区服务"这一名词有多种解释,国外有的地区称为"社区照顾"。我国民政部从 1986 年开始提出"社区服务"的概念,随着服务事业的发展和人们认识的深化,这一概念的内涵和外延也不断发展和完善。

1987 年 8 月,全国社区服务工作座谈会首次对社区服务的定义做出概括:社区服务是在政府的倡导下,发动社区成员开展互助性的社会服务,就地解决本社区的社会问题。之后这一概念不断得到完善和补充。1989 年,民政部在杭州召开的全国城市社区服务工作经验交流会上指出:社区服务是指在政府的指导和资助下,由街道办事处和居委会出面,动员社会各方面的力量,发扬自力更生互帮互助精神,因地制宜,兴办各类小型福利设施,开展各类服务活动,为居民特别是有困难的家庭和居民提供福利和服务。1993 年,民政部等 14 个部委联合颁发的《关于加快发展社区服务业的意见》再次对社区服务做出界定。1994年12月，民政部在上海召开的全国社区服务经验交流会上，对社区服务的概念做了比较完整的概述：社区服务是在政府倡导和扶持下，为满足社区成员多种需求，依托街道和居委会，发动社区力量开展的具有社会福利性质的居民服务业。

社区服务体系是指以各类社区服务设施为基础，以社区居民、驻区单位为服务对象，以满足社区居民公共服务和多样化生活服务需求为主要内容，政府引导支持，多方共同参与的服务网络及运行机制。社区服务体系是政府行使社会管理职能和提供公共服务的基础平台，是构建和谐社区的重要保障。

二、社区服务主体培育

我国从20世纪50年代起在城市建立了街道-居委会体制的社区组织体系，为居民群众提供各种服务。在计划经济时代，城市街道-居委会体制是与单位制并列的重要的社会管理和社会福利服务体系。一方面，政府通过社区组织提供社会福利服务；另一方面，街道、居委会也提供了一部分社会福利服务项目，为辖区内的居民提供各种服务。90年代以后，中央和各地政府又进一步通过推动城市社区建设而推动社区服务的发展，政府职能部门根据自身业务的特点，提供了社区就业、社区卫生、社区文化、体育、教育等各个领域的社会服务，各类社区服务社会组织也依托社区开展其社会服务活动。

2006年4月，国务院发布了《关于加强和改进社区服务工作的意见》，提出了加强和改进社区服务工作的主要任务是逐步建立与社会主义市场经济体制相适应，覆盖社区全体成员、服务主体多元、服务功能完善、服务质量和管理水平较高的社区服务体系。

2010年11月，中共中央办公厅、国务院办公厅印发《关于加强和改进城市社区居民委员会建设工作的意见》，提出：为更好地完成社区管理和服务任务，辖区人口较多、社区管理和服务任务较重的社区居民委员会，根据工作需要可建立社区服务站（或称社区工作站、社会工作站）等专业服务机构。按照专干不单干、分工不分家的原则，社区专业服务机构在社区党组织和社区居民委员会统一领导和管理下开展工作，以形成工作合力。社区居民委员会有足够能力承担应尽职责的社区，可以不另设专业服务机构。

2016年10月，民政部、中央组织部、中央综治办等十余个部门联合印发《城乡社区服务体系建设规划（2016—2020年）》文件，提出"坚持人民主体，多元参与"的原则，引导社区居民参与政策制定、项目设计、服务供给和绩效评估，促进社区服务与居民需求精准对接，拓宽各类主体特别是社会力量参与渠道，最大限度集合服务资源、形成推进合力。

1. 充分发挥社区居委会在社区服务中的作用

支持社区居委会协助城市基层政府提供社区公共服务。城市基层政府及有关单位要妥善解决社区居委会开展有关服务所必需的房屋、设施和工作经费，指导社区居委会定期听取居民对社区公共服务的意见，并积极向政府反映，充分发挥社区居委会在了解社区居民需求、提供便民服务方面的独特优势和重要作用。

支持社区居委会组织社区成员开展自助和互助服务。鼓励并支持社区居委会组织动员驻社区单位和社区居民开展邻里互助等群众性自我服务活动，为居家的孤老、体弱多病和身边无子女的老人、优抚对象、残疾人及特困群体提供各种应急和缓解生活困难的服务；倡导社区居民和驻社区单位开展社会捐赠、互帮互助，对社区困难群体实行辅助性生活救助。

指导社区居委会为发展社区服务提供便利条件。鼓励并指导社区居委会组织居民参与文化、教育、科技、体育、卫生、法律、安全等进社区活动；支持社会各方面力量利用闲置设施、房屋等资源兴办购物、餐饮、就业、医疗、废旧物资回收等与居民生活密切相关的服务网点，并维护其合法权益；引导和管理各类组织和个人依法有序开展社区服务；正确处理好社区居委会与社区物业管理企业的关系，支持和指导物业管理企业依法经营。

2. 加快推进专业的社区社会工作服务

社区是社会工作专业人才开展服务的主要平台。加快推进社区社会工作服务，对于拓展社区服务范围、深化服务内涵、提升社区服务水平、回应社区居民需求、促进社区和谐与发展具有重要意义。民政部、财政部于2013年制定出台了《关于加快推进社区社会工作服务的意见》，要求广泛深入开展社区社会工作服务，逐步用专业社会工作理念丰富社区工作理念，用专业社会工作制度创新社区管理服务制度，用专业社会工作方法提升社区管理服务水平。该文件提出加快推进社区社会工作服务的主要任务包括两个部分：

大规模培养和使用社区社会工作专业人才队伍。坚持提升存量与扩充增量、专业培训与知识普及相结合，建立健全社区社会工作专业人才培养制度。以实施社会工作服务人才职业能力建设工程、社会工作管理人才综合素质提升工程和社区服务人才队伍建设工程为抓手，依托社会工作专业人才培训基地以及社区建设和社区服务人才培训基地，重点对城乡社区直接从事社会服务的人员进行大规模、系统化的社会工作专业知识培训，逐步提升转化为社会工作专业人才。推动建立高校社会工作专业教育与社区社会工作专业人才培养对接机制，支持社区管理与服务人员参加社会工作硕士专业学位在职教育。完善社会工作者职业水平评价制度，支持社区管理与服务人员参加社会工作者职业水平考试。根据社区管理与服务需要，支持城乡社区通过向社会公开招聘、民主选举、竞争上岗、挂职锻炼等方式，配备和使用社区社会工作专业人才；积极招录全日制高校社会工作专业毕业生到社区就业，逐步扩大社会工作专业人才在社区管理与服务人员中的比例，不断壮大社区社会工作专业人才队伍。

分类推进社区社会工作服务。根据城乡社区发展特点和社区居民需求，在城市社区和农村社区开展多元服务。开展城乡人才对口支持，创造条件引导和鼓励城市社会工作专业人才到农村社区开展服务。在少数民族聚居和信教群众较多的社区，根据需要配备政治立场坚定、熟悉民族和宗教事务的社会工作专业人才开展少数民族社会工作。积极推动社会工作方法与党的群众工作和思想政治工作有机结合，进一步提升广大城乡基层党员干部、社区工作人员在宣传倡导、组织动员、资源策动、服务提供方面的本领。配合、支持社区居民委员会，定期开展社区居民需求调查，发动社区居民参与制定、实施社区发展规划，参与策划、执行社区服务项目与活动方案,进行社区动员与倡导。根据社区居民需求,综合运用个案工作、小组工作和社区工作方法,为有需要的居民及家庭提供个案辅导服务,开展小组活动,推动社区教育,提升居民个人和家庭社会功能;引导和培养居民主动参与社区公共生活和社区事务,加强社区居民能力建设,增强社区发展能力,建立健全社区支持网络;组织社区居民实现自助、互助和社区自治,促进社区文明、和谐与稳定。

3. 培育民间组织与志愿服务

大力培育社区生活服务类社会组织。支持和鼓励社区居民成立形式多样的慈善组织、群众性文体组织、科普组织和为老年人、残疾人、困难群众提供生活服务的组织,使社区居民在参与各种活动中,实现自我服务、自我完善和自我提高。积极支持社会组织开展社区服务活动,加强引导和管理,使其在政府和社区居委会的指导、监督下有序开展服务。

积极组织开展社区志愿服务活动。培育社区志愿服务意识,弘扬社区志愿服务精神,推行志愿者注册制度。积极动员共产党员、共青团员、公务员、专业技术人员、教师、青少年学生以及身体健康的离退休人员等加入志愿服务队伍。

指导建立志愿服务激励机制。指导志愿组织和志愿人员开展社会救助、优抚、助残、老年服务、再就业服务、维护社区安全、科普和精神文明建设活动,不断创新服务形式,提高服务水平。

4. 鼓励和支持各类单位、企业和个人开展社区服务

鼓励和支持有关单位服务设施向社区居民开放。按照互惠互利、资源共享原则,积极引导社区内或周边单位内部食堂、浴池、文体和科教设施等向社区居民开放。充分利用社区内的学校、培训机构、幼儿园、文物古迹等开展社区教育活动。

鼓励和支持各类组织、企业和个人开展社区服务业务。鼓励相关企业通过连锁经营提供购物、餐饮、家政服务、洗衣、维修、再生资源回收、中介等社区服务。利用现代信息技术、物流配送平台帮助社区内中小企业,实现服务模式创新,推动社区商业体系建设。对开办商业性社区服务项目的,有关部门要依法简化审批手续,维护其合法权益。积极

落实各项优惠政策，鼓励下岗失业人员自办或合伙兴办社区服务组织，或通过小时工、非全日制工和阶段性就业等灵活方式参与社区服务。

三、社区服务资源配置

资源配置是指在社区服务过程中，工作者根据资源的不同特征配置资源，采取组织、培训、咨询、合作等不同方法进行弹性使用，以保障资源能够被有效地协调和使用，发挥资源的最大效率。资源配置能够让社区组织提供的服务方案更具效率。工作者应通过计划、组织、领导、协调与沟通、控制与评估等过程有效管理种类繁多的资源。例如，志愿者、社区居民骨干、普通社区居民都是人力资源，应通过有组织、有目标、有计划的方式来整合利用这些人力资源，开展各种社区服务。

《国务院关于加强和改进社区服务工作的意见》《城乡社区服务体系建设规划（2016—2020年）》《国家中长期人才发展规划纲要（2010—2020年）》《关于深入推进农村社区建设试点工作的指导意见》对社区服务资源配置提出了一系列要求。

1. 坚持资源整合

最大限度集中人力、物力、财力，整合资金、资产和资源，防止重复投资、重复建设、重复供给；丰富项目，优化流程，提升品质，努力形成多层次、立体化的服务格局。坚持统筹城乡，补齐短板。统筹城乡社区服务设施建设、服务资源配置、服务队伍建设、服务产品供给，结合农村社区建设试点进度，逐步建立城乡统一的社区公共服务制度，促进城乡基本公共服务均等化。

2. 扩大城乡社区服务有效供给

着力推进城乡社区公共服务均等化。依托城乡社区综合服务设施和服务机构，提供面向全体城乡居民、贯穿生存发展各阶段和生产生活各领域的基本公共服务项目。加快完善农村社区服务体系，大力推动基本公共服务项目向农村社区延伸，大力发展适应农业现代化需要的生产服务，探索建立社区公共服务事项全程委托代理机制，完善农村"三留守"人员关爱服务机制，切实提升对留守儿童和妇女、老人的服务能力。促进城乡社区服务项目和服务标准有机衔接，推动城乡基本公共服务均等化。

3. 有效配置城乡社区服务专业人才队伍

拓宽城乡社区服务人才来源渠道，把城乡社区服务人才队伍建设纳入当地人才发展规划，引导优秀人才向城乡社区服务领域流动。依法依章选优配强社区（村）"两委"班子成员，健全居（村）委会下属委员会，选齐配强居（村）民小组长、楼院门栋长。积极开发城乡社区专职工作岗位，鼓励高校毕业生、退役军人、返乡农民工等优秀人才到城乡社区工作，加大社会工作者等专业人才使用力度。建立健全城乡社区志愿者招募注册、志愿者培训管理、志愿服务记录与证明出具、志愿服务评价激励等制度，鼓励党政机关、企事业单位工作人员参与城乡社区服务。

四、社区服务机制构建

总体来看，我国城乡社区服务体系建设仍处于初级阶段，城乡社区服务现状与全面建成小康社会的总体要求相比还有不小的差距，尚不能满足人民群众日益增长的物质文化需求。主要表现在：城乡社区服务体系建设发展不平衡，农村滞后于城市局面尚未得到彻底扭转；城乡社区服务设施配套和技术更新相对滞后，服务项目和资源投入依然紧张；社会力量和市场主体参与不充分，专业教育和人员培训亟待加强。

社区服务机制构建领域的法律法规和政策文件，特别是《社区服务体系建设规划（2011—2015年）》《城乡社区服务体系建设规划（2016—2020年）》《关于推进志愿服务制度化的意见》《社区志愿服务方案》，提出了一系列要求。

1. 建立健全社区、社会组织和社会工作专业人才联动服务机制

按照"政府扶持、社会承接、专业支撑、项目运作"的思路，探索建立以社区为平台、社会组织为载体、社会工作专业人才队伍为支撑的新型社区服务管理机制。坚持社会事社会办、专业事专业办原则，通过政府购买服务等方式，逐步将街道和乡镇政府面向社区的事务性、服务

性工作委托有专业能力的社会组织承接，社会组织聘用社会工作专业人才提供服务。采取公办民营、民办公助等方式，面向社区社会工作服务组织开放社区资源，为社区居民提供社会工作服务。

2. 建立健全社区社会工作专业人才引领志愿者服务机制

志愿者队伍是社区社会工作专业人才开展服务的重要补充力量。建立社区社会工作专业人才定期、定向联系志愿者制度，对社区志愿者开展社会工作专业知识与技能培训，提升志愿服务水平。依托志愿者注册登记管理信息系统和社区公共服务综合信息平台，实现社区志愿服务需求与供给的无缝对接，做好社区志愿服务记录工作。探索在社区志愿者组织中配备社会工作专业人才，负责志愿者的招募、组织、管理、培训和监督，引导和带领志愿者协助实施社区服务项目，参与社区建设。社区社会工作专业人才要以志愿服务项目为载体，充分调动社会力量广泛参与社区事务，丰富社区服务资源，凝聚社区建设合力，最大程度实现社区共驻共建共享。

3. 加强城乡社区服务机构建设

建立健全首问负责、一次告知、限时办结制度，积极推行上门办理、预约办理、自助办理、委托代办等服务，提高社区居民满意度。探索建立乡镇（街道）党（工）委、社区党组织领导下的城乡社区公共服务机构管理体制。统筹考虑人口规模、需求结构和服务半径等因素，通过购买服务等方式，合理保障城乡社区公共服务所需经费。支持供销合作社发展农村综合服务社。积极扶持城乡社区服务类社会服务机构，支持城乡社区服务类社会服务机构承接社区公共服务项目、发展专业社会工作服务和社区志愿服务。

4. 着力推进城乡社区志愿服务和专业服务常态化

依托城乡社区综合服务设施建立志愿服务站点，搭建志愿者、服务对象和服务项目对接平台，完善志愿服务记录和志愿服务台账。积极开展在职党员到社区报到为群众服务活动，充分发挥共产党员的先锋模范作用。推动党政机关、企事业单位等成立志愿服务队到城乡社区开展志愿服务。在城乡社区推行志愿者星级认定和嘉许制度，健全"爱心银行""时间银行"等志愿服务回馈制度，推进社区志愿服务经常化和常态化。发扬农村邻里相亲、守望相助传统，开展以生产互助、养老互助、救助互助等为主要形式的农村社区互助活动和志愿服务，增强农村居民自我服务能力。充分发挥专业社会工作在统筹社区照顾、扩大社区参与、促进社区融合、推动社区发展，以及参与社区矫正、社区戒毒、社区康复等方面的重要作用，建立社会工作者与志愿者协同服务机制。

5. 健全城乡社区服务人才培养使用制度

做好城乡社区服务人员任职培训、在职培训和专门培训，提高教育培训的针对性和有效性。支持和鼓励城乡社区服务人员参加社会工作等各种职业资格考试和学历教育考试，提高社区工作者专业化水平。研究制定城乡社区工作者管理办法，建立健全城乡社区工作者职业序列。关心城乡社区服务人员的成长进步，探索建立从中培养发展党员，选拔基层干部，推荐党代表、人大代表、政协委员和劳动模范等制度渠道。

6. 创新城乡社区服务机制

保持、提升各级党委政府重视程度和投入力度，巩固、发展社区服务现有设施基础和制度基础，依靠机制创新、技术迭代和动能转换，推动社区服务新业态、新模式加快成长。

完善城乡社区自我服务机制。积极推进城乡社区服务型党组织建设，充分发挥社区党组织领导核心作用，组织社区党员干部成立联系服务群众团体，为群众提供便利、快捷、有效服务。发挥城乡社区自治组织作用，围绕涉及居民群众切身利益的公共事务和公益事业组织社区协商活动，吸纳社区居民参与社区服务项目提出、运行、监督全过程，探索通过居民自愿筹资、建立社区基金等方式扩充自我服务资源。支持城乡社区群团组织发挥各自优势参与社区服务活动，大力培育服务性、公益性、互助性城乡社区社会组织。

建立政府购买城乡社区服务机制。推进基层政府职能转变，建立政府购买城乡社区服务机制，将城乡社区自治组织纳入购买对象，将政府购买服务经费纳入财政预算。适时出台政府购买社区服务实施意见和配套政策，明确购买内容、服务标准、资金保障、监管机制、绩效评价等内容。原则上能由政府购买服务提供的，积极引导社区组织和社会力量承接，能由政府和社会资本合作提供的，广泛吸引社会资本参与。建立城乡社区公共服务目录及准入制度、政府购买社区服务目录，推行政府采购、定向委托、公益创投等方式，提高城乡社区公共服务质量和资金效益。

健全城乡"三社联动"机制。充分发挥社区的基础平台作用、社区社会组织的服务载体作用、社会工作者的专业支撑作用，建立居民群众提出需求、社区组织开发设计、社会组织竞争承接、社工团队执行实施、相关各方监督评估的联动机制，广泛汇集社会资源，更好回应社区居民的多样化、个性化服务需求。

五、社区服务发展趋势

伴随着社区服务的蓬勃发展，社区服务在组织建设、体制建设、服务功能拓展等方面都取得了一些成功的经验。可以说，我国城市的社区服务已经根植于全国各地的大街小巷，融入了普通居民的日常生活，成为一项广大居民认可和依赖的切身事业。[①] 各地的社区服务正从单一型、粗放型、被动应付型向综合型、集约型、主动创造型转变，由无偿性、互助性服务向作为第三产业的社区服务业延伸发展，从而使社区服务真正成为拓展全面性社区建设的生长点和拉动力。

1. 社区服务是城市社区发展的基本要求

我国城市社区的发展趋势决定对社区服务发展的要求。由于生活水平的提高、医疗卫生事业的不断发展和计划生育工作取得的成效，我国城市人口、家庭结构发生了显著变化。我国早在2000年就步入老龄化社会，这一趋势不断深化发展。虽然我国已经从总体上解决了城市老年人口基本生活保障问题，但是对老年人的情感需求满足、日常照顾等问题却日益突出。同时面对家庭核心化的趋势，传统的养老功能和隔代抚育习惯明显淡化。另外，随着经济的发展和城市化的推进，传统社区熟人

---

① 张民巍、谢建社：《依托社区平台创新社会管理工作新思路》，《新视野》2011年第6期。

社会逐渐解体，邻里纽带需要重建。这必将影响我国城市社区服务未来的发展趋势。

提高生活质量、发展第三产业的需要和传统产业吸纳劳动力就业能力下降的局面同时存在。当前城市居民收入有了大幅度提高，其消费重点由满足基本物质消费需要转变为全面提高生活质量，这对社区服务业提出了更高需求。或者说，现阶段我国城市已经蕴藏着产业结构重大调整、充分发展包括社区服务业在内的第三产业的内在需要。政府提倡、鼓励失业下岗人员进入社区服务业实现再就业，是和产业结构调整的趋势相一致的，并有利于加快这一进程。而现代化建设和经济体制改革、城市管理体制改革同步进行。社区作为城市现代化建设的重点区域，大力开展社区服务、创造良好的社区生活环境成为城市现代化建设的重要环节。城市经济体制的改革要求社区开展劳动就业介绍、就业培训等服务，并通过兴办社区服务扩大劳动力就业，为社区居民提供形式多样的服务。城市管理体制的改革使政府职能范围向"小政府、大社会"转变，机关、企事业单位的社会职能逐渐分离，主要由中介组织和社区组织承担，因此要求进一步促进社区功能的完善。

2. 社区服务发展的内在动力

社区服务的地位得到进一步提升。随着社会各项政策的不断完善，社区服务已成为增强城市综合服务功能、加速城市现代化进程的重要内容，是丰富人民物质文化生活的客观要求，是拓宽第三产业的新领域，是促进经济发展的新的增长点。

社区服务业将成为稳定的劳动就业市场。社区服务目前尚未真正纳入国民经济体系，因此有人将其视为"非正规就业"或"临时就业"。随着社区服务政策法规的完善和行业管理的规范，从业人员的合法权益得到保护，社区服务将作为第三产业的一个组成部分，成为稳定的劳动就业市场。

社区服务将形成实体化、产业化。实现这一目标的关键在于消除行政主管社区服务的管理模式，使社区服务在保证为民众提供充分的福利性服务的前提下，努力实现按照现代企业管理的方式实施管理和服务。

社区服务将实现政企、政事、政社分开。社区服务起步阶段，政府直接领导与参与的成分较多，随着社区服务的日益成熟，政府将逐步退出管理，只承担社区服务的规划、规范和监督职能，管理与服务等工作将由企业、社会团体、中介组织承担。

3. 城乡统筹发展的趋势

2016年10月，民政部、中央组织部、中央综治办等部门联合印发《城乡社区服务体系建设规划（2016—2020年）》，首次从统筹城乡角度对社区服务发展进行整体规划。

构建"线上＋线下"服务环境。这一时期社区服务体系建设着力于推动"互联网＋"与社区服务的深度融合，逐步构建设施智能、服务便捷、管理精细、环境宜居的智慧社区。结合"互联网＋政务服务"，完善数据接口和共享方式，推进城市社区公共服务综合信息平台建设、智慧社区信息系统建设，推动安保服务和社区物业设备设施的智能化改造升级。将社区公共服务平台建设、智慧社区建设作为社区信息化发展的基本策略，推动"互联网＋"与社区服务深度融合，促进社区服务与居民需求精准对接。

满足社区居民多样化的服务需求。既引导多元主体参与社区服务，提升社区服务便利化程度，也着力引导社区居民参与社区服务。吸纳社区居民参与政策制定、项目设计、服务供给和绩效评估全过程，探索通过居民自愿筹资、建立社区基金等方式扩充自我服务资源，促进社区服务与居民需求精准对接，让社区居民有更多获得感。

均等化补齐农村社区发展短板。与城市社区相比，农村社区还存在服务布局总体失衡、服务设施缺口较大、服务供给与服务需求脱节、服务队伍素质不高等问题，需要通过不断深化农村社区服务体系建设加以解决。应主动适应城乡发展一体化的客观需要，将农村社区服务纳入整体规划，确立"城市＋农村"服务体系。统筹城乡社区基础设施建设、公共服务设施建设和信息化建设，促进城市社区服务项目向农村社区拓展、资源向农村社区延伸、机制向农村社区覆盖，补齐农村社区服务设施、服务项目、服务机制、服务手段短板。

运用大数据、人工智能技术推动智慧社区建设。推动"互联网＋"与社区服务的深度融合，逐步构建设施智能、服务便捷、管理精细、环境宜居的智慧社区。推进智慧社区信息系统建设，广泛吸纳社区社会组织、社区服务企业信息资源，逐步实现社区公共服务、志愿服务、便民利民服务等社区服务信息资源集成。推动社区养老、社区家政、社区医疗、社区消防等安保服务和社区物业设备设施的智能化改造升级，强化社区治安技防能力。大力发展城乡社区电子商务，发展线上线下相结合的社区服务新模式，依托农村社区综合服务设施和益农信息社，探索农村电子商务与农村社区服务有机结合的推进策略。

思考题

1. 改革开放以来我国城市社区政策发展阶段。
2. 农村社区发展的主要内容。
3. 社区管理组织的类型及其功能。
4. 现阶段我国社区服务的发展状况。
5. 社区服务的发展趋势。

主要参考文献

[1] 鲍勃·迪肯，等. 全球社会政策——国际组织与未来福利［M］. 苗正民，译. 北京：商务印书馆，2013.

[2] 贝弗里奇. 贝弗里奇报告——社会保险和相关服务［M］. 劳动和社会保障部社会保险研究所，译. 北京：中国劳动社会保障出版社，2004.

[3] 常凯. 劳动关系·劳动者·劳权——当代中国的劳动问题［M］. 北京：中国劳动出版社，1995.

[4] 陈庆云. 公共政策分析［M］. 北京：中国经济出版社，1996.

[5] 陈振明. 公共政策分析［M］. 北京：中国人民大学出版社，2003.

[6] 程胜利. 社会政策概论［M］. 济南. 山东人民出版社，2012.

[7] 达尔默·D.霍斯金斯. 21世纪初的社会保障［M］. 侯宝琴，译. 北京：中国劳动社会保障出版社，2004.

[8] 丁建定. 社会福利思想［M］. 3版. 武汉：华中科技大学出版社，2019.

[9] 丁建定. 西方国家社会保障制度史［M］. 北京：高等教育出版社，2010.

[10] 董克勇. 养老保险［M］. 北京：中国人民大学出版社，2000.

[11] 贡森，葛延风，等. 福利体制和社会政策的国际比较［M］. 北京：中国发展出版社，2012.

[12] 关信平. 社会政策概论［M］. 2版. 北京：高等教育出版社，2009.

[13] 国际劳工局. 社会保障：新共识 [M]. 北京：中国劳动社会保障出版社，2004.

[14] 胡晓义. 走向和谐：中国社会保障发展60年 [M]. 北京：中国劳动社会保障出版社，2009.

[15] 花菊香. 社会政策与法规 [M]. 北京：社会科学文献出版社，2002.

[16] 黄恒学. 公共经济学 [M]. 北京：北京大学出版社，2002.

[17] 霍华德·格伦内斯特. 英国社会政策论文集 [M]. 苗正民，译. 北京：商务印书馆，2003.

[18] 贾森·安奈兹，等. 解析社会福利运动 [M]. 王星，译. 上海：格致出版社，2011.

[19] 贾征. 社区服务与社会保障 [M]. 北京：中国劳动社会保障出版社，2001.

[20] 简·米勒. 解析社会保障 [M]. 郑飞北，杨慧，译. 上海：格致出版社，2012.

[21] 考斯塔·艾斯平-安德森. 福利资本主义的三个世界 [M]. 郑秉文，译. 北京：法律出版社，2003.

[22] 肯·布莱克莫尔，路易丝·沃里克-布思. 社会政策导论 [M]. 4版. 岳经纶，等，译. 上海：格致出版社，2019.

[23] 理查德·蒂特马斯. 蒂特马斯社会政策十讲 [M]. 江绍康，译. 长春：吉林出版集团有限责任公司，2011.

[24] 李迎生，等. 当代中国社会政策 [M]. 上海：复旦大学出版社，2012.

[25] 林卡，陈梦雅. 社会政策的理论和研究范式 [M]. 北京：中国劳动社会保障出版社，2008.

[26] 林闽钢. 中国社会政策 [M]. 武汉：武汉大学出版社，2011.

[27] 刘庆龙. 中国社会政策 [M]. 郑州：河南人民出版社，2002.

[28] 刘燕斌. 面向新世纪的全球就业 [M]. 北京：中国劳动社会保障出版社，2000.

[29] 娄成武. 社区管理学 [M]. 4版. 北京：高等教育出版社，2020.

[30] 罗思. 医疗保障政策创新 [M]. 北京：中国劳动社会保障出版社，2004.

[31] 迈克尔·希尔. 理解社会政策 [M]. 刘升华，译. 北京：商务印书馆，2003.

[32] 尼尔·吉尔伯特. 社会福利的目标定位——全球发展趋势与展望 [M]. 郑秉文，等，译. 北京：中国劳动社会保障出版社，2004.

[33] 尼尔·吉尔伯特，等. 激活失业者——工作导向型政策跨国比较研究 [M]. 王金龙，等，译. 北京：中国劳动社会保障出版社，2004.

[34] 尼尔·吉尔伯特，特雷尔. 社会福利政策导论 [M]. 黄晨熹，等，译. 上海：华东理工大学出版社，2003.

[35] 宁骚. 公共政策学 [M]. 北京：高等教育出版社，2003.

[36] 诺尔曼·金斯伯格. 福利分化：比较社会政策批判导论 [M]. 姚俊，张丽，译. 杭州：浙江大学出版社，2010.

[37] 帕特丽夏·威奈尔特，等. 就业能力——从理论到实践 [M]. 郭瑞卿，译. 北京：中国劳动社会保障出版社，2004.

[38] 彭华民. 西方社会福利理论前沿：论国家、社会、体制与政策 [M]. 北京：中国社会出版社，2009.

[39] 皮特·阿尔科克. 解析社会政策 [M]. 彭华民，译. 上海：华东理工大学出版社，2017.

[40] R.米什拉. 资本主义社会的福利国家 [M]. 郑秉文，译. 北京：法律出版社，2003.

[41] 史新田. 中国劳动关系系统论——从"单位型"向"市场型" [M]. 北京：中国民主法制出版社，2010.

[42] 田德文. 欧盟社会政策与欧洲一体化 [M]. 北京：社会科学文献出版社，2005.

[43] 托马斯·R.戴伊. 理解公共政策 [M]. 谢明，译. 北京：中国人民大学出版社，2011.

[44] 汪大海，魏娜，郁建立. 社区管理 [M]. 3版. 北京：中国人民大学出版社，2012.

[45] 王传宏,李燕凌. 公共政策行为 [M]. 北京:中国国际广播出版社,2002.

[46] 王刚义,梅建明. 社会发展与社会政策研究 [M]. 北京:中国人民公安大学出版社,2002.

[47] 王顺民. 社会福利析论 [M]. 台北:洪叶文化事业有限公司,2001.

[48] 威廉姆·H.怀特科,罗纳德·C.费德里科. 当今世界的社会福利 [M]. 解俊杰,译. 北京:法律出版社,2003.

[49] 谢明. 公共政策导论 [M]. 4版. 北京:中国人民大学出版社,2015.

[50] 徐道稳. 迈向发展型社会政策——中国社会政策转型研究 [M]. 北京:中国社会科学出版社,2008.

[51] 徐月宾. 社会政策理论与实践 [M]. 北京:中国劳动社会保障出版社,2007.

[52] 杨团,张秀兰. 当代社会政策研究 [M]. 北京:中国劳动社会保障出版社,2007.

[53] 杨伟民. 社会政策导论 [M]. 北京:中国人民大学出版社,2004.

[54] 叶海平,李冬妮. 社会政策与法规 [M]. 上海:华东理工大学出版社,2002.

[55] 于燕燕. 社区建设基础知识 [M]. 北京:中国劳动社会保障出版社,2001.

[56] 张荐华. 欧洲一体化与欧盟的经济社会政策 [M]. 北京:商务印书馆,2001.

[57] 张金马. 公共政策分析 [M]. 北京:人民出版社,2004.

[58] 郑功成. 中国社会保障改革与发展战略 [M]. 北京:人民出版社,2011.

[59] 郑文换. 社会政策引论 [M]. 北京:北京大学出版社,2016.

[60] 周建明. 社会政策:欧洲的启示与对中国的挑战 [M]. 上海:上海社会科学出版社,2005.

[61] 朱国云. 社区管理与服务 [M]. 天津:天津大学出版社,2010.